中国经济运行风险研究报告

Research on the Risk of Chinese Macroeconomic Operation 2010

2010

唐海燕 贾德奎等 / 著

立信会计出版社
LIXIN ACCOUNTING PUBLISHING HOUSE

图书在版编目(CIP)数据

中国经济运行风险研究报告. 2010/唐海燕,贾德奎等著. —上海:立信会计出版社,2010.10
ISBN 978-7-5429-2654-8

Ⅰ. ①中… Ⅱ. ①唐… Ⅲ. ①经济—风险管理—研究报告—中国—2010 Ⅳ. ①F123

中国版本图书馆 CIP 数据核字(2010)第 194452 号

责任编辑 赵新民
封面设计 周崇文

中国经济运行风险研究报告 2010

出版发行 立信会计出版社
地 址 上海市中山西路 2230 号 邮政编码 200235
电 话 (021)64411389 传 真 (021)64411325
网 址 www.lixinaph.com 电子邮箱 lxaph@sh163.net
网上书店 www.shlx.net 电 话 (021)64411071
经 销 各地新华书店

印 刷 上海中华印刷有限公司
开 本 787 毫米×1092 毫米 1/16
印 张 21 插 页 4
字 数 499 千字
版 次 2010 年 11 月第 1 版
印 次 2010 年 11 月第 1 次
书 号 ISBN 978-7-5429-2654-8/F
定 价 50.00 元

中国经济运行风险研究报告课题组

课题组负责人　唐海燕　贾德奎

课题组成员（按姓氏笔画排序）

王双成　王淑贞　王楚明　邓小洋　朱为华

毕玉江　李瑞海　邵　军　张丕强　张会清

张志谦　张利兵　赵迎春　洪　玫　袁　敏

贾德奎　曹惠民　黄　波　程新章　裘　瑱

课题组秘书　卞世博　姚　杰

前　言

2009 年 10 月，《中国经济运行风险研究报告(2009)》顺利出版发行，这是我们连续出版的第三本年度报告，报告对中国经济运行的总体风险状况的持续性跟踪研究，赢得了较好的社会评价。其中，《中国经济运行风险研究报告(2008)》荣获第八届华东地区大学出版社优秀学术专著一等奖，并在 2010 年荣获上海图书奖提名奖。

从 2010 年前三个季度的实际经济运行状况来看，2009 年的研究报告较好地刻画了中国经济运行中的主要风险因素及其特征；而且，报告对于中国经济运行态势的关键分析和判断，也与后来的实际经济发展状况基本吻合。但由于报告的出版周期为一年，因此对全球范围内新出现的可能影响中国经济运行的一些风险因素，难以在研究中及时作出反映；并且，由于报告的研究框架拟定和写作时间要早于实际经济运行，因此在研究侧重点的安排、视角的选择以及具体风险因素的识别方面，也可能难以完全反映中国实际经济运行中正在显现的各种新情况、新特点。为较好地解决上述问题，自 2010 年开始，中国立信风险管理研究院在年度报告的基础上，同时组织研究并按季度出版《中国经济运行风险指数季报》，通过风险指数季报的发布，一方面尽可能弥补年度报告在时效性上的不足，另一方面也便于重点聚焦于某个正在显现中的风险问题，从而努力使研究更为系统和深入。

《中国经济运行风险研究报告(2010)》在研究思路和基本框架上，将与上一年的研究基本保持一致。即采用“4＋1＋X”的基本架构，在选取宏观政策调控的四大最终目标作为基本因素(“4＋1＋X”中的“4”)的基础上，再根据当年经济运行中的热点问题或重要领域(“4＋1＋X”中的“X”)及微观经济主体运行状况(“4＋1＋X”中的“1”)确定若干有代表性的扩展特征因素，通过深入研究这些因素引致宏观经济运行风险的传导机制和风险水平，以最终反映中国宏观经济运行的总体风险状况。

经过几年的锻炼和磨合，中国立信风险管理研究院围绕年度报告构建了一支稳定的研究团队，即以校内的教授、博士等学术骨干为主体，并通过风险专题研究项目的形式充分整合了国内各大高校中有志于风险管理研究的优秀中青年学者，组建了项目团队以开展研究工作。

本项目具体分工及报告撰写的人员为：总报告，唐海燕、贾德奎；经济增长风险，唐海燕、程新章、毕玉江、张会清、裴瑱和王双成；通货膨胀风险，贾德奎；就业风险，黄波；国际收支失衡风险，张丕强；金融运行风险，王楚明、张利兵；财税风险，赵迎春；能源安全风险，何亚群；微观主体运行风险，邵军、袁敏。

本报告严格遵循风险识别、风险度量和风险管理的基本研究范式，力图全面、准确地回答中国宏观经济运行的风险来源、风险大小及风险管理对策等关乎国计民生的重大现实问题，并期待能够为中国宏观经济运行风险方面的学术研究注入活力，为经济工作者和决策者提供有益参考。

最后需要指出的是，尽管本报告努力以数据为基础、以事实为依据，但部分风险主题的研究却不可避免地存在着主观推理和判断的成分，这有可能在一定程度上影响到报告研究结果的准确性。除此之外，本报告也许还存在着诸多我们尚未意识到的问题或缺陷，希望各位同仁不吝指正，以便于我们在今后的研究中继续探索、完善和解决。

唐海燕

2010年10月于立信园

目　　录

Contents

第一章　总　　论

一、绪论

经济运行风险，主要指实际经济运行相比较其正常（或均衡）状态而产生显著偏离的可能性。在实践中，宏观经济各个目标的实现程度通常被用于衡量经济运行的实际状况，因此经济运行风险的大小程度，也主要表现为反映经济运行质量的各关键经济变量对其正常值的偏离程度。

2010年以来中国宏观经济运行的总体态势较好，经济增长回升势头趋于巩固。具体而言，国内需求保持较快增长，对外贸易恢复明显，工业生产快速回升，固定资产投资增幅有所回落，价格总水平基本稳定。在宏观调控政策方面，继续实施适度宽松的货币政策，保持政策的连续性和稳定性，并综合采取多种措施加强银行体系流动性管理，引导金融机构合理把握信贷投放总量、节奏和结构，促进经济平稳健康发展。

其中，2010年上半年的主要调控政策集中于控制信贷、地产和投资三大领域，并且为降低通货膨胀压力，政策当局在总体上实施了更为严格的信贷调控，预计今年信贷投放额度将在7.5万亿～8万亿元，虽然全年额度不会放松，但信贷投放将更均衡。积极财政政策和适度宽松货币政策的重点将从保增长转移到调结构，抑制过剩产能，促进产业升级，保证资金更多地进入实体经济和用于提高经济发展的质量，促进经济社会全面协调可持续发展。

当前我国经济面临的有利因素有：全球经济总体保持复苏态势，我国经济回升向好势头更加巩固，城市化和消费结构升级将成为拉动经济增长的新动力，加上各地发展热情高，增长的空间依然较大。但也要看到，当前经济发展环境仍极为复杂。世界经济运行中不确定因素依然存在，欧洲主权债问题凸显，全球经济新的增长点尚不明朗；同时内需回升的基础还不平衡，持续扩大居民消费、改善收入分配、促进经济结构优化的任务艰巨，财政金融领域的潜在风险也不容忽视。一些推动价格上涨的因素逐步显现，强化了通货膨胀预期。我国当前必须把保持经济平稳较快发展和为长远发展营造良好条件有机结合起来，毫不动摇地加快经济发展方式转变。

在对中国经济运行风险进行具体研究中，本报告将严格遵循风险相关问题的规范研究思路而展开。首先，对中国经济运行风险的主要引致因素进行识别，并深入考察这些风险因素影响中国宏观经济目标顺利实现的传导机制；其次，在对中国经济运行中的风险状况进行定性描述的基础上，通过设计风险衡量指数，尝试对中国经济运行中所面临的风险大小程度进行量化，以提供反映中国经济未来所面临风险大小的数量结果；最后，基于前述风险因素识别及传导机制分析，提出相应的管理中国经济运行风险的政策建议。

本报告的主要内容有中国经济运行中的风险引致因素识别，中国经济运行风险的量化研究以及管理风险的对策建议等。在对经济运行风险的基本概念进行界定后，主要的后续研究内容具体安排如下。

第一部分，通过对2010年以来中国的居民消费、固定资产投资、各类价格指数、国际收支、金融市场运行、政府财政收支和外部经济环境等方面的变化进行分析，以对中国当前经济运行现状进行描述；并在此基础上，对中国经济运行风险的引致因素进行识别，并探讨这些因素引致经济运行风险的传导机制。

第二部分，筛选衡量经济运行风险的经济指标，并计算不同指标引致经济运行风险的相对权重，以构建经济运行风险的衡量指数。

第三部分，利用所构建的经济运行风险指数，对 2010 年及之后的中国经济运行风险进行预测，并在此基础上对量化结果进行分析。

第四部分，根据前述风险引致因素识别的结果及利用经济运行风险指数所得到的量化结果，提出管理中国经济运行风险的政策建议。

二、中国经济运行中的风险因素及特征表现

（一）结构调整中的经济增长不确定性较大

在全球经济危机中，中国经济增长在 2009 年年初触底反弹，并且自 2010 年以来，中国经济继续有力增长，但增速略微放缓。继 2009 年的大规模刺激政策之后，2010 年以来政府主导投资的增长有所放缓，但这在一定程度上却被房地产业的强劲投资所抵消。受国家对汽车、家电等消费的财政补贴支持，居民家庭消费增长保持良好。尽管出口量从 2009 年年初的低谷迅速回升，但由于进口激增、新一轮汇率改革和外部贸易环境恶化，中国贸易顺差进一步下降。

当前中国经济的投资驱动型增长特征明显。政府主导投资是 2009 年经济增长的主要驱动力。据估算，2009 年政府主导投资增长了 42%（固定资产投资名义增长），而基于市场的投资仅增长了 18%。2009 年年底至 2010 年年初，政府主导投资的增长（年同比）已经大幅下滑。2010 年第一季度，中国城镇固定资产投资 29 793 亿元，同比增长 26.4%，较去年同期回落 2.2 个百分点。投资增速小幅回落符合市场预期，因为 2010 年以来投资受到了新开工项目限制、信贷控制、防范地方融资平台风险等多方面负面因素影响，投资的政策效用在减弱。房地产投资加速上涨是投资增速依然维持高位的原因。2010 年第一季度，房地产开发投资 6 594 亿元，同比增长 35.1%，比去年同期加快 31 个百分点，一定程度上弥补了政府主导项目投资增速的回落。从项目隶属关系看，中央项目的投资增速已经持续大幅下滑。

2010 年第一季度，中国 GDP 与去年同期相比增长 11.9%。但在第二季度，经济领先指标和工业生产数据都表明（同比）增长有所放缓，但仍保持快速增长。世界银行对中国全年 GDP 增长 9.5%的预测保持不变，但对 2011 年的预测略微下调至 8.5%，其他一些组织也对中国未来的经济增长作了略有差异的预测①。

可以看出，目前中国经济增长仍主要由政府影响的投资及消费进行支撑，私人部门的投资依然低迷，政府影响的消费增长趋势难以长期持续，对外出口的形势仍然十分严峻。并且，在经济发展过程中的要求低碳排放或环境保护的压力下，处于结构调整过程中的中国经济增长仍然面临着较大的不确定性。

（二）就业压力短期内尚难根本缓解

中国近期的就业状况总体稳定，但是就业压力依然存在，短期内尚难根本缓解。中国经济

① 世界经济合作与发展组织在第三届中国开放论坛上，发布了对全球经济复苏前景的展望。世界经合组织经济部货币政策与金融市场司司长鲍里斯·康耐得代表该组织发布，预测世界经济将保持良好增长势头，而中国经济将继续高速增长，预计 2010 年增长率将超过 11%，2011 年有望回落至 10%左右。

在全球金融危机中率先复苏，并且国际金融危机爆发以来，中央出台六大措施稳定就业，即：结合扩大内需发展经济，更多拉动就业；减轻企业负担，稳定现有岗位；加大政策扶持，鼓励自主创业；针对重点群体，统筹安排就业；大力开展职业培训，提升劳动者素质；强化公共就业服务，充分发挥基层平台作用等。这些措施为就业增长奠定了良好的基础和前提。除此之外，中国政府针对高校毕业生、农民工和城镇困难人员这三个就业群体，分别制定了具有针对性的就业扶持政策和措施，也对提升就业发挥了非常重要的作用。

2009 年全国城镇新增就业 1 102 万人，为全年目标 900 万人的 122%；实有城镇登记失业人员 921 万人，城镇登记失业率为 4.3%。2010 年第一季度，中国城镇就业基本恢复到经济危机前的水平，城镇登记失业率保持在 4.2%左右。但是，考虑到 2010 年的大学毕业生就业群体庞大①，城镇化过程中更多的进城农民工的就业供给，再加上当前经济复苏的基础还不是很稳固，国际经济环境的不确定性（比如欧洲债务危机），也导致外需萎缩的局面仍在持续，国内一些行业、一些企业生产经营还比较困难，所以就业压力短期内尚难根本缓解②，增加就业、安置失业仍然是保持经济、社会发展的中心任务之一。

（三）市场预期影响下的通货膨胀压力上升

虽然目前中国国内的通货膨胀形势还比较温和，但市场对通货膨胀的预期有增无减，这是由于很多因素的共同作用。首先，随着全球经济的逐步复苏，国际大宗商品的实际需求和预期推动其价格不断走高，可能引发输入性通货膨胀；其次，调整经济结构、转变经济发展方式的目标非常明确，资源品价格改革势在必行，2010 年第二季度，水、电、油、天然气等价格存在一定幅度上涨，这是提前管理通货膨胀预期的一个政策面体现；再次，中国年初的旱情，以及夏季的南方水灾等，都引起人们对农产品价格上涨的担忧，并且最近的食品和蔬菜价格已经出现了快速上涨，这也在一定程度上强化通货膨胀预期。

从具体数据来看，2010 年第一季度居民消费价格指数(CPI)同比上涨 2.2%，2010 年 3 月份 CPI 同比上涨 2.4%，4 月份 CPI 同比上涨 2.8%，5 月份 CPI 同比上涨 3.1%，创下 19 个月来高位。2010 年第一季度工业品出厂价格指数(PPI)同比上涨 5.9%，涨幅较上个月增加了 0.4 个百分点，原材料购进价格指数同比上涨 11.5%，涨幅较上个月增加了 1.2 个百分点，已经连续第二个月呈现两位数上涨态势。2010 年 4 月份 PPI 同比上涨 6.8%，5 月份 PPI 同比上涨 7.1%，工业增加值同比增长 16.5%。虽然该值略低于市场预期，但是由于强劲的经济增长以及重工业生产的快速回升，同时国际能源价格也一路走高，带动国内能源价格上调，预计

---

① 社会科学文献出版社正式出版的 2010 年就业蓝皮书《2010 年中国大学生就业报告》的调查研究表明，2009 届大学毕业生半年后的就业率约为 86.6%，比 2008 届高 1 个百分点，但仍比 2007 届低 0.9 个百分点。大学生就业率和薪资出现双回升，但自主创业的比例仅为 1.2%，并且 2009 年开始的政府对大学毕业生自主创业的资助并没有实际增加，资助政策未见效果。

教育部部长袁贵仁在 2010 年全国普通高校毕业生就业工作视频会议上直言：国际金融危机对我国就业的不利影响还没有消除，如果说 2009 年是我国经济最困难的一年，2010 年可能是最复杂的一年，整个宏观层面的就业形势都很严峻。那么，2010 年的毕业生人数 630 万人，再加上往届没有实现就业的，需要就业的毕业生数量之大可想而知。

② 据人力资源和社会保障部科研所的数据显示：中国在“十一五”期间计划年均新增劳动力需求总量为 1 800 万个，但是“十一五”期间每年新增劳动力供给为 2 000 万个，每年将出现 200 万个富余劳动力，供给和需求之间存在差距，预计中国未来几年内在劳动力总量上将出现供大于求、劳动力大量闲置的现象。

PPI 仍有望继续上行，显示上游的物价上涨压力非常大，并且这种压力将会逐渐传导并影响消费品的价格水平。

(四) 贸易环境持续恶化导致出口形势严峻

自 2009 年年初到 2010 年上半年以来，中国的对外贸易条件显著恶化，再加上 2010 年 6 月下旬的汇率形成机制改革①，将导致未来的进出口形势更加严峻。2010 年以来的贸易条件恶化，一方面是由于原材料价格的大幅上扬，另一方面则由于中国的出口产品(几乎全部是工业制成品)价格比中国进口的制成品价格降幅要大(或升幅要小)所引致。总的来说，中国的贸易顺差自 2008 年以来由于进口量激增和贸易条件恶化而大幅下降，2010 年前 5 个月贸易盈余相对两年前的同期水平下降，降幅中几乎有 1/3 是由贸易条件恶化造成的。

目前全球经济的复苏比预期的要好，但欧洲主权国家的债务问题将深刻影响金融市场、市场预期和经济复苏，并且将成为未来影响全球经济全面复苏的一个重大的不确定性因素，市场对欧元区边缘国家或其他国家的流动性和偿债能力存在担忧，这有可能演变成一场真正的具有传染性的主权债务危机，由此将进一步恶化中国的对外贸易环境，并且这种影响在 2010 年第一季度和第二季度越发明显。中国 2010 年前 5 个月的贸易顺差相比 2008 年同期水平下降了 50%以上，各类产品的进口额都有大幅上升，包括用于国内经济的"一般贸易"进口。

除此之外，汇改后的人民币缓慢升值，这对中国出口将产生一定程度的负面影响，而对进口则有一定程度的刺激。虽然中国贸易不平衡的压力由此会进一步减轻，并且通过预期引导产业结构调整而有助于经济转型，但不容忽视的是，长期依赖对外贸易发展的经济增长，将会在未来的较长一段时期内因汇改而受到影响。

(五) 结构性紧缩政策下的金融市场风险累积

2010 年中国为转变经济结构和调控过热的房地产市场，实施了重点突出、倾向性明显的结构性货币紧缩政策。这些调控措施一方面对中国长期实现经济均衡稳定增长提供了政策保障，但另一方面也会在一定时期内引致、甚至加速金融市场风险的累积。

2010 年 5 月份中国广义货币供应量 M_2 余额同比增长 21%，M_1 余额同比增长 29.9%，当月金融机构新增人民币贷款 6 394 亿元。各层次货币供应量的增速持续回落，表明前期紧缩政策效果逐渐显现。与此同时，银行间市场资金趋紧导致银行间利率大幅提高。2010 年 5 月份银行间市场同业拆借月加权平均利率为 1.67%，比 4 月高 0.33 个百分点；质押式债券回购月加权平均利率为 1.71%，比 4 月高 0.35 个百分点，两者均创 2008 年 12 月份以来的新高。这主要是前期连续 3 次上调存款准备金率和公开市场大力净回笼资金等紧缩政策效果的反映。

在货币信贷逐步向常态方向回归的同时，中国当前的中长期贷款增长仍处高位，信贷扩张势头仍然较强。一方面，由于在金融危机以来的经济刺激计划下，在建项目的资金需求量巨大，如 2009 年施工项目计划总投资 42 万亿元，增长 34%，导致中长期贷款投放有刚性需求，项目贷款

① 本次汇改强调改革的重点是汇率形成机制而不是汇率水平，指出汇率稳定是汇率形成机制改革的基础，当前人民币汇率不存在大幅变动和变化的基础，人民币汇率不进行一次性重估调整。在汇率形成机制方面，改革的重点是改变过去几年盯住美元的策略，改为增加货币篮子中除美元外其他货币的比重，准确反映真实汇率水平；在汇率水平方面，人民币大幅一次升值的可能性继续下降，升值预期变成有序、可控、动态管理的原则下缓慢升值。

需求旺盛无疑会加大金融机构的流动性风险；另一方面，地方政府融资平台的积极性仍很高①，部分行业和领域可能出现投资效率下降和产能过剩加剧的问题，由此引发的潜在问题和风险不容忽视。不仅如此，在政府对房地产市场的严厉调控措施下，如果出现房地产价格水平大幅波动，无疑会导致商业银行的相关不良贷款上升，从而引发金融风险累积。除此之外，2010 年上半年低位大幅震荡的资本市场，也反映了市场对未来金融风险乃至经济运行风险的悲观预期。

（六）中长期财政收支状况不容乐观

中国财政部发布的数据显示，2010 年 5 月份，全国财政收入 7 917.66 亿元，比 2009 年同月增长 20.5%。其中，2010 年 5 月份中央本级财政收入 4 749.18 亿元，增长 16.9%；地方本级收入 3 168.48 亿元，增长 26.4%。2010 年 1～5 月累计，全国财政收入 35 470.39 亿元，比去年同期增加 8 361.72 亿元，增长 30.8%。全国财政收入中，中央本级收入 18 856.72 亿元，增长 32.6%；地方本级收入 16 613.67 亿元，增长 28.9%。财政收入中的税收收入 32 029.93 亿元，增长 33.2%；非税收收入 3 440.46 亿元，增长 12.4%。财政部指出，财政收入增长较快的主要原因，一是经济继续向好带动税收增长，二是去年同期收入基数仍然较低，相应使 2010 年 5 月份收入增幅提高。

从支出方面看，2010 年 5 月份，全国财政支出 5 786.7 亿元，比去年同月增长 25.6%。2010 年 1～5 月累计，全国财政支出 25 692.21 亿元，同比增长 14.2%。其中，中央本级支出 5 361.93 亿元，增长 16.7%；地方本级支出 20 330.28 亿元，增长 13.6%。其中，财政支出增加较多的项目主要集中在教育、社会保障和就业、科学技术、交通运输、城乡社区事务、医疗卫生、地震灾后恢复重建以及文化体育与传媒等方面。

从财政收入走势看，由于 2009 年 5 月份起收入回升，特别是 8 月份后回升加快，基数逐渐抬高，预计收入增幅将呈“前高后低”走势。但由于 2010 年自然灾害发生较往年频繁，财政支出仍存在刚性增长的需要，再加上用于刺激消费的财政支出数额相当可观，因此，虽然上半年积累了较多的财政盈余，但 2010 年下半年影响财政收支的不确定性因素仍然较多。再考虑到经济结构转变过程中的其他不利因素影响，中长期内中国的财政收支状况不容乐观。

三、中国经济运行风险指数构建

本研究尝试在 2009 年报告的基础上，继续通过构建中国经济运行风险指数（Risk Index of Economic Operation，RIEO），以对中国经济的总体运行态势进行前瞻性把握。经济运行风险指数的编制过程如下：首先，筛选一组能够较好地反映经济运行态势的代表性指标，以构建风险测度模型；其次，利用上述模型考察宏观经济在一定时间范围内的变动趋势，得到风险测度结果；再次，对测度结果及相应的风险区间进行标准化处理；最后，得到风险指数值，以反映宏观经济在未来一段时间内的可能运行状况。

（一）指标选取

由于本研究所涉及的风险测度实际上是一种对经济运行态势的综合评价，因此所建立的

---

① 中国地方政府融资平台在 2009 年迅速增长到 8 000 多家，在 2009 年 9.5 万亿元的人民币新增贷款中，投向地方融资平台的贷款占新增贷款总量近 40%，总量近 3.8 万亿元；其中，县级融资平台占地方融资平台新增贷款总量的 75%。据统计，截至 2009 年年末，地方政府融资平台贷款余额（不含票据）约为 7.2 万亿元，约占贷款总额的 18%；预计 2010 年和 2011 年后续贷款约为 2 万亿～3 万亿元，2011 年年末将达到约 10 万亿元。

风险测度指标体系要遵循相关性、全面性、可测性、稳定性、重要性和独立性等原则。经济运行风险指数的构建是否具有科学性，以及在实际应用中能否有较好的风险指示和预警功能，其首要的决定因素就是合适的指标选择。然而，指标体系的全面性不可避免地会影响指标的相互独立，造成指标间的信息重叠。指标的个数越多，指标间信息重叠的程度就可能越高；反之，指标个数少，可以提高指标的独立性，但会影响指标的全面性，因此，需要在指标体系的全面性和独立性之间求得一种平衡，这也是本报告选择风险测度指标的基本原则。

对于经济运行风险测度指标选取而言，上述原则中的相关性是指所选取的指标，其变动状况在很大程度上能够直接反映出宏观经济在未来一段时间内的变化趋势；全面性是指测度指标的选取尽可能做到不遗漏各种能够影响或反映宏观经济运行态势的因素；可测性是指所选取的指标必须是可以量化的，并且相对应的数据是现行统计核算体系中可以获取的；稳定性是指对所选指标变化幅度进行不同状态划分后，划分的标准能够保持相对稳定；重要性是指选择尽量少的关键指标来反映经济运行的风险状况，而不刻意追求指标选择的全面性和系统性；独立性是指所选取的各指标之间尽可能没有显著的相关关系或因果关系。

在实际经济发展过程中，对经济运行状况的评价，很大程度上反映为宏观政策调控目标的实现程度。而根据宏观经济学的一般原理，宏观政策调控的主要目标是经济增长、物价稳定、充分就业和国际收支平衡。除此之外，现实的政策实践中，一国内部的财政收支平衡以及金融系统的稳定，也常常是政策当局所重点关注的目标。因此，在具体构建经济运行风险指数时，用于反映经济运行状况的指标，应当涵盖以上几个方面的内容。

根据上述经济运行状况的评价目标，初步选择的指标如表1所示。

表1

构建经济运行风险指数的指标初选结果

经济增长	物价稳定	充分就业
固定资产投资增长率(X_1) 消费品零售增长率(X_2) 出口增长率(X_3)	居民消费价格指数(X_4) 工业品出厂价格指数(X_5)	城镇登记失业率(X_6) 城镇单位就业增长率(X_7)
国际收支平衡	**财政收支**	**金融稳定**
进出口商品差额(X_8) 外汇储备/GDP(X_9)	各项税收完成比率(X_{10}) 财政赤字/GDP(X_{11})	金融机构各项贷款增长率(X_{12}) 货币供应量 M_2 增长率(X_{13}) 股票市值/GDP(X_{14})

与2009年研究报告略有不同的是，2010年的研究报告在反映就业状况的指标初步选择上，用城镇登记失业率①和城镇单位就业增长率替代了城镇居民人均可支配收入和农村居民人均现金收入两个指标。

接下来进行指标筛选，分析所用数据来源为CCER经济研究服务中心，时间范围为2000年1月至2010年3月。即首先对上述14个指标进行相关分析，从相关系数较大的指标中选

① 由于中国失业率数据一直具有争议，因此本报告在RIEO指数的编制时暂时放弃城镇登记失业率指标，而参考城镇单位就业人数、就业增长率等数据以估计失业状况。

取相对更重要的指标;接下来进行 Granger 因果关系检验分析以进一步精简指标①,选择作为 Granger 成因的指标,如果指标间互为 Granger 成因或不存在因果关系,则依据定性分析来选取指标;一些与其他指标相关系数较小的指标则直接作为暂时的评价指标。

对初选指标进行相关分析后,筛选后的指标包括:消费品零售增长率(X_2)、出口增长率(X_3)、居民消费价格指数(X_4)、城镇单位就业增长率(X_7)、外汇储备/GDP(X_9)、各项税收完成比率(X_{10})、财政赤字/GDP(X_{11})、金融机构各项贷款增长率(X_{12})和股票市值/GDP(X_{14})。

对上述指标进行 Granger 因果关系检验分析,并选择有显著 Granger 因果关系的成因指标,最后筛选出的 8 个指标包括:消费品零售增长率(X_2)、出口增长率(X_3)、居民消费价格指数(X_4)、城镇单位就业增长率(X_7)、外汇储备/GDP(X_9)、财政赤字/GDP(X_{11})、金融机构各项贷款增长率(X_{12})和股票市值/GDP(X_{14})。

消费品零售增长率进入指标体系,其原因在于:在拉动经济增长的三个最主要的因素中,消费支出的变化更能够真实地反映经济主体对未来经济发展趋势的预期,并且消费拉动经济增长的贡献效率要比投资和进出口更大。由于中国目前的经济增长在很大程度上仍依赖于对外贸易的增长,并且外贸企业,尤其是出口企业的经营状况会直接影响到劳动力的就业水平,因此出口增长率能够直接反映宏观经济的运行状况。基于此,出口增长率被选为风险指数构建的一个主要指标。固定资产投资增长率从指标体系中被剔除,这在理论上可以作如下解释,即中国长期以来为保持经济增长速度的稳定,在消费和进出口受到各种冲击时,政府就会通过促进固定资产投资增长来避免外来冲击造成的经济下滑或恶化。据此可以推知,固定资产投资增长率在某一时期的迅速上升,某种程度上可间接地反映出消费增长和进出口增长在此时期有较大波动。所以,为避免因素重叠,可将固定资产投资增长率指标剔除。

在反映物价水平的变动状况方面,居民消费价格指数(CPI)被认为是最具有代表性的指标,并且实际统计分析也证实了这一点,因此,居民消费价格指数将成为构建风险指数的另一个重要指标。

另外,在反映就业状况的指标中,由于城镇登记失业率的可靠性较差,因此需选择其他指标来替代就业率指标。而在劳动力稳定供给的情况下,城镇单位就业增长率如果出现较大的波动,则在很大程度上可以反映出宏观经济中的就业变化(如 2007 年国际金融危机以来的近两年时间,中国的城镇单位就业增长率就相比过去平均数据有明显下滑),因此,城镇单位就业增长率可选为反映就业状况的指标。

在中国目前的国际经济往来和外汇管制制度下,国际收支状况的变化会直接反映为外汇储备的增长变动。不仅如此,在中国目前的财政收支预算体系下,经济正常运行情况下财政赤字会相对较小并且稳定,如果经济过热(或过冷),则会表现为财政收入增长速度加快(或降低甚至负增长),因此财政赤字的变动及大小能够间接反映经济运行的变化状况。基于此,外汇储备/GDP 和财政赤字/GDP 可作为构建风险指数的指标选择。

在现代经济发展中,金融系统的运行状况会对经济运行产生重要影响,而在反映金融稳定状况的指标中,金融机构各项贷款的变动,一方面,会在未来一段时间内直接反映为实体经济

① Granger 因果关系检验分析要求各检验变量是平稳或同阶单整的,通过对上述指标进行 ADF 检验,结果表明上述指标都是 I(1)序列,因此可继续进行因果关系检验分析。

的变化，另一方面，由于长期以来中国政策当局会根据经济调控需要对金融机构的贷款发放施加影响，因此金融机构各项贷款的变化能够反映出政府对未来经济运行态势的判断。除此之外，由于股票市场一般被认为是经济运行状况的“晴雨表”，并且随着股票交易价格的波动，相应发生变化的股票市值能够较好地反映出市场主体的未来经济预期。基于此，金融机构各项贷款增长率和股票市值/GDP被选为风险指数构建的另外两个指标。最后得到的用于经济运行风险指数计算的指标体系如表2所示。

表2

指标选择结果

对应的经济调控目标	构 成 指 标
经济增长	消费品零售增长率(S_1)
	出口增长率(S_2)
物价稳定	居民消费价格指数(S_3)
充分就业	城镇单位就业增长率(S_4)
国际收支平衡	外汇储备/GDP(S_5)
财政收支	财政赤字/GDP(S_6)
金融稳定	金融机构各项贷款增长率(S_7)
	股票市值/GDP(S_8)

（二）指标权重确定

由于上面所选取的8个指标对经济运行风险影响的重要性和代表性不尽相同，这需要确定各因素对经济运行风险影响的相对权重。下面采用层次分析法（AHP）进行权重计算①。在具体确定不同指标之间相对重要程度时，主要参考中国政策当局公开的官方表述及货币当局政策实施中对不同政策目标的倾向性。如中国人民银行对中国货币政策最终目标的表述为“保持物价稳定，并以此促进经济增长”，再结合2010年中国货币政策的调控方向及目的（既要巩固经济复苏成果，又要防止通货膨胀上升），因此在比较通货膨胀与经济增长这两个指标的重要性时，将反映经济增长的指标定义为比反映通货膨胀的指标“稍重要”。按上述原则无法确定相对重要程度的指标间的关系时，则采用德尔菲法（Delphi Method）来进行确定。最终采用层次分析法算出的各指标权重系数如表3所示。

表3

经济运行风险指数中各指标的权重系数

构 成 指 标	权 重 系 数
消费品零售增长率(S_1)	0.220 3
出口增长率(S_2)	0.216 1
居民消费价格指数(S_3)	0.206 3

① 具体计算使用了层次分析法软件 Yaahp Version 0.4.1 免费版，在此对软件作者表示感谢。

（续表）

构成指标	权重系数
城镇单位就业增长率(S_4)	0.124 2
外汇储备/GDP(S_5)	0.057 4
财政赤字/GDP(S_6)	0.039 0
金融机构各项贷款增长率(S_7)	0.100 5
股票市值/GDP(S_8)	0.036 2

（三）模型构建及风险区间设定

将各个指标与其权重相乘再求和便可得到经济运行风险的加权评价模型，根据前面的指标确定及权重计算结果，最后得出的评价经济运行状况的风险指数模型为：

$$RIEO = 0.220\,3S_1 + 0.216\,1S_2 + 0.206\,3S_3 + 0.124\,2S_4 + 0.057\,4S_5 + 0.039\,0S_6 + 0.100\,5S_7 + 0.036\,2S_8 \quad (1)$$

利用上述模型进行经济运行风险的评价，对模型中每一个指标都将根据其预测值进行评分和划分风险状态，以便对经济运行风险作标准化处理，方便最终进行综合评价。

本报告中单个指标的评分将采用百分制，并拟将风险状况划分为"无风险"（0～20分）、"风险关注"（20～50分）、"有风险"（50～70分）、"较高风险"（70～90分）和"高风险"（90～100分）五个级别。各个划分级别界限值的确定主要参照国际上通用的警戒值设置及现有的研究成果；对于目前尚没有可参考界限值的指标，则结合中国实际情况按近期的经济预测目标值的平均数调整而得。为综合衡量经济运行风险，需要对指标进行标准化处理，指标对应的风险状态是由区间表示的，因此可以采用映射法将指标原始数据还原成分数值。

由于不同的指标有不同的性质且取得原始数据的方式不一，故映射的原理一样，但方法上有差异。在评价指标中，基本上分为正取向（指标值越大，对应区间显示的风险越大）、逆取向（指标值越小，对应区间显示的风险越大）和中性（指标数值对应某一区间风险最小，偏离该区间程度越大，风险越大）指标三大类。对于正取向和中性评价指标①，在数据处理时，首先找出指标值对应的风险状态区间，根据该风险状态区间的警戒上限和下限的相对位置，按照相同的比例把原始指标值映射到分值上限和下限的对应百分位位置。对于逆取向指标评分使用的原理与前者相同，只是在映射时初始对应区间需要从上限开始对应。对于单个指标的风险临界值的确定，将分两种情况而定：其一，在国际上有可参考警戒值的指标，将参考已有标准，并结合中国实际情况进行适当调整后确定（如居民消费价格指数、外汇储备/GDP、财政赤字/GDP和股票市值/GDP等指标）；其二，对于没有可参考标准的指标，将根据这些指标在近30年来的实际波动与其平均值的离差状况进行确定（如消费品零售增长率、出口增长率、城镇单位就业增长率和金融机构各项贷款增长率等）。具体映射及赋值结果参见表4。

---

① 李正辉，邓晓卓．我国宏观金融风险测度研究[J]．统计与信息论坛，2005(1)：26.

表 4

经济运行风险指数所选指标的风险状态界定

指标名称	无风险	风险关注	有风险	较高风险	高风险
消费品零售增长率(S_1)	13%～18%	10%～13% 18%～22%	5%～10% 22%～25%	0%～5% 25%～30%	0%以下 30%以上
出口增长率(S_2)	10%～25%	0～10% 25%～30%	−10%～0% 30%～35%	−10%～−20% 35%～40%	−20%以下 40%以上
居民消费价格指数(S_3)	1%～3%	3%～5% 0～−1%	5%～7% −1%～−3%	7%～10% −3%～−5%	10%以上 −5%以下
城镇单位就业增长率(S_4)	2.5%以上	1.5%～2.5%	0.5%～1.5%	−0.5%～0.5%	−0.5%以下
外汇储备/GDP(S_5)	10%～30%	30%～40% 8%～10%	40%～50% 5%～8%	50%～60% 3%～5%	60%以上 3%以下
财政赤字/GDP(S_6)	2%以下	2%～4%	4%～7%	7%～10%	10%以上
金融机构各项贷款增长率(S_7)	13%～15%	10%～13% 15%～18%	8%～10% 18%～23%	5%～8% 23%～28%	5%以下 28%以上
股票市值/GDP(S_8)	20%～30%	15%～20% 30%～50%	10%～15% 50%～70%	5%～10% 70%～100%	5%以下 100%以上
指标评分	0～20分	20～50分	50～70分	70～90分	90～100分

上述指标体系中，某个指标变量 S_i 达到一定程度后，将可能对整体经济运行起到决定性作用，从而引发系统性风险。因此，本研究拟以“高风险”状态的中间值为界，构造经济运行风险指数的函数表达式如下。

$$\begin{cases} RIEO = \sum S_i W_i, & \text{任何 } S_i < 90 \text{ 时} \\ RIEO = S_i, & \text{任何 } S_i \geqslant 90 \text{ 时} \end{cases} \tag{2}$$

通过各个指标的预测值及其对应的风险状态评分，并利用上面的函数解析式，就可以直接计算出经济运行风险指数值。

四、中国经济运行风险预测

下面将对 2010 年和 2011 年影响中国经济运行的各风险因素的可能变动情况进行预测，其中，各指标数据的预测采用了自回归移动平均模型(ARMA)方法，数据来源为 CCER 经济研究服务中心网络数据库和 Wind 金融资讯数据库。在利用实证方法得到预测结果后，又结合定性分析和其他研究机构的相关判断和预测，对预测值进行了适度调整，最后的预测结果参见表 5。

从表 5 的各指标预测结果来看，2010 年可能影响中国经济运行的各主要因素中，外汇储备/GDP 指标和金融机构贷款增长率指标处于“有风险”状态，这反映了中国外汇储备的总体规模仍偏大，在新一轮人民币汇率形成机制改革下，人民币持续升值和美元价值的大幅波动，会导致中国以美元资产为主的巨额外汇储备面临着很大的价值缩水风险，并且这一风险在金融危机造成的外部环境日益恶化的形势下更为明显。

表 5

2010—2011 年中国经济运行风险指数各指标预测结果

指 标 构 成	2010 年		2011 年	
	预 测 值	风 险 值	预 测 值	风 险 值
消费品零售增长率(S_1)	18.5%	**22.5**	19%	**25**
出口增长率(S_2)	20%	**20**	15%	**22.5**
居民消费价格指数(S_3)	3.3%	**24.5**	3.8%	**32**
城镇单位就业增长率(S_4)	2.2%	**29**	2.0%	**35**
外汇储备/GDP(S_5)	40%	**50**	38%	**44**
财政赤字/GDP(S_6)	3%	**35**	3.2%	**38**
金融机构各项贷款增长率(S_7)	21%	**62**	18%	**50**
股票市值/GDP(S_8)	45%	**42.5**	50%	**50**
RIEO 值	**29.9**		**32.2**	

2009 年以来，中国金融机构各项贷款增长迅猛，虽然 2010 年货币当局采取了结构性的信贷紧缩调控政策，但由于保持经济持续增长的内在要求，以及由于固定资产投资贷款和地方政府融资平台等的刚性信贷需求，使得总体上中国金融机构的信贷增长率仍偏快，而过快增长的信贷一方面隐含了不良贷款率上升的风险，另一方面在贷款资金没有正常流入实体经济的情况下，将有可能催生资产价格泡沫，从而给经济运行造成隐患。

2010 年中国资本市场经历了大幅震荡的行情，股票市场的风险逐渐累积，因此这一指标的风险评级为“风险关注”状态，接近“有风险”级别。在上述几个主要因素的影响下，2010 年中国的经济运行风险指数 RIEO 值为 29.9，处于“风险关注”级别。

根据表 5 的预测结果，2011 年中国经济运行的主要风险因素仍然为金融机构的信贷增长和资本市场的波动，其对应指标的风险评级为“有风险”状态。与 2010 年相比，2011 年中国的通货膨胀有可能继续上升。不仅如此，在经济结构转变和低碳经济发展过程中，中国的就业状况和财政收支状况等有可能会受到负面影响，因此风险值较 2010 年有所增大。基于上述预测结果可以看出，在没有其他意外冲击的情况下，2011 年可能影响中国经济运行的其他指标的变动都比较小。在上述几个主要因素的影响下，2011 年中国的经济运行风险指数 RIEO 值为 32.2，处于“风险关注”级别。并且可以推断，如果政府的各项政策措施得当，2011 年中国经济运行的风险将处于完全可控的状态，经济有望继续平稳较快增长。

五、主要结论及对策建议

通过对影响中国经济运行的主要风险因素进行识别，并在此基础上，建立了经济运行风险指数模型，通过对构建经济运行风险指数的各个主要指标的预测，借以评价中国未来经济运行的总体风险状况。研究得出的主要结论包括以下方面。

第一，2010 年和 2011 年中国经济运行的总体风险状况均为“风险关注”级别，但可能引致风险的因素略有区别。其中，2010 年最大的风险因素来自金融机构信贷的继续较快投放，以及新汇改背景下的中国巨额外汇储备的可能价值缩水。而具体到 2011 年，除了金融机构信贷过快增长这个风险影响因素之外，前期过快的信贷投放以及持续强化的通胀预期所引发的通货膨胀上升压力，将有可能演变为资产泡沫和总体价格水平的实际上涨，从而可能成为经济运行风险新的主要引致因素。

第二，虽然中国经济维持着较高的增长速度，但并不能说明中国经济已经完全从全球金融危机的阴影中走出。因为，在经历了金融危机之后，中国经济原有的增长模式暴露出愈来愈多的问题或弊端，如果中国政府所推进的经济结构转变和增长方式转型无法顺利实现，则中长期内经济能否持续发展仍存在较大的不确定性。

第三，随着 2009 年和 2010 年第一季度的快速增长，中国的房地产市场的风险迅速累积。为避免房地产市场的泡沫破裂对民生和长期实体经济的发展造成伤害，中国政府及货币当局实施了紧缩性的货币政策以遏制房地产市场的非理性增长，从而造成房地产市场相关的资金链条紧缩，由此可能造成业已脱离真实需求的房产价格快速下跌，进而导致商业银行的不良资产迅速上升，最终引发金融风险。

第四，相对于房地产信贷，中国地方政府融资平台所涉及的信贷规模更大，而经济波动或房地产市场调整都会严重影响到融资平台涉及的贷款归还，由此给银行系统带来的风险实现的可能性更大。中国地方政府融资平台主要以政府所拥有的土地作质押进行融资，或用综合收费能力来保证项目的还款能力，而不是靠项目自身的收费能力。因此，房地产调控政策造成土地价格下降和地方财政收入下滑，以及中国的经济走势出现反复造成政府的综合收费能力下降，都将导致融资平台涉及贷款风险迅速加大。

第五，在全球范围内，各主要发达经济体的复苏前景仍不明朗，并且欧洲主权债务危机的进一步恶化和传染，将可能造成中国经济赖以增长的外部需求的持续低迷态势，再加上 2010 年 6 月汇率形成机制改革后的人民币进一步升值，这些因素都会导致外贸企业的生存状况进一步恶化，并加大国内劳动力的就业压力。另外，其他微观经济主体的运营也面临着各种挑战，这些都将给中国经济运行增加诸多的不确定性。

基于此，在近两年的经济发展中，中国政策当局应逐步退出宽松货币政策并有序实施财政紧缩政策，以缓释应对危机而采取的救市政策所产生的副作用。通过有效控制信贷投放数量和投放方向，保持适度的信贷和货币供应增长速度，尤其通过利率调整等价格型货币政策工具，以正确引导通货膨胀预期，从而避免资产价格泡沫的滋生和通货膨胀快速上升的风险。为减少地方政府债务风险的快速积累，中国政府需要逐步创新和完善目前的行政管理体制和官员激励机制，实施有效的行政监督并分散或约束地方政府官员在决策过程中高度集中的权力。除此之外，中国政府还需要严格控制固定资产投资增速和新开工项目数量，继续坚持经济结构转变，并通过税收优惠等政策引导市场过剩资本进一步向民营企业转移，以确保经济增长质量，从而实现经济长期的持续健康运行。

参考文献

[1] 李正辉，邓晓卓. 我国宏观金融风险测度研究[J]. 统计与信息论坛，2005(1).

[2] 刘朝阳. 经济运行先行指标选择的实证研究[J]. 南方金融，2006(7).

[3] 钱争鸣. 中国宏观经济运行总量指标互动影响的实证研究[J]. 商业经济与管理，2005(9).

[4]　石良平.中国宏观经济预警体系的评价与修正[J].统计研究,2007(1).

[5]　唐海燕.中国经济运行风险研究报告(2009)[M].上海：立信会计出版社,2009.

[6]　唐海燕,贾德奎.中国经济运行风险指数[M].上海：上海人民出版社,2010.

[7]　徐映梅,丁俊君.宏观经济运行质量评价指标的选择方法[J].中南财经政法大学学报,2007(4).

[8]　中国人民银行货币政策分析小组.中国货币政策执行报告[R].北京：中国金融出版社,2010.

第二章 投资与经济增长风险

一、绪论

2009年，在国际金融危机的背景下，中国政府迅速启动投资，特别是大规模启动政府投资和国有企业的投资，拉动经济实现"保八"目标。国务院总理温家宝强调，2010年的投资力度不减，投资仍然是经济增长的重要驱动力之一。因为中国经济是以实体经济增长为特征，实体经济的增长必须有投入才会有产出，投资必须随着经济增长而增长。以投资为主的增长方式的转移，不是减少投资，而是需要保持更合理更有效率的增长。

中国国家统计局的统计数据显示，2009年中国经济增长中，资本形成对GDP增长的贡献率达到了92.3%，拉动经济增长8%(如表1)。可见，投资依然是中国经济增长的最重要引擎。

表1

2009年三大需求对GDP增长贡献

项　　目	2009年
最终消费对GDP的贡献率(%)	52.5
最终消费对GDP的拉动(百分点)	4.6
资本形成对GDP的贡献率(%)	92.3
资本形成对GDP的拉动(百分点)	8
净出口对GDP的贡献率(%)	−44.8
净出口对GDP的拉动(百分点)	−3.9
生产法GDP不变价增长速度(%)	8.7

资料来源：国家统计局。

城镇固定资产投资完成额增速依然很快。2009年年初增速为26.5%，此后逐月攀升，6月达到全年峰值33.8%；7～11月，城镇固定资产投资增速略有回落，但仍属高位运行，1～11月累计同比增长32.1%。

2009年前3个季度累计增速为37.4%。2009年前3个季度累计实际增速显著高于2004年以来各年实现的全社会固定资产投资实际增速，超出2008年实际增速2.4倍以上。

（一）2009年固定资产投资的行业特征

从2003年以来固定资产投资的行业结构看，投资比重位居前6名的行业一直是下列行业：制造业，房地产业，交通运输、仓储和邮政业，水利、环境和公共设施管理业，电力、燃气及水的生产和供应业，采矿业。2004—2008年，固定资产投资行业结构变化的主要特征是：制造业、采矿业所占的投资份额上升，基础设施行业的投资份额下降。2009年，固定资产投资行业结构变动特征发生变化，制造业、采矿业、房地产业的投资份额下降，基础设施投资份额上升。

从投资增长的拉动作用看，制造业，采矿业，房地产业对投资增长的拉动较 2008 年分别减少了 1.3，0.5，0.8 个百分点，而与此同时，交通运输、仓储和邮政业，水利、环境和公共设施管理业，电力、燃气及水的生产和供应业投资增长拉动分别提高了 4.1，1.8，0.7 个百分点。可见，如果没有基础设施投资的高速增长及其对城镇固定资产投资增长的拉动，2009 年的投资增速不会达到目前的水平。可见，2009 年固定资产投资的行业特征是，制造业对投资增长的拉动最大，交通运输、仓储和邮政业的拉动增幅最大。

（二）2009 年固定资产投资的空间特征

2004—2008 年，东部地区的投资份额下降，中部地区的投资份额上升，西部地区的投资份额有一定增加，但变动幅度小于东部和中部地区；在投资增长拉动方面，东部地区的拉动下降，中部地区拉动增大，西部地区的拉动没有形成单一的变动方向，有的年份上升，有的年份下降。2009 年，东部地区一改连续数年趋弱局面，其对投资增长的拉动作用上升，2009 年 1～11 月累计比 2008 年增加了 1.64 个百分点，西部地区投资增长拉动大幅提高 3.18 个百分点，中部地区提高 1.6 个百分点。可见，2009 年固定资产投资的空间特征是，东部地区对投资增长的拉动最大，西部地区拉动增加最多。

（三）2009 年固定资产投资的部门特征

从登记注册类型分的城镇投资情况看，2004—2006 年，对投资拉动最强的是有限责任公司，其次是私营企业；2007 年，对投资拉动最强的是私营企业，其次是有限责任公司；2008 年，对投资拉动最强的是国有部门，其次是有限责任公司，私营企业退居第三；2009 年，国有部门对投资增长的拉动进一步增强，1～11 月累计达 14.6%，较 2008 年大幅增加 6.7%；有限责任公司的投资增长拉动也由 2008 年的 6.4%提高到 8.2%，私营企业投资增长拉动由 2008 年的 6.0%提高到 6.8%。

2009 年全社会固定资产投资中，非国有部门投资比上年增长 25.3%，下降 0.6 个百分点；1～4 季度投资回升中存在波动，动力不足。其中，私营企业投资明显回升，1～4 季度增速为 27.7%，34.2%，35%，35%。个体经济投资起伏不定，1～4 季度为 34%，40%，27%，26.6%。外商，我国港、澳、台商投资全年持续低迷。可见，2009 年固定资产投资的部门特征是，国有部门投资拉动最强，增幅最大，非国有经济回升动力有待增强。

（四）2009 年房地产投资

在房地产市场需求迅速恢复并不断增强的背景下，房地产市场也迅速由买方市场转变为卖方市场，商品住宅价格不断上扬；与此同时，资本市场的企稳回升，特别是关于房地产开发企业融资政策的放松管制，不仅缓解甚至可以说是很大程度上解除了房地产开发企业当前面临的财务压力，更进一步强化了房地产市场的卖方特征，于是很好地激励了房地产开发企业的投资积极性。房地产开发投资一改年初低迷的状况，投资增速迅速回升。2009 年头两个月，房地产开发投资累计增速仅为 1%，2009 年前 3 季度累计增速就已经上升至 17.7%，2009 年 1～11 月累计房地产开发投资增速为 17.8%。可见，2009 年房地产开发投资快速回升。

《中国经济运行风险研究报告 2009》主要研究了政府投资增长将可能导致的经济增长风险。报告指出，2009 年预算内资金增加率至少在 40%以上，将引致 2009 年 GDP 增长率增长 8.4%。从 2009 年经济运行的结果看，中国 2009 年 GDP 实际增长率为 8.7%，预测与经济运行结果比较一致。

结合历史数据，2010 年投资与经济增长的风险将主要研究投资的资金来源和投资流向与经济增长风险之间的关系。

二、风险因素识别

投资引致经济增长的风险，我们可以从以下视角加以说明。首先是总体投资快速增长导致的经济增长风险，包括生产能力过剩导致的经济增长风险和环境污染导致的经济增长风险；其次是投资的行业特征导致的经济增长风险，其中最为关键的是农业投入过少导致的经济增长风险；再次是投资的部门特征导致的经济增长风险，其中最为关键的是国有部门投资过大导致的经济增长风险；最后是房地产投资过热导致的经济增长风险。

（一）生产能力过剩导致的经济增长风险

国际上形成的一致共识是，中国之所以出现大量的投资，关键是因为中国的储蓄率过高。有三种观点支持了中国为什么会有过高的储蓄率。第一种观点认为，是家庭储蓄率过高导致了过高的储蓄率。高储蓄的一个重要原因是从计划经济转向市场经济的过程包含了金融风险从国有企业转向个体家庭，教育、健康和养老体系等的改革导致了中国家庭未来教育、医疗和退休等预防性的储蓄需求(Kroeber，2005)。第二种观点认为，家庭高储蓄率并不能解释中国过高的储蓄率，企业储蓄是主要原因。随着企业业绩的提高，企业储蓄增长很快，现已经接近国家储蓄的50%，企业储蓄的目的是为其投资自我融资(Dunaway 和 Prasad，2006)。第三种观点认为，家庭和企业投资不足以解释中国过高的储蓄率，政府储蓄是重要原因。高的政府储蓄同样为高储蓄作出了贡献(Kuijs，2006)。

无论是什么原因导致中国过高的储蓄率，进而诱致了中国过多的投资，过多的投资最终的结果必然是生产能力的过剩。中国的生产能力过剩，将导致中国企业利润增幅下降，亏损增加。从汽车业看，由于前期投资形成能力，出现“井喷式”投产，各厂家为了占领市场，大打价格战，纷纷采取降价让利吸引顾客，有的厂家不惜亏本换市场，产品供大于求导致惨烈的降价战。生产量越来越大，原材料又涨价。在两个走势的双重打压下，汽车企业从过去的高利润回归到合理的利润水平，甚至利润率低于合理水平。同时，2008 年以前通过出口吸收过剩的生产能力的方式难以在未来持续，这样就进一步地加剧了生产过剩。

一个产业接着一个产业出现供过于求的情况，这样一来既压低了产品价格，同时也减少了利润。然而，那些利润受挤压的企业是不会轻易放弃自己的产业的，它们转而依靠自身的创新能力，加快对新技术的投资来确保自身地位，这样，只能使生产过剩的形势更加恶化。生产过剩必然导致制造业产品价格下降的压力加大，利润率下滑。由于回报率下滑，企业从投资中获得的利润变得更少。于是，它们别无选择，只能减少厂房、设备和雇员。与此同时，为了保持利润率，企业开始减少对工人的补偿，而政府的社会性支出也在减少。但是，所有这些削减措施最终只会导致总需求长期不振。

马克思指出：“一切真正的危机的最根本的原因，总不外乎群众的贫困和他们的有限的消费，资本主义生产却不顾这种情况而力图发展生产力，好像只有社会的绝对的消费能力才是生产力发展的界限。” ①

（二）环境破坏和污染导致的经济增长风险

政府不愿意或不能实行严格的环保管制，大量的制造业投资同时导致了国家能源在内的

① 马克思，恩格斯. 马克思恩格斯全集：第 25 卷[M]. 北京：人民出版社，1972：548.

自然资源的滥用，导致环境恶化。中国70%左右的河流和湖泊都遭到了严重污染。根据世界卫生组织的报告，中国2/3以上城市的空气质量不达标，其中9个城市是世界上十大污染城市，特别是空气中有过高的一氧化碳的含量。中国政府有关部门估计，每年有40万人死于与空气污染相关的疾病（Hunt，2006）。

环境问题是指由于人类活动作用于周围环境所引起的环境质量变化，以及这种变化对人类的生产、生活和健康造成的影响。人类在改造自然环境和创建社会环境的过程中，自然环境仍以其固有的自然规律变化着。社会环境一方面受自然环境的制约，另一方面也以其固有的规律运动着。人类与环境不断地相互影响和作用，产生环境问题。

我国的经济增长主要还是建立在丰富而廉价的劳动力资源和不十分丰富却较廉价的自然资源基础之上。这是过去30年资源、生态、环境过度消耗的重要原因。中国现已成为世界资源消耗大国，进入了持续性生态资源短缺和大范围复合性环境污染的阶段，未来的持续发展面临前所未有的挑战。我国现在进入了环境灾难事件随时会密集爆发和自然资源极其短缺的阶段。

目前，水资源的短缺和水体污染已成为我国最突出的社会问题之一。从1980年到现在的30年间，水资源消耗总量持续增加。随着社会经济规模的扩大，水污染出现了加剧的趋势，多数湖泊、河流受到污染或严重污染，经济的快速增长让我们已经付出了十分昂贵的水环境代价。同时，随着经济的发展、城市化水平的加快、人口的增长和人民生活水平的提高，污染物排放问题非常严重，我国废水排放总量、废气排放量、固体废弃物产生量都在逐年增加。

虽然中国仍处于快速工业化的阶段，这一阶段绝对需要消耗大量物质资源。然而，资源的供给毕竟是有限的。对西方发达国家来讲，其实力、生产能力、在贸易秩序中的发言权等，基本上确保它们维持在高位的资源需求。中国是快速工业化的国家，作为“世界工厂”，需要在全球范围内配置资源，而中国真正融入国际社会，参与自然资源的再配置仅仅才二三十年时间，这无疑打破了原有资源配置流向，会或多或少受到抵制、排斥。这期间中国在国际范围通过合法国际规则获取自然资源保障的路途肯定充满种种摩擦。

中国的生态环境已经被严重破坏，进一步破坏将引发巨大的经济成本。比如，中国的二氧化硫排放量可能已经两倍于可持续发展所限定的水平。如果空气质量继续恶化，将出现严重的城市健康危机。水污染的情况与空气污染类似。为了解决这类问题，所有工厂必须安装相应的处理设备，这会增加生产成本，并减缓经济增长步伐。

中国压低生产要素价格的做法是不可持续的。由于政府拥有所有关键生产要素，为了降低生产成本、推动经济增长，这些要素的价格就被压低。但没有合适的定价，这些资源将被滥用，无法实现经济的可持续增长。

总之，总体投资快速增长导致的经济增长风险，包括生产能力过剩导致的经济增长风险和环境污染导致的经济增长风险。除此之外，总体投资快速增长非常重要的原因是利用了中国劳动力非常丰富的特点，这就导致投资过于集中在低附加值、低技术和非品牌货物上，经济增长的利益并没有在区域间、技巧水平或产业部门间实现共享，从而造成富人和穷人之间的收入差距日益扩大的结果。收入差距扩大化无疑会诱发社会矛盾，引起社会稳定问题，进而不利于经济增长。

（三）农业投入过少的经济增长风险

中国2/3以上的投资投入到诸如道路、自动排水系统和公共建筑等基础设施之中，剩下的1/3中的大部分投入到制造业的机器和设备之中。尽管农业占GDP的比重达到了15%，但农业投资只占2%左右（Shane和Gale，2004）。

2010年中国西南旱灾,充分暴露了固定资产投资行业——农业投资过少所存在的问题。自2009年9月以来,中国西南地区的云南、贵州、广西、重庆、四川等省(区、市)都遭遇大范围持续干旱,部分地区降水比往年偏少七至九成,主要河流流量之少创历史之最。秋、冬、春连旱使云南、贵州等省部分地区遭遇百年一遇的特大干旱,干旱范围和强度均突破历史极值。国家防汛抗旱总指挥办公室统计显示,截至2010年3月10日,中国耕地受旱面积已达614万平方米,其中作物受旱48万平方米,待播耕地缺水缺墒130多万平方米;有1 828万人、1 145万头大牲畜因旱饮水困难。

大江大河纵横交错的西南地区是中国水资源最为丰富的地区之一,但由于水资源在时空分布上不均、复杂的地形地貌和脆弱的水生态环境,水资源丰富的中国西南地区长期面临严峻水资源挑战,历史罕见干旱气候更使这一区域多年积弊的水利矛盾暴露:一面是干旱日益严重,一面是杂草丛生的水沟、垮塌淤塞的渠道、年久失修的排灌机埠,作为农业"命脉"的水利基础设施超期服役、带病运行,疲态尽显。

在西南地区,一方面水渠失修影响灌区的有效灌溉面积;另一方面,由于大多数水库属于病险水库,导致"水来留不住、旱时用不上"。例如,在贵州,由于大部分水库始建于20世纪50年代至70年代,受当时勘探设计技术、施工质量管理等因素影响,工程停停建建,再加上后期管理粗放、手段落后、维修养护投入严重不足等,大批水库存在病险。目前贵州还有小(二)型以上病险水库829座,估算需要投资近30亿元。

长期以来,相对于众多的农村人口,各级财政对农业投入太少;农村基础设施建设滞后,农田水利设施老旧,造成旱不能抗,涝不能排;粮食价格虽然有所增长,但因价格长期偏低,农业效益低下。

如果农村、农业投资持续过少,那么城乡居民收入差距将进一步扩大,农民增收困难,种粮积极性下降,长期下去,将影响国家稳定,中国经济增长风险凸显。

(四)国有部门投资过多的经济增长风险

尽管国有部门创造的GDP只占中国GDP的1/3左右,但依然控制了中国资本的大部分。例如,许多私人投资是由国有或集体所有的企业完成的,这些投资往往得到的是内部资金或国有商业银行贷款的出资。从1993—2000年,60%以上的贷款进入国有企业(Wolf,2005)。虽然国外投资有所增长,但仍然只占总投资的5%左右(Shane和Gale,2004)。

过多的投资依然集中在制造业出口领域(Blanchard和Giavazzi,2006),投资回报率非常低。在20世纪80年代到90年代期间,需要有2～3美元的新投资,才能产生1美元的额外增长,但到了21世纪,需要有4美元的新投资,才能产生1美元的额外增长(Zhang,2006)。与东亚新兴国家和地区的状况比较,它们从来没有过如此高的资本产出比例。即使在印度,从这个角度衡量的效率也高于中国。

国有企业是这种低效率的主要来源(OECD,2005)。其表现差的原因可部分地归因于政府部门要实现社会政策目标,但关键在于由于政府干预其经济管理而导致的灵活性不足(OECD,2002)。国有企业的低效率导致低利润和债务的上涨,这就进一步地导致政府干预(将低效国有企业的资源转移到效益好的企业)。国有企业同时接受了政府部门不同的优惠待遇,避免外部的残酷竞争。OECD(2005)估计中等国有企业只是赢得了1.5%的利润回报率。

资源错配的另一方面来源于政府经济活动的干预和腐败。中央政府的经济增长驱动政策在地方层面上被解释为不惜一切代价推动经济增长。为了推动GDP的增长,地方政府不惜上马政绩工程和形象工程。Hunt(2006)指出中国存在地方企业、地方政府和地方银行等三种势力,无论建造什么类型的工厂,每股势力都有自身的利益。在通常情况下,这些工厂的投资都是零成本的资本,其中,腐败的官员在这一过程中获利良多。

在金融行业里,政府一直把全部注意力集中在国有企业上,实际上不允许非国有企业进入金融体系,尤其是不允许非国有企业进入银行业。这是对中国经济发展、经济改革不利的政策。

2009 年,国有部门对投资增长的拉动进一步增强,1～11 月累计达 14.6%,较 2008 年大幅增加 6.7%;有限责任公司的投资增长拉动也由 2008 年的 6.4%提高到 8.2%,私营企业投资增长拉动由 2008 年的 6%提高到 6.8%。预计到 2010 年,国有企业投资同样会进一步加大。

(五) 房地产投资过热的风险

房地产投资拉动着 50 多个产业的发展,拉动率为 1∶2.86,对国民经济的影响力达到 30%。国内外发展的实践表明,房地产业健康发展是经济社会发展之福;房地产业过热,出现泡沫,则是经济社会发展之祸。日本和中国香港经济社会发展受房地产泡沫破灭拖累之久,应引以为鉴。

房地产业投资过热是导致落后产能进一步扩张的主要原因。商品房销售额大幅攀升带动了房地产开发和城市基础设施投资的新一轮高速增长,通过产业链的传递,进而又拉动钢材、有色金属、建材、石化等生产资料部门成倍扩张。随着钢材价格回升,一些停产和半停产的小钢铁企业再度恢复生产,大量装备落后的 200 立方米以下高炉、20 吨以下转炉也开始生产,落后的钢铁产能出现了一定程度的反弹。

房地产投资过热,导致房价过快上涨,在推动投资增长过快的同时,已经成为抑制消费的重要因素。房价快速上涨改变了消费者的预期,导致居民的恐慌性"抢购"。房价上涨过快,在带动住房消费和家居类商品消费的同时,此消彼长,在一定程度上抑制了其他消费。

房地产投资过热吸引大量资金进入,加大了金融风险的集聚。银行中长期贷款中房地产开发和个人住房贷款的比例大幅提高。个人住房消费信贷几十倍地增长,个人住房贷款占个人消费贷款的比重高达 75%～97%。房地产开发投资隐含的金融风险更大,房地产开发企业投资的 70%左右依赖于银行。这样集聚的金融风险进一步加大。

三、风险度量

我们可以从两个不同的视角度量投资引致的经济增长风险:一是投资的资金来源(即投资是国家预算内资金、银行贷款、国外投资、自有资金及其他资金来源);二是投资的资金流向(即投资投向的行业,如农业、服务业和制造业等)。

(一) 投资资金来源导致的经济增长风险度量

国家投资资金来源不合理,往往导致经济增长大起大落的风险。从中国的实际情况看,短期内政府资本每增加 1 个百分点,产出将会增加 0.80 个百分点,而民间投资对产出的贡献并不明显,它每增加 1 个百分点将带来产出增加 0.11 个百分点。也就是说政府投资在短期可以暂时替代民间投资来扩大总需求,拉动经济的增长。尤其是在经济紧缩阶段民间投资将仅仅维持在自发投资的水平上,此时增加政府投资可以弥补民间投资的不足,启动需求,很好地发挥经济增长效应。但是从长期来看,政府投资的效率是远低于民间投资的,过多的政府投资会对民间投资产生挤出效应。实证分析结果表明:长期政府资本的产出弹性为负时,每增加 1 个百分点将引起产出降低 0.99 个百分点;民间资本的产出弹性为正时,每增加 1 个百分点的民间资本将引起产出同方向增长 0.48 个百分点。因此,长期政府投资对经济增长并没有促进作用，拉动经济增长的原动力应该是民间投资，只有民间投资得到持续适度的增长，才能保证一个更高的经济增长水平。

本章引用前述的中国经济增长风险状况，鉴于预算内资金增长率、国内贷款增长率、利用外资增长率和自筹资金增长率指标中的数据都是名义数据（即不考虑物价指数），因此，GDP 增长率数据也采用名义数据。本研究以预算内资金增长率作为政府投资的度量指标（见表 2）。

表 2

1982—2008 年 GDP 风险、资金来源增长率

单位：%

年 份	GDP 风险	名义 GDP 增长率	投资增长率	预算内资金增长率	国内贷款增长率	利用外资增长率	自筹资金增长率
1982	1.0	9.0	28.03	3.5	44.4	66.4	34.1
1983	1.0	12.3	16.23	21.6	−0.4	10.0	18.7
1984	3.0	21.0	28.17	23.9	47.3	6.2	27.6
1985	4.0	24.8	38.75	−3.1	97.4	29.5	41.6
1986	1.0	13.6	22.70	11.7	29.0	50.1	21.9
1987	1.0	17.3	21.51	9.0	32.4	32.5	19.9
1988	2.0	24.8	22.74	−13.0	12.1	51.3	32.5
1989	4.0	13.1	−5.23	−15.3	−22.0	5.7	0.7
1990	3.0	10.1	2.43	7.4	16.1	−2.2	−1.2
1991	2.0	16.6	23.84	−3.2	48.5	12.0	21.2
1992	3.0	23.4	44.43	−8.7	68.4	47.0	41.0
1993	3.0	30.9	61.78	39.2	38.8	103.6	69.6
1994	2.0	36.4	36.37	9.5	30.1	85.4	34.7
1995	1.0	24.3	15.13	17.3	5.0	29.8	16.3
1996	1.0	17.3	13.81	0.8	8.9	19.6	14.9
1997	1.0	11.3	8.14	11.3	4.6	−2.3	10.9
1998	2.0	6.4	13.69	71.9	15.9	−2.5	13.2
1999	2.0	6.6	3.61	54.7	3.3	−23.3	4.2
2000	2.0	10.8	11.28	13.9	17.5	−15.5	11.9
2001	2.0	10.3	14.73	20.7	7.6	2.0	17.2
2002	2.0	10.2	18.59	24.1	22.4	20.5	16.9
2003	1.0	13.5	30.12	−15.0	36.0	24.7	33.4
2004	1.0	18.1	27.21	21.1	14.5	26.4	31.4
2005	1.0	15.4	26.86	27.6	18.4	21.1	29.3
2006	2.0	15.8	25.76	12.5	20.0	8.9	28.8
2007	2.0	18.0	26.77	25.4	17.6	18.4	29.2
2008	2.0	16.8	25.9	35.8	14.8	3.5	25.7

1. 经济增长风险高的年份投资资金来源特征

从表 2 中可以看出，1985 年和 1989 年经济增长风险都高达 4。从这两年投资的当年基本特征看，1985 年投资增长过快（达到了 38.75%），1989 年投资减少（减少了 5.23%），这是引致经济增长风险的关键因素。从预算内资金增长率看，两者都为负值，预算内资金（政府投资）的减少可能是经济增长高风险的原因之一。

1984年、1990年、1992年和1993年的经济增长风险都较高，经济增长风险为3，处于有风险状态。从这几年投资当年投资增幅的基本特征看，1990年投资增长过慢，增长率仅为2.43%，是导致经济增长率下滑的关键。1984年、1992年和1993年的经济增长风险较高的关键原因在于投资增长过快。从预算内资金增长率看，1992年，预算内资金增长率为负，1993年预算内资金增长率增长过快，可能是经济增长高风险的原因之一。

2. 度量投资资金来源与经济增长风险间的关系

我们以YSNZJ表示预算内资金，GNDK表示国内贷款，LYWZ表示利用外资，ZCZJ表示自筹资金，可以得到如图1所表示的五变量趋势图。

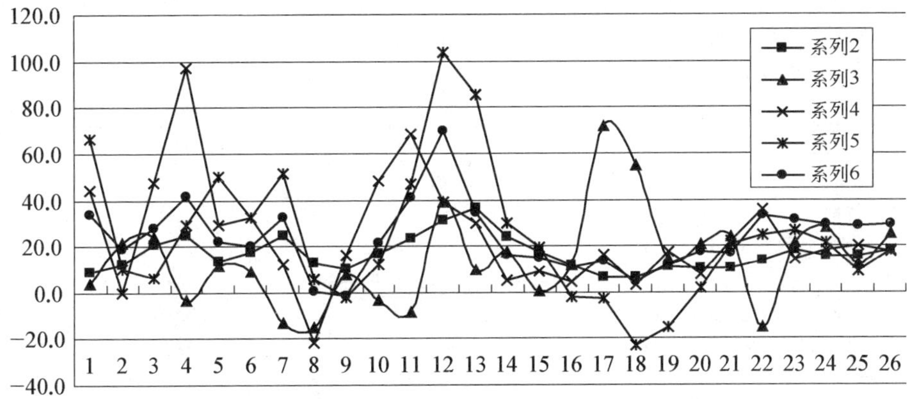

图1　五变量趋势图

其中系列2、系列3、系列4、系列5和系列6分别表示GDP、预算内资金（YSNZJ）、国内贷款（GNDK）、利用外资（LYWZ）和自筹资金（ZCZJ）。

从图1中可以看出，系列2和系列3之间关系比较密切，系列2和系列4、系列5、系列6之间关系并不明显。

（1）格兰杰（Granger）因果关系检验分析。为了判断经济增长风险与各项投资之间的关系，我们对变量进行格兰杰因果关系检验分析。结果见表3、表4。

表3

滞后1期结果

配对格兰杰因果关系检验
日期：07/05/10 时间：10：25
数据来源：1982—2008年
滞后：1

空位假设：	观察量	F-统计	可能性
GNDK不是GDP变化的原因	25	0.205 68	0.654 62
GDP不是GNDK变化的原因		0.742 78	0.398 07
LYWZ不是GDP变化的原因	25	1.989 02	0.172 43
GDP不是LYWZ变化的原因		0.549 94	0.466 18

（续表）

空位假设：	观 察 量	F-统计	可 能 性
YSNZJ 不是 GDP 变化的原因 GDP 不是 YSNZJ 变化的原因	25	1.569 86 2.176 07	0.223 38 0.154 34
ZCZJ 不是 GDP 变化的原因 GDP 不是 ZCZJ 变化的原因	25	3.995 52 0.356 68	0.058 13 0.556 46

表 4

滞后 2 期结果

配对格兰杰因果关系检验
日期：07/05/10 时间：10：26
数据来源：1982—2008 年
滞后：2

空位假设：	观 察 量	F-统计	可 能 性
GNDK 不是 GDP 变化的原因 GDP 不是 GNDK 变化的原因	24	1.795 04 0.316 03	0.193 17 0.732 79
LYWZ 不是 GDP 变化的原因 GDP 不是 LYWZ 变化的原因	24	1.201 32 0.552 28	0.322 64 0.584 61
YSNZJ 不是 GDP 变化的原因 GDP 不是 YSNZJ 变化的原因	24	2.615 96	0.099 19 0.358 50
ZCZJ 不是 GDP 变化的原因 GDP 不是 ZCZJ 变化的原因	24	0.881 89	0.430 28 0.481 37

从上述格兰杰因果关系检验分析的结果（表 3 和表 4）看，无论是滞后 1 期，还是滞后 2 期，预算内资金是 GDP 变化的格兰杰原因，而 GDP 并不是预算内资金变化的格兰杰原因。其他变量（国内贷款、利用外资和自筹资金等）都不是 GDP 变化的格兰杰原因。

（2）GDP 与预算内资金之间的相关性分析。在验证预算内资金是 GDP 的格兰杰原因的基础上，我们可以对预算内资金和 GDP 进行回归分析。结果见表 5、表 6。

表 5

GDP 与预算内资金的当期回归结果

因变量：GDP
方法：最小二乘法
日期：07/05/10 时间：10：29
数据来源：1982—2008 年
累计观察值：26

变 量	相关系数	标 准 差	t-统计	可 能 性
YSNZJ C	0.181 232 12.229 83	0.035 302 1.326 201	5.133 719 9.221 704	0.000 0 0.000 0

（续表）

变　　量	相关系数	标 准 差	t-统计	可 能 性
R-平方值	0.523 385	自变量平均值		16.588 46
调整的 R-平方值	0.503 526	自变量的均方差		7.372 778
回归的标准误差	5.194 929	阿凯克信息标准		6.207 046
总平方剩余	647.694 8	Schwarz 标准		6.303 823
对数似然	−78.691 60	F-统计		26.355 07
Durbin-Watson 统计	1.259 180	F-statistic 的可能性		0.000 030

表 6

GDP 与预算内资金当期、滞后 1 期和滞后 2 期的回归结果

因变量：GDP
方法：最小二乘法
日期：07/05/10　时间：10：31
数据来源：1983—2008 年
累计观察值：24

变　　量	相关系数	标 准 差	t-统计	可 能 性
YSNZJ	0.210 635	0.039 196	5.373 936	0.000 0
YSNZJ(−1)	−0.007 734	0.048 161	−0.160 593	0.874 0
YSNZJ(−2)	0.072 065	0.035 478	2.031 277	0.055 7
C	10.644 48	1.147 672	9.274 851	0.000 0
R-平方值	0.780 577	自变量平均值		17.083 33
调整的 R-平方值	0.747 663	自变量的均方差		7.451 563
回归的标准误差	3.743 153	阿凯克信息标准		5.628 745
总平方剩余	280.223 8	Schwarz 标准		5.825 088
对数似然	−63.544 94	F-统计		23.716 03
Durbin-Watson 统计	2.008 793	F-statistic 的可能性		0.000 001

通过因果关系和相关回归分析，预算内资金变化是 GDP 增长和下降的原因，而 GDP 的变化并不是预算内资金增长和下降的原因。通过相关性分析（表 5 和表 6），可以发现预算内资金每变化 1%，将导致当期 GDP 增长 0.18%，下一年度 GDP 减少 0.007 7%。

短期看，2009 年中国经济在进一步深化的国际经济危机及自身周期调整压力下，将继续处于增长方式转型过程中的艰难阶段，政府对投资的拉动将是 2009 年中国经济增长的主导性因素，成为支撑需求并使之不加速下滑的关键力量（2009 年前 5 个月固定资产投资增长率年同比为 32.9%）。但长期看，由于政府投资增幅过快和过大，2010 年后，中国经济增长下行的风险将增加。

3. 基本结论

在向市场经济转型过程中，由于未能实现政府主导型投资向市场主导型投资的转变，各级地方政府为追求 GDP 增长的短期目标，各种政绩形象工程缺乏有效的约束。不计成本收益的投资冲动，掩盖了在政府主导下出现大量的无效投资和投资浪费。大量无效投资虽然在统计上促进了 GDP 增长率和账面上资本存量的增加，但由于投资项目的失败和低效，生产能力未能相应提高，使得资本短缺的中国，其资本—产出比却异常地高于资本富余的发达国家，表明中国的投资效率极为低下。虽然GDP保持高速度增长，但国民总产出中有相当的部分是用于弥补无效投资和浪费的，真正能够用来提高社会福利、改善居民生活水平、增加社会财富的部分则所剩不多，由此造成我国的居民消费占GDP的比重也不断下降，远远低于世界平均水平，影响了人民生活和社会福利的提高，违背了发展经济的目的。所以，从长期看，政府投资存在着严重的经济增长风险。

2010年预算内资金增长率至少在50％以上，将导致2010年GDP增长率增长10.2％，与此同时将导致2011年经济增长率下降0.378％。

(二) 投资资金流向导致的经济增长风险度量

投资资金流向不合理，往往会导致经济不可持续增长的风险。

1. 经济增长风险高年份的投资资金流向特征

经济增长风险最高的年份是1992年和1993年(见表7)。从这两年的投资资金流向看，非常显著的特征是建筑业和服务业投资的大幅度增加，特别是1993年，建筑业增幅高达394.71％，服务业增幅高达64.68％。

表7

1990—2008年GDP风险、资金流向增长率

单位：％

年 份	GDP风险	名义GDP增长率	投资增长率	农、林、牧、渔业	采掘业	制造业	水的生产和供应业	建筑业	服务业
1990	2.0	16.6	2.43	31.53	19.90	5.71	26.01	－24.78	2.74
1991	2.0	16.6	23.84	25.93	18.90	25.11	16.40	21.04	29.16
1992	3.0	23.4	44.43	30.04	24.62	25.39	30.48	84.52	61.25
1993	3.0	30.9	61.78	6.23	15.86	47.59	38.29	394.71	64.68
1994	2.0	36.4	36.37	22.83	12.31	37.51	49.72	20.28	42.05
1995	1.0	24.3	15.13	34.91	10.95	26.62	9.36	5.20	13.37
1996	1.0	17.3	13.81	42.84	13.89	9.07	22.84	25.98	15.43
1997	1.0	11.3	8.14	40.66	30.09	－8.79	25.42	－17.68	20.62
1998	2.0	6.4	13.69	46.46	－16.66	－3.13	10.61	4.86	34.06
1999	2.0	6.6	3.61	32.67	－12.27	－20.31	2.27	41.30	9.76
2000	2.0	10.8	11.28	20.70	24.29	－0.64	13.07	－11.70	6.71
2001	2.0	10.3	14.73	20.41	9.37	28.42	－11.43	－4.17	14.17
2002	2.0	10.2	18.59	35.26	5.49	39.02	11.94	42.13	17.54
2003	1.0	13.5	30.12	－29.10	31.51	73.48	20.59	41.80	26.26
2004	1.0	18.1	27.21	14.43	34.96	33.33	46.25	4.28	22.37
2005	1.0	15.4	26.86	22.90	49.73	35.69	30.36	16.08	19.50
2006	2.0	15.8	25.76	18.34	30.41	28.27	13.65	0.58	23.43
2007	2.0	18.0	26.77	23.77	25.66	30.55	10.27	15.70	23.82
2008	2.0	16.8	25.9	48.80	31.08	27.41	16.16	19.48	24.79

2. 度量投资资金流向与经济增长风险间的因果关系

我们以 GGDP 代表经济增长率，TZX1 表示投资增长率，LLMYX2 表示农、林、牧、渔业投资增长率，CJX3 表示采掘业投资增长率，ZZX4 表示制造业投资增长率，SSGX5 表示水的生产和供应业投资增长率，JZX6 表示建筑业投资增长率，FWX7 表示服务业投资增长率。

我们可以得到如表 8、表 9 的格兰杰因果检验关系。

表 8

滞后 1 期结果

配对格兰杰因果关系检验(滞后 1 期检验)

空位假设:	观 察 量	F 统计	可 能 性
ZZX4 不是 GGDP 变化的格兰杰原因 GGDP 不是 ZZX4 变化的格兰杰原因	18	2. 171 78 0. 159 67	0. 161 24 0. 695 09
SSGX5 不是 GGDP 变化的格兰杰原因 GGDP 不是 SSGX5 变化的格兰杰原因	18	0. 029 81	0. 865 24 0. 328 27
JZX6 不是 GGDP 变化的格兰杰原因 GGDP 不是 JZX6 变化的格兰杰原因	18	17. 299 5 17	0. 000 84 0. 906 35
FWX7 不是 GGDP 变化的格兰杰原因 GGDP 不是 FWX7 变化的格兰杰原因	18	9. 507 52	0. 007 57 0. 753 85

表 9

滞后 2 期结果

配对格兰杰因果关系检验(滞后 2 期检验)

空位假设:	观 察 量	F 统计	可 能 性
TZX1 不是 GGDP 变化的格兰杰原因 GGDP 不是 TZX1 变化的格兰杰原因	17	10. 592 0 0. 434 67	0. 002 24 0. 657 28
LLMYX2 不是 GGDP 变化的格兰杰原因 GGDP 不是 LLMYX2 变化的格兰杰原因	17	1. 257 04 1. 660 07	0. 319 41 0. 230 95
CJX3 不是 GGDP 变化的格兰杰原因 GGDP 不是 CJX3 变化的格兰杰原因	17	0. 146 05 0. 302 45	0. 865 62 0. 744 47
ZZX4 不是 GGDP 变化的格兰杰原因 GGDP 不是 ZZX4 变化的格兰杰原因	17	1. 244 49 2. 298 40	0. 322 75 0. 142 87
SSGX5 不是 GGDP 变化的格兰杰原因 GGDP 不是 SSGX5 变化的格兰杰原因	17	0. 662 16 0. 621 92	0. 533 60 0. 553 36
JZX6 不是 GGDP 变化的格兰杰原因 GGDP 不是 JZX6 变化的格兰杰原因	17	11. 116 2 3. 537 79	0. 001 86 0. 061 98
FWX7 不是 GGDP 变化的格兰杰原因 GGDP 不是 FWX7 变化的格兰杰原因	17	3. 450 84 2. 005 36	0. 065 48 0. 177 26

从表 8 和表 9 的结果看，无论是滞后 1 期，还是滞后 2 期，建筑业和服务业的投资增长都是经济增长率变化的原因。因此，我们认为，可以就建筑业和服务业的投资增长与 GDP 增长率之间的关系进行回归分析。

3. GDP 增长率与建筑业投资增长率之间的相关性分析（结果见表 10 至表 13）

表 10

GDP 增长率当期与建筑业投资增长率当期回归结果

因变量：GGDP
方法：最小二乘法
日期：05/08/10 时间：15：43
数据来源：1990—2008 年
累计观察值：19

变 量	相关系数	标 准 差	t-统计	可 能 性
JZX6	0.095 926	0.055 438	1.730 342	0.101 7
C	14.857 13	2.007 120	7.402 212	0.000 0
R-平方值	0.149 748	自变量平均值		16.773 68
调整的 R-平方值	0.099 734	自变量的均方差		7.689 592
回归的标准误差	7.296 067	阿凯克信息标准		6.911 849
总平方剩余	904.954 1	Schwarz 标准		7.011 263
对数似然	—63.662 56	F-统计		2.994 082
Durbin-Watson 统计	0.760 714	F-statistic 的可能性		0.101 680

表 11

GDP 增长率当期与建筑业投资增长率滞后 1 期回归结果

因变量：GGDP
方法：最小二乘法
日期：05/08/10 时间：15：44
数据来源（调整）：1991—2008 年
累计观察值：18（调整后）

变 量	相关系数	标 准 差	t-统计	可 能 性
JZX6(—1)	0.178 614	0.042 971	4.156 587	0.000 7
C	13.209 76	1.586 185	8.328 003	0.000 0
R-平方值	0.519 190	自变量平均值		16.783 33
调整的 R-平方值	0.489 140	自变量的均方差		7.912 406
回归的标准误差	5.655 351	阿凯克信息标准		6.407 521
总平方剩余	511.728 0	Schwarz 标准		6.506 451
对数似然	—55.667 69	F-统计		17.277 21
Durbin-Watson 统计	0.704 612	F-statistic 的可能性		0.000 743

表 12

GDP 增长率当期与建筑业投资增长率
滞后 1 期回归结果

因变量：GGDP
方法：最小二乘法
日期：05/08/10　时间：15：46
数据来源(调整)：1992—2008 年
累计观察值：17(调整后)

变　　量	相关系数	标 准 差	t-统计	可 能 性
JZX6	0.118 604	0.037 071	3.199 405	0.007 0
JZX6(—1)	0.126 198	0.036 350	3.471 709	0.004 1
JZX6(—2)	0.131 255	0.034 573	3.796 463	0.002 2
C	8.602 962	1.467 828	5.861 017	0.000 1
R-平方值	0.821 148	自变量平均值		16.794 12
调整的 R-平方值	0.779 875	自变量的均方差		8.155 786
回归的标准误差	3.826 492	阿凯克信息标准		5.724 098
总平方剩余	190.346 5	Schwarz 标准		5.920 148
对数似然	—44.654 83	F-统计		19.895 29
Durbin-Watson 统计	0.969 340	F-statistic 的可能性		0.000 039

表 13

GDP 增长率当期与建筑业投资增长率
滞后 2 期回归结果

因变量：GGDP
方法：最小二乘法
日期：05/08/10　时间：15：50
数据来源(调整)：1992—2008 年
累计观察值：16(调整后)
6 次迭代后的回归结果

变　　量	相关系数	标 准 差	t-统计	可 能 性
JZX6(—1)	0.101 652	0.022 194	4.580 173	0.000 6
JZX6(—2)	0.072 327	0.021 842	3.311 303	0.006 2
C	10.979 87	2.879 484	3.813 137	0.002 5
AR(1)	0.742 293	0.144 867	5.123 947	0.000 3
R-平方值	0.910 133	自变量平均值		16.381 25
调整的 R-平方值	0.887 666	自变量的均方差		8.237 736
回归的标准误差	2.760 977	阿凯克信息标准		5.081 364
总平方剩余	91.475 90	Schwarz 标准		5.274 511
对数似然	—36.650 91	F-统计		40.510 28
Durbin-Watson 统计	1.822 127	F-statistic 的可能性		0.000 001
反向 AR 根	0.74			

综合表 10 至表 13，我们可以发现，GDP 增长率当期与建筑业投资增长率滞后 1 期和滞后 2 期回归结果最优，即表 13 能最优地预测未来 GDP 的增长率。具体方程可以写为：

$$GGDP=10.97987+0.101652JZX6(-1)+0.072327JZX(-2)$$

4. GDP 增长率与服务业投资增长率之间的相关性分析(结果见表 14 至表 16)

表 14

GDP 增长率当期与服务业投资增长率当期回归结果

因变量：GGDP
方法：最小二乘法
日期：05/08/10 时间：16：02
数据来源：1990—2008 年
累计观察值：19

变　量	相关系数	标 准 差	t-统计	可 能 性
FWX7	0.283 091	0.091 235	3.102 891	0.006 5
C	9.745 425	2.689 657	3.623 296	0.002 1
R-平方值	0.361 573	自变量平均值		16.773 68
调整的 R-平方值	0.324 018	自变量的均方差		7.689 592
回归的标准误差	6.322 238	阿凯克信息标准		6.625 324
总平方剩余	679.501 7	Schwarz 标准		6.724 739
对数似然	−60.940 58	F-统计		9.627 932
Durbin-Watson 统计	0.850 554	F-statistic 的可能性		0.006 464

表 15

GDP 增长率当期与服务业投资增长率滞后 1 期回归结果

因变量：GGDP
方法：最小二乘法
日期：05/08/10 时间：16：05
数据来源(调整)：1992—2008 年
累计观察值：17(调整后)
10 次迭代后的回归结果

变　量	相关系数	标 准 差	t-统计	可 能 性
FWX7(−1)	0.244 447	0.076 080	3.213 034	0.006 3
C	9.775 410	3.768 081	2.594 267	0.021 2
AR(1)	0.684 372	0.191 024	3.582 643	0.003 0
R-平方值	0.782 828	自变量平均值		16.794 12
调整的 R-平方值	0.751 803	自变量的均方差		8.155 786
回归的标准误差	4.063 160	阿凯克信息标准		5.800 584
总平方剩余	231.129 8	Schwarz 标准		5.947 622
对数似然	−46.304 97	F-统计		25.232 48
Durbin-Watson 统计	1.828 780	F-statistic 的可能性		0.000 023
反向 AR 根	0.68			

表 16

GDP 增长率当期与服务业投资增长率当期和滞后 1 期回归结果

因变量：GGDP
方法：最小二乘法
日期：05/08/10 时间：16：03
数据来源(调整)：1991—2008 年
累计观察值：18(调整后)

变 量	相关系数	标 准 差	t-统计	可 能 性
FWX7	0.144 674	0.089 331	1.619 531	0.126 2
FWX7(−1)	0.291 294	0.084 406	3.451 126	0.003 6
C	5.781 496	2.386 532	2.422 552	0.028 5
R-平方值	0.667 007	自变量平均值		16.783 33
调整的 R-平方值	0.622 608	自变量的均方差		7.912 406
回归的标准误差	4.860 767	阿凯克信息标准		6.151 281
总平方剩余	354.405 9	Schwarz 标准		6.299 677
对数似然	−52.361 53	F-统计		15.023 01
Durbin-Watson 统计	1.077 326	F-statistic 的可能性		0.000 262

综合表 14 到表 16，我们可以发现，GDP 增长率当期与服务业投资增长率滞后 1 期回归结果最优，即表 15 能最优地预测未来 GDP 的增长率。具体方程可以写为：

$$GGDP=9.775\,4+0.244\,44FWX(-1)$$

5. 基本结论

综上所述，无论是建筑业投资，还是服务业投资，滞后 1 期或 2 期的投资效果都能带动 GDP 的增长，即这种投资增长都是 GDP 增长的格兰杰原因。而且，通过分析，我们得知服务业投资增长能在更大程度上导致 GDP 的增长。如果 2009 年服务业投资增长 40%，将有效地拉动 2010 年 GDP 增长 9.7%左右。

四、风险防范与管理

根据投资可能诱致的经济增长风险，我们认为，防范这些风险的措施主要包括：坚决淘汰落后产能，积极发展战略性新兴产业；严格控制环境污染产业，坚持履行环保法规；严格把关投资流向，大力增加农业投资；增加国有部门投资，确保私有部门活力；警惕房地产投资过热。

(一) 坚决淘汰落后产能，积极发展战略性新兴产业

按照中央精神，落实已经出台的政策措施，坚决抑制产能过剩、行业盲目扩张和重复建设，坚决淘汰落后生产能力：一是加强市场准入管理。严格钢铁等产能过剩行业项目审批，进一步提高能源消耗、环境保护、资源综合利用等方面的准入门槛，对多晶硅等新兴产业要抓紧建立和完善准入标准。二是加强产业政策与财政、环保、土地、金融政策的协调配合。进一步加大财政支持力度，鼓励地方推进兼并重组和淘汰落后产能工作。对环保不达标的企业实行限期治理或停产处理，对不符合产业政策的建设停止土地供应，不得发放贷款。鼓励企业通过技术改造，使过剩的产能在一些新的领域发挥新的作用。三是加强信息引导。进一步做好行业

产销形势的监测、分析和国内外市场需求的信息发布，引导社会和企业的投资行为。

《国务院关于进一步加强淘汰落后产能工作的通知》规定，以电力、煤炭、钢铁、水泥、有色金属、焦炭、造纸、制革、印染等行业为重点，确定了今、明两年淘汰落后产能的要求和目标任务，进一步落实责任，强化政策约束机制，完善政策措施，并加大监督检查力度。到2010年年底，电力行业淘汰小火电机组5 000万千瓦以上。煤炭行业关闭不具备安全生产条件、不符合产业政策、浪费资源、污染环境的小煤矿8 000处，淘汰产能2亿吨。此外，焦炭行业在年底前淘汰炭化室高度4.3米以下的小机焦。钢铁行业淘汰400立方米及以下炼铁高炉，淘汰30吨及以下炼钢转炉、电炉。有色金属行业淘汰100千安及以下电解铝小预焙槽。

抓紧制定淘汰落后产能分地区、分年度的具体工作方案，并认真组织实施。国务院有关部门每年向社会公布淘汰落后产能企业的名单和各地执行情况，接受社会监督。要建立落后产能退出机制，有条件的地方要安排资金支持，淘汰落后产能。中央财政通过增加转移支付，对经济欠发达地区给予适当支持。要大力淘汰电力、钢铁、建材、电解铝、铁合金、电石、焦炭、化工、煤炭、造纸、食品等行业的落后产能。

加快培育发展战略性新兴产业，逐步使战略性新兴产业成为中国经济社会发展的主导力量。要加快发展掌握关键核心技术，具有市场需求前景，具备资源能耗低、带动系数大、就业机会多、综合效益好的战略性新兴产业。要重点发展和突出清洁能源和可再生能源的新能源，形成新材料与智能绿色制造体系的新材料，实现优良品种显著改良的生物育种，力争在干细胞研究领域取得领先地位，着力突破传感网、物联网关键技术，和平利用空间，实现海岸带可持续发展的空间海洋开发，提高资源勘探开采水平和效益。要加强规划和政策引导，制定配套的法律法规和标准；完善财政、税收、价格、金融等政策措施，健全管理体系和监督实施机制；大力扶持战略性新兴产业发展，使之成为带动中国未来发展和参与国际竞争的主力军。

（二）严格控制环境污染产业，坚持履行环保法规

改革开放以来，中国经济快速增长，各项建设取得巨大成就，但也付出了很大的资源和环境代价，经济发展与资源环境的矛盾日趋尖锐。这种状况与经济结构不合理、增长方式粗放直接相关。不加快调整结构、转变增长方式，资源支撑不住，环境容纳不下，社会承受不起，经济发展难以为继。只有坚持节约发展、清洁发展、安全发展，才是实现经济又好又快发展的正确道路。

着力抓好节约和替代石油、燃煤锅炉改造、热电联产、电机节能、余热利用、能量系统优化、建筑节能、绿色照明、政府机构节能以及节能监测和服务体系建设等十项重点节能工程。认真实施燃煤电厂二氧化硫治理、城市污水处理厂及配套管网建设和改造、重点流域水污染治理等七项重点污染防治工程。同时，要加大其他重点领域的节能减排工作。交通领域要优先发展城市公共交通系统，控制高耗油、高污染机动车发展，严格实施机动车尾气排放标准。消费领域要推广应用高效节能产品。农村地区要大力发展户用沼气工程。要努力优化能源结构，大力搞好煤炭洗选等能源清洁利用工作，积极发展核电等清洁能源，加快开发利用水能、风能、太阳能、生物质能等可再生能源。

要组织实施节能减排科技专项行动，组建一批国家工程实验室和国家重点实验室，攻克一批节能减排关键和共性技术。积极推动以企业为主体、产学研相结合的节能减排技术创新与成果转化体系建设，增强企业自主创新能力。在电力、钢铁和有色冶炼等重点行业，推广一批

潜力大、应用面广的重大节能减排技术。制定政策措施，鼓励和支持企业进行节能减排的技术改造，采用节能环保新设备、新工艺、新技术。

推进矿产资源综合利用、固体废物综合利用、再生资源循环利用，以及水资源的循环利用。深化国家循环经济试点，建成一批循环经济典型地区、典型企业、再生资源产业园区、生态工业示范园区，总结经验，逐步推广。全面推行清洁生产，制定和发布重点行业清洁生产标准和评价指标体系。积极推进垃圾资源化利用。

要深化改革，消除制约节能减排工作的体制性、机制性障碍，建立有效的激励约束机制。充分发挥市场机制作用，有效运用价格、收费、税收、财政、金融等经济杠杆，促进能源节约和环境保护。适时推进天然气、水、热力等资源性产品价格改革方案。按照补偿治理成本的原则，提高排污收费标准。健全矿产资源有偿使用制度，建立生态环境补偿机制，制定和完善鼓励节能减排的税收政策。

要加大政策措施的力度，彻底改变先污染后治理、先破坏后恢复的状况，尽快实现环境质量的好转，确保全面建设小康社会目标的顺利实现，必须全面落实科学发展观，提高全民环境保护与可持续发展意识，把环境保护作为干部考核的重要内容，探索建立绿色国民经济核算方法，公开环境信息，推进公众参与。

（三）严格把关投资流向，大力增加农业投资

对农业投资的严重不足，是中国经济与农业发展中长期存在的一个突出问题。从中国农业基本建设投资占整个国民经济基本建设投资比重看，1980 年及以前一般都还在 9.5%以上，之后快速降低，至 1994 年降至 2.4%，以后有所回升，但升幅甚微。从中国农业固定资产投资占全社会固定资产投资的份额看，2002 年 2.38%，2005 年 1.67%，到 2007 年更是降低到 1.42%。扭转中国农业发展缓慢的局面，必须改变农业投资长期严重不足的落后状态。

农村地域广大、人口众多，不仅农业投资严重不足，而且非常分散。国务院几乎每个部门都涉及农业农村问题，在满足各个部门要求的情况下，每个部门都掌握一批资金，通过自己的管道投到农村去，有多少个部门就有多少钱往农村走，投入农村的钱就非常分散。

资金通过各个部门分散到农村，资金到县市一级的城市以后，需要进行进一步的整合。整合时要做到：渠道不乱，数量不减，捆绑使用，各记其功。比如卫生部门、科技部门、交通部门、电力部门、水利部门的钱都拿到一起，拿到一起之后一片一片逐步推进，效果就比较好。应对各个部门的资金加大整合力度，发挥最大效益。

中国目前全社会年固定资产投资，2008 年已达 17.23 万亿元人民币，在此基础上，若保持不低于 8%的年均增长速度，并以其中的 15%（略高于 2008 年农业增加值占国内生产总值 11.3%的比重）流向农业领域，那么，用于农业开发建设的投资总额，前 3 年累计即可达 8.5 万亿元以上。由此，不但对现有耕地实施改造的所需建设投资可以得到满足，而且开发利用各种宜林土地、宜牧天然草地、宜渔可养殖水域等农用非耕地和与之相对应的优势动植物资源的基本建设投资也能够基本实现，从而在促进农业振兴、实现农民增收方面发挥重要作用。

（四）增加国有部门投资，确保私有部门活力

国家有 4 万亿元投资，民营企业未能充分参与。当前大量政府投资是进入了国有企业，民营企业虽然也有参与，但数量少、规模小，且困难重重。2010 年，投资内涵要发生变化。投资内涵的变化不意味着投资增长中的“国退”，重要的是民间投资应该跟进。投资增长必须推动民间投资的增长。从对经济的贡献角度来看，民营经济已经占到中国经济的半壁江山。要更

有效地通过投资达到保增长和调结构的目标。民间资本是比国有资本更有活力的增量。调动民间资本的投资,大力扶持中小企业,是2010年投资增长的重要内涵。

既然增加了国有部门的投资,就必须转变国有企业发展方式,国有企业投资结构必须调整。首先,产能已经过剩的企业和产品,不能继续投资,否则短期内可能造成更大的过剩,长期则可能导致企业退出市场。其次,垄断行业更需要充分竞争,才能使投资效率提高。同时,要特别强调国有企业投资的有效性。要加大集团资金集中管理力度,严控对外担保,严控借贷规模和资产负债率,切实降低债务风险。严格现金流管理,做好资金筹划,加强应收款项和存货管理,减少资金占用。国有部门应强化投资管理,严把投资方向,严格投资程序,严管投资项目,严控投资成本,切实降低投资风险。加强全面风险管理,建立健全地方国有重点企业总法律顾问制度。

私有部门遇到的最大困难,是制度层面的阻碍。早在2005年2月,国务院就发布了《关于鼓励支持和引导个体私营等非公有制经济发展的若干意见》,这是新中国成立以来首部以促进非公有制经济发展为主题的中央政府文件。该意见明确指出:允许非公有资本进入垄断行业和领域,在电力、电信、铁路、民航、石油等行业和领域,都应该进一步引入市场竞争机制。然而,非公有制企业要进入垄断行业和领域,仍然步履维艰。

我国垄断行业到目前为止依然存在着重重壁垒。很多明显的壁垒固然已经拆除,至少是降低了,但还有更多隐性壁垒根本没有拆除,甚至还有加固的倾向。民营经济在垄断行业准入上会遇到大量进不去、一进就碰壁的"玻璃门"。政府只有同时拆除显性壁垒和隐性壁垒,才可能真正帮助个体私营企业积极健康发展。

政府相关部门要为民营企业投资创造良好条件。民营企业自身也要坚定发展信心。中国社会主义市场经济的发展取向不会改变,是民营经济释放活力的重要体制基础;民营企业自身机制灵活、生命力强,是民营经济战胜当前困难、实现更大发展的先天优势。民营企业要看到我国在新能源、环保、文化创意等产业存在的巨大发展空间,要主动布局、提前介入,积极抢占未来产业发展制高点。

经济危机从来都是通过产业升级换代走出产能过剩的困境,完成产业周期调整,重新开始新产业结构、新产品结构层次上的增长周期循环。如果不完成产业结构的调整,可能走不出危机的阴影。中国目前的产业结构的调整,需要能够创造就业机会的劳动密集型的中小企业,经过产品升级和产业结构调整,成为创造就业机会、吸纳就业的主体。2010年,中小企业是否能够得到更具实质性的支持和帮助,使其成长恢复活力,将是决定当年经济态势的最重要元素之一。

为解决中小企业发展中的问题,特别是中小企业融资难的问题,政府出台了一系列新政:中小企业稽核发债模式在北京中关村和深圳试点;出台股权投资基金新规;推动以政府信用支持的中小企业信贷担保公司;成立了政府投资的中小企业投资基金,应该对中小企业投资有很好的引导效应;中小板和创业板的快速发展为创新型创业型企业开辟了巨大的发展空间。各种直接投资和间接投资模式的创新和发展,给了中小企业发展机会,也开拓了投资的巨大空间。

2010年,经济增长将面对国内外的新形势和新局面。全世界的经济面临重新平衡的挑战,中国经济的总量结构将面临历史性的重新定位和结构的根本调整。如果经济政策把握准确,政府投资更多在保障体系的建设上,增强和加大产业结构调整方面的引导,民间资本将在竞争领域增加更多。

只有创造更完备的市场机制,推动垄断性市场结构、扭曲的价格机制、低效率资源配置、递减的投资规模效应的改变,形成合理的经济结构和产业结构,经济才会持续均衡发展。

(五) 警惕房地产投资过热

目前,中国的房地产市场是一个强势地方政府、强势房地产开发商、弱势民众的大格局下的市场。在这样的格局中,地方政府和房地产开发商相互勾结,不仅掌握了庞大的经济资源,而且其集团群体人数少,沟通成本小,这样他们就很容易结成一个十分强大的利益群体,并利用他们所掌握的经济资源来掠夺整个社会大多数人的利益,甚至在一定程度上操纵社会的舆论,影响相关制度规则的制定。特别是有的房地产开发商会用利益收买某些所谓的权威,作出所谓的权威报告来混淆视听,加剧信息的不对称。他们借助于自身在经济、资源、信息上的优势,试图通过误导民众和舆论,来维护自身不合理的暴利。

国家和老百姓的资金都流向房地产市场后,房地产作为不动产变现难,会吸附大量资金,这使得社会现金流短缺,其他产业投资匮乏,货币供应出现紧张局面。国家为满足货币供应而加大货币发行,就会出现通货膨胀。这预示着中国经济结构的问题正在暴露。楼市火,房价上升越快,负面的因素会加速积累。如果房价上涨一些、再跌一点,负面因素就能释放,就不会有崩盘的危机。但是如果房价总是一直上升的话,那些负面因素没有得到释放,不断地加速积累,到某一天就会突然崩盘。股市也是如此。目前来说,要宏观调控落地,抑制房价快速上涨,仅仅通过金融式的调控是不行的。我们认为,需要拓宽中国的投资渠道,引导资金从房地产投资领域流向新的投资领域。

2010 年 3 月,78 家非地产主业中央企业杀入房地产业,在结果还未料之时,国资委严令退出,就是让企业避免重蹈覆辙——央企炒股和做金融衍生产品业务,导致亏损。这种选择无疑是正确的。因为央企和一般的企业不一样,央企的财富是全国人民的,央企必须保持持续稳定增长,持续稳定的背后是技术和产品。

2010 年 4 月,国务院发出《关于坚决遏制部分城市房价过快上涨的通知》。通知要求,对购买首套自住房且套型建筑面积在 90 平方米以上的家庭,贷款首付款比例不得低于 30%;对贷款购买第二套住房的家庭,贷款首付款比例不得低于 50%,贷款利率不得低于基准利率的 1.1 倍;对贷款购买第三套及以上住房的,贷款首付款比例和贷款利率应大幅度提高,具体由商业银行根据风险管理原则自主确定;商品住房价格过高、上涨过快、供应紧张的地区,商业银行可根据风险状况,暂停发放购买第三套及以上住房贷款;对不能提供 1 年以上当地纳税证明或社会保险缴纳证明的非本地居民暂停发放购买住房贷款。地方人民政府可根据实际情况,采取临时性措施,在一定时期内限定购房套数。这些措施能极大地缓解房价上涨预期,能有效地遏制房价快速上涨。

参 考 文 献

[1] BLANCHARD O J, FRANCESCO G. Rebalancing growth in China: a three-handed approach[Z]. Discussion Papers, DP5403, Center for Economic Policy Research, 2006,1.

[2] DUNAWAY S, ESWAR P. Rebalancing economic growth in China: a commentary [N]. International Herald Tribune, 2006 - 1 - 11.

[3] HUNT S. China Visit Report[R]. Simon Hunt Strategic Services，2006(2－4).

[4] KROEBER A R. China as employer and consumer：economic outlook for the 11th five-year plan 2006－2010 [C]. Conference Paper presented at the China and the World Economy Workshop，2005.

[5] KUIJS L. How will China's saving-investment balance evolve? [R]. World Bank China Office，Research Working Paper，2006(5).

[6] OECD. China in the world economy：the domestic policy challenges [R]. Synthesis Report，OECD，2002.

[7] OECD. OECD economic surveys of China[R]. 2005.

[8] SHANE，M FRED G. China：a Study of dynamic growth[R]. Economic Research Service/USDA，WRS－04－08，2004(10).

[9] WOLF M. Why is China growing so slowly? [N]. Foreign Policy，2005－1－5.

第三章　消费与经济增长风险

一、绪论

消费是生产的最终目的，是国民经济构成的重要因素，也是经济长期稳定发展的重要保障。受美国金融危机的影响，内需尤其是消费增长对经济平稳持续增长的保障作用显得更加重要。就经济周期发展变化而言，消费除了在复苏和繁荣时期拉动经济增长外，还是防止经济萧条的稳定力量。在经济周期的衰退和萧条阶段，收入将下降，但消费具有刚性，不会以同样的速度下降，下降较少甚至维持不变，这就使得总需求中消费需求相对于其他需求稳定得多，具有一种自发的对经济衰退的遏制作用。改革开放以来，是我国经济持续高速增长的阶段，消费的这一作用表现得不甚明显。但 2007 年美国金融危机爆发后，世界各国的经济刺激计划纷纷加强了对国内市场的保护，外需的迅速下降使得消费和投资成为保证经济恢复的主要因素。我国的经济发展趋势也表明内需应该成为促进经济平稳增长的主要依靠力量。在此之前，我国的长期经济增长以及居民的储蓄偏好积累了较高的消费需求，加之政府各项刺激消费的政策作用，使得总消费增长成为我国应对美国金融危机不利影响、保障经济平稳增长的重要因素。从长期来看，要保证经济增长的质量并保持今后经济长期、快速、健康增长，必须保证消费需求的协调发展。

(一) 2009 年我国消费发展情况

2009 年，在国家的各项消费激励政策作用下，我国消费保持了继续增长的势头。国家统计局 2009 年统计公报的资料显示，2009 年我国社会消费品零售总额为 125 343 亿元，比 2008 年增长 15.5%。分地域看，城市消费品零售额 85 133 亿元，增长 15.5%；县及县以下消费品零售额 40 210 亿元，增长 15.7%。分行业看，批发和零售业零售额 105 413 亿元，增长 15.6%；住宿和餐饮业零售额 17 998 亿元，增长 16.8%；其他行业零售额 1 932 亿元，增长 2.5%。主要消费构成的地域和行业在 2009 年的消费增长率都超过 15%。消费构成中农村消费的增长率快于城市。

对限额以上批发和零售业而言，2009 年的增长势头也比较明显，多数行业的销售增长率都达到两位数(见图 1)。

其中，增长率超过 20%的行业依次是家具类、汽车类、建筑及装潢材料类、中西药品类以及服装类。这些行业的销售增长，一方面反映了我国总体消费结构正在逐步升级的现状，另一方面也在一定程度上显示出消费激励政策所发挥的作用。

(二) 消费发展的趋势特征及其对经济增长的重要作用

1. 消费需求占 GDP 的份额下降，对经济增长的贡献率减弱，预防性储蓄增加

驱动经济增长的三驾马车是消费、投资和出口。改革开放以来，带动中国经济增长的第一驾马车是消费。20 世纪 90 年代以前，消费需求占 GDP 的比重一般都在 60%以上。表 1 的数字显示，1978—1990 年最终消费率达到 64.9%，投资和出口仅占 35.1%；90 年代以后情况有所

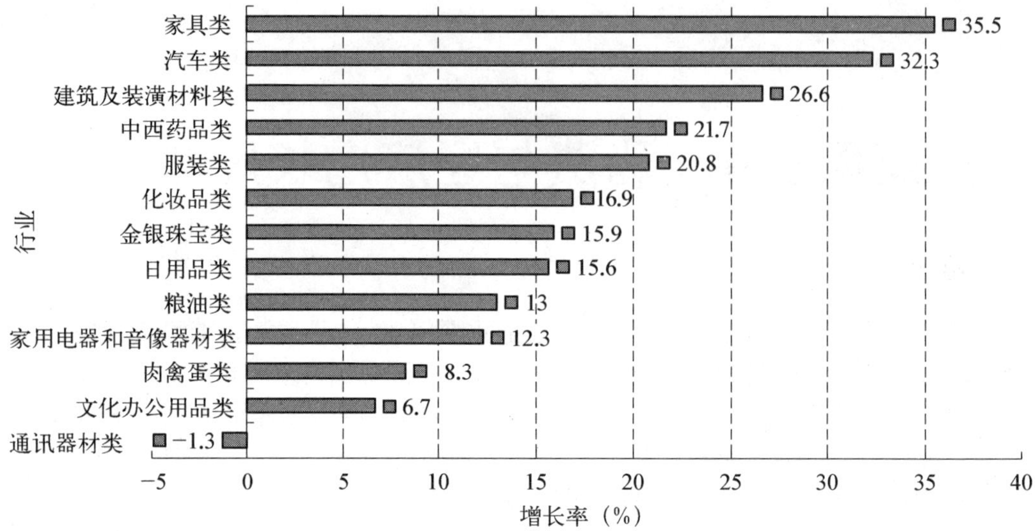

图1　2009年限额以上批发和零售业增长情况

数据来源：国家统计局2009年统计公报。

表1

支出法GDP构成及三大需求的贡献率

单位：%

年　份	最终消费率	资本率	净出口率	最终消费贡献率	资本贡献率	净出口贡献率	城乡居民储蓄率
1978—1990	64.9	35.5	—0.3	62.9	30.3	6.8	21.3
1991—2000	60.2	37.8	2.0	56.6	36.1	7.3	51.6
2001—2008	53.9	41.2	4.5	41.4	47.8	10.9	71.8
2001	61.4	36.5	2.1	50.0	50.1	—0.1	67.7
2002	59.6	37.9	2.5	43.6	48.8	7.6	72.2
2003	56.8	41.0	2.2	35.3	63.7	1.0	76.0
2004	54.3	43.2	2.5	38.7	55.3	6.0	74.6
2005	51.8	42.7	5.5	38.2	37.7	24.1	74.8
2006	49.9	42.6	7.5	38.7	42.0	19.3	72.9
2007	48.8	42.3	8.9	40.6	39.7	19.7	65.6
2008	48.6	43.5	7.9	45.7	45.1	9.2	71.0

资料来源：《中国统计年鉴》和《中国统计摘要2009》。GDP构成按当年价格计算，贡献率按可比价格计算，它是指三大需求增量分别与支出法GDP增量之比。

变化，投资和出口的作用增强，1991—2000年间消费需求占GDP的比重有所下降，平均值为60.2%。进入21世纪以后，消费需求占GDP的份额继续减少，投资和出口的作用继续增强。2001—2008年，消费需求占GDP的比重平均为53.9%，投资和出口比重达到了46.1%。从总体上看，我国最终消费需求占GDP份额在缩小，最终消费率持续走低，2008年最终消费率仅为48.6%，为改革开放以来的历史最低点。而影响最终消费下降的主要原因是居民消费率的下降，这是因为居民消费支出一般占最终消费的75%左右，而中国居民消费占GDP的比重自1978年以来也呈现出明显的下降趋势，2008年居民消费率仅为35.3%。

在剔除了价格因素影响之后，我们发现消费增长对经济增长的贡献也在减弱，但近几年这一趋势有所减缓。分段计算表明，1978—1990年，最终消费需求增长对经济增长的贡献达到62.9%，1991—2000年达到56.6%。由此可见，2000年以前，消费需求是带动经济增长的最主要动力，消费需求支撑着经济增长的半壁江山。2000年以来，随着投资和出口增长的扩大，消费需求增长减少，消费增长对经济增长的作用也随之减弱。2001—2008年，消费增长对经济增长的贡献为41.4%，比20世纪80年代下降了约22个百分点，比90年代下降了约15个百分点。但2007年美国金融危机爆发以来，这一趋势有所缓解，消费需求对经济增长的贡献率开始增长。总体而言，消费需求不足仍然是我国当前宏观经济发展的主要问题。回顾中国经济发展历程可以发现，改革开放以来几次大的宏观经济政策的成功正是因为其有效地促进了居民消费的增长，从而促进了经济高速增长。最好的例证就是农村联产承包责任制改革。1978—1984年我国进行了农村体制改革，实施联产承包责任制并大幅度提高农副产品的收购价格，结果使农民收入快速增加。农村居民消费水平大幅度提高，反过来支撑了轻工业为主导的经济增长。

我国过去是社会主义的供给制经济，它为人们提供各种各样的生活保障。随着市场化进程的加深，经济生活中不确定性因素的增加，消费者的风险意识和风险预期行为强化。尤其是20世纪90年代以来，各种改革全面铺开，工作、退休、养老、医疗、教育等都交给个人，居民预期的不确定性和风险意识增强，储蓄的预防动机大大超过了跨期消费动机。表1的数字也反映了这一变化特征：1978—1990年我国城乡居民的年均储蓄率为21.3%，1991—2000年我国城乡居民的年均储蓄率达到51.6%，比20世纪90年代以前提高了30.3个百分点；2001—2008年，我国城乡居民的年均储蓄率达到71.8%，比20世纪90年代的居民年均储蓄率提高了20.2个百分点，比20世纪80年代提高了50.5个百分点。表1的数字还表明，虽然进入21世纪以来，城乡居民储蓄率变化略有波动，但均处于较高的储蓄水平，这说明居民对于未来的不确定性预期和风险预期还是很强的。

从各因素对经济增长的拉动率变化图形来看，自20世纪90年代以来，消费支出对GDP拉动率的变化幅度也是最低的，这表明消费在保证经济平稳增长方面具有重要作用(见图2)。

2. 消费结构发生变化，城乡居民耐用品消费结构呈现升级态势

从各年统计公报披露的资料来看(见表2)，近年来我国消费热点行业在不断发生变化。最明显的就是通讯器材类年度销售额增长率由2006年的22%下降到2009年的－1.3%。而肉禽蛋类、粮油类消费增长率持续下降，服装类销售额则维持较高的增长率。消费增长率最高的是汽车类和家具类产品。这一方面反映了消费政策的确起到了拉动消费增长的作用，另一方面也说明我国居民消费正在经历一个结构调整与升级的过程。突出的表现就是肉禽蛋类及家用电器和音像器材类消费增长比较平缓或逐年下降，而服装、家具、汽车类消费品则一直保持较高增长速度。

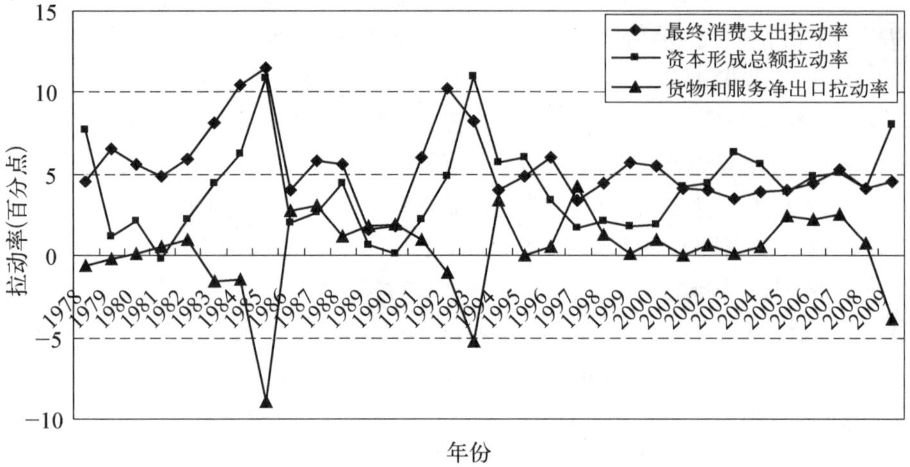

图 2　消费、投资、净出口对 GDP 的拉动率

数据来源：中国经济信息网数据库。

表 2

不同行业消费增长率情况

单位：%

行业＼年份	2006	2007	2008	2009
通讯器材类	22	8.8	1.4	－1.3
文化办公用品类	14.5	22.6	17.9	6.7
肉禽蛋类	15.5	40.9	22.3	8.3
家用电器和音像器材类	19.2	23.4	14.2	12.3
粮油类	n.a	38.3	22.7	13
日用品类	15.7	26.5	17.1	15.6
金银珠宝类	28.5	41.7	38.6	15.9
化妆品类	18.6	26.3	22.1	16.9
服装类	19.2	28.7	25.9	20.8
中西药品类	n.a	25.1	14.8	21.7
建筑及装潢材料类	24	43.6	－12	26.6
汽车类	26.3	36.9	25.3	32.3
家具类	21.3	43.2	22.6	35.5

数据来源：各年统计公报。n.a 表示没有数据。

随着收入的增加，城乡居民生活水平大幅度提高，主要表现是居民对耐用品拥有较大幅度增加。表 3 和表 4 给出了主要年份城乡居民家庭平均每百户耐用品年底拥有量。从城乡耐用消费品的拥有量来看，城镇居民的消费从 20 世纪 90 年代开始进入新的升级准备时期，农村居民则由于收入约束致使消费水平增长无力。

表 3

城镇居民家庭平均每百户年底耐用消费品拥有量

品　名	1995 年	2002 年	2003 年	2004 年	2005 年	2006 年	2007 年	2008 年
摩托车(辆)	6.3	22.2	24.0	24.8	25.0	25.3	24.8	21.4
洗衣机(台)	89.0	92.9	94.4	95.9	95.5	96.8	96.8	94.7
电冰箱(台)	66.2	87.4	88.7	90.2	90.7	91.8	95.0	93.6
彩电(台)	89.8	126.4	130.5	133.4	134.8	137.4	137.8	132.9
组合音响(套)	10.5	25.2	26.9	28.3	28.8	29.1	30.2	27.4
照相机(个)	30.6	44.1	45.4	47.0	46.9	48.0	45.1	39.1
空调机(台)	8.1	51.1	61.8	69.8	80.7	87.8	95.1	100.3
淋浴热水器(个)	30.1	62.4	66.6	69.4	72.7	75.1	79.5	80.7
家用电脑(台)	—	20.6	27.8	33.1	41.5	47.2	53.8	59.3
摄像机(台)	—	1.9	2.5	3.2	4.3	5.1	6.2	7.1
微波炉(台)	—	30.9	37.0	41.7	47.6	50.6	53.4	54.6
健身器材(套)	—	3.7	4.1	4.2	4.7	5.0	4.4	4.0
家用汽车(辆)	—	0.9	1.4	2.2	3.4	4.3	6.1	8.8
移动电话(部)	—	62.9	90.1	111.4	137.0	152.9	165.2	172.0

表 4

农村居民家庭平均每百户年底耐用消费品拥有量

品　名	1995 年	2002 年	2003 年	2004 年	2005 年	2006 年	2007 年	2008 年
电视机(台)	80.7	108.6	110.6	113.0	105.9	106.9	106.5	109.1
彩电(台)	16.9	60.5	67.8	75.1	84.1	89.4	94.4	99.2
电冰箱(台)	5.2	14.8	15.9	17.8	20.1	22.5	26.1	30.2
摩托车(辆)	4.91	28.1	31.8	36.2	40.7	44.6	48.5	52.5
洗衣机(台)	16.9	31.8	34.3	37.3	40.2	43.0	45.9	49.1
空调机(台)	0.18	2.3	3.5	4.7	6.4	7.3	8.5	9.8
电话机(个)	—	40.8	49.1	54.5	58.4	64.1	68.4	67.0
移动电话(部)	—	13.7	23.7	34.7	50.2	62.1	77.8	96.1
家用电脑(台)	—	1.1	1.4	1.9	2.1	2.7	3.7	5.4

从城镇居民方面看，经历由“老四件”(自行车、手表、缝纫机、收音机)向“新六件”(电视机、洗衣机、录音机、电冰箱、电风扇、照相机)的转换。近年来消费又开始升级，进入到以中长期消费为目标的储蓄和等待阶段，新的消费倾向是以住宅、汽车等为代表的更高档的耐用消费品。这个阶段，“老四件”在城镇已经处于衰退期，需求量明显减少，“新六件”经过了 20 世纪 80 年

代后期和 90 年代前期的迅速扩张，大多数家庭也已接近饱和。进入 21 世纪以来，城镇居民的消费转向了空调、电脑、微波炉、移动电话等新的耐用品，而且住宅、汽车也成为今后的热点消费商品。由于消费升级的准备阶段比第二次升级要经历更长的时间，城镇居民消费支出明显放缓，储蓄倾向提高，城镇居民消费需求对消费品市场的支撑作用减弱。

从农村居民方面来看，"老四件"经历了 20 世纪 80 年代和 90 年代前期购买量的迅速扩张后，进入 90 年代后期以来购买量稳中趋缓，基本接近饱和。而 90 年代后期以来，农民收入增长过缓，收入增量无法与"新六件"单价上升相匹配，因此对新的家电产品的购买力相对萎缩。近年来，农村居民对电话、摩托车、洗衣机等商品的消费有了明显的增加，但与城镇居民的消费结构档次差距过大，这也在一定程度上说明伴随着我国城乡居民收入分配差距的拉大，城乡消费水平差距也在拉大。

3. 城镇居民消费水平远高于农村居民消费水平

从消费水平来看，我国城镇居民消费水平远高于农村居民消费水平。在 1978—2008 年①，从 1985 年开始城乡消费水平差距就逐渐拉大。1985 年城镇消费水平约是农村消费水平的 2.2 倍，而从 1999 年开始，差距更是扩大到 3.6 倍。也就是说，一个城镇居民 1 年的消费水平是一个农村居民一年消费水平的 3.6 倍(见图 3)。

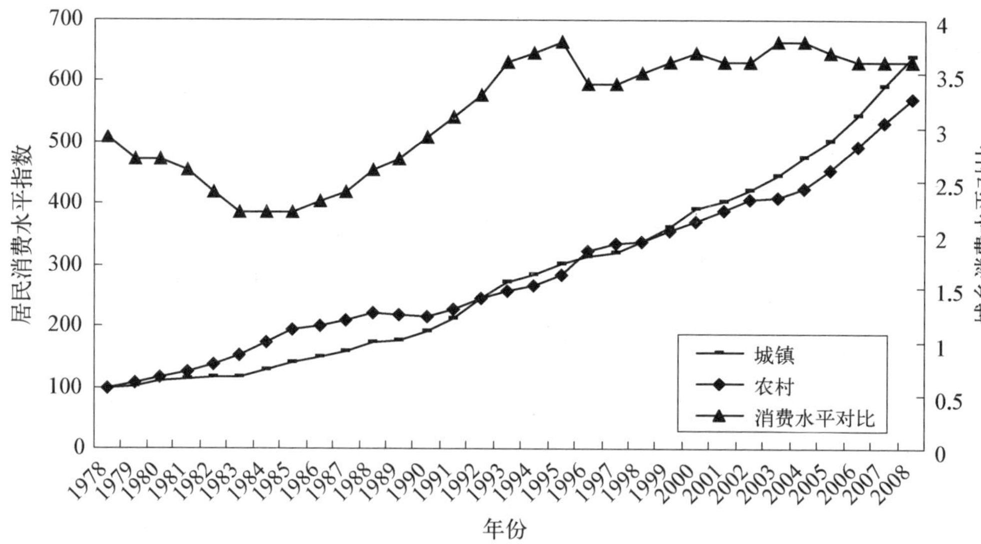

图 3　居民消费水平指数及城乡消费水平对比

数据来源：中国经济信息网数据库。消费水平对比指城镇居民消费水平与农村居民消费水平对比(农村居民消费水平=1)，消费水平指数按可比价计算，1978 年为基期。

从城镇居民和农村居民年度消费水平的绝对数也能够明显看出其差异。虽然从 20 世纪 90 年代以来，城镇居民和农村居民年度消费水平都出现增长，但显然城镇居民消费水平增长率要远高于农村居民消费增长率(见图 4)②。

① 受数据可得性限制，2009 年数据未给出。

② 居民消费水平指按常住人口平均计算的居民消费支出，图 4 中数据使用的是年度现价消费金额。

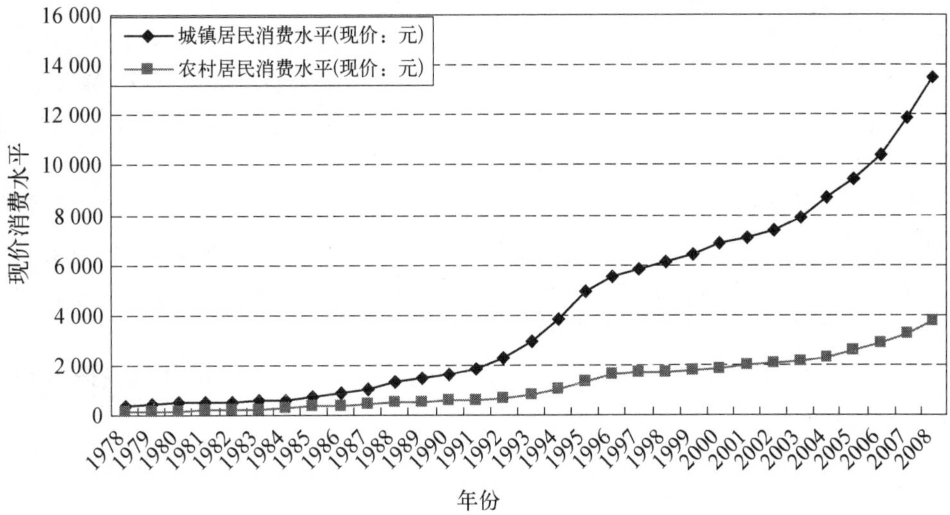

图 4 居民消费水平对比

数据来源：中国经济信息网数据库。

4. 消费率不断下降，但消费波动率相对较低

(1) 消费率不断下降。我国总消费的一个重要特征，也是消费波动与经济增长关系的一个重要风险性因素就是最终消费率在不断降低。改革开放以来，虽然我国总体经济增长速度一直较高，但是在经济构成中的消费比例却不断下降。

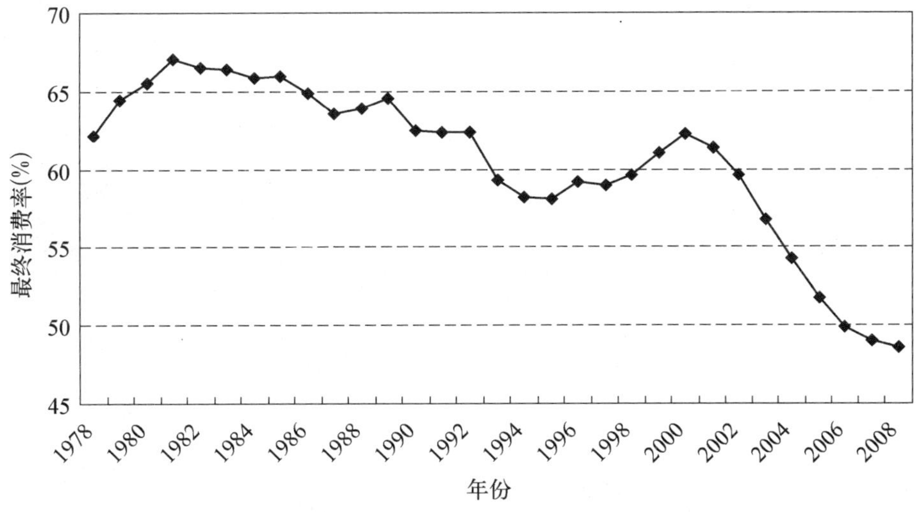

图 5 改革开放以来我国消费率变化情况

数据来源：中国经济信息网数据库。

1978—2008 年，我国最终消费率呈现总体下降的趋势，尤其是在 2000 年之后，这一趋势更加明显。1978—2008 年，最终消费率的平均水平是 60.52%。最高值是在 1981 年达到的，为 67.1%，随后下降到 1995 年的 58.1%。在 1995—2000 年出现恢复性增长，2000 年达到 62.3%的水平，但 2000—2008 年又迅速下降到 48.6%，已经达到改革开放以来的最低点。与

此相对应，我国居民消费率也呈现逐年下降的趋势(杨汝贷、陈斌开，2009)。

虽然近年来我国消费总额不断增长，但是，最终消费率的持续下降依然构成经济增长的较高风险因素。因为消费是经济增长的原动力，在经济总量不断增长的情况下，最终消费率不升反降，说明有相当多的新增产品是通过投资或出口形式实现自己的价值。这在一定程度上会制约消费对经济增长的长期拉动作用。

(2) 消费波动率相对较低。消费是经济增长的稳定因素。从近年社会消费品零售总额、进出口、固定资产投资月度增长率波动情况来看，消费品零售增长率波动是最低的。其统计结果也显示出这一特征。三个指标中，社会消费品零售同比增长率的均值、标准差、中位数均低于另两个指标。尤其是2008年最后两个月开始，由于受美国金融危机的影响，进出口总额增长率直线下降，消费虽然也有一定程度下降，但总体还是维持了增长的势头，在金融危机中发挥了重要的稳定经济增长的作用(见图6，表5)。

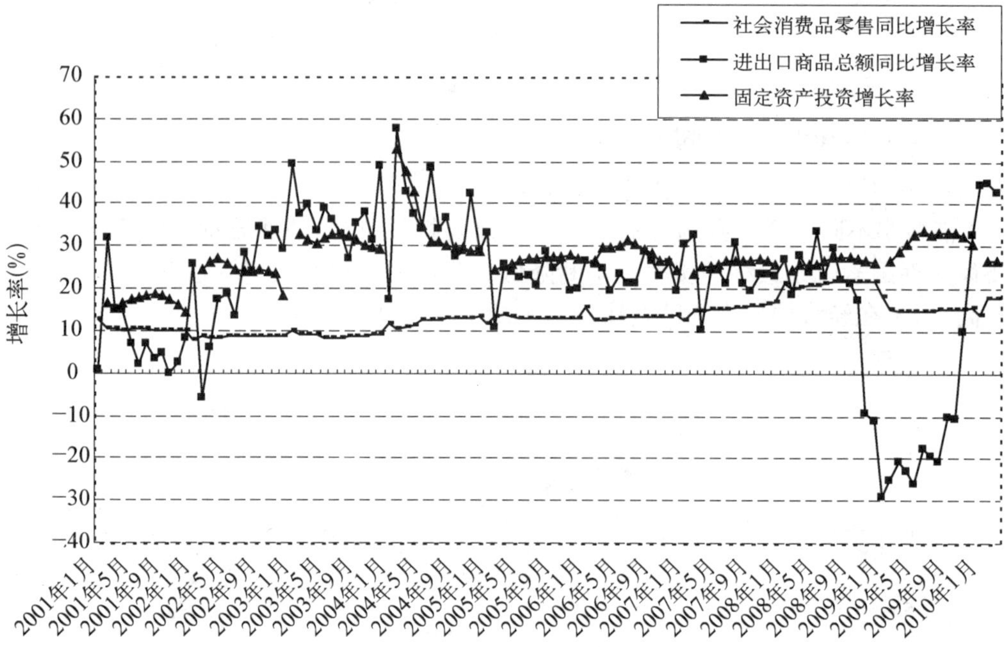

图6　社会消费品零售总额、进出口总额、固定资产投资总额月度增长率变化情况

各指标波动率变化情况如表5。

表5

各指标月度增长率统计性质

变　量	消　费	投　资	进出口
均　值	13.257 43	27.426 73	20.468 22
中位数	13.1	27.1	23.71
最大值	22	53	57.9

（续表）

变　量	消　费	投　资	进出口
最小值	8	14.4	－25.78
标准差	3.839 566	5.776 087	17.389 43
偏　度	0.697 229	0.909 71	－0.935 51
峰　度	2.911 056	7.448 992	3.629 894

5. 居民消费倾向不断下降

改革开放以来，我国居民的消费倾向呈现不断下降的趋势。从图 7 可以看出，城镇家庭的消费倾向呈现比较平稳的下降态势。最高值是 1988 年的 0.94，然后就一直下滑，到 2009 年接近 0.7，下降幅度超过 25%。而农村家庭消费倾向的波动幅度比较大，1978—1984 年是第一个下降阶段，然后由 1984 年的 0.77 回升到 1991 年的 0.87，然后又下降到 1999 年的 0.71，2009 年则回升到接近 0.78 的水平。从 2005 年开始，农村家庭的消费倾向开始显著高于城镇居民。平均消费倾向下降表明，居民消费与现期收入的关系相对弱化，居民收入中用于储蓄的份额在增加，而消费份额在减少。

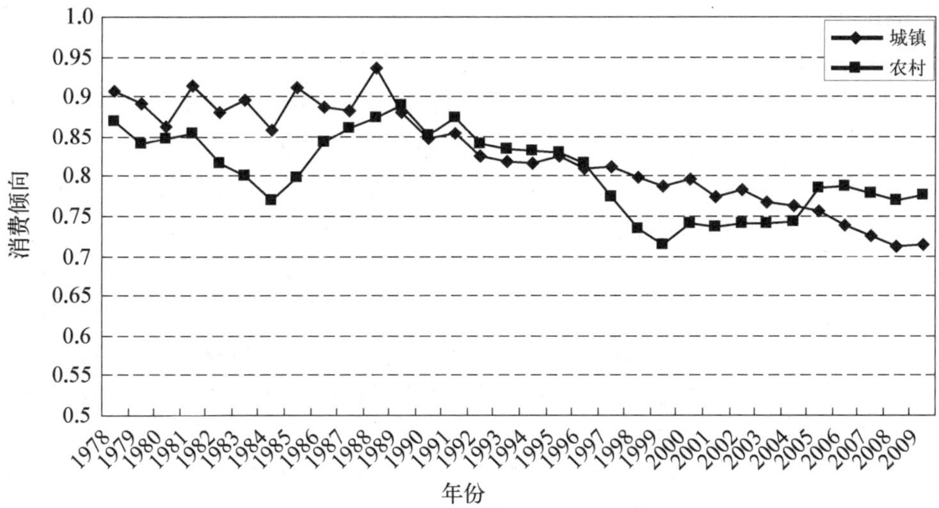

图 7　历年城镇家庭与农村家庭消费倾向变化情况

注：根据中国经济信息网统计数据计算。农村家庭消费倾向使用农村家庭平均每人年消费性支出与农村居民家庭人均年纯收入之比代替，2009 年数据是估计值；城镇家庭消费倾向使用城镇家庭平均每人全年消费性支出与城镇家庭平均每人可支配收入之比代替。

二、风险因素识别

（一）影响消费波动的主要因素

1. 政策因素

毫无疑问，2009 年的消费增长很大程度上得益于国家的消费刺激政策。随着国家为应对金融危机而采取的“扩内需”政策力度的加大，以及家电下乡、以旧换新、汽车补贴等政策的施行，这些都有效地激发了消费需求，提高了居民消费信心，在一定程度上削弱了金融危机对消费的不利影响。显然，政策推动消费增长的作用巨大。但是，实行这些政策的最终目的应该是带动有效的社会需求增长。如何选择政策的合理退出时机，结合产业结构升级来带动有效需求的增长，使短期的刺激政策顺利融入长期的结构调整进程中去，仍然是将来影响消费的不确定性因素。

2. 收入仍是影响消费的根本性因素

改革开放以来，尤其是20世纪90年代以来居民累积的财富不断增长，近年我国居民消费会进入一个较快速的增长时期。虽然金融危机等不利因素会在一定程度上影响消费的增长，但我国消费总体上还会不断增长，消费需求仍有较大的增长空间。

李朝林(2009)认为我国居民消费率低的根本原因在于国民收入分配结构不合理。因此，需要调整国民收入结构，规范国民收入初次分配；发挥税收的调节作用，增强居民的消费能力；有所侧重地加大政府转移支付力度，提高低收入者的实际消费能力；改善和提高公共消费，引导和促进居民消费。金三林(2009)指出，城乡居民收入比重下降是我国消费率下降的最主要原因，消费倾向下降对消费下降也有较大影响。而城市化率提高是我国消费率变动的唯一正向促进因素。潘文轩(2009)认为消费需求不足是近年来我国经济运行中的突出问题，扩大消费既是当前"保增长"的需要，也是实现经济长期可持续发展的必要条件。从产业结构视角出发分析消费需求可以发现，产业结构失衡是当前我国消费需求不足的根源，要扩大消费需求必须对产业结构进行调整和优化，实现产业结构与消费结构的协调，增强产业发展的就业效应与收入增长效应，从而建立起促进消费需求增长的长效机制。刘社建、李振明(2010)认为近年最终消费率持续降低是劳动者报酬份额过低、经济体制改革、就业压力、民生滞后等多种因素共同作用的结果。其中劳动者报酬份额过低导致的居民消费能力不足，是导致最终消费率持续走低的根本原因。通过有效转变经济发展方式与深入推进收入分配体制改革等措施努力提升劳动者报酬份额，是扩大消费需求拉动经济发展的根本所在。

通常居民收入还会通过预期影响消费行为和消费支出。许永兵(2009)的研究表明，我国转轨时期城镇居民预期支出的不确定性导致预防性储蓄增加而消费减少。启动居民消费需求，必须从消费者行为入手。如果不从根本上消除使居民消费行为发生变异的因素，单纯的财政政策和货币政策对宏观经济进行的调控将很难达到预期效果。我国居民消费倾向一直较低，而储蓄率相对比较高，这是和收入预期密切相关的。由于对将来收入的稳定性存在不良预期，消费率增长缓慢，且易受外界因素波动影响。郑璋鑫(2009)认为，收入假说难以解释居民消费的一些特殊现象，而预防性储蓄消费函数理论和生命成本假说为我们提供了一个更好地解释当前我国居民消费特征的理论平台。中国居民储蓄率居高不下，是因为中国居民在各项改革推进后对未来预期不确定性的加强。居民预防性储蓄增加，消费率下降，储蓄率上升，形成了独特的中国居民超储蓄现象。同时，低工资水平及生命成本的高付出，进一步强化了中国居民消费的预防性储蓄行为，使得这种低消费率、高储蓄率也表现在国内的城乡居民消费之间。

3. 资产价格对消费的影响

资产价格主要包括房地产价格和有价证券价格。资产价格的变化通常通过两种作用相反的效应影响消费。资产价格的上升对居民财富具有增长效应，居民财富上升会通过消费结构的变化影响总消费。但另一方面，对于社会上没有享受到资产价格上升带来的财富效应的阶层，其相对消费能力下降。近年来我国住房价格不断上升，这一方面增加了多套房产持有者的财富，但另一方面使得部分贷款购房者的还款压力加大。因而，资产价格的变化对消费的影响具有正反两方面的效应。西方学者已就此问题展开过较为系统详细的研究。此类研究通常认为未预期到的财富冲击会改变家庭的永久收入，进而影响整个生命周期的储蓄和消费模式(Lettau 和 Ludvigson,2004)。Bostic 等(2009)的实证研究发现家庭财富对消费具有显著影响。对于不同类型资产财富变动的消费效应而言，大多数研究都发现住房财富变动的消费效应要高于金融财富(Case 等,2005;Skinner,1996;Levin,1998)。黄静、屠梅曾(2009)利用家庭微观调查数据，对我国近 10 年居民房地产财富与消费之间的关系进行了研究。得到的主要结论为：房地产财富对居民消费有显著的促进作用。

4. 城市化率对消费构成的影响

我国有巨大的农村人口，不断提高的城市化率使得农村人口向城市转移，提高了城镇消费在总消费中的比重，而农村人口由于基数过大，其消费市场仍然发展空间巨大。有不少学者认为我国城乡二元经济结构是导致农村消费需求不足的根本原因，而城市化是解决消费需求不足的必由之路。郑茜(2010)运用协整方法和误差修正模型分析了我国农村居民消费与城市化水平的关系。结果表明我国农村居民消费与城市化水平之间存在一个长期稳定的均衡关系。从短期来看，两者之间的关系由短期偏离向长期均衡调整的力度较大，城市化水平是农村居民消费的格兰杰原因，它们之间具有因果关系。薛鹏、王倩(2009)从消费倾向、消费支出和消费结构三个方面研究和比较了 1978 年改革开放以来我国城乡居民的消费状况。他们认为改革开放以来我国居民消费倾向在不断下降，但城镇居民的消费支出增长速度明显快于农村，而且城镇居民的消费数额和消费层次高于农村居民。

5. 财政支出的影响

财政支出可能通过两种途径影响消费。政府购买行为可提高社会的整体消费水平，但是会挤出一部分居民消费。而政府的转移支付又能提高低收入群体的消费能力，提高这一消费群体的购买力，从而增加整个社会的消费水平。因此，关于政府财政支出与居民消费水平之间关系的研究得出的结论也不明确。王晓枫、熊海芳(2009)的实证研究结论表明，我国财政政策的效果主要体现在长期投资上，对居民消费的带动效应较弱。洪源(2009)的研究表明，政府民生消费性支出与居民消费存在显著的互补关系。苑德宇等(2010)对分类财政支出的居民消费效应进行了实证分析的结果表明，科教文卫支出挤入了居民消费，政府消费性支出对居民消费有挤出作用，而经济建设支出对居民消费的作用微弱。

6. 消费环境

有利的消费环境可以促进商品交换的实现与市场的繁荣。而消费环境中的不利因素可能会限制消费者的消费意愿，严重的会制约整个社会消费能力的实现。近年来，我国最终消费品市场屡屡出现企业的不诚信现象，这中间也在一定程度上反映了当前我国政府对消费产品质量监控环节存在的管理漏洞。此外，类似于产品质量缺陷、售后服务陷阱、虚假广告等，这些都是消费者面临的不利消费环境因素。而在我国广大农村地区，虽然对某些现代化的消费品诸如电子信息产品、汽车等有一定的消费需求，但配套设施、售后服务的缺乏也限制了这些消费需求的实现。

孙普兴(2009)通过实证分析指出，农村消费信贷对农村消费的促进作用是明显的，反过来农村消费的扩大也能促进农村消费信贷的发展。杨汝贷、陈斌开(2009)的分析表明，高等教育支出对我国居民消费有显著的挤出效应，它使得有大学生的家庭的居民边际消费倾向下降 12%。

(二) 消费波动与经济增长之间的关系

消费是生产的最终目的，对经济发展应该起到主导和决定作用。金融危机的影响使我国认识到消费对经济增长的主导作用。消费的平稳增长是保持我国经济免受外部冲击的影响，长期平稳发展的必由之路。已有不少学者研究了我国消费波动对经济增长的影响。刘方(2009)考察了 1978 年以来消费冲击对中国经济波动的影响，模拟研究的结果表明，1978 年以来的经济波动确实是需求冲击(消费偏好改变、政府调控等)和供给冲击(技术不断进步)共同作用的结果。此外，消费结构可以通过影响产业结构来影响经济增长。消费结构的升级可以促进产业结构转换，进而影响经济增长。

程霞珍、潘理权(2010)认为扩大居民消费是促进国民经济持续、平稳、较快发展的关键，收入总量、财富结构、居民预期和社会文化环境是影响居民消费的主要因素。扩大居民消费的难点在于如何有效提高居民可支配收入水平，尽快缩小收入分配差距，加快完善社会保障制度，增强居民消费信心；扩大居民消费的重点在于扩大农民消费、住房消费、汽车消费、服务消费和旅游消费等。纪宏等(2010)以 2009 年前三个季度“海峡两岸四地消费者信心指数”调查数据为依据，从消费者对经济形势、就业状况、物价水平、生活状况、购房时机和投资时机六个方面对四个地区消费者信心进行了分析。结果认为 2009 年前三季度我国包括港、澳、台地区消费者的信心总体上保持了稳定和增长，但同时在物价、投资和购房三个方面仍然存在着不同程度的隐忧。经济形势的积极变化提高了消费者的信心，同时消费者信心的提升又促使经济形势向更好的方向发展。

胡志平、李慧中(2010)从制度的视角对我国消费低迷的原因进行了阐释。他们认为我国消费低迷的根源在于存在不利于消费增长的政治与经济制度，即压力型政绩考核制度、投资偏向型财政税收制度、“市场化取向”的公共服务制度和城市偏向性制度，正是这些制度导致扩大内需政策的效果一直不理想和消费持续低迷。破解我国消费低迷现象必须重构制度，形成国民消费稳定增长的可持续发展的动力机制。袁志刚等(2009)认为，改革开放以来，中国城镇居民消费结构发生了很大变化，其中食品、衣着和家庭设备等商品的消费支出占比明显下降，而用于医疗、交通、娱乐、教育和居住等服务性的消费支出份额则大幅上升，存在显著的消费结构升级。他们的文章估计了我国消费支出和价格水平在决定城镇居民消费结构方面的作用。结果表明，消费支出增加对消费结构升级有显著的促进作用，同时各类商品和服务相对价格的变化对居民消费结构也有重要影响。胡志平(2009)提出，我国扩大内需的重点和难点在于农村消费需求的提升。如果农村居民达到城镇居民的消费水平，我国整个消费水平将扩大 3 倍。这是一个有巨大潜力的市场。因而，如果能够有新的动力改变农村的消费困境，缩小差距，将大大提升居民的消费需求，农村消费有充足的空间、潜力等待挖掘。而公共服务具有四大消费经济效应，即消费挤入效应、消费结构效应、消费环境效应和消费预期效应。公共服务下乡才是提振农村居民消费需求的理性路径。

(三) 城镇居民消费结构变迁实证研究

在消费结构分析中，国内通常采用恩格尔系数、线性支出系统模型(LES 模型)和扩展的线性支出系统模型(ELES 模型)。其中，恩格尔系数作为衡量居民消费结构的指标，只是揭示特定发展阶段收入和消费的结构关系，并不适用于各个阶段各个地区的比较，在应用时有一定的局限性。线性(扩展线性)支出系统模型考虑了消费需求(收入)和价格因素对居民消费结构的影响，把居民的各项消费支出看作是相互联系、相互制约的行为，横向上可以反映出生存资料所占的比重，纵向上能够反映各种消费资料的比例关系随收入和价格变动而变化的幅度和趋势。在没有价格资料的情况下，也可以根据截面数据估计各类需求支出与需求弹性，由此分析收入等级差异对消费的影响，这对于缓解收入分配不公、制定合理有效的经济政策有着积极的作用。

1. 扩展线性支出系统模型的构建

扩展线性支出系统模型(ELES 模型)是在线性支出模型上加以改进得到的，其设计思想与线性支出模型相同。线性支出系统是英国经济学家 L. R. Klein 和 H. Rubin 于 1954 年提出的一种需求函数系统。该系统假设某一时期人们对各种商品(或服务)的需求量，仅取决于人们的收入和各种商品的价格。人们对各种商品的需求分为基本需求和超出基本需求之外的需求两部分，基本需求与收入水平无关。在此假设下，线性支出系统的效用函数和预算约束分别为：

$$U = \sum_{i=1}^{n} b_i \ln(X_i - X_i^0) \tag{1}$$

$$s.t. \quad V = \sum_{i=1}^{n} P_i X_i \tag{2}$$

其中：P_i 为第 i 种商品的价格；X_i、X_i^0 分别为第 i 种商品的实际需求与基本需求；n 为商品种类；$P_i X_i^0$ 为第 i 种商品的基本需求；V 是总消费支出；b_i 为超过基本需求的支出中用于购买第 i 种商品的比例，即边际预算份额，b_i 满足 $0 < b_i < 1$，$\sum_{i=1}^{n} b_i = 1$。

由式(1)和式(2)可求得线性支出模型为：

$$P_i X_i = P_i X_i^0 + b_i \left(V - \sum_{k=1}^{n} P_k X_k^0 \right) \qquad i,\ k = 1,\ 2,\ \cdots,\ n \tag{3}$$

线性支出系统模型将居民对商品的需求分为基本需求和超出基本需求之外的需求两部分，符合居民的消费过程与特征，但其考虑居民消费支出时未考虑到其储蓄因素，针对这一点，C. Liuch 对线性支出系统作了两点改进：一是以收入代替总支出；二是以边际消费倾向代替边际预算比，这样形成扩展线性支出系统模型，其需求函数为：

$$P_i X_i = P_i X_i^0 + b_i^* \left(Y - \sum_{k=1}^{n} P_k X_k^0 \right) \qquad i,\ k = 1,\ 2,\ \cdots,\ n \tag{4}$$

其中：Y 为各类家庭的人均收入；b_i^* 为第 i 种商品的边际消费倾向。

模型也将某类商品的消费需求分为基本需求 $P_i X_i^0$ 和超过基本需求之外的需求 $b_i^* \left(Y - \sum_{k=1}^{n} P_k X_k^0 \right)$ 两部分，在既定收入和价格条件下，消费者首先满足基本消费需求，然后对剩下的收入按不同的比例在各种商品、劳务和储蓄之间分配。将上式两边求和重新计算，可转化为线性支出系统模型(3)的形式，其中 $b_i = b_i^* \Big/ \sum_{i=1}^{n} b_i^*$。将模型(4)写成计量形式：

$$P_i X_i = a_i^* + b_i^* Y + \varepsilon_i \tag{5}$$

其中：$a_i^* = P_i X_i^0 - b_i^* \cdot \sum_{k=1}^{n} P_k X_k^0$，$a_i^*$、$b_i^*$ 为待估参数，ε_i 为残差项。

目前，在消费理论的研究和分析消费者需求结构的实践中，线性支出系统和扩展的线性支出系统都得到普遍的肯定。扩展线性支出系统的优点是使储蓄内生化，而且它在对截面资料进行分析时，不需要借助于额外信息，可以保证原始数据的客观性和可靠性。运用扩展线性支出系统模型(5)进行参数估计，根据 ELES 模型参数估计结果，可计算得出基本消费支出与弹性值，其计算公式如下：

基本消费总支出 $\sum_i P_i X_i = \sum_i a_i^* \Big/ \left(1 - \sum_i b_i^*\right)$；

各类商品的基本消费支出 $P_i X_i^0 = a_i^* + b_i^* \cdot \sum_i a_i^* \Big/ \left(1 - \sum_i b_i^*\right)$；

各类商品需求的收入弹性 $\eta_i = (\partial X_i / \partial Y) \cdot (Y / X_i) = b_i^* \cdot Y / V_i$；

各类商品需求的自价格弹性 $\eta_{ii} = (\partial X_i / \partial P_i) \cdot (P_i / X_i) = (1 - b_i^*) \cdot P_i X_i^0 / V_i - 1$。

2. 实证检验与分析

下面我们利用 1995 年与 2007 年中国城镇居民家庭人均收入和消费结构数据，运用扩展线性支出系统模型(5)进行参数估计，根据 ELES 模型参数估计结果，可计算各类商品需求的基本消费支出及结构，计算结果见表 6 至表 11。

表 6

1995 年城镇居民分收入组家庭消费状况

单位：元

项　目	总平均	最低收入户	低收入户	中等偏下户	中等收入户	中等偏上户	高收入户	最高收入户
可支配收入	3 892.9	1 923.8	2 505.7	3 040.9	3 698.4	4 512.2	5 503.7	7 538.0
消费性支出	3 537.6	2 061.0	2 516.2	2 934.2	3 446.1	4 045.5	4 665.9	6 033.1
食　品	1 766.0	1 226.1	1 462.4	1 606.2	1 770.1	1 946.4	2 127.0	2 440.9
衣　着	479.2	208.9	287.6	380.9	483.7	585.7	688.7	831.5
居　住	250.2	167.9	185.9	208.1	238.5	275.8	309.0	443.8
用　品	296.9	107.9	133.5	186.3	253.3	358.8	445.9	801.9
医　疗	110.1	67.5	82.9	186.3	108.0	121.2	139.9	189.2
交　通	171.0	62.8	79.8	186.3	156.3	214.3	277.4	385.3
文　娱	312.7	163.0	205.9	186.3	293.0	362.6	443.6	597.4
杂　项	151.4	56.9	78.1	186.3	143.3	180.7	234.6	343.1

表 7

2007 年城镇居民分收入组家庭消费状况

单位：元

项　目	总平均	最低收入户	低收入户	中等偏下户	中等收入户	中等偏上户	高收入户	最高收入户
可支配收入	13 785.8	4 210.1	6 504.6	8 900.5	12 042.3	16 385.8	22 233.6	36 784.5
消费性支出	9 997.5	4 036.3	5 634.2	7 123.7	9 097.4	11 570.4	15 297.7	23 337.3
食　品	3 628.0	1 904.1	2 451.2	2 942.8	3 538.3	4 229.8	5 062.1	6 439.5
衣　着	1 042.0	360.9	565.2	776.9	1 017.7	1 278.2	1 579.1	2 162.6
居　住	982.3	469.1	605.0	718.3	873.9	1 095.4	1 436.7	2 290.1

（续表）

项　目	总平均	最低收入户	低收入户	中等偏下户	中等收入户	中等偏上户	高收入户	最高收入户
用　品	601.8	163.9	282.5	385.0	545.2	716.9	967.7	1 597.4
医　疗	699.1	281.1	378.7	501.7	646.5	861.4	1 108.6	1 472.5
交　通	1 357.4	314.2	548.8	710.1	993.4	1 420.3	2 467.7	4 815.6
文　娱	1 329.2	445.7	647.0	877.4	1 172.4	1 544.2	2 092.0	3 526.2
杂　项	357.7	97.3	155.8	211.7	310.0	424.2	583.9	1 033.2

表 8

1995 年城镇居民 ELES 参数估计值

项　目	a*	ta*	b*	tb*	b	R^2	Ad - R^2	F
食　品	935.68	13.12	0.210	13.18	0.298	0.972	0.966	173.72
衣　着	31.60	0.77	0.113	12.35	0.160	0.968	0.962	152.45
居　住	62.65	5.64	0.048	19.19	0.068	0.984	0.981	368.37
用　品	−179.03	−4.47	0.123	13.78	0.174	0.974	0.969	189.76
医　疗	28.58	10.95	0.021	35.98	0.030	0.996	0.995	1 294.75
交　通	−62.14	−7.70	0.060	33.30	0.085	0.996	0.995	1 108.78
文　娱	8.88	2.41	0.078	94.85	0.111	0.999	0.999	8 996.51
杂　项	−49.31	−12.07	0.052	56.68	0.074	0.998	0.998	3 212.73
消费支出	777.05	12.69	0.705	51.61	1.000	0.998	0.998	2 663.78

注：a*、b*为模型(5)中的估计参数，ta*、tb*为对应的 t-检验值，b 为边际预算份额，R^2 为模型的拟合优度，Ad - R^2 为调整后的拟合优度，F 为模型的 F-检验值。

表 9

2007 年城镇居民 ELES 参数估计值

项　目	a*	ta*	b*	tb*	b	R^2	Ad - R^2	F
食　品	1 686.87	8.25	0.138	12.48	0.233	0.969	0.963	155.85
衣　着	271.99	3.51	0.055	13.02	0.092	0.971	0.966	169.64
居　住	219.01	12.72	0.056	59.82	0.094	0.999	0.998	3 578.21
用　品	−2.02	−0.23	0.044	93.14	0.074	0.999	0.999	8 674.68
医　疗	178.16	3.65	0.037	14.18	0.063	0.976	0.970	200.73
交　通	−517.14	−3.21	0.139	15.99	0.235	0.981	0.977	255.52
文　娱	29.79	1.71	0.094	100.09	0.160	0.999	0.999	10 017.99
杂　项	−37.02	−4.23	0.029	60.72	0.049	0.999	0.999	3 687.41
消费支出	1 829.63	11.76	0.592	70.36	1.000	0.999	0.999	4 949.98

注：a*、b*为模型(5)中的估计参数，ta*、tb*为对应的 t-检验值，b 为边际预算份额，R^2 为模型的拟合优度，Ad - R^2 为调整后的拟合优度，F 为模型的 F-检验值。

表 10

1995 年城镇居民各类商品的基本消费支出及结构

项　　目	食 品	衣 着	居 住	用 品	医 疗	交 通	文 娱	杂 项
边际消费倾向	0.210	0.113	0.048	0.123	0.021	0.060	0.078	0.052
边际预算份额	0.298	0.160	0.068	0.174	0.030	0.085	0.111	0.074
基本消费支出(元)	1 488.8	329.2	189.1	145.0	83.9	95.9	214.3	87.7
基本消费占实际消费比重(%)	84.30	68.70	75.59	48.83	76.20	56.08	68.53	57.93
基本消费支出结构(%)	56.52	12.50	7.18	5.50	3.19	3.64	8.14	3.33
最低收入户消费支出结构(%)	59.49	10.14	8.15	5.24	3.28	3.05	7.91	2.76
最高收入户消费支出结构(%)	40.46	13.78	7.36	13.29	3.14	6.39	9.90	5.69
收入弹性	0.463	0.918	0.747	1.613	0.742	1.366	0.971	1.337
自价格弹性	−0.334	−0.391	−0.280	−0.572	−0.254	−0.473	−0.368	−0.451

表 11

2007 年城镇居民各类商品的基本消费支出及结构

项　　目	食 品	衣 着	居 住	用 品	医 疗	交 通	文 娱	杂 项
边际消费倾向	0.138	0.055	0.056	0.044	0.037	0.139	0.094	0.029
边际预算份额	0.233	0.092	0.094	0.074	0.063	0.235	0.160	0.049
基本消费支出(元)	2 304.1	515.9	467.9	193.1	345.6	105.4	451.8	91.4
基本消费占实际消费比重(%)	63.51	49.51	47.63	32.09	49.43	7.77	33.99	25.56
基本消费支出结构(%)	36.29	10.42	9.83	6.02	6.99	13.58	13.29	3.58
最低收入户消费支出结构(%)	47.17	8.94	11.62	4.06	6.96	7.78	11.04	2.41
最高收入户消费支出结构(%)	27.59	9.27	9.81	6.84	6.31	20.63	15.11	4.43
收入弹性	0.524	0.721	0.780	0.999	0.738	1.413	0.978	1.106
自价格弹性	−0.452	−0.532	−0.550	−0.693	−0.524	−0.933	−0.692	−0.752

（1）基本消费支出水平分析。居民基本消费需求支出的一般定义，是指为了保证劳动力的正常再生产，居民对物质产品和劳务所需要基本消费量的货币支付能力。居民基本消费支出与贫困标准有着密切联系，贫困是指居民基本消费需求得不到满足，因此，贫困人口的基本

消费需求必然没有得到满足。但是,却不能反过来说居民基本消费需求没有满足就一定生活在贫困线以下。居民基本消费需求不同于贫困标准,它有较大的伸缩性,主要从社会的、平均的角度表现居民基本消费,因而是长期存在的客观现象,无论在任何物质文化生活水平阶段都有居民基本消费需求。但居民基本消费需求支出水平可以作为贫困标准的参考水平。

表 10 和表 11 给出了 1995 年与 2007 年八类商品基本消费支出水平,其总和即为当年居民基本消费总支出。1995 年居民基本消费支出为 2 633.9 元,平均每月支出 219.5 元,占实际消费平均支出 3 537.6 元的 74.5%,居民平均每月最低生活费标准应略高于 220 元,方能满足基本生活需要,当年城镇最低收入组和低收入组的家庭人均每年可支配收入为 1 923.8 元和 2 505.7 元,均比基本消费需求支出少 710 元和 128.2 元,最低收入和低收入家庭都需要社会救济。2007 年居民的生活情况有了很大的改善,当年的基本消费支出为 4 475.2 元,平均每月支出 372.9 元,占实际消费平均支出 9 997.5 元的 44.8%,比 1995 年下降了 29.7 个百分点,当年城镇低收入组家庭生活有了明显的改善,人均可支配收入为 6 504.6 元,已经不再需要社会救济了,最低收入组家庭人均可支配收入为 4 210 元,比基本消费支出少 265 元,需要社会救济才能保证基本的生活需求,但这部分群体需要接受社会救济的幅度也明显减小了。

由此可见,1995 年以来城镇居民的基本消费支出变动较大,其占实际消费平均支出的比重大幅下降,由 1995 年的 74.5%下降到 2007 年的 44.8%,这从总体上体现出居民在基本消费支出中逐步以生存型为主向以享受型为主转变,2007 年有 55.2%的支出用于享受型消费。可见在过去 10 年中,随着人们收入的提高,生存型消费比重持续下降,而享受型消费的比重则超过了 50%,这正是居民的生活水平逐年提高的具体表现。

(2) 各类商品的消费倾向分析。表 10 和表 11 的实证结果表明:1995 年城镇居民边际消费倾向为 0.705,即每增加 100 元收入,有 70.5 元用于增加消费,而 29.5 元用于增加储蓄;增加消费中有 21 元用于增加食品支出,有 12.3 元用于增加家庭生活用品支出,有 11.3 元用于增加衣着支出,用于增加居住和医疗的消费支出最少,仅为 4.8 元和 2.1 元,这种状况与 1995 年住房、医疗等改革尚未完全展开有关。相比之下,2007 年城镇居民边际消费倾向下降为 0.592,即每增加 100 元收入,有 59.2 元用于增加消费,而 41.9 元用于增加储蓄;其中用于增加交通、通讯支出和衣着支出最多,为 13.9 元和 13.8 元,其次是用于增加娱乐教育文化支出,有 9.4 元。除杂项外,用于增加居民衣着和家庭生活用品的支出最少,仅为 5.5 元和 4.4 元。我们还根据消费边际倾向计算了边际预算份额,即以消费增量支出为 1,八类消费增量所占份额,家庭消费增量结构与家庭消费总支出结构明显有很大的区别,这反映出家庭收入增加后将更多地用于哪些消费方向。我们的计算结果显示,除食品外,1995 年家庭收入增加后更多地用于家庭生活用品和衣着支出,2007 年收入增加后则更多地用于交通、通讯和娱乐教育文化支出。

与 1995 年相比,2007 年城镇居民的储蓄愿望更加强烈,从各类商品边际倾向看,交通、通讯的变动增幅最大,这说明人们外出和通过各种媒介了解社会的机会增多。2007 年边际消费倾向前两位是交通通讯和食品,这说明随着收入水平提高,城镇家庭对于衣着、居住和家庭生活用品的边际消费份额有所下降,而唯独交通通讯是上升的。造成中国交通通讯消费比重快速增加的原因主要有:首先,近年来政府对基础设施的投入较大,交通通讯消费条件改善明显,促使这方面消费支出大幅提高。其次,通讯消费中家庭电话普及率上升较快,移动电话已成为城镇在职人员工作、生活不可缺少的通讯工具,电脑上网成为一种工作和生活时尚,信息社会生活消费方面对城市消费结构变化影响力日益显著。再次,信贷支持私人交通消费,像汽车这种高档耐用消费品，也可得到金融部门提供的消费信贷，从而有效地促使消费的快速增加。最后，政府的鼓励消费政策，政府改变以往对私家车实行的抑制性政策，鼓励私人购买汽车，更多的家庭具有购买力，私家车带动的交通消费需求增长的贡献明显增加；通讯方面也改变以往的高价抑制消费政策，采取一系列鼓励消费的优惠政策。

(3) 基本消费水平下的消费支出结构分析。在各类商品消费支出中，基本消费支出所占的比重不同。由于杂项支出的统计误差较大，因此我们这里不具体讨论杂项支出的各项指标。1995 年，首先是居民的食品支出比重最大，占超过一半的比例；其次是衣着支出，占 12.5%；排列第三的是文化娱乐教育支出，约占 8.14%；其余五类商品支出约占 20%。基本消费支出主要集中在食品、衣着和文化娱乐教育消费上。2007 年，居民的基本消费支出结构有了明显的变化，首先是食品支出比重明显下降了 20 个百分点，为 36.3%；其次是交通、通讯和文化娱乐教育支出比重，略大于 13%。2007 年基本消费支出主要集中在食品、交通通讯和文化娱乐教育消费上。

根据居民在基本消费水平下的消费支出结构变动情况，可分析人们生活水平与生活质量。1995 年食品基本消费支出所占比重为 84%，即有 84%的食品开支是满足生存型消费需求，只有 16%是满足享受型消费需求，当年居民支出刚性较强的主要有吃(84%)、住(76%)、医(76%)、娱(69%)、衣(69%)和交通(56%)，除家庭生活用品外，其他几类商品的基本消费支出比重超过 50%。2007 年，食品基本消费支出为 3 628 元，占实际消费的 64%，即有 64%的食品支出是满足生存型消费需求，同比下降 20 个百分点，用于享受型消费需求的比例增加了，约占 36%。2007 年城镇居民支出刚性较强的只有吃(64%)，其基本消费支出比重超过 50%，且其比重比 1995 年明显下降。

基于以上分析，2007 年居民对各类商品的基本消费支出比 1995 年的支出水平均有了明显的提高，但各类商品基本消费支出占实际消费支出的比重显著下降。1995 年基本消费支出占实际支出比重较大的前三项分别是食品、医疗和居住，比重均超过 75%，而比重低于 50%的只有家庭生活用品支出一项。而 2007 年居民的基本消费支出结构则发生了显著变化，排列前三位的为食品、衣着和医疗，分别比 1995 年下降了约 20 个百分点，而且除食品外，其他几类的商品支出比重均低于 50%。这表明居民在居住、交通、教育、文化娱乐、衣着等方面的消费质量有了很大的提高，其中交通、通讯服务的改善力度最大。各类基本消费支出占实际消费支出比重的下降，一方面是生活质量提高的必然反映，另一方面也是由于随着医疗、教育和住房等制度的改革，城镇居民中用于医疗保健、教育和居住的消费份额上升。

基本消费支出结构与最低收入组家庭支出结构十分相似，由此也说明基本消费支出分析完全可靠。此外，我们比较 2007 年和 1995 年最低收入组和最高收入组家庭消费支出结构可以看出，1995 年最低收入组与最高收入组家庭消费支出结构差距较小，食品支出份额相差最大，也仅差 9 个百分点；而 2007 年差距悬殊，最低收入组与最高收入组家庭的食品支出份额相差近 20 个百分点，而且交通通讯也相差了 13 个百分点，这也进一步说明我国城镇居民的收入分配差距明显加大。

(4) 需求的收入弹性与价格弹性分析。需求的收入弹性反映了在商品价格不变情况下，食品等商品消费支出对收入的敏感程度。收入弹性大于 1，说明商品消费增长幅度快于收入增长幅度，需求收入弹性高，占总消费的比重也会上升；反之亦然。需求的价格弹性则反映了在其他商品价格和生活消费总支出不变的情况下，某一商品的消费支出对其价格变化的敏感程度。根据这两个弹性值，可以分析商品收入效应和价格效应的严重程度，由此我们可以看到市场上的消费热点。

从各类商品的收入弹性看，食品支出总体上弹性系数不高，对收入变化的敏感性不是很强，而家庭设备用品和交通通讯对收入的敏感程度相对较高一些。我们的计算结果表明，居民对各种商品的需求收入效应不断发生变化，1995 年居民对于家庭设备用品、交通通讯和教育文化娱乐的收入效应较强，也就是说，收入的增长对家庭设备用品的支出增长会有明显的刺激作用，而对食品、医疗保健、居住的支出的刺激作用要低一些。2007 年收入弹性总体结构分布与 1995 年略有相同，首先是居民对交通通讯的收入效应最大，弹性值为 1.4；其次是家庭设备用品和教育文化娱乐，其弹性值约为 1，对其他几种商品消费的收入效应较弱。具体而言，2007 年居民对交通通讯、日用品和教育文化娱乐这三类消费支出对收入变化较为敏感，收入每增加 1%，交通通讯支出就会增加 1.4%，高于收入增长幅度，而家庭设备用品支出和教育文化娱乐支出增幅与收入增长持平。

八类商品的价格弹性全为负值，这符合经济含义，其中日用品和交通通讯这两类消费支出对价格变化比较敏感，价格效应较强，其他几种消费需求的价格效应较弱。从总体上看，2007 年各类商品的价格弹性均比 1995 年有明显提高。特别是 1995 年，住房和教育文化娱乐呈现出价格刚性的特征，需求价格弹性仅为－0.28 和－0.25。这是由于居住支出受国家推出的住房改革政策、消费信贷政策等政策性因素的影响很大；另外，虽然教育收费体制改革，教育成本越来越高，但这并不减弱居民对子女教育和自身继续教育的重视程度。这与前面所作的需求收入弹性的分析相一致。近年来，我国城镇居民对于增加交通通讯、教育、家庭设备用品和住房的愿望将更为强烈，这几类商品可能成为下一阶段市场的消费热点。

（四）农村居民消费结构变动比较

与中国城镇消费结构一样，农村消费结构也随着改革开放以来的消费水平的提高而发生较大改变。恩格尔系数是反映消费结构的重要指标，它是食品支出占消费总支出的比重。改革开放以来，中国农村居民的恩格尔系数从 1978 年的 67.7%下降到 2007 年的 43.08%，从表 12 中也可看出，近年来虽然农村的恩格尔系数个别年份有所反复，但总体趋于下降。恩格尔

表 12

农村居民家庭平均每人生活消费支出构成

单位：%

项　目	1995 年	2002 年	2003 年	2004 年	2005 年	2006 年	2007 年
食　品	58.62	46.24	45.59	47.23	45.48	43.02	43.08
衣　着	6.85	5.72	5.67	5.50	5.81	5.94	6.00
居　住	13.91	16.37	15.87	14.84	14.49	16.58	17.80
用　品	5.23	4.38	4.20	4.08	4.36	4.47	4.63
医　疗	3.24	5.66	5.96	5.98	6.58	6.77	6.52
交　通	2.58	7.01	8.36	8.82	9.59	10.21	10.19
文　娱	7.81	11.46	12.13	11.33	11.56	10.79	9.48
杂　项	1.76	3.15	2.21	2.21	2.13	2.23	2.30
合　计	100	100	100	100	100	100	100

系数的降低，反映了中国农村居民生活水平的稳步上升。在农村生活消费支出比例中，从总体上看，进入20世纪以来农村居民用于食品、衣着和家庭生活用品这三类商品的支出比重在减少，而用于住房、医疗、交通通讯、教育和杂项这五类商品的支出比重在增加。其中增速最快的首先是交通通讯支出，由1995年的2.58%增加到2007年的10.19%。其次是住房，2007年比1995年增加了约4个百分点。值得一提的是，上述农村消费支出结构只是一个总体趋势，在具体变动的过程中并非都是一直趋于上升或下降，而是经历了一个起伏波动的过程。这也说明在经济发展过程中，受多种因素的影响，经济增长处于波动变化过程中，居民收入水平与消费结构也相应地处于波动之中。

按收入将农村居民家庭平均每人生活消费支出结构分为五等，从中可以看出，中国农村内部收入分配差距过大，导致低收入户家庭的生活状况不佳，消费金额以及占全国平均的百分比与占高收入户的百分比处于一个较低水平。表13给出了2007年农村居民分收入组家庭的消费结构。从数据资料可以看出，只有中等收入户和中高收入户的消费水平与全国平均水平比较接近；低收入户和中低收入以下的农村居民生活水平普遍低于全国平均水平，如低收入户的食品支出占一半以上的份额，高出全国平均水平7个百分点，对于衣着、居住、家庭用品等其他商品的支出比重也普遍低于全国平均水平。相比之下，高收入户的食品支出低于全国平均水平6个百分点，比其他几类商品的消费支出比重均高出全国平均水平。可见，采取积极措施提高农村居民中低收入户的收入，对于改善低收入户居民的生活和促进消费均有重要意义。

表13

2007年农村居民分收入组家庭消费结构

单位：%

项　目	总平均	低收入户	中低收入户	中等收入户	中高收入户	高收入户
食　品	43.08	50.37	47.86	45.15	42.69	36.75
衣　着	6.00	6.00	5.91	6.02	6.02	6.03
居　住	17.80	15.43	15.87	16.87	17.52	20.48
用　品	4.62	4.02	4.21	4.55	4.80	5.00
医　疗	6.52	6.74	6.90	6.56	6.49	6.24
交　通	10.19	7.77	8.80	9.70	10.46	11.98
文　娱	9.48	7.83	8.36	8.96	9.64	10.92
杂　项	2.30	1.84	2.10	2.19	2.39	2.60
合　计	100	100	100	100	100	100

由于受到农村消费结构的统计数据的限制，我们无法用扩展线性支出系统模型来计算农村消费结构的变化情况。这里我们采用分地区消费数据计算1995年与2007年农村边际消费倾向和预算份额。从表14的计算结果来看，与1995年相比，2007年农村居民的住房、交通通讯和教育文化娱乐这三类商品的边际消费倾向增加了，其他五类商品的边际消费倾向减少了。与城镇消费结构一样，农村居民消费结构变动最大的也是交通通讯支出。从各类商品消费倾向看，未来居民收入增加后，将会更多地用于食品、居住、教育和交通通讯的支出，这几类商品有望成为下一阶段农村居民的消费热点。

表 14

农村居民各类消费的边际消费倾向与预算份额估计

年 份	项　目	食品	衣着	居住	用品	医疗	交通	文娱	杂项
2007	边际消费倾向	0.226	0.044	0.160	0.038	0.054	0.087	0.092	0.018
	边际预算份额	0.314	0.061	0.223	0.053	0.075	0.121	0.128	0.025
1995	边际消费倾向	0.292	0.052	0.156	0.065	0.068	0.022	0.038	0.028
	边际预算份额	0.405	0.072	0.216	0.090	0.094	0.031	0.053	0.039

三、风险度量

(一) 消费波动的风险度量

与本报告以前各年度所使用的方法一致，我们使用 1979—2009 年实际最终消费支出的增长率波动情况来定义消费风险层级。1979—2009 年，我国共发生 4 次消费对长期趋势的负向偏离。而从 2006 年开始，消费增长率保持了对长期趋势的正向偏离，而且这一趋势并未受到 2007 年爆发的美国金融危机的显著影响。从 2005 年开始，消费增长率增速逐年加快，而且这一趋势并未受金融危机的影响而有所降低。这表明消费具有促进经济平稳增长的重要作用(见图 8)。

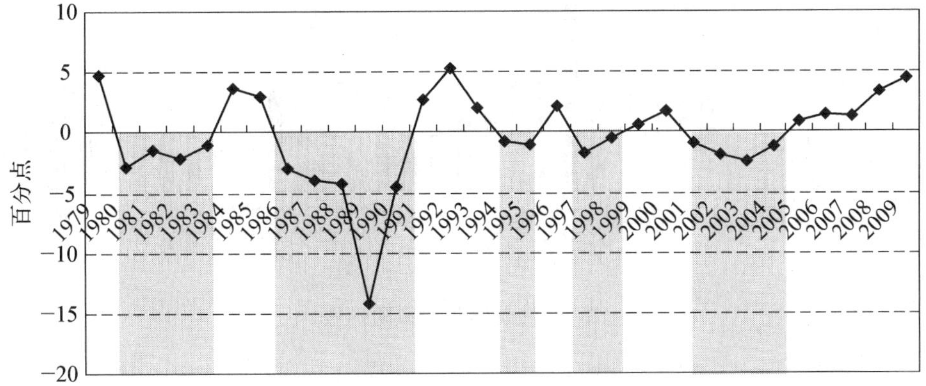

图 8　最终消费年增长率对长期均值的偏差

注：2009 年为估计数。

根据以上分析，我们采取如下方式定义消费增长风险评级(见表 15)。

表 15

消费增长风险评级

绝对值偏离程度(%)	风 险 级 别	风 险 评 级
≤2	1	无风险
≤5	2	低风险
≤8	3	中等风险
>10	4	高风险

使用以上评级得到的 1979—2009 年我国经济增长风险等级(见表 16)。

表 16

经济增长风险评级划分

偏离程度(%)	风 险 级 别	风 险 评 级
≤1	1	无风险
≤3	2	低风险
≤5	3	中等风险
>5	4	高风险

2009 年,在国家各项消费刺激政策的作用下,我国消费增长显著。消费继续保持了对长期趋势的正向偏离,偏离程度有所增加。就消费本身的风险评级而言,仍然处于低风险状态(见图 9)。

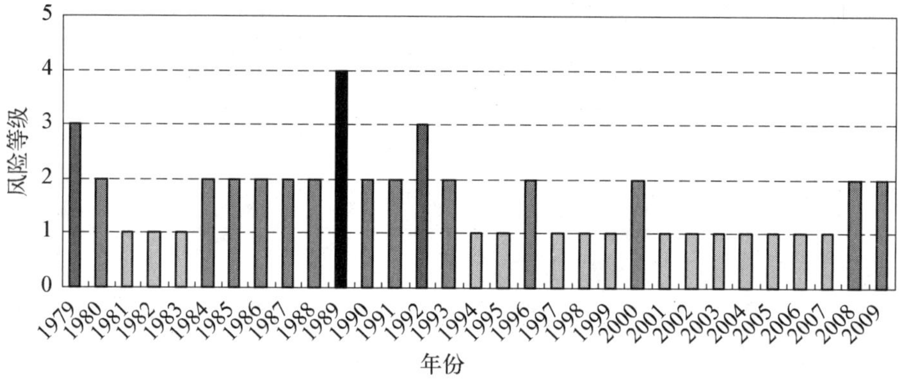

图 9　消费增长的风险评级

(二) 经济增长的风险度量

按照本报告一直使用的方法,将风险定义为变量的波动率。为便于比较,我们就以国家统计局每年公布的我国实际 GDP 增长率为基础,计算出历年算术平均值,以历年实际值对平均值的偏差作为我们经济增长风险评级的依据(见图 10)。

1979—2009 年,GDP 实际增长率与其算术平均值的偏差变化还是比较大的。以实际 GDP 增长率的平均值 9.3%作为我国潜在经济增长率的话,那么,在此期间我国一共有四个阶段经济增长是低于潜在增长率的,最近的一次就发生在 2008—2009 年。2008 年开始,美国金融危机开始影响我国,我国 GDP 增长率由 2007 年的 11.4%下降到 2009 年的 8.7%。也正是由于消费的增长,我国经济在一片萧条的世界经济中才能一枝独秀,继续保持了平稳增长的势头。

根据 2009 年度风险报告中采用的方法,仍然依据偏差的大小对 GDP 增长划分不同的风险程度。也就是说,某年经济增长的风险是根据当年 GDP 实际增长率对长期平均值偏离程度的绝对值确定的。

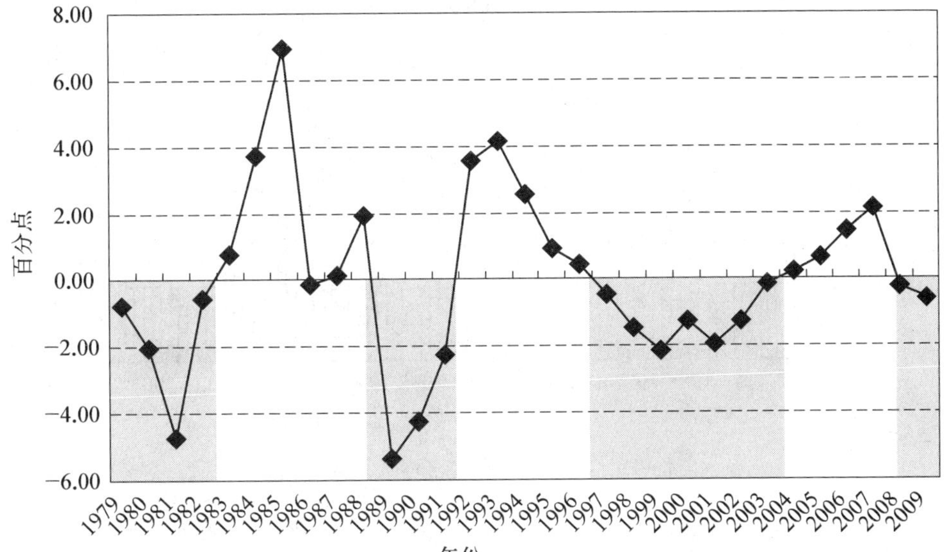

图 10　GDP 实际增长率偏差

使用表 16 的评级方法对 1979—2009 年我国经济增长风险进行评级，结果如下(见图 11)：

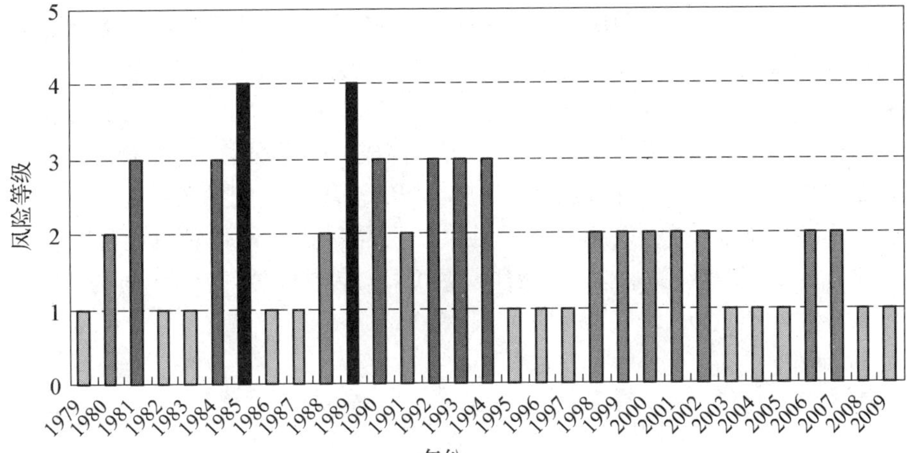

图 11　1979—2009 年间我国经济增长风险评级

我们看到，2006 年、2007 年两年间经济增长存在正向偏离，因此风险等级为 2，是低风险等级水平。但 2008 年经济增长率对均值存在负向偏离，2009 年的负向偏离程度有所增加。就经济增长的风险来讲，虽然我国在 2009 年有效缓解了美国金融危机的负面影响，但将来经济增长的趋势及外部世界经济环境仍不十分明朗。但我们也应看到，就经济增长率的偏差而言，虽然 GDP 增长偏差仍处于负向区间，但其下降趋势已经减缓。

（三）消费风险与经济增长风险：综合分析

现在我们将上面定义的经济增长风险和消费增长风险放在一起进行综合评价。

从图 12 可以看到，消费风险和经济增长风险等级存在一定的相关关系。2003—2005 年，

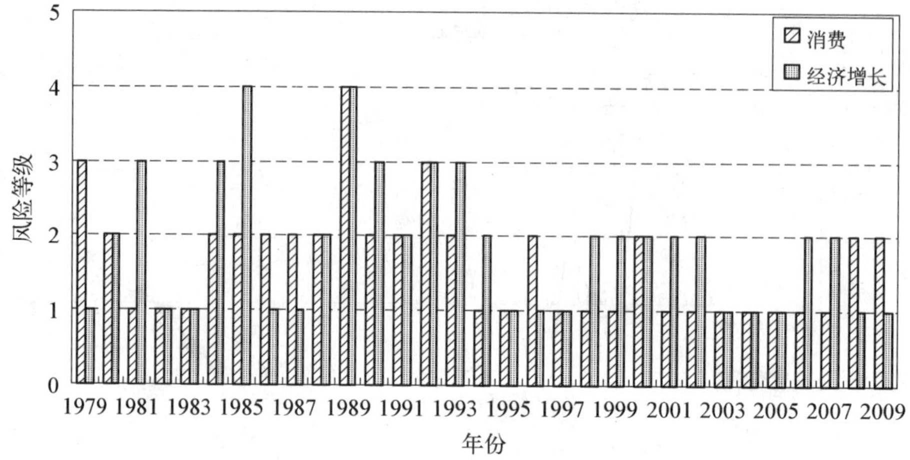

图 12 消费增长和经济增长风险评价

两者处于相同的风险等级，但 2006 年和 2007 年则是低的消费风险伴随相对高的经济增长风险，2008 年和 2009 年两年则是消费风险增加，由无风险等级进入低风险等级，而经济增长风险则临无风险等级。

（四）消费波动与经济增长风险之间的关系

消费是社会生产的最终目标，是经济循环的先导性因素，也是实现国民经济良性循环的关键因素。扩大消费需求，对实现国民经济顺利运行具有非常重要的意义。尤其是在当前金融危机余波未平，世界经济增长不确定因素仍然存在的情况下，保持消费平稳增长更是经济增长的重要支撑因素。随着消费在经济增长中的作用不断提高，消费波动引致的经济增长波动程度也会越来越高。而反过来，消费本身是经济增长构成的一部分，经济增长的波动也会影响社会总消费的变化。本部分采用实证研究消费波动与经济增长之间的关系。

我们以 *AC* 代表总消费额，以历年实际社会消费品零售总额代替，换算成以 1978 年为基期的指数序列；*Y* 表示实际经济收入，以历年实际 GDP 指数代替，时间区间为 1978—2009 年。所有变量都取对数处理后以 Ln*AC* 和 Ln*Y* 表示。

1. 平稳性检验

先对 Ln*Y* 和 Ln*AC* 序列进行平稳性检验（见表 17）。

表 17

总收入及消费变量的平稳性检验结果

变 量	ADF 统计量	检验方程形式	临界值 1%	临界值 5%	AIC	SC
Ln*Y*	−3.428 2	(C, t, 1)	−4.309 8	−3.574 2	−3.603 2	−3.414 6
dLn*Y*	−4.335 9	(C, 0, 3)	−3.711 5	−2.981 0	−3.574 7	−3.332 7
Ln*AC*	−1.741 5	(C, t, 1)	−4.309 8	−3.574 2	−3.512 6	−3.324 1
dLn*AC*	−3.246 0	(C, 0, 0)	−3.679 3	−2.967 8	−3.493 8	−3.399 5

注：检验方程形式(C, t, d)中 C 表明检验方程带有常数项，t 表明带趋势项。d 为滞后期数，选择标准是 AIC 和 SC 准则。计量软件为 EViews6.0。

2. 格兰杰因果检验(见表 18)

表 18

经济增长、居民消费的格兰杰检验结果

零　假　设	观测值	F-统计量	P 值
Ln*Y* 不是 Ln*AC* 的格兰杰原因	28	0.189 62	0.902 3
Ln*AC* 不是 Ln*Y* 的格兰杰原因		2.958 63	0.055 8

注：滞后阶数为 3。

格兰杰因果检验表明，总消费不是经济增长的格兰杰原因的假设被拒绝，说明消费的增长会直接影响经济增长。但是，无法拒绝经济增长不是消费增长的格兰杰原因的假设。这也印证了我国消费变化的趋势。前文已经指出，虽然改革开放以来，我国经济以较高的速度增长，但是，居民的总消费率却呈不断下降的趋势。经济增长没有从根本上改变我国居民消费率较低的现状。

四、风险预测与管理

(一) 消费波动风险预测

1. 2010 年消费面临的主要风险因素

(1) 物价上涨压力增大，通货膨胀风险增加。从目前公布的数据来看，2010 年第一季度我国居民消费价格同比上涨，生产价格上涨较快。2010 年第一季度，居民消费价格同比上涨 2.2%。分类别看，食品上涨 5.1%，烟酒及用品上涨 1.6%，医疗保健和个人用品上涨 2.4%，居住上涨 2.9%；衣着下降 0.9%，家庭设备用品及维修服务下降 0.9%，交通和通信下降 0.1%，娱乐教育文化用品及服务下降 0.1%。就不同消费产品类别价格上涨情况来看，食品上涨幅度最高。食品价格影响到社会生产、生活的方方面面，会通过消费者生活费用的升高传导到其他各行各业。因此，2010 年我国面临的通货膨胀风险显著增加。此外，随着全球金融危机的影响逐渐减弱，国际原油、金属、铁矿石等大宗商品价格开始反弹，我国还面临显著的输入型通货膨胀风险。

(2) 劳动者报酬占 GDP 比重下降，城乡收入差距进一步加大。从收入法 GDP 看，在初次分配中劳动者报酬占比从 1995 年的 51.4%下降到 2007 年的 39.7%。而世界主要经济体的劳动者报酬占 GDP 的份额一般是 50%～57%，比我国 2007 年的水平高约 10～17 个百分点。居民收入比重下降直接影响了消费者的消费能力。而城乡收入差距的加大，一方面，抑制了农村的消费需求，另一方面，受边际消费倾向递减规律的影响，社会的总体边际消费倾向会进一步下降。

我国目前除面临整体收入增长趋缓的问题之外，社会收入两极分化现象仍然比较突出。高收入者缺乏消费意愿，低收入者缺少消费能力，造成最终社会有效需求不足，总体消费增长乏力①。

(3) 资产价格的不确定性将影响消费增长。2010 年政府调控房地产市场的政策接连出台，房产价格可能会出现波动。而证券市场也面临较大程度的不确定性。两大资产市场的波

---

① 余斌. 2010 年经济稳定发展面临的主要挑战[N]. 中国经济时报，2010-3-10.

动将通过财富效应影响消费增长。

(4) 金融危机尚未完全过去,世界经济仍然存在不确定性预期。虽然目前各国整体经济与金融危机爆发时相比有所好转,但是世界经济发展的不确定性因素仍然存在,世界经济复苏的基础仍比较脆弱,外需形势依然严峻。希腊等国出现的主权债务危机使得各国在执行各项政策时格外小心。随着危机最坏阶段的过去,各国的经济激励计划逐渐放缓,并开始审视经济刺激计划可能带来的通货膨胀后果。因此,我国仍应该将内需作为经济发展的主要拉动力量来对待。

(5) 政策因素仍将是刺激消费增长的主要动力。为弥补金融危机造成的外需不足给经济增长带来的压力,政府将继续实行鼓励消费的诸如家电下乡、以旧换新等政策,这些措施仍将推动我国总体消费的增长,并且成为今后两年推动消费增长的主要动力。

2. 消费需求与经济增长风险的预测

下面我们通过构建中国城乡居民的消费函数来反映消费与产出的内在关系,并根据消费函数关系式估计和预测未来中国居民消费需求和经济增长的发展趋势。消费函数有多种形式,如绝对收入假说、相对收入假说、持久收入假说、生命周期假说等。其中杜森贝里的相对收入假说是指人们的消费收入不仅受当期自身收入的影响,而且受周围人们的消费行为以及收入与消费相互关系的影响;不仅受自己目前收入的影响,而且也受自己过去收入和消费水平的影响。前者称为消费的“示范性”,反映居民的“攀比行为”。后者称为消费的“不可逆性”,也称消费的“棘轮效应”,反映居民的实际生活水平不能低于基期,具有明显的刚性特征。模型形式如下:

$$C_t = \beta_1 Y_t + \beta_2 Y_{t-1} + \mu_t$$

其中:C_t 为本期消费;Y_{t-1} 为过去的平均收入;β_1, β_2 为待估计参数,且有 $\beta_1 > 0$, $\beta_2 > 0$;μ_t 为随机干扰项。

布朗(1952)进一步发展了杜森贝里的消费函数形式。他提出人们只是缓慢地改变他们的消费行为,前期的消费影响现行消费及可支配收入,因此布朗在方程中加进了因变量的一个滞后值。模型形式如下:

$$C_t = \alpha + \beta Y_t + \gamma C_{t-1} + \mu_t$$

其中:α, β, γ 为待估计参数。

该函数形式比较简单而且内容大体符合实际的消费情况,因此应用也比较广泛。根据上式,我们对 1978—2007 年城乡居民的消费需求和产出进行参数估计,为了剔除价格因素的影响,我们所采取的数据均为实际值,通过估计得到下列计量模型。

城镇居民消费函数形式:

$$\begin{gathered} LUC_t = -1.398 + 0.672 LY_t + 0.379 LUC_{t-1} \\ (-4.11) \quad (4.45) \qquad (2.72) \\ R^2 = 0.999 \quad D.W. = 1.48 \quad F = 17\,619.07 \end{gathered} \tag{6}$$

农村居民消费函数形式:

$$\begin{gathered} LRC_t = 0.820 + 0.104 LY_t + 0.782 LRC_{t-1} \\ (3.05) \quad (1.76) \qquad (8.22) \\ R^2 = 0.980 \quad D.W. = 1.64 \quad F = 651.65 \end{gathered} \tag{7}$$

其中:LUC_t, LUC_{t-1} 表示本期和前期实际城镇居民消费需求的自然对数;LRC_t, LRC_{t-1} 表示本期和前期实际农村居民消费需求的自然对数;LY_t 表示本期实际 GDP 的自然对数；括号内表示参数估计的 t-检验值。

从各项检验看，这两个计量模型拟合效果很好，且通过了各项检验。模型中，前期消费对本期收入有很强的解释力，这表明改革开放以来，中国城乡居民消费行为表现出强的“棘轮效应”和“示范效应”。从这两个计量模型可以看出，在其他条件不变的情况下，本期实际 GDP 每提高 1 个百分点，城镇居民实际消费就提高约 0.672 个百分点，前期消费每提高 1 个百分点，本期城镇消费就提高约 0.397 个百分点；本期实际 GDP 每提高 1 个百分点，农村居民实际消费就提高约 0.104 个百分点，前期消费每提高 1 个百分点，本期农村居民消费就提高约 0.782 个百分点。可见，城镇居民受本期 GDP 的影响较大，受前期消费行为的影响较小，而农村居民则相反，他们受本期 GDP 的影响较小，而受前期消费行为的影响较大。

根据模型(6)和模型(7)，我们利用 2008 年的产出及 2007 年城乡居民的消费估计得到 2008 年城镇和农村的实际消费为 13 699.3 亿元和 6 783.5 亿元，居民总消费为 20 452.8 亿元。《2009 年中国统计摘要》公布的实际居民消费为 20 840.9 亿元，模型估计的误差度为 1.9%，小于 5%，说明这两个模型可用来作短期预测。为了预测未来产出的发展趋势，我们利用 1978—2007 年的产出数据，构建如下关于产出的自回归模型：

$$\underset{}{LY_t} = \underset{(4.74)}{3.566} + \underset{(9.79)}{1.316LY_{t-1}} - \underset{(-5.76)}{0.761LY_{t-2}} + \underset{(4.70)}{0.042T} \tag{8}$$

$$R^2 = 0.999 \quad D.W. = 1.96 \quad F = 19\,715.99$$

其中：LY_t 表示本期实际 GDP 的自然对数；T 为时间趋势变量。

模型(8)拟合效果很好，且通过了各项检验。根据该模型，我们可以预测 2008 年中国实际 GDP 为 60 810.7 亿元，《2009 年中国统计摘要》公布的实际产出为 59 535.7 亿元，可以计算模型估计的误差度为 2.1%，小于 5%，说明模型(8)可用来做短期预测。

根据模型(6)到模型(8)，我们预测 2008—2012 年中国实际经济增长与实际消费需求的发展趋势，预测结果见表 19。根据模型预测，2010 年我国居民消费将达到 23 408.1 亿元，其中城镇消费 16 058.3 亿元，农村消费 7 349.7 亿元，预计居民消费率将继续下降到 33.2%。可见，内需不足仍将是 2010 年及今后几年中国宏观经济发展面临的一个主要问题。但值得一提的是，通过我们前面的分析可知，近年来，消费对经济增长的拉动作用是相对比较稳定的，但投资和净出口的快速增长，将导致消费占 GDP 的份额下降，消费对经济增长的贡献也随之减弱。根据模型的测算结果，未来两三年内，居民消费以略低于经济增长率的速度继续增长，其中城镇消费增长速度与经济增长速度基本持平，而农村消费增长速度则只是经济增长速度的一半，消费对经济增长的拉动作用仍将趋于稳定，不会有很大的变化。

表 19

实际经济增长与居民消费需求估计

年 份	实际 GDP（亿元）	居民总消费（亿元）	城镇消费（亿元）	农村消费（亿元）	经济增长率（%）	居民消费率（%）
2010	70 459.8	23 408.1	16 058.3	7 349.7	8.9	33.2
2011	77 231.0	25 215.6	17 564.4	7 651.2	9.6	32.6
2012	85 144.8	27 298.5	19 327.2	7 971.3	10.2	32.1

近年来，由于经济增长过快导致的总需求膨胀和国际范围内通货膨胀的输入压力，以及外汇占款增长、国内货币需求减少引致的流动性过剩和通货膨胀预期造成的消费投资行为改变，都属于需求方面的因素。可以预见中国近期及未来的通货膨胀风险主要表现为需求因素驱动的特征。

3. 消费风险等级预测

在消费激励政策的作用下，加上长期以来我国高储蓄率积累的财富增长，居民的消费能力需要释放。再考虑到2009年消费增长的惯性作用，今后两年我国消费总体增长速度会进一步提高。这一趋势已经通过一些调查数据显示出来。根据国家统计局中国经济景气监测中心2010年5月6日发布的抽样调查数据显示，2010年一季度，中国消费者信心指数达到108点，不但比上一季度提升了4点，而且在过去12个月中上升了19点。不仅恢复到国际金融危机前的水平，而且创下了自2007年以来的新高。从构成消费者信心指数的就业、收入和消费意愿三大因素看，对就业和收入的乐观判断，推动了消费者信心的整体上扬。但是消费信心增强的背后仍然存在现实消费增长的隐忧。抽样调查数据也显示，2010年一季度消费者消费意愿有轻微下滑。按低收入、中等收入和高收入三个阶层划分，高收入阶层的消费意愿下滑得最明显①。

根据以上研究，预计在各种因素的作用下，2010年我国总体消费将有较大幅度的增加。很可能进入更高一级的中等程度风险等级区间。金融危机使我国更加重视消费对经济增长的重要作用。为促进内需和外需之间的平衡，2011年政府各项刺激消费的计划可能会继续实施，但其着力点可能会有所变化。即使这样，预计2011年消费增长率将与2010年持平，风险等级仍将处于中等程度的区间内。

（二）消费波动的风险管理对策

影响消费增长的最主要因素是居民收入增长及对未来的不确定性预期。中国消费者支出不确定性感受的增加起源于社会福利制度的变化。20世纪90年代开始，与人们生活密切相关的公费医疗、子女教育、退休养老保险和福利分房制度发生了显著变化，个人负担的比例增加，每一项开支就要花费多年的积蓄。由于社会保障体制的滞后，居民应付这些经济体制改革的唯一方法就是增加储蓄。只有拥有一定数量的储蓄，这些开支才能得到保证。从消费结构来看，20世纪90年代以来消费支出用于医疗、文娱和住房的比重大幅提高，这三项支出的增加在一定程度上反映了居民消费水平的提高。但由于这三项支出都是要在短期内完成的高额支出，它带给人们的心理压力将是很大的，会进一步增加未来不确定性的预期。从居民消费倾向看，中国经济体制改革改变了消费者的消费预期，风险消费（暂时消费）预期上升，防范风险的储蓄倾向随之上升，导致居民消费倾向出现逐年递减的趋势，这可能与我国正处于经济转型时期，持久性收入增加慢，暂时性收入增加快，而暂时性收入的储蓄倾向高，消费者持久消费增长只能根据持久性收入增长来决定有密切关系。根据我们的预测结果，未来两三年居民还将维持这种消费变化趋势，居民消费率过低、内需不足仍将是中国宏观经济运行面临的主要问题。

金融危机的发展变化使我们深刻认识到消费对经济增长的重要作用，也凸显出我国经济发展模式转型的重要性，扩大内需尤其是消费需求已经成为各界的共识。我国经济的长期稳定增长必须转到主要依靠消费的轨道上来。因此，保持消费平稳增长，对降低宏观经济增长风险具有非常重要的意义。

---

① 2010年一季度消费者信心指数创2007年来新高[N].上海证券报，2010-5-7.

长期来看,我国消费面临的最主要风险因素是居民主动消费意愿的下降。其表现是近年来我国消费率不断降低。因此,政策作用目标应该是提高居民的消费意愿,将政策推动的消费增长转变为居民自发的消费率增长。提升社会消费能力,提高内需在经济增长中的重要地位。

基于此,消费风险的管理对策应该主要围绕以下几点发挥作用。

1. 提升消费信心,增强居民的消费意愿

继续实施并不断完善已经出台的一系列刺激消费的措施,扩大消费刺激政策的实行范围,保持政策的连续性和稳定性。通过发展消费信贷改变居民消费习惯,鼓励消费。此外,还要保持物价基本稳定,稳定居民消费预期。平稳的物价水平是稳定居民消费预期,促进居民消费健康增长的前提。2002 年以来,随着新一轮经济扩张期的到来,我国居民住宅价格加速上升。虽然住宅作为居民投资品不直接计入居民消费中,但房价大幅上涨对居民其他消费产生明显的挤出效应。2006 年第三季度以来,粮食价格普遍上涨引发的食品价格上涨,导致居民消费物价指数上升。2007 年 5 月份以来,受粮价上涨逐级传递和其他因素的影响,居民消费价格累计涨幅连续数月超过 3%的控制线,大大增加了通货膨胀的风险。从中长期看,导致居民消费物价上涨的原因还很多,包括劳动力成本上升、原材料价格上涨、资源性产品价格改革、环境保护成本的显性化,以及粮价上涨的推动等。为此,应该从加强企业间竞争、为企业减负和提高供给能力等方面维护物价的基本稳定。

2. 提高收入水平,保障分配的公平性,提高广大中低收入者的消费能力

收入是决定最终消费水平的最重要因素。如果社会财富加快向少数消费主体集中,则随着边际消费倾向下降,社会总体消费水平增长就无法保持。城乡居民是边际消费倾向最高的群体,有较强的消费意愿,但由于收入增长缓慢缺少消费能力,从而极大地抑制了消费需求的扩大,导致总消费需求不足。因此,国家层面应该增加财政对农民及城乡低收入群体的补助力度,为提高城乡居民的持续消费能力创造有利条件。通过改革个调税征收制度、社会收入分配制度等一系列措施调节社会收入差距,抑制不合理的收入分配悬殊,提高广大中低收入者的消费能力。增加居民收入是促进消费的根本措施,努力增加农民收入一直是近年来宏观调控的基本方向,努力增加城镇中低收入者的收入,则是扩大城镇居民消费的重点。就业是收入的基本来源和保证,要坚决贯彻落实中央已确定的各项促进就业再就业的政策措施,促使人们的就业和再就业。

3. 进一步提高社会保障水平,解除居民消费的后顾之忧,加大力度开发农村消费市场

政府层面应该大力提高公共服务支出在政府总支出中的比重,增加在教育、医疗卫生、社会保障等方面的支出,提高社会总体保障水平,为消费者提供良好的社会保障,解除消费的后顾之忧。此外,就消费结构而言,2009 年的消费增长很大一部分归功于政府的"家电下乡"、"以旧换新"等政策的刺激作用,也因此让我们看到农村消费市场的巨大容量与潜力。因此,今后如果要切实将经济增长的带动因素由外贸转向内需,还需要进一步开发农村消费市场。一方面,提高农民的收入水平,开发适合农村的消费产品,开拓农村消费市场,充分释放农民的潜在消费能力。另一方面,要不断完善促进消费的配套政策措施,更好地发挥政策对消费的促进作用。比如,切实发挥价格机制、竞争机制的作用,健全监管机制,加大政策宣传力度等①。

① 李海闻、杨第(2010)。

4. 发展服务型消费,以新型消费方式、消费理念带动消费增长

提高消费需求,在很大程度上需要服务业发展的支持。我国应该切实加强市场监督,优化消费环境,提振消费者的消费信心。鼓励金融机构进一步发展消费信贷业务,不断开发服务型消费产品,提高消费服务水平,提升整个社会的消费结构。适当考虑增加全国性假期,培育新的消费增长热点。国家要发挥产业政策在资源配置中的作用,引导资金流向从那些以消费者支出转向密切相关的新兴产业,促进这类产业的发展,以更有效地推动消费热点的形成,支撑国民经济持续快速成长。

5. 鼓励企业增加研发投入,以新技术、新产品带动消费增长

政府应该采取切实措施,鼓励那些提供消费品的企业增加研发投入,增加消费品种类,提高消费服务水平,应对我国消费结构的变化,满足收入水平较高的消费者群体对于消费品升级换代的要求,以及对高水平、多样化的消费服务的需要。

另外,以城镇化扩内需是2009年中央经济工作会议提出的一个新思路。中国目前城镇化率不到50%,还有极大的发展空间。以加快城镇化为切入点,让更多农民进入城市,放宽中小城市和城镇户籍限制,这项改革有利于调整城乡二元结构,对结构调整、社会稳定、经济发展等都将产生积极作用,更会进一步提高居民的消费能力。

参考文献

[1] 程霞珍,潘理权.扩大居民消费的难点、重点与对策研究[J].经济问题探索,2010(1).

[2] 樊纲,王小鲁.消费条件模型和各地区消费条件指数[J].经济研究,2004(5).

[3] 国家信息中心宏观政策动向课题组.以体制为切入口,多角度促居民消费[N].中国证券报,2009-10-16.

[4] 国家统计局综合司课题组.七大因素左右居民消费增长[N].上海证券报,2004-10-15.

[5] 胡志平,李慧中.消费低迷的制度解构与重构[J].社会科学研究,2010(1).

[6] 胡志平.公共服务下乡:农村消费需求增长的新动力[J].天府新论,2009(4).

[7] 黄静,屠梅曾.房地产财富与消费:来自于家庭微观调查数据的证据[J].管理世界,2009(7).

[8] 洪源.政府民生消费性支出与居民消费:理论诠释与中国的实证分析[J].财贸经济,2009(10).

[9] 纪宏,任韬,阮敏.中国消费者信心分析——源自“海峡两岸消费者信心指数”[J].经济学动态,2010(1).

[10] 金三林.我国消费需求不足的深层次原因及政策取向[J].经济研究参考,2009(66).

[11] 梁达.2010:消费驱动力将会更加强劲[J].国有资产管理,2010(1).

[12] 刘社建,李振明.扩大消费研究:提高劳动者报酬份额的思路[J].上海经济研究,2010(2).

[13] 刘树成.新一轮经济周期的背景特点[J].经济研究,2004(3).

[14] 刘方.消费冲击与中国经济波动[J].经济经纬,2009(6).

[15] 刘金全,张鹤.经济增长风险的冲击传导和经济周期波动的“溢出效应”[J].经济研

究,2003(9).

[16]　李朝林.扩大居民消费需求的对策[J].经济纵横,2009(8).

[17]　李海闻,杨第.关于“家电下乡”现状与问题的调查分析[J].中国软科学,2010(3).

[18]　罗楚亮.经济转轨、不确定性与城镇居民消费行为[J].经济研究,2004(4).

[19]　潘文轩.我国消费需求不足的成因与对策——基于产业结构失衡视角[J].河北经贸大学学报,2009(11).

[20]　孙普兴.农村消费信贷对农村消费发展的实证分析[J].金融与经济,2009(11).

[21]　孙凤.消费者行为数量研究[M].上海:三联书店、上海人民出版社,2002.

[22]　王晓枫,熊海芳.财政政策与银行信贷、居民消费关系分析[J].财政研究,2009(12).

[23]　薛鹏,王倩.我国城乡居民消费状况比较研究:1978—2008[J].统计研究,2009(11).

[24]　许永兵.我国城镇居民消费行为变异的实证研究[J].河北经贸大学学报,2009(6).

[25]　杨汝贷,陈斌开.高等教育改革、预防性储蓄与居民消费行为[J].经济研究,2009(8).

[26]　余斌.2010 年经济稳定发展面临的主要挑战[N].中国经济时报,2010-3-10.

[27]　袁志刚,夏林锋,樊潇彦.中国城镇居民消费结构变迁及其成因分析[J].世界经济文汇,2009(4).

[28]　万广华,张茵,牛建高.流动性约束、不确定性与中国居民消费[J].经济研究,2001(11).

[29]　苑德宇,张静静,韩俊霞.居民消费、财政支出与区域效应差异[J].统计研究,2010(2).

[30]　郑璋鑫.新消费函数理论与中国居民超储蓄——居民谨慎消费的另一视角[J].现代经济探讨,2009(10).

[31]　臧旭恒,裴春霞.预防性储蓄、流动性约束与中国居民消费计量分析[J].经济学动态,2004(12).

[32]　臧旭恒,张继海.收入分配对中国城镇居民消费需求影响的实证分析[J].经济理论与经济管理,2005(6).

[33]　曾壁钧.我国居民消费问题研究[M].北京:中国计划出版社,1996.

[34]　BOSTIC R, GABRIEL S, PAINTER G. Housing wealth, financial wealth, and consumption: new evidence from micro data[J]. Regional Science and Urban Economics, 2009(39).

[35]　CASE K E, QUIGLEY J M, SHILLER, R J. Comparing wealth effects: the stock market versus the housing market[J]. Advances in Macroeconomics, 2005,5(1).

[36]　CAMPBELL J, COCHRANE J. By force of habit: a consumption-based explanation of aggregate stock market behavior [J]. Journal of Political Economy, 1999(107).

[37]　COOLEY F. Frontiers of business cycle research [M]. Princeton: Princeton University Press, 1995.

[38]　DARDANONI V. Precautionary saving under income uncertainty: a cross-sectional analysis[J]. Applied Economics, 1991(23).

[39]　FLAVIN M. The adjustment of consumption to changing expectations about future income[M]. Journal of Political Economy, 1981(89).

[40] LETTAU M, LUDVIGSON S C. Understanding trend and cycle in asset values: reevaluating the wealth effect on consumption[J]. American Economic Review, 2004,94(1).

[41] LEVIN L. Are assets fungible? testing the behavioral theory of life-cycle savings [J]. Journal of Economic Behavior & Organization, 1998,36(1).

[42] SKINNER J S. Is housing wealth a sideshow? advances in the economics of aging [R]. National Bureau of Economic Research Report. Chicago: University of Chicago Press, 1996(2).

第四章　对外贸易与经济增长的风险

一、绪论

1. 2009 年我国外贸发展的总体情况

2009 年我国外贸发展的总体情况与去年风险研究报告的预测结果相一致。在百年一遇的国际金融危机影响下，2009 年中国的对外贸易出现大幅萎缩，全年进出口贸易总值为 22 072.7 亿美元，较 2008 年下降 13.9%。这是自亚洲金融危机之后，中国的对外贸易额首次出现负增长。其中，出口值为 12 016.7 亿美元，同比下降 16%；进口值为 10 056 亿美元，同比下降 11.2%。全年贸易顺差为 1 960.7 亿美元，同比减少 34.2%(见图 1)。

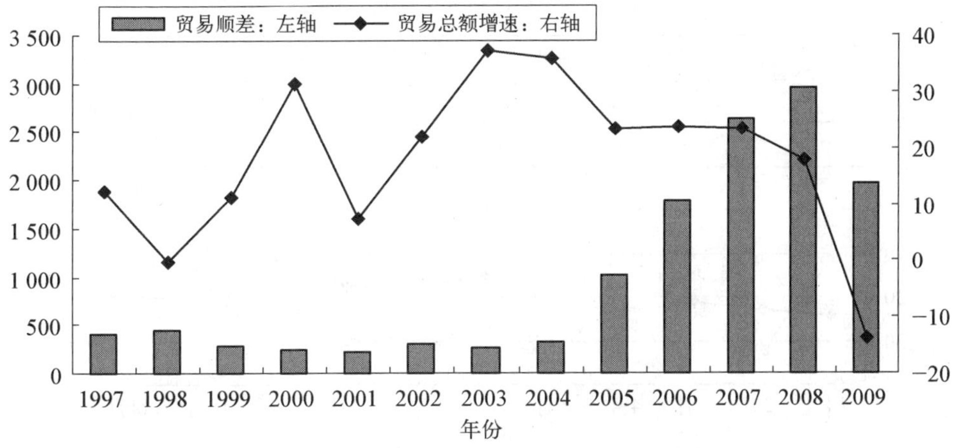

图 1　1997 年以来中国的对外贸易增速(%)与贸易顺差(亿美元)

由于欧美等主要经济体的对外贸易受金融危机影响更深，中国的进出口贸易在世界贸易中的份额较 2008 年均有所上升。WTO 的数据显示，中国在 2009 年超越德国成为全球最大出口国，占全球出口贸易的比重接近 10%；进口额在全球的排名由 2008 年的第三位升至第二位，占全球进口贸易的 8%，仅次于美国的 13%。

2. 2009 年我国外贸发展的主要特点

(1) 对外贸易额逐季回升，加工贸易出口的恢复情况好于一般贸易。虽然中国的对外贸易在 2009 年出现负增长，但随着国际经济逐渐复苏，以及刺激内需和出口退税等政策的积极效应逐渐显现，进出口贸易额呈逐季回升之势，并在第四季度实现正增长，4 个季度的贸易总值增速分别为－24.8%、－21.9%、－16.6%和 9.1%(见图 2)。其中，进口贸易的反弹程度尤为强劲，从第三季度的－12%大幅回升至第四季度的 22.3%。

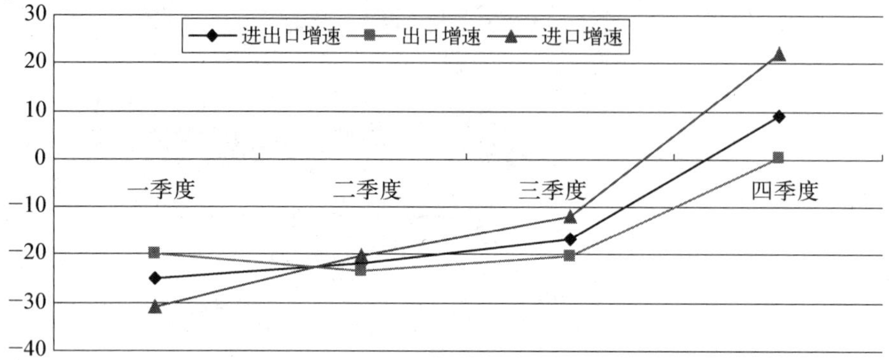

图 2 2009 年对外贸易的季度同比增速(%)

从贸易方式看,加工贸易进出口总值的增速与一般贸易相差不大①,但加工贸易出口的恢复情况明显好于一般贸易。2009 年加工贸易出口的累计增速为－12.6%,比一般贸易高出约 8 个百分点。自 2009 年 7 月之后,加工贸易出口便显现稳步回升的态势,并于 11 月恢复正增长,当月同比增速为 5.5%,12 月更是大幅增长,同比增速为 32.5%(见图 3),这反映出外需正在显著回暖。

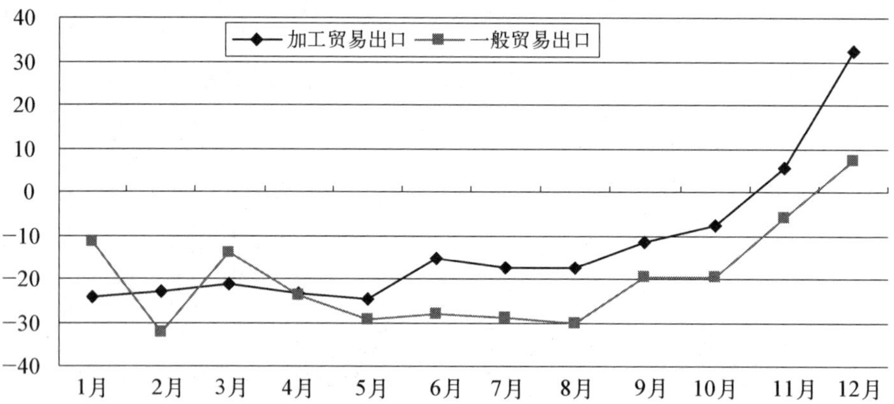

图 3 2009 年加工贸易和一般贸易的当月出口增速(%)

(2) 劳动密集型产品出口小幅下降,机电及高新技术产品出口降幅较大。2009 年劳动密集型产品的出口表现优于整体,国外需求的刚性以及国内提高出口退税等政策的实施,有力支撑了服装、鞋、箱包、家具等劳动密集型产品的出口。其中,鞋类出口下降 5.7%,帽类出口下降 7.6%,家具及部件出口下降 6%,纺织、服装等产品的出口降幅也都远低于出口总量的降幅(见图 4)。

相比之下,高端产品的出口降幅较大,全年机电产品和高新技术产品的出口降幅分别为 13.4%和 9.3%,这在一定程度上强化了出口的低端化趋势。2009 年上半年机电产品和高新技术产品的出口降幅都在 21%以上,下半年两类产品的出口形势明显好转,尤其是在 12 月,机电产品出口的同比增速上升至 26.8%,高新技术产品出口的同比增速更是高达 40.7%。

① 这里的加工贸易包括进料加工贸易和出料加工贸易。

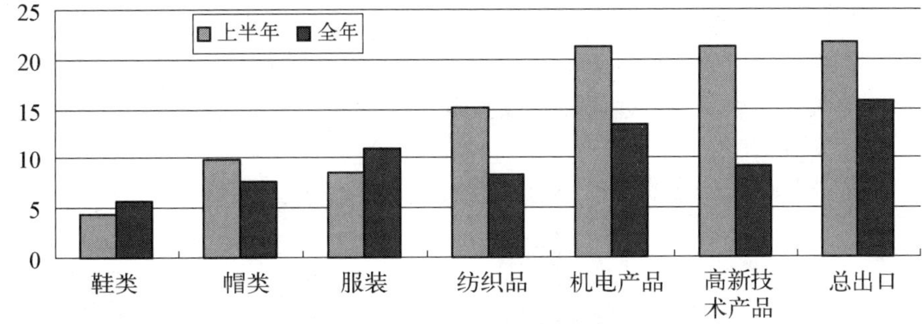

图 4　2009 年主要产品的出口降幅(%)

(3) 大宗商品进口量持续增加,但进口价格较上年大幅下降。在国内经济刺激计划的作用下,基建行业的投资规模迅速扩张,原材料、矿物质等大宗商品的进口需求旺盛。与 2008 年相比,原煤进口量增长 210.1%,铁矿砂及其精矿进口量增长 41.5%,铜矿砂及其精矿进口量增长 18.1%,原油进口量增长 13.9%(见图 5)。此外,国内消费水平的提升也带动一些主要农产品进口的大幅增加,其中,玉米进口量增长 68.9%,大豆进口量增长 13.7%。

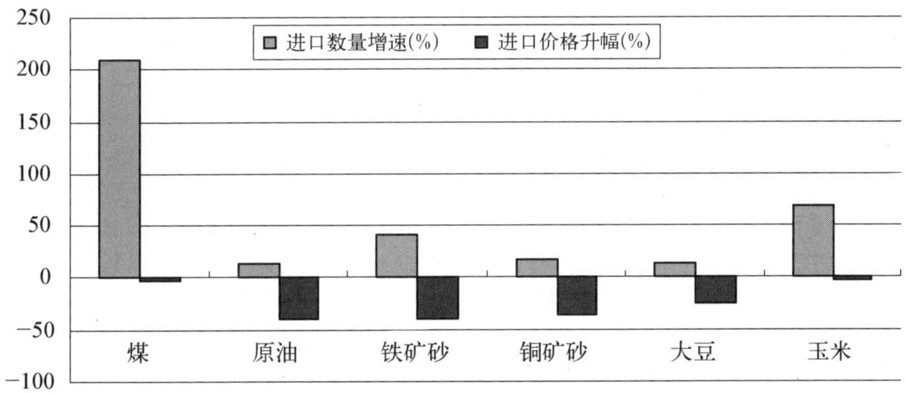

图 5　2009 年主要大宗商品的进口情况

在进口数量快速增长的同时,大宗商品的进口价格较上年同期有了不同程度的下降。铁矿砂及其精矿进口均价下降 40.2%,原油进口均价下降 39.5%,铜矿砂及其精矿进口均价下降 36.2%,大豆进口均价下降 24.2%。值得注意的是,部分大宗商品进口价格在 2009 年中期跌至谷底后重拾涨势,年末价格较年初已有较大涨幅。例如,12 月份铁矿砂及其精矿进口均价较 1 月份上涨 90.4%,原油进口均价上涨 65.8%,大豆进口均价上涨 57.8%,拉动进口价格指数从 5 月份的 79.6 上升至 12 月份的 108.6,这一趋势有可能引发输入型通胀的风险。

(4) 东部地区对外贸易的恢复程度总体好于中西部地区,个别省份表现较为突出。东部地区的经济外向度相对较高,最早受到国际金融危机的冲击,对外贸易在短期内曾出现大幅下滑。但随着危机影响的逐步消退,东部地区的外贸恢复情况明显好于中西部地区①。2009 年

① 这里的区域划分按地理位置与经济水平而定,东部地区包括北京、天津、辽宁、上海、江苏、浙江、福建、山东、广东、海南十个省、直辖市;中部地区包括河北、山西、内蒙古、吉林、黑龙江、安徽、江西、河南、湖南、湖北十个省、自治区;西部地区包括广西、重庆、四川、贵州、云南、西藏、陕西、甘肃、青海、宁夏、新疆十一个省、自治区、直辖市。

东、中、西部地区进出口贸易总值降幅分别为 11.6%、21.8%和 20.2%(见图 6),其中,出口贸易的降幅分别为 13.8%、28.6%和 31.8%。这种地区差距说明东部地区的经济结构更具弹性,企业经营也更具灵活性,能够对国际市场波动作出迅捷的反应。

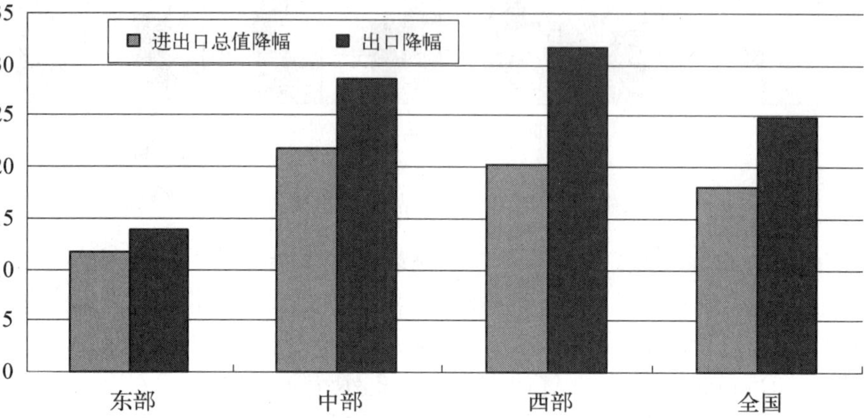

图 6 2009 年区域对外贸易的降幅(%)

虽然全国的对外贸易在 2009 年出现较大幅度的萎缩,但也有个别省份采取有效措施减轻了危机的影响。例如四川、广西、海南三省充分利用中国与东盟建立自由贸易区的机会,扩大了同东盟国家的经贸合作,对外贸易额分别增长了 9.6%、7.5%和 6.3%。福建省的部分外贸企业通过银行授信扩大了自己的商业信用,给一系列生产企业提供融资服务,把外贸和生产企业连在一起,降低了流通成本,提高了国际市场竞争力,进出口贸易总值仅下降了 6.1%,出口额也仅下降了 8.6%。

(5) 贸易伙伴的地区格局总体不变,新兴经济体占比略有上升。在双边贸易的地区格局中,2009 年中国的进出口贸易仍然集中于亚洲、欧洲和北美三大地区,占中国对外贸易总量的比重为 87.3%。与 2008 年相比,前十大贸易伙伴的排名没有发生多大变化,依次为欧盟、美国、日本、东盟、中国香港、韩国、中国台湾、澳大利亚、印度、巴西。中国与前十大贸易伙伴的贸易额占对外贸易总值的比重为 76.5%,较 2008 年上升了 0.9 个百分点(见图 7),对外贸易的地区集中度有所提高。

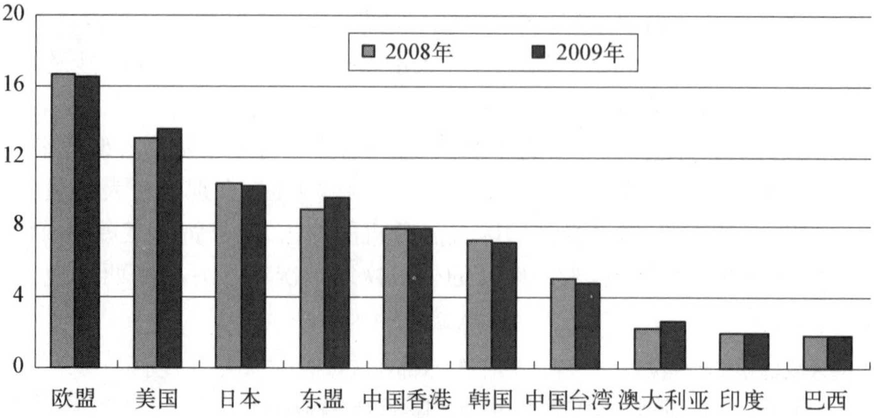

图 7 2008 年和 2009 年前十大贸易伙伴占中国对外贸易的比重(%)

在十大贸易伙伴中，新兴经济体(包括东盟、中国香港、韩国、中国台湾、印度、巴西)与中国的双边贸易额占中国对外贸易的比重为 33.2%，较 2008 年略微上升了 0.2 个百分点，表明中国强化了与新兴经济体的贸易联系。其中，新兴经济体在中国出口贸易中所占比重上升了 0.7 个百分点，在中国进口贸易中所占比重下降了 0.5 个百分点。与此同时，发达经济体(欧盟、美国、日本、澳大利亚)在中国出口贸易中所占比重不变，但在中国进口贸易中所占比重大幅上升达 2 个百分点，说明中国正将出口市场的重心向新兴经济体转移，同时增加了来自发达经济体的进口。这种结构上的调整与我国外贸发展的地区导向是相吻合的。

二、风险因素识别

前一部分对 2009 年我国对外贸易的总体情况和主要特点进行了阐述，本部分将从出口和进口两个方面详细分析外贸影响我国经济增长的风险因素。

1. 出口

(1) 国际经济尚未摆脱危机影响，市场需求存在不确定性。金融危机爆发以来，在世界各国史无前例的联合干预下，全球经济复苏超出预期，但要清醒地看到，国际经济并未出现根本性好转，复苏基础并不稳固。

首先，本轮世界经济复苏是建立在一系列刺激政策的基础上，而带动需求增长的内生动力仍然不足。主要国家失业率仍然居高不下，2010 年 2 月份经合组织成员国目前的平均失业率约为 9%，一些国家甚至达到了 10%以上，劳动力市场疲软的情况异常严重。美国 2009 年 9 月份失业率曾达到 9.8%，创 1983 年以来新高，至 2010 年 3 月份失业率仍处在 9.7%的高位。同期欧元区的失业率接近 10%，创欧元区诞生以来新高。日本的失业率也高达 4.9%，处于 10 年来的相对高位。在技术进步没有重大突破、经济增长缺乏新的增长点的条件下，世界经济的真正复苏尚待时日。其次，近期外需恢复的一个重要原因是国际市场回补库存，并不代表世界经济的真正强劲复苏。在经历大幅下滑之后的回升，仅仅是一种恢复性的增长。各国出口订单中，短期订单多，长期订单少，小额订单多，大额订单少，表明人们对于全球贸易增长仍持谨慎心态。人们要想彻底恢复信心还取决于全球经济的根本好转。特别是 2010 年希腊等部分国家债务危机还在发展，英国、意大利等国的高额赤字随时有可能演变为债务危机，严重影响人们对于经济复苏的信心，也对欧洲乃至世界经济构成拖累。各国经济复苏进程不一，经济刺激政策出现分化，这些也都可能影响世界经济贸易的复苏进程。最后，国际金融危机导致居民财富大幅缩水，在一定程度上改变了人们的消费理念。人们认识到长期依靠借债消费的模式不可持续，美国等国家居民储蓄率持续上升将制约居民扩大消费。摩根斯坦利的一份研究报告就认为，美国消费者的行为正在发生重大转变，节俭的生活习惯正在逐渐回归，未来几年之中，居民资产负债表的迅速去杠杆化和居民财富趋稳的缓慢进程意味着，消费支出增速将低于居民收入增速。在此期间，个人储蓄率很可能会升至 7%～10%①，消费支出向家庭储蓄的倾向转变将对市场需求形成极大的制约。

由于世界经济复苏动力不足，许多深层次矛盾和问题尚未根本解决。尽管发达国家和许多发展中国家推出了稳定金融秩序、刺激经济增长的措施，但全球市场信心的恢复、体制和结

---

① Berner R. Rising Saving Rate Does Not Signal Renewed Consumer Retrenchment[R]. Morgen Stanley, 2009-07-14.

构问题的解决需要一个过程。特别是美国房地产市场的问题还没有完全解决，可能还会有更多金融机构的不良资产浮出水面，金融市场的动荡局面仍将持续一段时间。这些因素决定了世界经济复苏将是艰难曲折的，国际市场需求短期内难以明显恢复，中国的出口贸易仍面临很多不确定和不稳定因素。

(2) 保护主义暗流涌动，贸易壁垒日渐高企。在金融危机的背景下，世界经济和贸易明显下滑，各国均希望通过贸易保护来转嫁国内矛盾，提高关税、滥用救济措施等各种贸易摩擦急剧增多，造成贸易保护主义日渐加剧，其中不仅包括美国、欧盟等发达国家和地区，还包括俄罗斯、巴西、印度等发展中国家。WTO 报告显示，2009 年 4～8 月短短 5 个月时间，二十国集团就出台了 91 项新的潜在的保护主义措施。保护范围日益扩大，除农产品、钢铁、汽车和零部件、化工、纺织和服装等商品贸易外，保护主义正向环保等领域扩展，如欧美等国家要征收"碳关税"等，金融保护主义也时有发生。

贸易保护主义正成为阻碍世界经济贸易复苏的重大威胁。中国作为全球最大的出口国，面临着空前的国际贸易保护主义重压，对我国的出口贸易产生严重的阻碍。中国已连续 15 年成为遭受反补贴调查最多的成员，2008 年全球 35%的反倾销、71%的反补贴涉及中国。国际金融危机进一步强化了这一趋势，中国商务部的统计表明，截至 2009 年 11 月 3 日，共有 19 个国家或地区对中国产品发起 101 起贸易救济调查，涉案总额超过 116.8 亿美元。美国贸易保护措施的最大目标正是中国。2009 年前 11 个月美国实施的各类贸易救济案约 50 宗，其中一半以上针对中国，全年对中国实施的贸易救济案金额达 58.4 亿美元，同比增幅达 63.9%。美国继决定对中国输美轮胎实施 3 年内分别加征 35%、30%和 25%的惩罚性关税后，2009 年 10 月 7 日宣布对从中国进口的无缝钢管发起反倾销和反补贴调查。此后，美国又对中国输美的氯化钡、熨衣板等产品启动反倾销复审，对四氢糠醇产品所适用的反倾销税进行快速复审。在欧洲市场，2009 年 10 月 6 日，欧盟部长理事会决定对中国输欧无缝钢管征收 17.7%～39.2%的最终反倾销税，此后对中国的钢盘条、无缝钢管、葡萄糖酸钠、钢索、铝合金轮毂等发起多起反倾销调查。

除了美欧等发达经济体，印度、巴西、阿根廷等国家也频频对我国产品发难。2009 年 9 月份以来，阿根廷、印度、巴西、墨西哥等发展中国家也先后对中国产品发起了反倾销和反补贴调查，涉及氯甲烷、离心泵、螺杆压缩机、皮下注射器等多种商品。2010 年我国仍将面临各种贸易摩擦，涉及案值很可能越来越大，贸易救济措施也更加多样，而国内大部分出口导向型企业的防范意识和应对贸易摩擦的能力还有待提高。在贸易摩擦加剧的形势下，出口将会陷入非常困难的境地。

(3) 市场竞争程度逐渐增强，贸易环境不容乐观。国际金融危机发生后，欧美等发达国家经济增长放缓、失业率上升，其政府部门已明确表示将采取有力措施重振制造业，通过扩大出口来缓解国内贸易赤字问题。与此同时，许多发展中国家出口的总体竞争力进一步上升，甚至通过本币贬值等手段争夺国际市场。例如，越南盾、印度卢比、韩元等经济体货币对美元汇率就曾有过较大幅度的贬值，造成欧美等国家的进口需求向这些经济体转移，对我国出口贸易形成显著的抑制作用。这使得我国有可能在中高端产品领域面对发达国家的直接竞争，而在传统优势产品领域则要面对发展中国家更多的挑战。

与亚洲金融危机只影响部分市场不同，此次危机期间所有国家的进出口都同时下降，没有哪一个地区能够幸免，危机已经影响到全球贸易的稳定运行。WTO 在 2010 年 3 月份的公报说,2009 年全球商品贸易下降了 12.2%,为 70 多年来的最大降幅,如果以名义价值计算,全球商品贸易跌幅则高达 23%,总额跌至 12.15 万亿美元①。国际贸易的大幅萎缩,必将加剧国际市场的竞争程度。尽管中国与主要经济体之间存在着加强经贸合作、共渡难关的要求,但未来的国际贸易环境仍不乐观。并且由于一些金融机构倒闭或被收购、接管,部分国家或地区的信用恶化和萎缩,国际贸易中的履约风险和结算风险也进一步增大。

市场竞争不仅体现为国内企业与国外企业之间的竞争,在很多时候还表现为国内出口企业之间的相互竞争。由于国内出口部门缺乏行业的有效管理,企业之间长期处于恶性竞争状态,同类产品的出口企业在对外报价上相互拆台,价格越报越低,还有许多企业不择手段购买、窃取竞争对手的客户资料,开出比对手更优惠的条件给国外客户,以达到谋取微利、挤掉对手的目的,结果把产品做砸、做烂,使企业、行业和国家的利益都蒙受损失。为争夺危机期间宝贵的国外订单,同行业中的国内企业往往将精力都放在激烈的价格竞争上面,根本无暇在产品的技术革新、升级换代上下工夫,更不愿意在研发新产品、创造企业自主品牌的产品上下工夫,不仅无助于提升国内出口企业的竞争力,也容易引发不必要的贸易争端,恶化整体的贸易环境②。

(4) 银行对出口企业存在"惜贷"心理,金融支持力度可能弱化。受金融危机冲击,国际贸易融资困难加剧,国外进口商及其融资银行面临流动性不足的难题。外国进口商在信贷冻结时如果能获得中国的出口信贷,非常有助于它们从中国进口,增强我国企业的出口竞争力。然而,国内商业银行出于风险考虑,对此类信贷投放普遍存在"惜贷"心理,即使会对少数优质企业发放信贷,也要带上苛刻的附加条件,加大了出口企业的融资成本,贸易机会也随之流失。出口企业在危机期间面临融资瓶颈,普遍反映融资难、流动资金紧张,甚至出现"有订单无力接"的现象。

尽管国家实施了宽松的货币政策,央行也要求商业银行加大对出口企业的信贷支持,但面对危机期间外贸行业贷款违约率上升的现实,银行的关注焦点并不在为出口企业提供融资服务上,而是将信贷投放重点都集中在基建等国家扶持的项目上,对出口企业的融资需求,银行态度则均有保留,并强调要加强管理和风险控制,对出口型的贸易融资需求较为谨慎,对出口企业的审查相比往年更严格③。当然,从银行的角度来说,对一些风险较高、市场情况较差的低端出口企业采取谨慎态度是有必要的,毕竟小的外贸企业生存艰难,如果银行不顾风险提供支持,造成的便是银行自身的风险。但在实际操作中,银行受能力所限难以判断项目好坏,往往采取"一刀切"的做法,对一些有前景的出口融资项目也予以抵制。

虽然 2010 年以来出口的强劲反弹,吸引了国内银行的注意力,但面对复杂多变的国际经济形势,银行能否保持目前的热情尚存疑问。一旦主要经济体的市场需求再次下滑,银行或许又将回归到"惜贷"状态。另外,2010 年国内信贷管制和银行监管条件都趋于增强,银行在信贷额度和可用资金的双重约束下,很可能采取力保政府背景项目、压缩出口信贷的策略,这些都会弱化出口企业所能获得的金融支持力度。

(5) 人民币升值预期进一步强化,汇率风险令人担忧。进入 2009 年以来,人民币兑美元

---

① 中新网.世贸组织说需求减少导致 2009 年全球贸易急剧下降[DB/OL].[2010-03-29]http://www.chinanews.com.cn.

② 祖伟.当前中国出口贸易形势分析及对策[J].经济与管理,2009(7).

③ 周鹏峰.出口形势前景不明,银行慎对出口信贷[N].上海证券报,2008-11-20.

中间价一直在 6.83～6.84 之间窄幅震荡，2 月底在连续 5 个交易日小幅下行后升值，5 月初人民币对美元汇率升到约 6.82 的水平，之后便长期维持在这一水平。

然而，在升值压力有增无减的情况下，人民币汇率的长期稳定反而引发了更大的升值预期。一方面，我国长期保持较高的贸易顺差，人民币汇率有升值的事实依据，并且经济增长和市场潜力巨大，国际热钱已经形成人民币升值预期。2009 年 12 月末，国家外汇储备余额为 23 992 亿美元，同比增长 23.28%，其中第四季度外汇储备增加 1 266 亿美元，远远大于当期外贸顺差和外商直接投资之和，显示出热钱流入的迹象。另一方面，美国基于出口战略的调整，对人民币汇率施加了非常大的压力。美国一直认为人民币币值存在严重的被低估，而这种低估是中美贸易不平衡的主要原因。奥巴马在 2010 年的国情咨文中提出了 5 年内美国贸易出口翻番的目标，为此将尽最大努力打开中国及其他贸易伙伴的市场，是迫使人民币升值的重要手段之一。2010 年 3 月 16 日，130 名国会议员致信美国财长盖特纳和商务部长骆家辉，要求奥巴马政府在 4 月份发布有关汇率操纵的定期报告时，将中国列为汇率操纵国之一。面对经济基本面和政治博弈的客观现实，国内外都形成了强烈的人民币升值预期，在具体的经济活动中也已有所表现。国外客户普遍观望等待，即使有长单、大单，国内企业也不敢轻易接单。

中国的出口贸易大多集中在纺织服装业、电子加工业等劳动密集型行业，其市场竞争力主要在于明显的价格优势。由于产品的技术含量少，附加值低，产品之间差异化程度小，相互替代性强，这些行业的产品出口价格弹性较大，人民币升值对这些行业的出口贸易将产生不利影响。据报道，目前中国纺织业利润率仅为 4%左右，服装和家具制造等劳动密集型行业出口商的最低利润率仅为 3%，如果人民币汇率升值，将造成这些出口企业大量破产。此外，大型成套设备企业中的电站、轮船、铁路、通讯等成套项目出口合同金额大、周期长，从签约、设计、建设、调试到交付使用一般需要 3～4 年，收汇周期大约为 8～10 年，因此存在巨大的汇率风险敞口。机电商会在 2010 年 3 月份进行的压力测试结果显示，目前企业在手合同约为 1 500 亿美元，如人民币对美元升值 3%，整个行业将减收 300 亿人民币①。因此可以说，汇率风险可能是中国出口企业将要面临的最大经济风险。

2. 进口

(1) 资源品对外依存度和进口集中度过高，经济增长存在隐患。随着我国经济的快速发展，能源、矿产等资源品紧缺的矛盾日益突出，在国内产能难以满足经济需求的情况下，只能大量依靠进口来解决，而这些资源品大多掌控在少数国家甚至少数跨国公司手中，这在原油和铁矿石两大资源品方面表现得尤为明显。过高的进口依存度和进口集中度使我国难以保证战略资源的供应，这也成为经济发展乃至国家经济安全的隐患。

国家能源局公布的数据显示，2000—2009 年，我国原油消费量由 2.41 亿吨上升到 3.88 亿吨，年均增长 6.78%，原油净进口量由 5 969 万吨上升至 1.99 亿吨，进口依存度也由 24.8% 飙升到 51.29%，首次超过 50%的警戒线。然而，我国原油生产却呈现下降态势，2009 年中国生产原油 1.89 亿吨，同比下降 0.4%，相对于 2004—2008 年 2.3%的年均增速而言，原油生产明显减缓。按照中国 1.8 亿～2.0 亿吨的石油产量峰值，中国石油进口依存将达 72%，而美国目前石油进口依存度也只有 63%②。中国在没有国际石油定价权的情况下，将半数以上的石

① 花馨. 中美互有攻守 多部门重启人民币升值压力测试[N]. 21 世纪经济报道，2010-03-18.

② 沈汝发，李晓慧，刘雪. 中国原油进口依存度首超警戒线[N]. 经济参考报，2010-03-29.

油需求放在国际市场是非常不安全的。同时，中国的原油进口尚未摆脱来源地过于集中，且多为政局不稳定地区的矛盾。据中国海关统计数据显示，2009 年中国十大石油来源国分别是：沙特(4 195.3 万吨)、安哥拉(3 217.2 万吨)、伊朗(2 314.7 万吨)、俄罗斯(1 530.4 万吨)、苏丹(1 219.1 万吨)、阿曼(1 163.8 万吨)、伊拉克(716.3 万吨)、科威特(707.6 万吨)、利比亚(634.4 万吨)、哈萨克斯坦(600.6 万吨)。并且，中国在石油运输线方面过于依赖马六甲海峡，一旦这个海峡发生恐怖袭击，中国的石油进口通道必然受到威胁。

在铁矿石资源上也存在同样问题，虽然我国的铁矿石年产量从 2003 年的 2.6 亿吨快速增加到 2009 年的 8.8 亿吨，年均增长超过 20%，但这一阶段我国钢铁工业的增长速度更快，对铁矿石的需求远远超过国内产能，尤其是对高品位铁矿石的需求难以满足，从国外大量进口就成为唯一的选择。据《中国经济周刊》报道，2009 年中国铁矿石进口量达到 6.3 亿吨，同比大幅增长 41.6%，铁矿石的对外依存度从 2002 年的 44%提高到了 69%①。而在铁矿石的海外供应上，巴西的淡水河谷、澳大利亚的力拓和英国的必和必拓三家国际矿业巨头控制了全球 2/3 的铁矿石生产，中国的铁矿石进口也主要来源于这三大矿业公司，力拓和必和必拓向中国的出口量占各自总产量的 60%以上，淡水河谷向中国的出口量也占其总产量的 40%以上。过高的进口集中度使中国在铁矿石谈判中屡次受挫，不仅从未在三大公司处讨到任何便宜，反而由于缺乏主动权和权益铁矿，中国钢企至少多付出 7 000 多亿元铁矿石成本②。

(2) 部分进口产品低价倾销，对国内相关市场形成较大冲击。近年来，随着我国经济的快速发展和居民消费水平的不断提升，对于工业品和消费品的进口需求随之增加。由于部分产品的国内生产成本和销售价格高于国际水平，国外生产商往往利用自身价格优势，采取低价倾销的方式抢占市场，对国内相关生产企业形成较大冲击。自 2009 年以来，化工、大豆、多晶硅等产品已经显现出低价大量进口的倾向，不仅威胁到国内企业的生存，而且相关市场还有被进口品和外资垄断的危险。

在化工行业，主要是中东石化产品对我国展开低价抛售。中东现已是世界石化工业投资最集中的地区，由于欧美、韩日等传统市场较为成熟、需求增量小、产品档次高，我国是中东大量过剩石化产品的主要目标市场。中东化工产品具有绝对的成本优势，乙烯、聚乙烯、乙二醇生产成本仅为我国的 20%～30%，聚丙烯成本稍高但也只有我国的 75%。受全球金融危机影响，中东地区的化工产品大量低价进入国内。2009 年中国聚乙烯、聚丙烯和乙二醇的进口增幅分别达到 49%、102%和 47%，产品价格普遍低于当期市场价。在进口产品的冲击下，国内同类产品的开工率相当低，例如 2009 年国内甲烷的开工率只有 30%，即使开工也是亏损③。有关部门的测算数据显示，受低价进口的影响，2015 年国内乙烯装置开工率将会降至 54%左右，国内 46%的乙烯产能和数千亿元资产闲置，并可能引发为其提供原料的配套炼油能力无法正常生产④。生产能力的闲置不仅严重抑制国内石化产业的发展，还将影响劳动就业和国家税收收入。更大的风险还在于，国内石化产业一旦失去主导地位，下游企业的原料供应安全和价格决定权将被进口产品控制，遭受深远的负面影响。

① 宋雪莲. 业内称铁矿石谈判中国翻盘可能性微乎其微[N]. 中国经济周刊，2010-04-06.

② 中钢协亮出铁矿石谈判底牌[N]. 新闻晚报，2010-04-07.

③ 陈其珏. 中东低价石化品将入华，国内石化企面临挑战[N]. 上海证券报，2010-03-29.

④ 喻春来. 中东乙烯低价抛售，石化两巨头近半产能恐受冲击[N]. 每日经济新闻，2010-03-16.

国产大豆遭遇的进口威胁在几年前就已引起过各方关注，国家也曾出台了一些保护豆农利益的补贴政策，但国产大豆收购价格高于进口大豆到港成本的局面依然存在，企业每加工1吨国产大豆要比进口大豆成本增加近200元，国内榨油企业减少甚至停止国产大豆收购，而从国际市场大量采购大豆。2009年我国大豆进口量达到4 255万吨，同比增长13.7%，连续第五年创下我国大豆进口量的历史最高纪录。受进口大豆的冲击，作为我国大豆主产区的黑龙江省内榨油企业已全部停止收购大豆，当地豆农也在寻求转产。黑龙江省农委公布的农情调查预计，2010年该省大豆种植面积将在2009年减少20%的基础上再次减少，跌幅可能迫近10%①。由于我国是一个食用植物油严重短缺的国家，在国产大豆不断减少的情况下，大豆加工业对进口大豆的依赖性还将持续增强，进口大豆在我国的垄断地位也会不断加强，如果国家不能采取有效措施的话，国产大豆的产业链将面临边缘化的危险。

(3) 大宗商品价格呈触底回升态势，压缩国内企业利润空间。在2009年，伴随全球经济的企稳复苏，大宗商品价格开始了“V”形反弹的走势，衡量国际大宗商品价格的CRB指数全年上升约24%，为1973年石油危机以来的最大涨幅。随着全球经济增长提速，新兴国家的工业化会对大宗商品的消费构成支撑，加上超低利率水平和投机炒作等因素的作用，2010年大宗商品价格还将进一步上涨。至2010年4月份，国际油价已逼近87美元/桶，创下18个月来新高，伦敦铜也接近8 000美元/吨，并创下19个月来新高，其他如煤炭、铁矿石等大宗商品价格也都出现大幅上涨。对于高度依赖国际原材料供应的中国工业来说，大宗商品价格上涨将推高企业进口成本，侵蚀企业的盈利能力。对于出口企业来说形势更为严峻，面对日益激烈的国际竞争，中国出口产品多是依靠低价优势来维持市场份额的，很难通过涨价手段来消化进口成本上升的压力，出口企业的利润空间将被进一步压缩。

以钢铁行业为例，目前国外矿企的采矿成本每吨在30美元上下，运到国内的价格却每吨超过100美元，如果按1.6吨矿石炼出1吨钢来计算的话，矿企、物流商和中间商三者的利润超过150美元。2009年我国进口铁矿石花了500亿美元，如果按过去的正常价格应为160亿美元，国外矿山赚取的暴利已经超过中国整个钢铁行业的利润，国内钢企实际上在为国外的铁矿石企业打工②。2010年中国钢铁业不仅要面临巴西淡水河谷等三大矿业巨头欲将铁矿石价格提高100%的成本压力，同时还要面对完全超越市场需求量的超额供给。在此情况下，钢铁企业普遍采取提高国内售价的办法部分转嫁成本压力，3月份宝钢股份的热轧产品就在原来基础上每吨加价300元，沙钢、本钢也都作出类似的调价行为，这在减轻自身成本压力的同时，却又挤占了家电、汽车等下游产品的利润率。

相比钢铁行业而言，纺织行业遇到的困难更大。因为纺织行业的产品主要面向国际市场，低价格、低利润率是国内纺织出口企业的典型特征，在无法提高出口价格的条件下，原材料价格的稍许上升都会侵蚀原本就微薄的利润，甚至威胁到出口纺织企业的生存。2009年纺织行业的出口退税率相继提高了四次，但企业效益对此反应却比较一般。其原因就在于纺织生产企业的原料成本中，棉花购价占很大的比例。自去年4月份以来棉花进口价格就处于上升通道中，棉花采购成本持续增加，而产品价格又不能同步提升，利润空间就非常小，再加上下游的服装业在出口时价格再被外商压一压，对于生产型的纺织企业就不可能在出口退税率提高方

---

① 王超.大豆压榨企业扩张，专家预言10年后中国大豆将消失[N].中国产经新闻，2010-04-01.

② 宋雪莲.业内称铁矿石谈判中国翻盘可能性微乎其微[J].中国经济周刊，2010(4).

面获得多大的利润①。进入2010年，棉花进口价格仍然延续了上涨行情，1月和2月原棉进口均价的同比涨幅分别高达26.2%和29.4%，纺织企业的生产经营将要面临更大的考验。

三、风险度量

（一）外贸地区结构与经济增长的关系

2009年的风险研究报告对外贸总量与经济增长的关系进行了多角度的衡量，这部分我们将研究视角深入到对外贸易的区域层面，衡量贸易伙伴地区分布与我国经济增长之间的关系。

1. 外贸地区结构与经济增长关系的理论分析

Rivera-Batiz 和 Romer(1991)认为对外贸易会从"知识溢出"(knowledge spillovers)和"市场进入"(access markets)两方面影响经济增长，对外贸易扩展了国内生产者所能接触到的中间投入品，包括新思想、设计、管理等无形投入品，由此产生的知识溢出效应将促进生产率的提升和经济增长。同时，对外贸易为国内生产者开辟了新的市场，利润动机激励其加大创新力度，进而引致经济增长。在此理论框架下，不难预期一国的贸易伙伴数量越多，对外贸易的地区分布越分散，对外交流知识的机会越多，国内生产商的潜在市场越广阔，"知识溢出"和"市场进入"的效应越显著，经济增长速度也就越快。

但是，从交易成本的角度来分析，外贸地区分布与经济增长之间的联系并不如此简单。从进口角度来看，一国的进口地区分布越集中，该国为进口所付出的交通、运输等交易成本就越低，尤其是对于一些大国来说更是如此，节约的成本可以弥补经济增长所需的资本要素。而从出口角度来看，出口的地区分布集中，虽然容易引发贸易摩擦，不利于出口贸易的进一步增长，限制外需和经济增长的空间，但有利于国内生产者熟悉产品标准，对生产流程进行更有效的设计，从而提高生产效率，还有利于降低贸易伙伴的搜索成本和商业博弈的谈判成本，这些都是推动经济增长的积极因素。所以，外贸地区结构与经济增长之间的关系如何，还有待统计数据的实证检验。Raja Kali 等(2007)基于跨国数据的实证结果表明，对外贸易的地区集中度对经济增长的影响在穷国与富国之间存在差异性，对于穷国而言，对外贸易的地区分布越分散，反而越不利于经济增长。此处我们着重考察中国的外贸地区结构与经济增长率之间的统计联系。

2. 外贸地区集中度与经济增长率的统计分析

Raja Kali 等(2007)只是从外贸总量上来评价地区分布与经济增长之间的关系，然而，前述的理论分析表明，进口与出口的地区分布对经济增长的影响性质可能并不一致，总量角度的研究掩盖了这种差异性。为此，我们从进口和出口两方面来考察中国的外贸地区集中度与经济增长率之间的统计联系。

衡量集中度的常用指标是赫芬达尔-赫希曼指数(Herfindahl-Hirschman Index, HHI)，该指标多用于行业结构的分析，此处将其应用于对外贸易的地区分布中，测度我国进出口贸易的地区集中度，计算方法是各个贸易伙伴与中国的双边进口(出口)占中国进口(出口)总量比重的平方和，算术表达式为：

$$\mathrm{HHI}_t = \sum_{i=1}^{N}\left(\frac{\mathrm{TP}_{i,t}}{\mathrm{TOTAL}_t}\right)^2$$

① 纺企受益出口退税率提高 但成本上升压缩利润[EB/OL]. 中国经济网[2010-01-22]http://www.ce.cn.

其中：HHI为进口（出口）的地区集中度指数；TP为中国与贸易伙伴的双边进口（出口）额；TOTAL为中国与所有贸易伙伴的进口（出口）总额；i为各个贸易伙伴国或地区；N为贸易伙伴总数量，t为年份。

HHI数值越大，说明对外贸易的地区集中度越高；反之，则表明集中度越低。为便于观察，我们分别以IHHI和EHHI表示中国的进口集中度和出口集中度，贸易数据来源于UN Comtrade，数据年份为1984—2009年，图8描绘了历年IHHI和EHHI指标变化及其与GDP年度增速的对照情况。

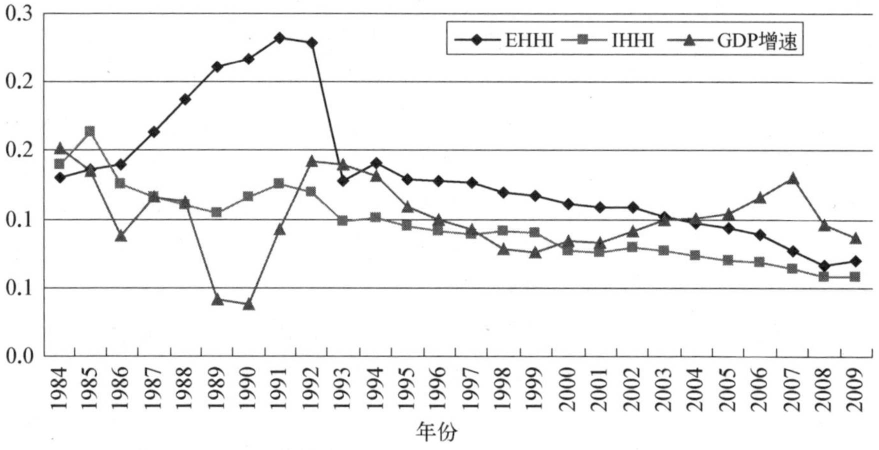

图8　我国进出口贸易地区集中度的演变及与经济增长率的对照

由图8可知，我国对外贸易地区集中度的总体演变方向是趋于分散化，这与我国国民经济体系尤其是工业结构体系的发展趋势是一致的。随着工业化进程的深入和消费需求的升级，国内经济结构和行业构成朝着多元化方向发展，不仅有能力生产出更多样的产品来满足国际市场需求，也需要更多样的进口商品来满足国内消费需求，这就促使我国对外经济交往的内容更加广泛，经贸往来的地理范围也更为分散。

与进口集中程度稳步降低的情况不同，出口集中度的演进出现了结构性的变化，在1993年之前出口集中度是趋于上升的，在1993年之后才进入下降轨道。这可能与我国对外开放的历程有关。在1992年邓小平南方讲话之前，我国的出口贸易以前苏联和中东欧等国为主要对象，地区集中度较高且呈上升态势，而进口贸易受国内经济结构调整的影响，地理分布相对分散。在南方讲话之后，我国的对外开放进入了新的发展阶段，与欧美等西方国家的经贸往来频度显著增强，尤其是加工贸易的快速发展，带动进出口市场逐渐向欧、美、日等地区转移，进出口贸易的地理分布渐趋分散。此后，随着国际分工范围的拓展，中国融入全球生产网络的程度不断加深，进出口贸易的地区集中度进一步下降。

与经济增长率的对照情况显示，进口与出口的地区集中程度对经济增长的影响不尽相同，前者与经济增速的走势在一定程度上表现为正向联系，而后者则表现为负向联系，偏相关分析的结果也支持了这一直观判断。在控制资本和劳动要素的影响之后①，IHHI与EHHI指标与GDP增速之间的偏相关系数值分别为0.280和－0.102，但显著性并不高，单尾显著性概率

① 资本要素的影响以全社会固定资产投资增速来度量，劳动要素的影响以就业人员总数增速来度量。

分别为 0.098 和 0.322。这可能与样本容量较小有关，也可能与偏相关分析方法过于简单有关，我们将在下一部分根据时间序列模型作进一步的研究。

3. 外贸地区集中度对经济增长率影响的计量研究

沿循此类问题的常用研究方法，我们在一个三变量（即 Y、IHHI、EHHI）的 VAR 模型中度量进出口贸易集中度对经济增长的影响。其中 Y 为 GDP 年度增速，同时纳入资本要素和劳动要素的年度增长率作为模型的外生变量，样本区间为 1984—2008 年。根据似然比（LR）、赤池信息准则（FPE）等指标的计算结果，确定 VAR 模型的最优时滞为 2 阶。为判断三个变量之间是否存在稳定的长期联系，我们基于 2 阶滞后的 VAR 模型进行无约束的 Johansen 协整检验，结果如表 1 所示。

表 1

VAR 模型的协整检验结果

协整秩个数的零假设	特 征 根	Trace 统计量	5%的临界值	1%的临界值
None**	0.798 077	49.510 07	29.68	35.65
At most 1	0.465 655	14.312 91	15.41	20.04
At most 2	0.023 59	0.525 206	3.76	6.65

** 表示在 1%的显著性水平上拒绝接受零假设。

从表 1 中的 Trace 统计量与临界值的比较可以看出，VAR 模型中的三个内生变量之间存在稳定的长期联系，并且在 1%的显著性水平上只有一个协整关系，经过系数标准化处理的协整方程如下：

$$\underset{}{Y} = \underset{(-0.925)}{5.686\mathrm{IHHI}} - \underset{(-0.458)}{2.331\mathrm{EHHI}} - 0.308$$

注：括号内数字为对应系数的标准误差。

从协整方程中解释变量的系数符号与显著性水平不难发现，虽然进出口地区集中度与经济增长存在稳定的长期联系，但进口与出口的地区集中程度对经济增长的影响方向完全相反。长期来看，进口的地区集中度越高，越有利于经济增长，而出口的地区集中度越高，却越制约了经济增长，并且进口集中度对于经济增长的影响力更强。为综合考察外贸地区集中度对经济增长的长期与短期影响，我们在前述 VAR 模型和协整检验结果的基础上建立向量误差修正模型（VECM 模型），回归结果如下：

$$\begin{aligned}\Delta Y = & -0.018 - \underset{(-0.275)}{0.208\Delta Y_{-1}} - \underset{(-0.206)}{0.609\Delta Y_{-2}} + \underset{(-0.677)}{1.001\Delta \mathrm{IHHI}_{-1}} + \underset{(-0.379)}{1.073\Delta \mathrm{IHHI}_{-2}} - \underset{(-0.164)}{0.339\Delta \mathrm{EHHI}_{-1}} \\ & - \underset{(-0.172)}{0.028\Delta \mathrm{EHHI}_{-2}} + \underset{(-0.079)}{0.031\lambda_{-1}} + \underset{(-0.039)}{0.101\Delta K} + \underset{(-0.157)}{0.179\Delta L}\end{aligned}$$

VECM 回归指标：$R^2=0.852$　$F=7.687^{***}$　Akaike AIC $=-5.576$　Schwarz SC $=-5.081$

注：括号内数字为模型中对应系数的标准误差，λ 是长期协整方程，K 是资本要素增速，L 是劳动要素增速，Δ 表示差分，ΔY_{-1} 表示一阶差分，其余类同。

VECM 模型的回归结果显示，进口与出口地区集中度对经济增长的短期影响与长期协整方程的结论相一致：短期内，进口地区集中度与经济增长正相关，而出口地区集中度与经济增长负相关,且进口集中度的影响力要大于出口。对此,我们的解释是,进口集中于少数地区将会增强我国作为买方的市场力量,有利于进口企业在谈判中取得主导地位,节约进口所需付出的购入成本,同时也便于国内企业锁定进口渠道,降低海外合作伙伴的搜索成本,减少重建新进口渠道的额外支出。此外,高集中度所形成的稳定进口联系还有利于国内企业形成标准化的生产经营流程,提高企业运行的微观效率,这些都是经济增长的有利因素。当然,对于铁矿石、原油等少数卖方垄断的产品而言,过高的进口集中度却使我国处于不利的被动地位,成为经济增长的潜在威胁。

出口集中于少数地区虽然有利于稳定出口市场,但对于我国这样一个"世界工厂"来说,庞大的出口量对于任何国家来说都是难以消化的。随着出口集中度的提高,这必然会冲击进口国与之相竞争企业的生产,引发与进口国企业的贸易摩擦,限制出口市场的进一步开发。同时,数量众多的国内出口企业将产品集中在少数海外市场销售,也容易产生相互压价的恶性竞争,对于利润率本来就不高的出口企业来说无疑是雪上加霜,削弱了企业的发展后劲。在短期内无法提升产品档次的情况下,出口企业往往通过减少工资支出来压缩成本,不利于提高劳动力的收入水平,制约国内消费的上升空间,间接阻碍了经济增长。

图 8 中 IHHI 和 EHHI 的走势表明,我国进口贸易地区分布的分散化趋势似乎并不利于经济增长,而出口贸易地区分布的多元化趋势则有助于经济增长。当然,进口贸易的地区分布趋于分散化是我国经济发展的必然结果,但是可以根据进口品的商品属性和市场特征,适当调整进口地区结构。对于那些市场替代程度较高、卖方竞争较为激烈的中间投入品,可以考虑组织国内企业的进口需求,集中从少数地区进口,以提高我国作为进口方的谈判地位,争取更多的贸易利益。对于那些稀缺的、卖方垄断的战略资源,则可以考虑拓展新的进口来源,以多元化策略来削弱卖方的垄断地位,为经济增长提供必要的资源支持。

(二) 对外贸易风险的度量

1. 总体评价

与往年风险研究报告所采用的风险评级方法一样,我们根据进口与出口年度增长率对其长期趋势(即潜在的进口增速与出口增速)的偏离度来评定对外贸易的风险等级。在估算进口与出口增长率的长期趋势时,只是以 1979—2008 年间进口和出口增长率的算术平均数作为长期趋势值,之所以没有纳入 2009 年的数据,主要是考虑到百年一遇的国际金融危机对进出口影响太大,属于对外贸易发展过程中的偶然性事件,并不能反映真实的潜在贸易水平。进出口贸易的风险评级定义如表 2 所示。

表 2

进出口增长率的风险评级

偏离程度(%)	风 险 级 别	风 险 评 级
≤10	1	无风险
≤20	2	低风险
≤30	3	中等风险
>30	4	高风险

从图 9 中进口和出口历年的风险等级可以看出,2009 年进出口风险等级均大幅上调,从 2008 年的无风险状态急剧升值高风险状态。尽管我国连续出台出口退税、稳定汇率以及财政刺激等政策大力支持对外贸易,但进出口降幅均超过 1979 年以来的任何年份,导致进出口贸易同

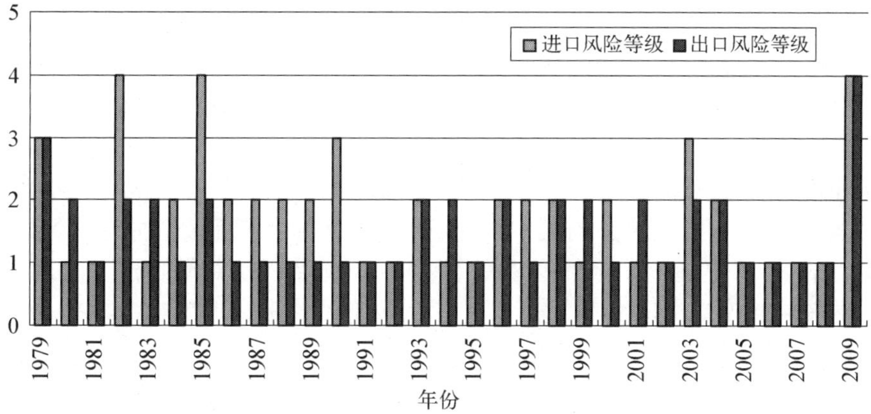

图 9　进出口风险等级评价

时进入高风险状态,这一现象也是 30 多年来首次发生。可见,此次金融危机对我国外贸的冲击程度有多深。同时,这也证明我国政府在危机期间所采取的应对措施是非常必要的,如果没有这些大力度的政策支持,进出口贸易的下滑程度很可能更加剧烈。这一结果提醒我们,一定要重视此次危机的破坏性,其负面影响很可能长期存在,不能因为近期外贸的回暖迹象而过分乐观。

2. 美国对华反倾销的贸易风险度量

从目前的情况来看,中国面临的对外贸易风险主要来自贸易保护主义的冲击。其中,反倾销作为应用范围最广、使用最频繁的贸易救济手段,对中国出口贸易的影响尤为突出。美国作为中国最重要的贸易伙伴和出口市场,一直是对华反倾销调查的主要发起国,中国已成为美国反倾销的首要对象。本部分以美国作为典型案例,在深入分析美国对华反倾销案件和中美双边贸易数据的基础上,实证研究反倾销对中国输美产品的金额、数量、价格以及市场份额等方面的影响,测度中国出口贸易所面临的保护主义风险。

(1) 文献回顾。从已有文献来看,有关反倾销贸易影响的研究主要是以数量分析的手段,评估反倾销措施对贸易金额、数量和价格等方面的影响,着重检验反倾销的贸易限制效应(trade destruction effect)、贸易转移效应(trade diversion effect)以及调查效应(harassment effects)。贸易限制效应是指反倾销税增加了指控对象国的贸易成本,迫使其出口到反倾销发起国的涉案产品价格大幅上升,导致市场份额降低甚至退出市场,从而达到保护国内厂商的目的;贸易转移效应是指反倾销措施在抑制指控对象国产品输入的同时,市场空间将会转移至与之相竞争的非指控对象国,结果是弱化反倾销工具的保护作用;调查效应是指反倾销调查一旦发起,不管终裁结果是否征税,都会产生限制指控对象国产品输入的效果。

早期文献多以发达国家作为研究对象,重点是对反倾销措施的政策效果进行数量评估。Staiger 和 Wolak(1994)考察了 1980—1985 年美国的反倾销案件,发现无论终裁结果如何,反倾销调查都会导致来自指控对象国的进口显著下降,证明反倾销存在调查效应。测算结果还显示,美国国内生产的增幅与指控对象国进口的降幅几乎等量,据此判断指控对象国失去的市场份额都由国内企业填补,而不是转移到非指控对象国,因此不存在贸易转移的证据。Prusa(1996)首次对反倾销的贸易影响进行全面、细致的数量评估,文章通过计量手段分析了 1980—1988 年美国的反倾销案件,发现美国的反倾销活动对指控对象国产生了显著的贸易限制效应,在终裁征税的情况下,这些国家输入美国的商品金额和数量明显下降。但在终裁无措施的情况下则不存在类似影响，调查效应并未得到数据支持。与此同时，反倾销还产生了有利于非指控对象国的贸易转移效应，其结果是美国涉案产品的进口总额反而出现一定程度的上升，保护措施并未取得预期的效果。沿循Prusa(1996)的方法，Lasgani(2000)和Brenton(2001)分别对欧盟反倾销的贸易影响进行实证分析。尽管两者都发现了显著的贸易限制效应，但前者认为贸易转移效应不明显，欧盟的反倾销措施起到了较好的保护作用；而后者则认为贸易转移效应确实存在，并且欧盟以外的非指控对象国是主要受益者，从而弱化了反倾销措施的保护作用。

此后，随着阿根廷、巴西、印度、墨西哥等发展中国家逐渐提高反倾销工具的使用频率，评估发展中国家反倾销政策效果的研究论文也开始出现。Niels(2003)以1992—1997年间墨西哥的反倾销案件作为研究样本，实证检验了贸易限制效应的存在性，终裁征税的反倾销调查导致来自指控对象国的进口金额减少73%，对食品加工、纺织、橡胶等行业的进口限制作用更强。但贸易转移效应并未得到计量结果的支持，说明墨西哥的国内生产者可能是反倾销措施的主要受益者。Ganguli(2008)研究了1992—2002年印度发起的反倾销案件，发现该国的反倾销措施产生了显著的贸易限制效应和贸易转移效应。但由于贸易限制效应的影响力远大于贸易转移效应，因此反倾销措施的保护作用还是相当可观的。

现有文献多是从发起者的角度来评估反倾销措施的贸易保护效力，但就中国这样一个出口导向型经济体而言，遭遇的反倾销调查远远多于自身发起的反倾销调查，因此，从被调查者的角度出发，研究国外对华反倾销活动如何影响中国的出口贸易可能更为重要。沈国兵(2008)通过对木制卧室家具产品的个案研究，实证分析了美国对华反倾销的贸易影响。统计结果表明，这些反倾销案件对中国输美产品产生了贸易限制效应和调查效应，中国对美木制卧室家具产品的出口金额和数量大幅下降，出口单价也被迫快速提升。同时，美国的进口需求转向越南、马来西亚和印度尼西亚，直接引致了贸易转移效应。向洪金(2008)分析了2002—2007年间美国对华纺织品的反倾销案件，并以月度贸易数据为样本进行计量研究，同样发现贸易限制效应和贸易转移效应的证据。美国对华反倾销措施限制了中国对美纺织品出口，并且市场份额向印度、韩国等竞争国转移。尽管这些文献就国外对华反倾销的贸易影响作了较为深入的分析，但研究内容局限于特定产品，其结论是否在普遍意义上成立还有待进一步的检验。本研究试图弥补这一不足，以1990—2005年美国对华反倾销案件为研究样本，利用统计描述和计量分析相结合的方法评估其对中美贸易的影响。

(2) 反倾销影响的统计描述。全球反倾销数据库(Global Antidumping Database)的数据资料显示①，自1980年6月美国对华发起第一例反倾销调查以来，截至2009年6月末美国对华反倾销案件累计已达146例。从图10可以看出，美国对华反倾销的常态化始于1990年，并且在1998年之后趋于频繁，现已成为中国出口企业面临的主要风险。那么，这些反倾销案件如何影响中国对美的出口贸易，就是本研究将要重点讨论的问题。

基于美国国际贸易委员会(ITC)的进口数据②，此处就美国对华反倾销的贸易影响作初步的统计描述，以得出相关贸易效应是否存在及其影响程度的大致判断。参考Cuyvers和Domont(2004)的做法，我们对每个反倾销案件建立为期9年的进口时间序列，观察反倾销调查发起前后各4年内美国从中国的进口动态，以揭示反倾销调查的基本动机和长期影响。其

① http://www.brandeis.edu/~cbown/global_ad/.

② http://dataweb.usitc.gov.

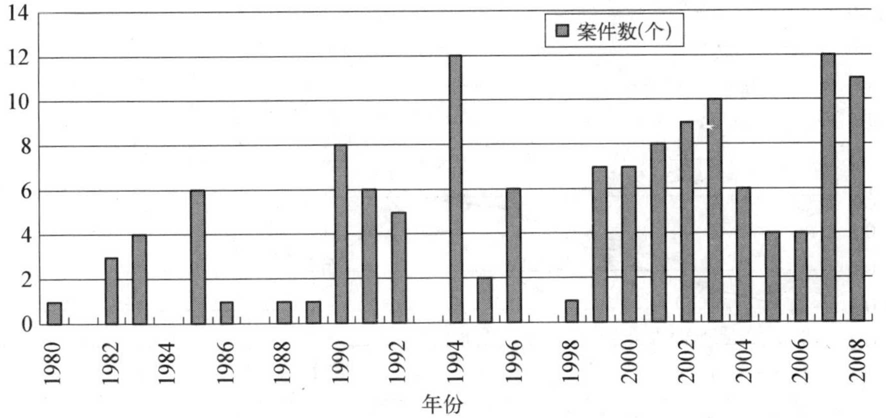

图 10 美国对华反倾销调查的数量

资料来源：Global Antidumping Database Version 5.0，反倾销调查的案件数量按发起年份统计。

中，反倾销发起年份作为基期记作 T0，之前 4 年分别记作 T－4、T－3、T－2、T－1，后 4 年分别记作 T＋1、T＋2、T＋3、T＋4。由于 ITC 的数据库仅发布了 1989 年至今按协调关税制度(Harmonized Tariff Schedule，HTS)代码统计的美国对外贸易数据，因此，只能对 1993—2004 年反倾销案件的贸易影响进行统计分析，涉案产品进口数据的统计口径统一至 8 位数 HTS 代码①。考虑到初裁结果为否定的案件，在半个月至 1 个月以内即可结案，一般不会对年度的双边贸易产生多大影响，在统计样本中予以剔除。

以下将对样本案件中美国进口自中国和非指控对象国的涉案产品金额进行图形分析，直观反映贸易限制效应、贸易转移效应以及调查效应，并结合中国涉案产品的数量、价格以及市场份额指标的分析，对反倾销的贸易影响作进一步的补充说明。基本方法是计算 9 年观察期内各年份所有案件进口指标的算术平均值，比较金额、数量等指标平均值在观察期的变动情况。然而，由于不同案件对应的产品计量单位差别较大，以进口指标绝对值来计算的平均值显然偏离真实情况，此处采用指数形式计算的平均值，即先计算观察期内各年相对于基年(T0＝1)的进口指标值，再计算这些指数形式指标的算术平均值。鉴于不同案件在观察期内的进口波动很大，为减少异常值的影响，我们在统计描述中剔除了平均值最高的 3 个案件和平均值最低的 3 个案件(在计量回归样本中予以保留)。此外，为度量终裁结果对双边贸易的差异化影响和调查效应，我们还计算了终裁无措施(即初裁征税，但终裁否定)情况下的进口指标值，后面的图 11 和图 12 绘出了相关指标平均值的变动趋势线。

从图 11 中可以看出，在样本观察期的前 5 年(即 T－4～T0)，美国进口自中国的全部涉案产品金额持续上升，但在调查发起后的第一年(T＋1)出现大幅下降，平均降幅高达 35.5%，之后虽然处在逐渐恢复的过程中，但直到调查发起后的第四年(T＋4)才达到基期水平。显示

① 在 ITC 提交给 WTO 的反倾销报告中，涉案产品以 8 位数和 10 位数 HTS 代码为主要标的，还有少量以 6 位数 HTS 代码为标的。理论上，只选择最细分的 10 位数 HTS 代码的案件来分析更可靠，但样本容量的信息损失相当严重。若加总至 6 位数 HTS 代码则又存在较大误差。折中做法是将标的产品统一至 8 位数 HTS 代码，即将报告列出的 10 位数 HTS 代码产品进口数据加总至 8 位数 HTS 代码的产品，再将 6 位数 HTS 代码下的各个 8 位数 HTS 代码产品分别统计进口数据。

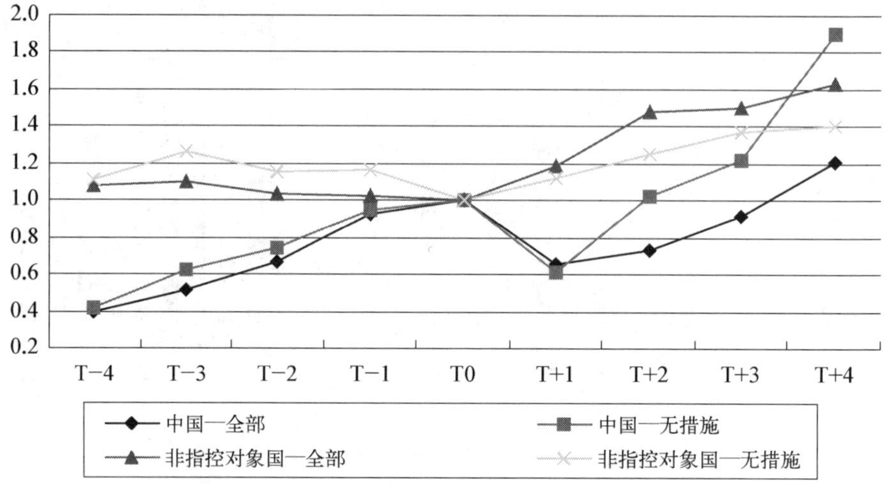

图 11　美国涉案产品进口金额的变动趋势(T0＝1)

美国对华反倾销调查的动因可能是为了遏制中国输美产品的过快增长，反倾销措施也确实产生了较强的贸易限制效应，有效阻止了中国产品的进入。与之形成鲜明对比的是，在样本观察期的前 5 年，美国进口自非指控对象国的全部涉案产品金额持续下降，但在调查发起后却呈现持续反弹的势头，最初两年的反弹幅度最大，T＋1 年和 T＋2 年相比基年的平均升幅分别为 18.5％和 48.4％，显示中国被迫让出的市场空间有相当一部分转移至非指控对象国，贸易转移效应使得与中国相竞争的非指控对象国受益颇多，一定程度上抵消了反倾销措施的保护效果。

在终裁无措施的案件中，美国进口自中国的涉案产品金额在 T＋1 年仍然大幅下降，平均降幅甚至超过终裁征税的案件，但在 T＋2 年便迅速恢复到基期水平，并延续调查发起之前的高速增长势头。这说明美国对华反倾销存在显著的调查效应，即便最终不对中国产品征税，但初裁制定的畸高反倾销税率还是对中国企业产生了吓阻作用，只不过这种调查效应的作用时间很短，一旦终裁否定的结果公布，中国对美出口就会快速恢复，这也反映出中国产品在美国市场所具有的强大竞争力。然而，对于那些非指控对象国而言，即便终裁结果不对中国企业征税，但反倾销调查发起之后，这些国家对美国市场的出口金额仍然出现了由降而升的趋势性逆转。这说明反倾销调查本身足以引致贸易转移效应，且影响力长期存在，仅仅是影响程度略小于终裁征税的情况而已。因此，如果美国对华反倾销调查不能得到终裁征税的结果，调查本身也可能会起到与预期相反的政策效果。

图 12 中数量、价格以及市场份额指标平均值的变动趋势同样验证了贸易限制效应与调查效应的存在性①。从数量和份额指标来看，在反倾销调查发起之前，中国产品在美国市场的占有量和市场份额都在持续上升，但在反倾销发起之后的第一年，市场占有量和市场份额都急剧下降，平均降幅分别为 42.2％和 32.1％，市场占有量和市场份额在 T＋4 年后仍未达到基期水平。在终裁无措施的案件中，市场占有量和市场份额指标经过 T＋1 年的大幅下降之后开始逐步回升，分别在 T＋4 年和 T＋3 年恢复到基期水平。因此，相比进口金额而言，贸易限制效应和调查效应对数量和份额的作用时间更长。从价格指标来看，在反倾销调查发起之前，中

① 进口价格＝美国自中国进口的产品金额/美国自中国进口的产品数量；市场份额＝美国自中国进口的产品金额/美国自世界进口的产品金额。

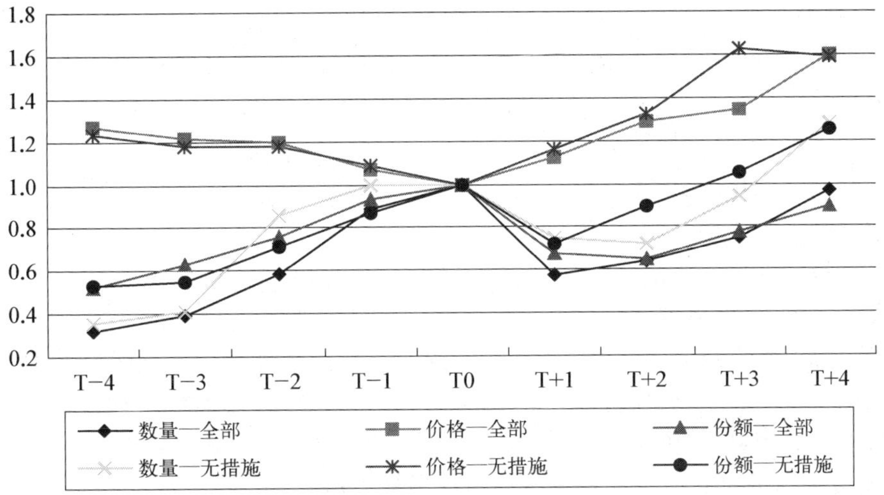

图 12　美国进口自中国的涉案产品数量、价格与市场份额的变动趋势(T0=1)

国产品的价格持续下降,低价竞争策略可能是引发美国反倾销的主要原因。但在反倾销调查发起之后,中国输美产品价格持续攀升,至 T+4 年已是基期价格的 1.6 倍,即便是在终裁无措施的情况下仍然如此,可见美国对华反倾销的贸易限制效应和调查效应对价格的作用效力更明显,并且作用时间都是持久性的。

(3) 计量模型与数据说明。尽管统计描述揭示了美国对华反倾销的相关贸易效应,但基于平均值指标的总体分析掩盖了个案之间的差异,只能粗略反映贸易影响的概况,其结论是否可靠还有赖于规范的计量模型来检验。从统计描述的结果来看,美国对华反倾销的长期影响一般在 3 年左右,因此,我们对每个案件建立为期 4 年(即反倾销调查发起当年及后续 3 年)的时间序列,在计量分析中评估反倾销调查发起之后 3 年内的贸易影响。借鉴 Prusa(1996)的研究方法并引入汇率因素①,计量模型采取如下的设定形式:

$$X_{i,t_j}=C+\alpha_1 X_{i,t_{-1}}+\alpha_2 DUTY_i+\alpha_3 ER_{t_j}+\alpha_4 NUM_i+\beta_1 t_1+\beta_2 t_2+\beta_3 t_3+\gamma_j year_{t_j}+\varepsilon_{i,t_j}$$

模型中各变量的下标 i 为美国对华反倾销案件,t_j 为观察期的各个年份($j=0,1,2,3$),t_0 对应的是反倾销调查发起年份;因变量 X 为美国的进口贸易指标,在不同的回归方程中分别以指数形式计算的进口金额、数量、价格来表示(t_0 为基年,即 $X_{i,t_0}=1$)。在自变量中,$X_{i,t_{-1}}$ 为基期前 1 年的进口变量,用于控制初始进口状态的影响;$DUTY$ 为涉案产品的反倾销税率,在终裁无措施的案件中以初裁税率来表示②;系数 α_2 度量税率杠杆的贸易影响;ER 为人民币对

① Prusa(1996)和 Brenton(2001)等文献都只用年份虚拟变量控制宏观经济因素的影响,但中国出口企业高度依赖价格优势的竞争策略,决定了汇率波动的影响力不容忽视,有必要引入汇率变量以精确反映该因素的影响。此外,我们还考虑了美国经济增长因素的影响,但在所有的回归结果中都不显著,因此在计量模型中未纳入该变量。

② 在美国的反倾销实践中,只要发起反倾销调查,美国商务部就会在初裁结果中估算一个反倾销税率,并要求指控对象按此税率缴纳反倾销税,直至国际贸易委员会终裁无措施的结果公布之后,这笔反倾销税才返还给指控对象。因此,即便是终裁结果不征税,但调查期间的初裁税率仍然会增加指控对象的贸易成本,并产生一定的吓阻效力,迫使其在调查期内甚至在其后的较长时期内减少对美出口和提高产品价格,同样达到贸易保护的目的,这正是调查效应发挥作用的机理所在。

美元汇率，以指数形式计算的名义汇率来表示（$ER_{t_0}=1$），用于控制汇率变动的贸易影响，ER 值越高表明人民币对美元贬值；NUM 为对华反倾销案件中指控对象国的个数，纳入该变量主要是因为 Prusa(1996)曾发现指控对象国的数量也会影响美国的进口贸易；t_1、t_2、t_3 均为虚拟变量，分别对应反倾销调查发起之后的连续 3 个年份；系数 β_1、β_2、β_3 度量了基期之后各年贸易指标的变动幅度，也是计量分析的关注重点；$year$ 为年份虚拟变量，用于控制除汇率之外的宏观经济因素变动的影响；ε 为模型的回归残差。

根据模型设定的基本方法，计量分析的对象是 1990—2005 年美国对华反倾销案件，对应的贸易样本为 1989—2008 年按 8 位数 HTS 代码统计的美国进口数据。变量 X 的原始数据来源于美国国际贸易委员会，$DUTY$ 和 NUM 的原始数据来源于全球反倾销数据库，ER 的原始数据来源于中经网。个别案件的进口数量和价格数据缺失，导致数量和价格方程的案件数量比金额方程少 2 个，但总体而言各方程的样本内容相差并不大。此处以金额方程为例（因变量 X 为美国自中国进口的涉案产品金额），对面板样本的基本特征作简要说明，表 3 列出了相关的统计指标。

表 3 中的数据显示，在剔除初裁否定的 13 个案件和数据缺失的 6 个案件之后，样本中的案件数为 79 个，占 1990—2005 年美国对华反倾销案件总数的 81%，最终样本的有效信息涵盖量较高。其中，大部分调查都是以终裁征税的方式结案，终裁征税的案件数占比高达 75.9%，而同期美国对其他国家终裁征税的比例仅为 41%，高企的终裁征税比例鼓励了美国企业加大对华反倾销申诉的频率。美国对华反倾销不仅终裁征税比例高，而且征收的反倾销税率也很高，样本平均税率和终裁平均税率分别高达 141.53%和 140.71%，而同期美国对其他国家终裁征税的平均税率只有 46%，美国的反倾销措施对中国出口的负面影响可能远大于其他国家。

表 3

金额方程的样本特征

项　目	案件数	终裁征税案件数（占比）	最高税率	最低税率	平均税率	终裁平均税率
全　部	79	60(75.9%)	452.85%	2.16%	141.53%	140.71%
入世前	55	39(70.9%)	452.85%	2.16%	133.57%	125.77%
入世后	24	21(87.5%)	383.6%	15.61%	159.76%	168.46%
钢　铁	19	13(68.4%)	182.9%	4.24%	94.89%	104.03%
化　工	26	20(76.9%)	452.85%	10.49%	159.37%	138.22%
其他行业	34	27(79.4%)	383.6%	2.16%	153.94%	160.22%

以 2001 年 12 月 11 日中国加入世贸组织（简称入世）为界，将样本案件按反倾销调查发起年份分为入世前（1990—2001 年）和入世后（2002—2005 年）的两个时段。入世前的案件数量为 55 个，平均每年 4.6 个，而入世后的案件数量为 24 个，年均数上升至 6 个。入世前终裁征税的案件比例为 70.9%，而入世后终裁征税的案件比例则达到 87.5%，较入世前上升了 16.6 个百分点，终裁征税的平均税率也由入世前的 125.77%大幅提升到入世后的 168.46%。入世前后的数据对比表明，在中国加入世贸组织以后，美国加大了对华反倾销调查的力度，并且强化了反倾销工具的实效。此外，钢铁和化工行业的产品作为中国对美出口的主要组成部分，最

容易引发美国企业的反倾销指控，涉及这两大行业的反倾销案件占样本全部案件的比重接近六成。但与其他行业相比，钢铁和化工产品的终裁征税比例和终裁平均税率都较低，这也减轻了两大行业所受的冲击。

(4) 回归结果分析。参考 Prusa(1996)、Brenton(2001)等文献的常用做法，我们采用固定时间效果的最小二乘虚拟变量法(LSDV)对计量模型进行回归，金额方程的计量结果如表 4 所示，数量和价格方程的计量结果列于表 5 中。

表 4 的计量结果与统计描述中的结论基本一致。由第①列可知，在全部样本中，美国对华反倾销产生了显著的贸易限制效应，t_1 和 t_2 的变量系数均为显著负值，t_3 的变量系数虽然也为负值，但没有通过显著性检验，说明总体上贸易限制效应的作用时间约为两年。在调查发起后的第一年和第二年，美国进口自中国的涉案产品金额分别较基年下降了 42.2%和 26.3%。从非指控对象国回归结果的第④列来看，美国对华反倾销调查产生了显著的贸易转移效应，t_1、t_2、t_3 的变量系数均为高度显著的正值，说明贸易转移效应的作用时间至少为 3 年，在调查发起后的 3 年里，美国进口自非指控对象国的涉案产品金额分别较基年上升了 24.2%、53.7%和 82.6%。

表 4

金额方程的计量结果

因变量 X：美国分别自中国和非指控对象国进口的涉案产品金额

自变量	中国			非指控对象国		
	全部样本	终裁征税	终裁无措施	全部样本	终裁征税	终裁无措施
	①	②	③	④	⑤	⑥
$X_{i,t_{-1}}$	0.109	0.104	−0.233	0.012	0.368^{*}	−0.108
$DUTY$	−0.089	$-0.075^{\dagger}$	−0.120	0.016	$0.128^{\dagger}$	0.032
ER	0.717	0.218	0.148	0.228	1.085	−0.786
NUM	-0.034^{***}	-0.069^{***}	-0.047^{*}	0.001	0.063	0.005
t_1	-0.422^{***}	-0.428^{***}	-0.345^{*}	0.242^{***}	0.257^{**}	0.168^{*}
t_2	-0.263^{**}	-0.422^{***}	0.786	0.537^{***}	0.570^{***}	0.364^{*}
t_3	−0.197	-0.225^{*}	0.893	0.826^{***}	0.992^{***}	0.353
N	**306**	**231**	**75**	**306**	**231**	**75**
R^2	**0.097**	**0.204**	**0.525**	**0.121**	**0.193**	**0.275**

注：标准误差均为异方差修正值，***、**、*、† 分别表示自变量系数通过了 1%、5%、10%和 15%的显著性检验。N 为样本容量。截距项和年份虚拟变量未列出。

终裁无措施的样本回归结果证实了调查效应的存在性，第③列中 t_1 的系数为负值且在 10%的水平上显著，说明调查本身就足以限制中国对美出口额，但影响力仅限于调查发起后的次年。第⑥列中的结果表明，调查效应在限制中国产品进入的同时，还衍生出有利于非指控对象国的贸易转移效应，且在调查发起后的两年里都产生影响。在终裁无措施的情况下，美国自非指控对象国进口的涉案产品金额分别较基年上升了 16.8%和 36.4%。相比之下，终裁征税所引发的贸易限制效应和贸易转移效应则要强得多，作用时间也更长。第②列和第⑤列中 t_1、

t_2、t_3 的变量系数大小和显著性程度都体现了这一点。

金额方程中变量 *DUTY* 的系数符号虽然与基本理论相符，但只在终裁征税的情况下才具有一定的影响力，终裁税率越高，对中国产品的贸易限制效应越强，相应地对非指控对象国的贸易转移效应也越强。与反倾销调查发起年份相比，终裁税率每提高 1 个百分点，美国自中国进口的涉案产品金额下降 7.5 个百分点，非指控对象国的金额则上升 12.8 个百分点。而在终裁无措施的情况下，初裁税率的高低并不影响各国输美产品金额。第①列至第③列中变量 *ER* 的系数为不显著的正值，说明人民币贬值可能有助于中国对美出口金额的增加，但这种积极作用似乎并不明显。第①列至第③列中变量 *NUM* 的系数符号为显著负值，而第④列至第⑥列中变量 *NUM* 的系数符号为不显著的正值，说明对华反倾销调查的指控对象国越多，中国涉案产品的出口金额降幅越大，但不影响非指控对象国的出口金额。这一结果与美国在反倾销调查中采用"累积评估"(cumulation)的损害认定方式有关。1984 年修订后的美国贸易与关税法(Trade and Tariff Act)规定，"如果在美国国内市场，这些进口产品之间，或进口产品和国内相似产品之间有相互竞争关系，国际贸易委员会应累积评估从所有国家进口的被调查产品对国内产品造成的影响"。由于各出口国在技术实力、生产规模、销售数量等各方面不尽相同，不加区别地对所有来源地的进口产品进行累积评估必然会增加损害发生的可能性，这也是法案修订的初衷。累积进口的指控对象国数量越多，不仅损害确认和终裁征税的概率随之增加，而且确认的损害程度和裁定的反倾销税率也可能更高，对中国这个指控对象国的出口限制效应自然也越强。

为更全面地揭示反倾销对中国的贸易影响，我们从数量和价格方面作进一步的计量分析。表 5 中的计量结果表明，美国的反倾销活动对中国输美产品的数量和价格同样产生了贸易限

表 5

数量和价格方程的计量结果

因变量 X：美国自中国进口的涉案产品数量和价格

自变量	数量			价格		
	全部样本	终裁征税	终裁无措施	全部样本	终裁征税	终裁无措施
	①	②	③	④	⑤	⑥
$X_{i,t-1}$	0.109	−0.010	0.135	0.404*	0.111	0.788***
DUTY	−0.039	−0.031	−0.043	0.097**	0.140**	0.060
ER	0.757**	0.330	0.574	−0.736***	−0.419	−0.680
NUM	−0.025***	−0.050**	−0.028	0.031*	0.035	0.020
t_1	−0.452***	−0.449***	−0.537*	0.218***	0.184**	0.289*
t_2	−0.328***	−0.439***	0.334	0.312***	0.248***	0.317
t_3	−0.260*	−0.213*	0.177	0.401***	0.333**	0.315
N	**298**	**227**	**71**	**288**	**217**	**71**
R^2	**0.120**	**0.199**	**0.561**	**0.210**	**0.175**	**0.232**

注：标准误差均为异方差修正值，***、**、*分别表示自变量系数通过了 1%、5%和 10%的显著性检验。*N* 为样本容量。截距项和年份虚拟变量未列出。

制效应和调查效应。第①列和第④列中 t_1、t_2、t_3 的变量系数分别为显著负值和显著正值，在调查发起之后的 3 年里，美国自中国进口的涉案产品数量分别较基年减少了 45.2%、32.8% 和 26%，而涉案产品价格则分别较基年上涨了 21.8%、31.2%和 40.1%。可见，反倾销的数量限制效应和价格限制效应都要强于金额限制效应，这主要是因为数量减少和价格上涨的反向作用相互抵消，其结果使得金额变动幅度相对较小。第③列和第⑥列中仅有 t_1 的系数通过了 10%的显著性检验，表明调查效应对中国输美产品数量和价格也存在限制作用，但与金额方程的计量结果一样，其作用时间都只限于调查发起的次年。

变量 *DUTY* 的系数符号只在价格方程的第④列和第⑤列中具有显著性，说明反倾销税率只对产品价格具有较强的影响力，在限制产品数量方面的作用不明显。全部样本的计量结果显示，与基年价格相比，反倾销税率每上调 1 个百分点，自中国进口的涉案产品价格被迫上涨 9.7 个百分点，在终裁征税的情况下，涉案产品价格的涨幅则高达 14 个百分点，但在终裁无措施的情况下，初裁税率的高低对涉案产品价格并不具有显著的约束力。第①列和第④列中变量 *ER* 的系数分别为显著正值和显著负值，表明人民币对美元贬值有利于降低涉案产品价格，提高中国产品在美国市场的价格竞争力，从而增加对美出口的产品数量，但价格与数量的此消彼长使得汇率变动的影响并不体现在金额上面。从变量 *NUM* 的系数值和显著性水平来看，就全部样本而言，美国对华反倾销调查的指控对象国数量越多，中国输美产品的价格涨幅越高，相应地输美产品的数量跌幅就越大，其原因同样在于"累积评估"的损害认定方式。

出于研究兴趣，我们想要了解反倾销的贸易影响在不同时段和不同行业中是否表现出差异性特征，为此将总体样本划分为中国入世前和入世后的两个分时段子样本，以及钢铁、化工和其他行业的三个分行业子样本，对金额方程进行回归分析，计量结果如表 6 所示。从分时段

表 6

分时段和分行业的金额方程计量结果

因变量 *X*：美国自中国进口的涉案产品金额

自变量	分时段		分行业		
	入世前	入世后	钢铁	化工	其他行业
	①	②	③	④	⑤
$X_{i,t_{-1}}$	0.114	−0.036	0.014	−0.100	0.393*
DUTY	−0.041	−0.187	−0.600***	−0.169	−0.102*
ER	0.213	11.309	−0.641	3.374**	−0.528
NUM	−0.030***	−0.035	−0.010	0.139	−0.202***
t_1	−0.380***	−0.444**	−0.655***	−0.475**	−0.130*
t_2	−0.221*	−0.281*	−0.612**	−0.390*	0.051
t_3	0.073	−0.662	−0.395	−1.120	0.270
N	**213**	**93**	**72**	**101**	**133**
R^2	**0.149**	**0.085**	**0.539**	**0.320**	**0.363**

注：标准误差均为异方差修正值，***、**、* 分别表示自变量系数通过了 1%、5%和 10%的显著性检验。*N* 为样本容量。截距项和年份虚拟变量未列出。

样本的计量结果来看，尽管入世前后贸易限制效应的作用时间都在两年左右，但入世后贸易限制效应的影响力更强，反倾销调查发起后两年中国输美产品的金额降幅分别比入世前高出6.4个百分点和6个百分点。加入世贸组织以后，中国企业在迎来更多市场机遇的同时，又不得不面对越来越大的反倾销风险。然而，本报告的研究结果表明，中国企业似乎并无对此做好充分的准备，以至于反倾销的破坏力较入世前进一步增强。

从分行业样本的计量结果来看，反倾销调查对中国钢铁和化工行业的冲击远大于其他行业，不仅贸易限制效应的作用时间比其他行业更长，而且影响力也更强于其他行业，钢铁行业所受的冲击尤为深重。以发起反倾销调查的次年为例，中国钢铁行业输美产品的金额降幅高达65.5%，化工行业的金额降幅也有47.5%，而其他行业的金额降幅仅为钢铁行业的1/5。出现这种行业差异的原因可能是钢铁和化工行业具有资本技术密集型特征，与日本、韩国以及美国本土企业等竞争对手相比，中国在这两个行业并没有多少竞争优势，只能依靠低价销售来弥补技术和质量上的缺陷，产品需求的价格弹性很高，一旦反倾销调查迫使其大幅提高产品价格，市场竞争力将会大为削弱。而以纺织服装业为代表的其他行业则受益于中国的劳动和资源禀赋，竞争优势非常明显且不局限于价格方面，市场竞争力受反倾销调查的影响相对较小。因此，尽管钢铁和化工产品的终裁征税比例和终裁税率都低于其他产品，但反倾销的贸易限制效应却强于其他产品。

通过对中美双边贸易数据的实证研究，我们评估了美国对华反倾销的贸易影响，以及中国出口企业面临的反倾销风险。主要结论简要归纳如下：第一，美国对华反倾销具有显著的贸易限制效应，对中国输美产品的金额、数量、价格以及市场份额都产生了严重的负面冲击，成为中国企业进入美国市场所面临的主要威胁。第二，美国对华反倾销还具有显著的调查效应，即便是终裁结果不征税，但在为期1年左右的调查期内，中国输美产品的价格仍然被迫大幅上调，数量和金额也出现不同程度的下降。第三，美国对华反倾销产生了有利于非指控对象国的贸易转移效应，并且该效应在较长时期内发挥作用，反倾销的结果是损人却并不一定利己。第四，美国对华反倾销的税率高低对中国输美产品的价格具有显著影响，对数量和金额的影响并不大。反倾销税率越高，价格上涨的幅度就越大，但这也仅限于终裁征税的情形。第五，美国对华反倾销的指控对象国数量越多，在累积进口的损害认定方式下，中国对美出口遇到的阻力越大。第六，中国加入世贸组织以后，美国对华反倾销的力度较入世前更大，中国对美出口所受的负面冲击也更强。第七，钢铁和化工产品是美国对华反倾销的主要目标，这两大行业的中国企业受反倾销的打击最大，在钢铁行业表现得尤为突出。

(三) 对外贸易风险与经济增长风险：综合评价

基于前文关于对外贸易的风险评价，本部分结合经济增长的风险等级，综合评价进出口贸易风险与经济增长风险之间的联系。

在评定经济增长风险等级时，根据实际GDP增长率与长期趋势值相偏离的程度予以判定，以1979—2009年实际GDP增长率的算术平均值作为长期趋势，之所以将2009年的数据纳入其中，主要是考虑到危机期间，我国以消费和投资弥补了外需的缺口，劳动和资本要素的投入并未发生根本变化，2009年的GDP增速仍然反映了经济增长的潜在水平。经济增长率的偏离程度与风险级别的定义遵循以往风险研究报告的规则，此处不再重复。为便于观察，图13中仅绘出了1995年以来对外贸易风险与经济增长风险的等级评定情况。

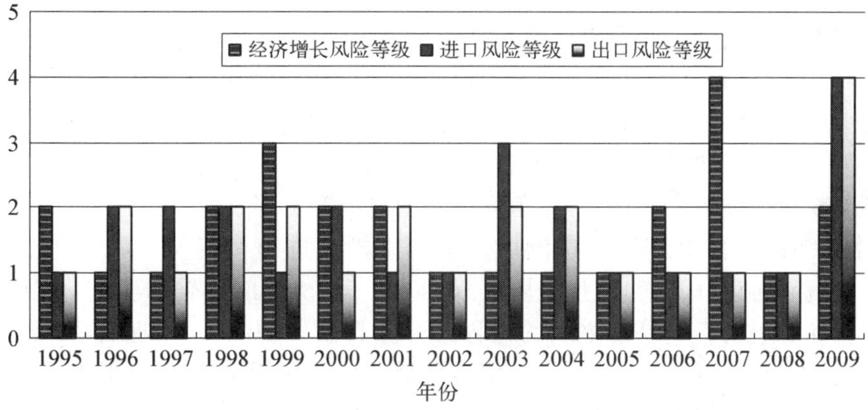

图 13　对外贸易风险与经济增长风险的等级评定

由图 13 可知，对外贸易风险与经济增长风险之间在多数年份都不存在明显的联系。对外贸易的低风险并不意味着整体的经济增长可以高枕无忧。例如 2007 年进口和出口贸易均处于低风险状态，经济增长却因为投资的盲目扩张而陷于过热的高风险状态。同样，对外贸易的高风险也并不一定导致经济增长的高风险。例如 2009 年进口和出口贸易均处于高风险状态，但经济增长在消费和投资的支持作用下仍然实现了“保八”的目标，宏观经济保持在低风险状态。内需与外需的合力既有可能导致经济的冷热变化，又为经济增长提供了潜在的稳定机制，只要政府部门能够认清经济发展的客观形势，充分利用国内外两个市场择机调节内需和外需，完全可以达到稳定经济运行的调控目标。

从前面几部分的分析内容来看，我国对外贸易自 2009 年下半年之后开始趋于好转，2010 年前 3 个月仍然延续了这一趋势，进口和出口贸易均大幅反弹，带动国内生产与消费指标的持续攀升，外贸对经济增长将会展现出较强的促进作用。然而，正如前文所言，由于 2010 年贸易保护主义和人民币升值风险较高，虽然进口和出口都会有较大幅度的增长，但贸易顺差并不一定高于去年，2010 年第一季度贸易顺差较上季大幅减少接近八成，3 月份甚至出现 6 年来的首次月度逆差，这将直接影响到净出口对经济增长的贡献率。如何平衡好经济增长“三驾马车”之间的关系，将是宏观调控部门需要关注的潜在问题。

四、风险预测与管理

1. 对外贸易风险预测

从国际情况分析，世界经济和金融市场趋于稳定是中国外贸恢复增长的支持性因素。尽管主要经济体的复苏基础不稳固，经济增长还会有所反复，但总的来说，国际经济是在朝好的方向发展。国际货币基金组织预测，2010 年全球经济将增长 3.1%，其中发达国家将增长 1.3%，新兴经济体和发展中国家将增长 5.1%。各国稳定金融市场的政策措施取得明显成效，金融市场融资功能正在逐步恢复，反映出国际金融市场流动性和风险程度的 LIBOR/OIS 利差已经大幅降至金融危机前水平，增强了金融机构放贷的信心。在国际社会的共同努力下，国际金融机构和区域性金融机构开始筹集大规模资金，专门为外贸企业提供流动性支持，国际贸易的融资难问题得到一定程度缓解，有利于企业开展对外贸易。

从国内情况来看，中国工业部门的竞争力提升是外贸增长的内在动力。中国通过大力发展现代工业和新兴产业,形成了较为完备的工业体系,加工制造和产业配套能力大幅提升,为发展对外贸易提供了保障。中国出口的产品大多属于中低档,主要是日常生活用品,需求弹性小,受危机冲击相对较轻。加上中国产品性价比高,部分原来购买高档产品的外国消费者可能转而购买中国产品,反而会增加对中国产品的需求。特别是近年来,中国进出口企业先后经历了人民币升值、出口退税率下调、加工贸易政策收紧、劳动力成本上升、外部需求萎缩等考验,应对复杂环境变化的能力不断增强,竞争力得到明显提升。

此外,中国—东盟自由贸易区建设加速有利于扩大进出口贸易。随着《货物贸易协议》(2004)、《服务贸易协议》(2007)、《投资协议》(2009)三个协议的签署和实施,中国与东盟地区将成为继欧盟和北美自由贸易区之后的世界第三大自由贸易区,一个拥有 19 亿人口、接近 6 万亿美元国内生产总值、约 4.5 万亿美元贸易总量、由发展中国家组成的世界最大自贸区框架已初露雏形。2010 年,中国—东盟自由贸易区合作框架的全面建成,将为我国的对外贸易增长提供新的机遇。

综上所述,全球经济温和复苏将促使中国出口形势有所好转,内需强劲有助于拉动进口需求进一步加速。只要 2010 年外部情况继续好转,并且我国的一些政策措施没有大的变化,能够继续保持今年这样的支持力度,对外贸易总额有望恢复到 2008 年的水平,2010 年前 3 个月进出口贸易的强劲反弹已经预示了这一前景。但是,在全球经济“再平衡”的趋势下,我国的进口增速明显高于出口增速,贸易顺差持续收窄甚至转入逆差状态的风险将在 2010 年逐步显现,净出口对经济增长的拉动效力趋于降低的风险也将进一步上升。

2. 对外贸易引致经济增长风险的管理对策

按照中央经济工作会议的精神,在国民经济企稳回升的关键时期,复苏的基础和态势仍不稳固的条件下,2010 年要在继续落实好前期出台的财税、金融、商贸等政策措施的基础上,因势利导,着力优化外贸地区结构和产品结构,稳定对外贸易的恢复势头,保证经济又好又快发展。具体的管理对策可从以下几方面来实施:

(1) 积极应对全球贸易保护主义的风险。一是加强国际协调,利用双边磋商机制、区域经济合作平台、世贸组织争端机制等渠道,积极倡导通过合作和磋商来解决国际贸易中的问题,推动与各国达成遏制贸易保护主义的共识和承诺,并督促贸易各方特别是发达国家尽早撤销已采取的贸易限制措施;二是针对有关国家和地区对我国的“两反两保”调查,我国企业必须学会在规则下竞争,灵活运用 WTO 规则,并密切配合政府主管部门和行业协会,积极应诉,力争减少对我国不利的裁决,将损失降到最低;三是必须加强对 WTO 争端解决机制和程序的研究预判工作,并成立监督其他国家履行 WTO 义务的专门信息情报机构,妥善应对技术性贸易壁垒、反倾销、反补贴和产品质量安全等方面的新情况;四是对与我国采取不合理贸易摩擦的国家,在积极准备磋商解决的同时,尽快拟定出一个短期的反制措施预案清单,对那些滥用贸易保护的国家起到威慑作用;五是在《联合国气候变化框架公约》及其《京都议定书》的原则框架下,联合其他发展中国家坚决抵制“碳关税”的推行,争取我国正当的发展权。

(2) 在稳定外需的同时推动出口贸易结构升级和转型。一是充分运用国际通行的财税政策支持出口,继续维持现行的出口退税率,鼓励地方政府出台诸如出口企业的融资担保基金、减免收费、贷款贴息等应对措施,切实帮助企业渡过难关。二是支持企业“走出去”,鼓励我国有竞争力的企业到境外建立生产基地和营销网络,带动和扩大国内设备、技术、零配件和原材料出口,并通过外贸发展基金等途径,大力扶持“走出去”的企业建立海外销售渠道和培育国际品牌。三是改善加工贸易发展环境，适时调整加工贸易禁止类和限制类目录，推进加工贸易的内销便利化，同时推动承接国际服务外包，引导加工贸易向服务业延伸，稳步推进加工贸易转型升级。四是坚持走出口市场多元化的战略，努力寻求新的出口市场，如南亚、中东、中亚、南美、东欧等新兴经济体和发展中国家出口市场。同时，出口企业应积极开拓国内市场，抓住国家“促内需”的机遇，形成兼顾两个市场的新格局。五是对劳动密集型产业应给其一个稳定的环境，适当放松在以前外部市场较好情况下制定的从紧政策，特别是在危机尚未完全消退的国际背景下，外部市场的挤压在客观上也会促进劳动密集型产业的自发转型，所以在政策上要为这一转型争取必要的时间，防止给就业和社会稳定造成冲击。

(3) 强化进口贸易对于国内经济安全和结构转型的支持作用。出于经济安全的考虑，要建立健全重要资源性产品的储备制度，根据重要资源对外依存度的变化，完善重要物资储备体系，加快建立国家石油战略储备。同时，积极推进重要资源性产品进口来源的多元化，鼓励国内有实力的企业加大对国外资源地的直接投资力度，适当扩大海外能源资源的投资规模，逐步建立重要物资的境外生产供应基地，满足国内经济发展对基础能源、原材料的需要。为支持国内经济的转型升级，则要进一步完善设备进口管理政策，鼓励跨国公司将其他国家和地区的生产能力转移到我国。可以考虑对转移过程中的设备进口实行快速审查制度，使企业能够尽快形成生产能力，同时对各类研发中心进口的用于研究实验的设备、零部件和耗材减免关税和增值税，激励跨国公司在我国设立研发中心或是加大对已有研发中心的投入。

(4) 改善对进出口贸易活动的金融服务。一是加大对外贸企业特别是中小外贸企业生产性活动的信贷支持力度，取消或减少银行收费项目，降低收费标准，缓解企业融资困难。二是鼓励金融机构发展出口信贷，创新出口企业融资担保方式，包括进出口银行、国家开发银行和国有商业银行在内的中央级金融机构要发挥重要作用。三是加大对出口信用保险的支持，充分发挥中国出口信用保险公司等政策性金融机构的作用，扩大出口信用保险的承保规模和覆盖面，降低现有各类出口信用保险费率和资信调查费，更好地为企业出口服务。四是鼓励金融机构开发适合于中小外贸企业的金融工具。尽管国内主要的商业银行已经设立了中小企业融资部门，并且设计了专门针对中小企业的打包贷款、速贷通、融易达等金融工具，但这些还满足不了需求，可以开发推广收费权质押贷款、仓单质押贷款、应收账款质押贷款、出口退税账户托管贷款等金融工具。

(5) 完善防范汇率风险的金融支持体系。政府部门要加强对企业的指导，组织企业进行金融知识培训，提高防范汇率风险的意识和能力。金融机构则要增加规避汇率风险的金融衍生工具的品种，拓宽企业避险渠道，降低出口收汇风险。在防范汇率风险的具体措施上，首先要合理预测汇率变动的长期趋势，据此选择合适的结算货币；其次要争取以坚挺的货币成交，以规避外汇贬值的损失；再次要实行外汇保值，人民币对美元、欧元汇率变动较大，升值概率高，可根据预估合同和已签合同，把未来将收到的外汇按照国家规定的牌价锁定为人民币，锁定的汇率高于收回货款时的汇率，即可起到外汇保值的作用。此外，买卖远期外汇也是国际贸易支付中最普遍的保值方法，出口企业为避免收汇时汇率下跌带来的损失，可以提前卖出一笔与收汇期限、金额、币种相同的远期外汇。由于汇率风险防范是一项复杂的系统工程，对于金融领域的专业知识要求较高，企业尤其是中小企业，应当注重引进和培养金融人才，增强防范汇率风险的内生能力。

(6) 提高贸易便利化水平和服务水平。一是优化海关、质检、外汇等方面监管和服务，节约外贸企业的交易成本,例如,改进《海关企业分类管理办法》,对出口企业从按违规次数改为按违规金额占整个进出口比重进行分类考核评级。加快质检部门审核速度,下调商检费率并减少法定商检商品,特别是对纺织、服装和机电产品,要尽可能减少检测项目。进一步调整完善收结汇的相关政策和操作措施,给诚信度较高的外贸企业提供更多的便利等。二是主管部门帮助企业提高风险意识,充分了解进出口市场的风险并做好事前防范的准备工作,可以考虑建立出口风险信息搜集和快速预警机制,特别是加大对欧美汽车、电子、纺织、化工等行业监控,及时向企业进行风险预警,帮助企业保客户、保订单、保贷款、保收汇。三是充分发挥行业协会、进出口商会等机构的作用,利用协会、商会与企业联系密切的优势,强化为外贸企业的服务职能,发挥这些机构在应对贸易摩擦、加强行业自律、开拓市场、指导企业发展等方面的作用,加强与国外行业组织的沟通和合作,给企业当好参谋。

五、结论

在对外贸易与经济增长风险这部分的内容中,我们首先回顾了 2009 年中国对外贸易的主要特征,揭示了进出口贸易中的一些风险因素。总体而言,我国对外贸易正处于良好的恢复过程中,但潜藏的风险也不容忽视。其中,贸易保护主义泛滥是我国出口面临的主要风险,大宗商品价格上涨则是进口面临的主要风险。

然后,我们实证研究了外贸地区结构与经济增长之间的联系,并就对外贸易面临的总体风险与反倾销风险进行了度量。研究表明,我国的进口地区集中度与经济增长正相关,而出口地区集中度与经济增长负相关,且进口集中度的影响力要大于出口,这在长期和短期内都是如此。受金融危机影响,2009 年我国的进出口贸易同时进入高风险状态,这一现象也是 30 多年来首次发生,提醒我们一定要重视此次危机的破坏性,不能因为近期外贸的回暖迹象而过分乐观。贸易顺差在今年可能会持续收窄甚至在若干时段还会出现逆差,净出口对经济增长的贡献将会明显下降。此外,有关美国对华反倾销贸易影响的评估结果显示,美国对华反倾销具有显著的贸易限制效应,对中国输美产品的金额、数量、价格以及市场份额都产生了严重的负面冲击,成为中国企业进入美国市场所面临的主要威胁。

最后,我们预测了 2010 年的对外贸易风险,并就如何管理外贸风险提出了几点对策。总的判断是,全球经济温和复苏将促使中国出口形势有所好转,内需强劲有助于拉动进口需求进一步加速,对外贸易总额有望恢复到 2008 年的水平。但在全球经济“再平衡”的趋势下,贸易顺差持续收窄甚至转入逆差状态的风险将在 2010 年逐步显现,净出口对经济增长的拉动效力趋于降低的风险也将进一步上升。为减少外贸引致经济增长的风险,要在稳定对外贸易的基础上,着力优化外贸地区结构和产品结构,具体途径可从积极应对全球贸易保护主义的风险、改善对进出口贸易活动的金融服务、完善汇率风险防范的金融支持体系、提高贸易便利化水平和服务水平等方面入手。

参 考 文 献

[1]　鲍晓华. 反倾销措施的贸易救济效果评估[J]. 经济研究,2007(2).
[2]　李晓峰,冷莎. 1995—2006 年美国对中国反倾销的实证分析[J]. 财贸研究,2007(6).
[3]　沈国兵. 美国对中国反倾销的宏观决定因素及其影响效应[J]. 世界经济,2007(11).

[4]　沈国兵.美国对中国反倾销的贸易效应：基于木制卧室家具的实证分析[J].管理世界,2008(4).

[5]　唐宇.反倾销保护引发的四种经济效应分析[J].财贸经济,2004(11).

[6]　向洪金.国外对华反倾销措施的贸易限制效应与贸易转移效应研究[J].数量经济与技术经济研究,2008(10).

[7]　BRENTON P. Anti-dumping policies in the EU and trade diversion[J]. European Journal of Political Economy，2001(17).

[8]　CUYVERS L，DUMONT M. The impact of anti-dumping measures of the EU against ASEAN countries on trade flows[R]. Centre for ASEAN Studies Working Paper，2004(45).

[9]　GANGULI B. The trade effects of indian antidumping actions[J]. Review of International Economics，2008(16).

[10]　LASAGNI A. Does country targeted antidumping policy by the EU create trade diversion? [J]. Journal of World Trade，2000(34).

[11]　NIELS G. Trade diversion and destruction effects of antidumping policy：empirical evidence from mexico[R]. Mimeo,2003.

[12]　PRUSA T J. The trade effects of U. S. antidumping actions[R]. NBER Working Paper,1996,5440.

[13]　RAJA K，FABIO M，JAVIER R. Trade structure and economic growth[J]. The Journal of International Trade & Economic Development，2007(16).

[14]　RIVERA-BATIZ L，PAUL M R. Economic integration and endogenous growth [J]. The Quarterly Journal of Economics，1991,106.

[15]　STAIGER R W，WOLAK F A. Measuring industry specific protection：antidumping in the United States[R]. Brookings Papers on Economic Activity：Microeconomics，1994.

第五章　通货膨胀风险

一、绪论

传统宏观经济政策目标一般包括经济增长及就业、通货膨胀、国际收支等几个方面，如果将它们按轻重缓急进行排序，对中国政府而言，保持一定速度的经济增长无疑是首要政策目标。因此在过去一年多时间里(2008 年下半年至 2009 年)，遭遇到次贷危机所引发的全球金融海啸的冲击后，中国宏观经济的研究者和政策当局都将更多的注意力放在经济增长方面。出于对经济掉入深度衰退的担心，这一期间中国实施了一系列强力的刺激性政策来提振经济。部分是由于这些扩张性经济政策的影响，从 2009 年下半年开始，经济增长逐渐走出低谷，到了 2010 年第一季度，社会上普遍的观点是宏观经济已不再有第二次探底的危险，换言之，最困难的局面已经过去。此时，经济增长之外的政策目标尤其是通货膨胀指标，开始越来越受到研究者和政策当局的重视。因为理论研究和经验分析均表明，通货膨胀往往是过度扩张性政策所付出的后续代价，金融海啸造成的经济困难局面暂时过去之后，越来越多的人开始担心应对过去经济低迷的短期扩张性政策可能矫枉过正，通货膨胀有可能成为中国近期所面临的首要潜在风险。实际上，过去的一年中，涌现了大量关于通货膨胀的研究文献，显示出学术界对通货膨胀风险的重视和忧虑。而在政府层面，尽管尚未明确公开针对通货膨胀的政策导向，决策层也已经一再发出声音，不断向公众和社会宣示自己对“管理通货膨胀预期”的重视。

在近期涌现出的大批有关通货膨胀的文献中，有两个话题成为讨论的焦点：其一，中国的通货膨胀主要由什么因素导致？其二，如何刻画中国通货膨胀的时变性和动态特征？

对第一个问题，除极个别研究认为货币供应量不能解释短期通货膨胀，从而在短期内不能单纯采用控制货币供应量的货币政策来治理通货膨胀(陈彦斌等，2009)外，绝大多数研究仍然验证了弗里德曼关于“通货膨胀始终是一种货币现象”的著名判断，认为货币因素是引发中国通货膨胀的重要因素甚至唯一因素。杨继生(2009)考察了中国通货膨胀的动态性质，认为中国的通货膨胀具有短期新凯恩斯混合菲利普斯曲线的特点，同时存在着零售商品领域的理性预期和消费性服务领域的适应性预期，货币是导致通货膨胀趋势的主要原因；中国社会科学院经济研究所(2008)也有类似的观点，他们同意外部冲击只是导致通胀的因素之一，内部因素如 GDP 增长率仍是影响价格水平的最主要因素；范志勇(2008)的实证研究表明，货币供给是导致中国通货膨胀变化的最主要因素；持相同观点的还有张军等(2007)，他们采用 Toda-Yamamoto 长期因果检验程序和广义脉冲反应技术分析通货膨胀，进一步指出了货币供给量通过影响社会固定投资来影响价格水平的传导路径。此外，刘弘和姜国麟(2009)对比了不同通货膨胀理论对中国通货膨胀数据的解释力，米咏梅和王宪勇(2009)用误差分析模型(ECM)分析引发中国通货膨胀的因子，方勇和吴剑飞(2009)则采用贝叶斯向量自回归方法，赵留彦等(2005)采用协整和误差修正分析技术，发现价格水平与货币量之间具有相当稳健的协整关系。这些文献从不同视角表明货币量是影响通货膨胀的关键因素。这些研究均表明：引发中国通货膨胀的主要原因是内部原因尤其是货币过度发行，而外部冲击如国际油价、国际食品价格波动等影响较弱。

对第二个问题，目前进入研究者考察视野的主要是通货膨胀的时变性和波动性，包括结构时变特点、非对称效应以及高阶波动特征等。这类问题的主要研究技术是时间序列方法尤其是异方差模型(ARCH)。如张成思(2008)采用未知断点结构性变化检验法，发现从20世纪90年代中期开始，中国通货膨胀的动态路径发生了显著的结构性变化；杨丽萍等(2008)运用基于VAR模型的脉冲响应函数研究银行信贷、货币供应对国内物价水平的动态影响关系，然后应用协整理论分析银行信贷、货币供应量与物价之间的长期均衡关系，试图从短期和长期两方面较系统地把握三者之间的动态影响关系；陈太明(2007)通过GARCH－M模型和广义脉冲响应函数对不确定性、通货膨胀与产出增长进行实证分析；此外，张屹山等(2008)认为中国的通货膨胀具有非线性特点，具体而言，中国的通货膨胀可以划分为加速状态和减速状态两种情况，且通货膨胀具有持久性；张静(2008)认为当前中国的通货膨胀属于成本推动型通货膨胀；王子博(2009)用卡尔曼滤波方法测算中国产出缺口，进而分析产出缺口与通货膨胀的关系，他的分析结论是：中国面临着适应性预期引发的通货膨胀压力；王双正(2009)分析了通货膨胀与增长之间的关系；王少平和王津港(2009)估计了中国的通货膨胀惯性，采用广义矩估计方法(GMM)后发现：中国的通货膨胀惯性随环境而变，当前惯性比较小；孙郎成(2009)对比了ARMA、GARCH、EGARCH、TARCH等异方差模型对通货膨胀的估计效果；张军等(2007)还发现通货膨胀具有非对称性和相当长的滞后性：投资的正向冲击在开始的2～4年左右导致相对温和的通货膨胀，但后5年左右将导致相对严重的通货紧缩。

我们注意到，近期关于通货膨胀的许多研究，开始不约而同地深入考察通货膨胀的长期趋势、短期波动和高阶性质，尽管具体的技术方法各有不同，但许多研究者都开始关注通货膨胀的黏滞性、不对称性等时间特征及条件方差、波动性等高阶特征，而不仅仅只考察条件均值的决定。本研究延续这样的研究趋势，尝试通过异方差和高阶分析方法，更深入地考察中国近期面临的通货膨胀风险问题。

在具体分析前，不妨先回顾一下我们2009年对于通货膨胀风险的分析结论。2009年通货膨胀风险报告的基本结论为：① 如果这次危机的程度达不到标准的经济危机定义，而只是一次比较温和的衰退，那么2009年下半年的CPI指数会维持在2.5%～2.6%左右，而到了2010年的下半年，物价上涨的压力开始出现，2010年会呈现明显的物价上涨，CPI指数会从2010年年初的2.3%～4.6%迅速上升到8%以上，这种通货膨胀压力将在2011年达到峰值。② 如果次贷事件的冲击达到了经济危机的程度，那么2009年第一、第二季度的CPI指数会从2%下滑到1.2%左右，而到第三季度，CPI将成为负数，也就是出现物价下跌。这种态势将持续约3个季度，到2010年CPI指数会重新回到原先的正常轨迹。

从2009年公布的数据看，现实经济走向与第一种情况即温和衰退的假设比较吻合。在这种假设下，根据前述研究报告中的技术方法，2010年会出现明显的通货膨胀压力。此外，2009年研究的另一项结论：信贷扩张造成的CPI压力会在2010年的下半年出现，并在2011年第四季度达到峰值，这尚需时间来验证。实际上，有可能从2009年年底开始，真实CPI即出现明显的上涨。而从2010年前几个月的数据看，通货膨胀的压力越来越明显，因此，对2010年来说，通货膨胀风险这一话题的重要性和现实意义都有所增加。

近年来，一般关于通货膨胀的研究均选取CPI作为考察通货膨胀的主要指标，这主要是由于CPI的数据质量被公认为比较好。本研究延续这样的学术传统，以CPI指数作为研究通货膨胀的主要指标。本研究关注中国大陆 CPI 指标的时间特征,包括其波动性(方差),而不仅仅局限于讨论通胀指标的均值。我们认为,对统计指标高阶条件的预测和分析,既是对经济预测提出了更高的要求,也是未来进行经济预测的一个趋势。技术手段应该要适当超前,要为政策和研究需求做好准备。

基于上述思路,下面研究的主要内容是:分析当前中国通货膨胀的高阶矩特点,利用异方差模型等技术手段寻找长期通货膨胀的数据生成规律,估计产出缺口并分析短期通货膨胀压力。各部分结构安排为:第二部分为中国通货膨胀的风险因素识别;第三部分通过滚动标准差分析初步讨论当前中国通货膨胀的高阶矩特点;第四部分分析长期通货膨胀压力;第五部分估计产出缺口并分析短期通货膨胀压力;第六部分为结论。

二、中国通货膨胀风险的表现特征及影响因素

(一) 宏观经济运行中的通货膨胀风险表现

伴随着宏观经济的不断回暖,中国的 CPI 在 2009 年 11 月份结束连续 9 个月的负增长,进入正区间,物价呈现平稳回升态势。2010 年 3 月份,居民消费价格指数(CPI)总水平同比上涨 2.2%,环比上涨 2.4%,涨幅比上月回落 0.3 个百分点。工业品出厂价格指数(PPI)同比增长 5.91%,快于上月的 5.39%。其中,CPI 的环比变化中,城市上涨 2.3%,农村上涨 2.6%;食品价格上涨 5.2%,明显高于非食品价格的上涨。在前段时间巨额信贷的带动下,资产价格快速上涨。在比价效应与传导效应下,资产价格的上涨正在推动各类要素价格的上升,伴随着各种价格指数的变化,通货膨胀预期已经产生并处在强化过程中(见表 1、图 1)。

表 1

居民消费价格分类指数(2010 年 3 月)

项目名称	上年同月=100			上年同期=100		
	全国	城市	农村	全国	城市	农村
居民消费价格指数	102.4	102.3	102.6	102.2	102.1	102.4
一、食品	105.2	105.2	105.4	105.1	105.0	105.2
粮食	109.2	109.1	109.5	109.5	109.4	109.8
肉禽及其制品	97.8	97.7	98.0	97.6	97.5	97.6
蛋	105.7	105.5	106.2	106.9	106.7	107.2
水产品	106.3	106.4	105.9	106.4	106.4	106.0
鲜菜	118.5	117.5	121.4	120.4	119.6	122.8
鲜果	118.8	117.9	121.5	115.9	115.4	117.4
二、烟酒及用品	101.7	101.9	101.5	101.6	101.7	101.4
三、衣着	98.9	98.9	99.1	99.1	99.0	99.1
四、家庭设备用品及服务	99.3	99.1	99.7	99.1	99.0	99.5
五、医疗保健及个人用品	102.5	102.5	102.7	102.4	102.3	102.7
六、交通和通信	100.0	99.8	100.7	99.9	99.7	100.4
七、娱乐教育文化用品及服务	100.3	99.9	100.7	99.9	99.5	100.6
八、居住	103.3	103.4	103.1	102.9	103.1	102.6

数据来源:中国国家统计局网站,http://www.stats.gov.cn/,下同。

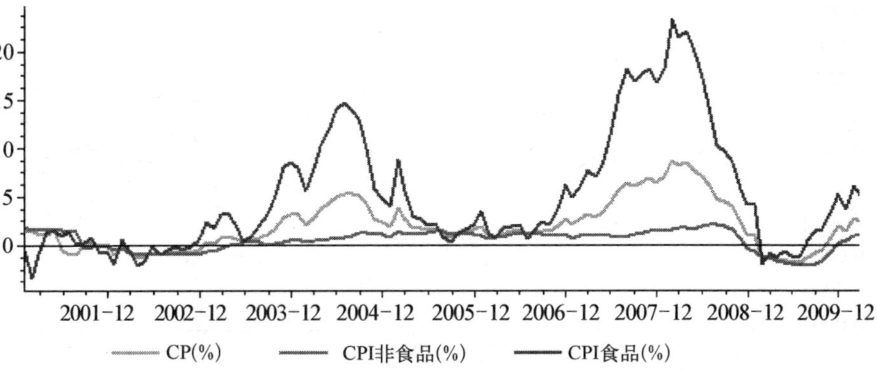

图1 中国居民消费价格指数变化(1999.01—2010.03)

数据来源：Wind 金融资讯网。

（二）通货膨胀风险的影响因素

1. 货币供应增速偏快

2009年全年新增人民币贷款共计9.59万亿元，几乎是2008年新增人民币贷款规模的两倍。2010年3月份中国广义货币供应量(M_2)余额为64.99万亿元，同比增长22.5%；同期狭义货币供应量(M_1)余额为22.94万亿元，同比增长29.94%。2010年3月份各项贷款余额45.37万亿元，相比上月增加5 767亿元(见图2、图3、图4)。2009年全年至2010年第一季度，经济中的流动性宽松迹象明显，由此推动了各种资产价格的上涨，加剧了通货膨胀风险。

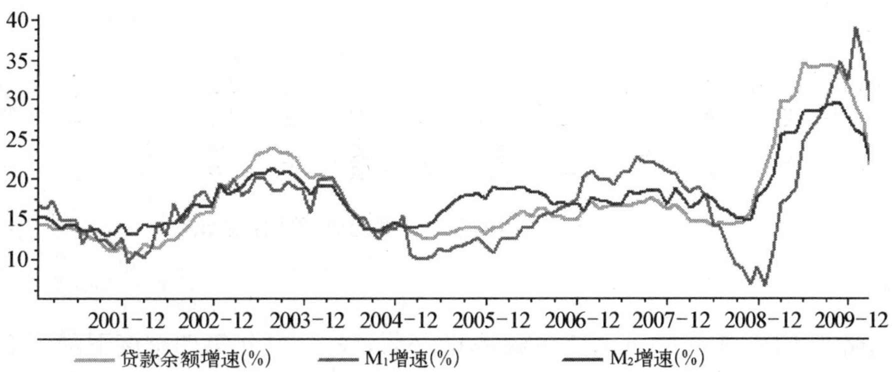

图2 中国 M_1/M_2/贷款余额增速比较

数据来源：Wind 金融资讯网。

2. 通货膨胀预期逐渐升温

在市场流动性明显宽松的背景下，伴随着食品、水和租金价格的上涨，居民及企业的通货膨胀预期已经加剧。2010年3月16日，中国人民银行发布的《2010年第一季度全国城镇储户问卷调查综述》显示，居民消费意愿紧缩，储蓄和投资意愿高涨，居民通胀预期仍然上涨。居民当期物价满意指数降至25.9%，比上季再降2.3个百分点，连续第四个季度下滑。其中，51%的居民认为目前“物价高，难以接受”，这是自1999年调查以来的最高值。预测下季物价上涨

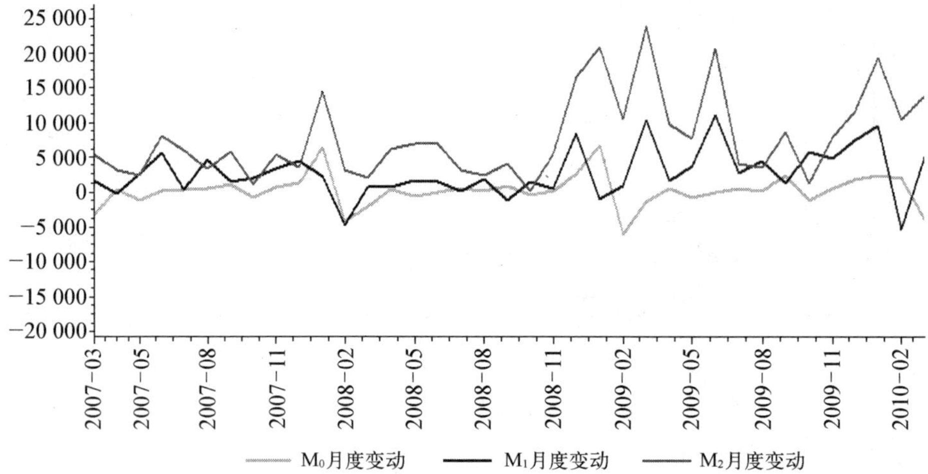

图 3 中国不同层次货币供应量的月度变动(单位：亿元)

数据来源：Wind 金融资讯网。

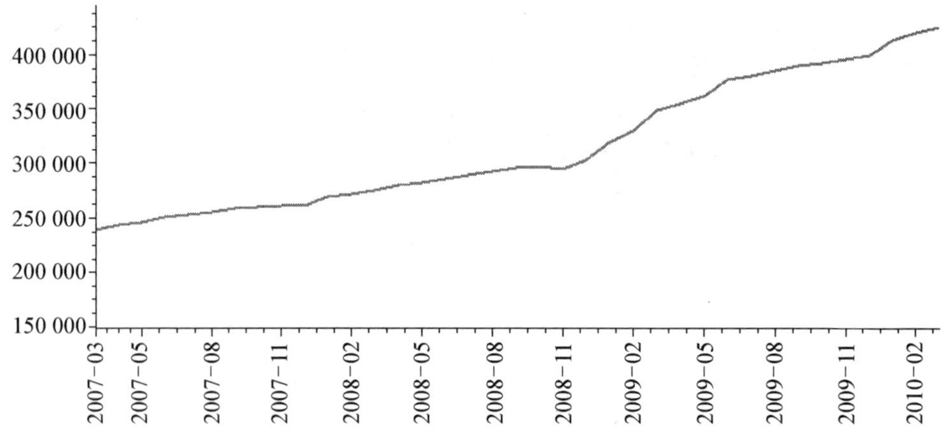

图 4 中国各项贷款的余额月度变动(单位：亿元)

数据来源：Wind 金融资讯网。

的居民比例略有下降，未来物价预期指数是 65.6%，较 2009 年第四季度下降了 7.8 个百分点，但季节调整后的居民通胀预期仍明显上涨。在当前物价和利率水平下，城镇居民的消费意愿明显回落，储蓄和投资意愿则不断加强。仅 15.3%的城镇居民愿意“更多地消费”，43.6%选择“更多地储蓄存款”，41.2%倾向于“更多地投资(包括购买债券、基金、股票等)”。由此可见，逐渐升温并加剧的通货膨胀预期将是未来引发通货膨胀风险的重要因素之一。

3. 经济增长重拾升势

经济增长是物价回升的重要影响因素。从经济增长来看，中国经济从衰退转向复苏，为物价水平的回升提供了基础。由于货币供应增速在 2009 年全年的显著提高，同时自 2009 年第二季度以来，中国经济增速逐步回升(见图 5)。由于名义货币增速领先名义 GDP 两个季度，意味着名义总需求(即名义 GDP)在 2010 年会继续保持回升趋势。考虑到中国的经济增长和通胀之间存在比较一致的关系，两者之间的相关度很高，因此在经济增速仍将保持上升势头的情况下，2010 年经济运行仍将支持通货膨胀率进一步走高。

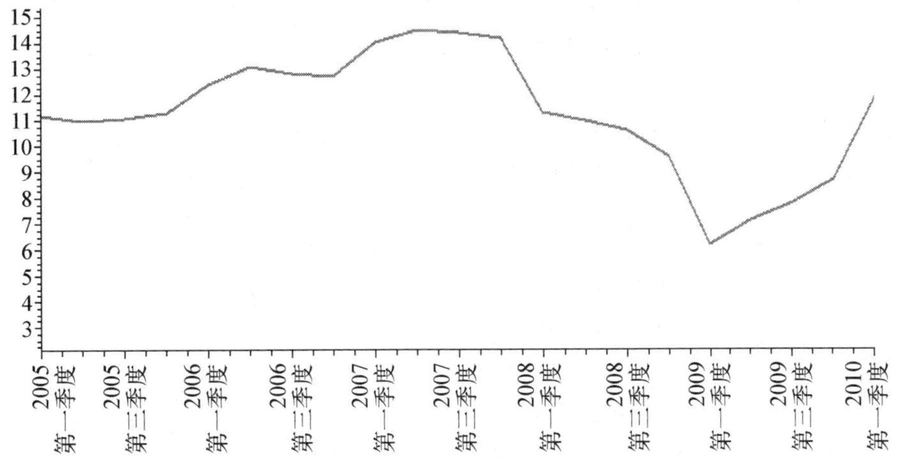

图 5　中国 GDP 同比增长率(单位：%)

4. 大宗商品价格快速上涨

全球经济复苏拉动大宗商品价格回升，由此将对中国物价的变化产生显著的影响。2009 年下半年以来，全球经济开始了复苏，预计 2010 年全球经济仍将维持逐步回升趋势。据预测，全球经济 2010 年增长率将比 2009 年明显提高。在全球经济回升的背景下，大宗商品价格总体上还有上升的空间。在大宗商品价格回升中，国内原材料和能源价格也将上升。IMF 预测，2010 年全球经济增速将回升至 3%左右，这意味着全球经济增速比 2009 年高 4 个百分点左右。在大宗商品价格的推动作用下，成本推动型的物价上升在生产者物价中将有所体现，并且从原材料和能源开始，最终传导至消费价格，即引起非食品 CPI 的上升。

综上所述，就中国目前的货币供应增长、经济主体的通货膨胀预期、经济增长状况以及国际范围内的大宗商品价格变动状况等因素而言，中国虽然短期内出现恶性通货膨胀的可能性不大。但是如果考虑到政府刺激经济增长所采取的各种扩张性政策的后续效应，则无论是前期快速增长的广义货币供应量和商业银行信贷投放，还是逐渐强化的通货膨胀预期，都有可能在 2010 年及之后，使中国宏观经济运行面临新一轮的通货膨胀上涨的考验。

三、当前中国通货膨胀的高阶矩特征

2009 年以 CPI 衡量的通货膨胀指标整体呈现“由负转正”的特点：2009 年前 3 个季度 CPI 月度同比一直是负数，到 2009 年 11 月 CPI 由负转正，当月消费价格指数同比上涨 0.6%，此后一直到 2010 年第一季度，CPI 均保持在正区间。

以上对通货膨胀现实数据的简单描述，给出了近期关于通货膨胀一阶原点矩的部分信息。绝大多数关于通货膨胀的分析，也往往侧重于分析通货膨胀的一阶原点矩即数学期望或者均值，而实际上，这些用于经济数量分析的技术方法，特别是方程回归技术，要求通货膨胀率等相关经济变量是平稳的，一阶原点矩(数学期望)和二阶中心矩(方差)不随着时间而发生改变。只有当高阶矩满足了诸多严格的前提条件和隐含假设，关于通货膨胀均值的经典方程回归技术才能给出有效的结论；而当高阶矩前提假设不满足时，一般的简单回归所得到的结果将失去其经济意义，不能用来解释现实世界。考虑到经济活动的复杂性，像通货膨胀率这样的宏观变量，往往受到许多因素的共同作用，并不能将经典回归技术的假设前提不加讨论或一带而过，特别是当前中国处于经济转型的特殊历史时期，社会经济制度正在发生深刻的变革，在这种约束条件具有时变特点的经济环境中，很难相信通货膨胀率等相关经济指标的一阶原点矩不具有时变性。

鉴于以上分析，我们认为，对当前中国通货膨胀的分析，应该不仅仅分析通货膨胀的一阶原点矩（均值或者数学期望），而且应该分析其高阶矩性质。仅仅考察通货膨胀的一阶矩过程，对于理解通货膨胀的内在规律这个目的而言是有所缺陷的。科学、准确地刻画通货膨胀的高阶矩特点，有助于深入把握相关经济变量和经济活动的内在规律性。出于这样的考虑，我们首先尝试分析通货膨胀的二阶矩特征。受样本容量和数据可得性限制，采用固定时间窗口的滚动标准差方法。数据选取和前期处理说明如下。

（一）数据说明

与大部分同类研究相一致，本研究采用 CPI 数据作为中国通货膨胀的主要测度指标，CPI 月度环比数据来自中经网数据库和历年中国统计年鉴，数据取样时间为 2001 年 1 月至 2009 年 10 月共 106 个数据。选择环比数据的原因是：与同比数据相比，环比数据更能直接体现宏观经济的动态特征，且针对环比数据的分析具有更直观的经济学意义，具体参见图 6。

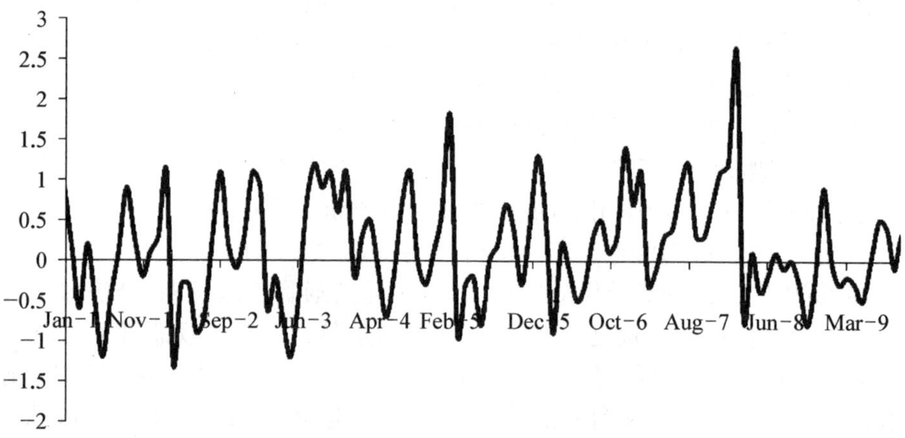

图 6 2001—2009 年月度 CPI(环比)

（二）高阶指标计算

我们首先分别选取 3 个月、6 个月、12 个月的时间窗口，固定时间窗口后计算该时间窗口内 CPI 数据的标准差，以此作为该时点的滚动标准差。在求出全时间段的滚动标准差后，得到以下的滚动标准差图形（如图 7 所示）。

标准差可以视为对经济变量波动程度的一种衡量，通过固定时间窗口为 6 个月的滚动标准差图形可以发现，CPI 环比数据的波动性具有明显的集聚效应，即波动幅度大的情况会集中出现在一个阶段，波动幅度小的情况集中出现在另一个阶段，这实际上是一种高阶异方差的典型表现形式。为此可以进一步地对滚动标准差再次进行标准差分析。这里以 6 个月固定时间窗口的滚动标准差为例，按照每 6 个标准差为一组，依时间顺序计算其高阶滚动标准差，如图 8 所示。

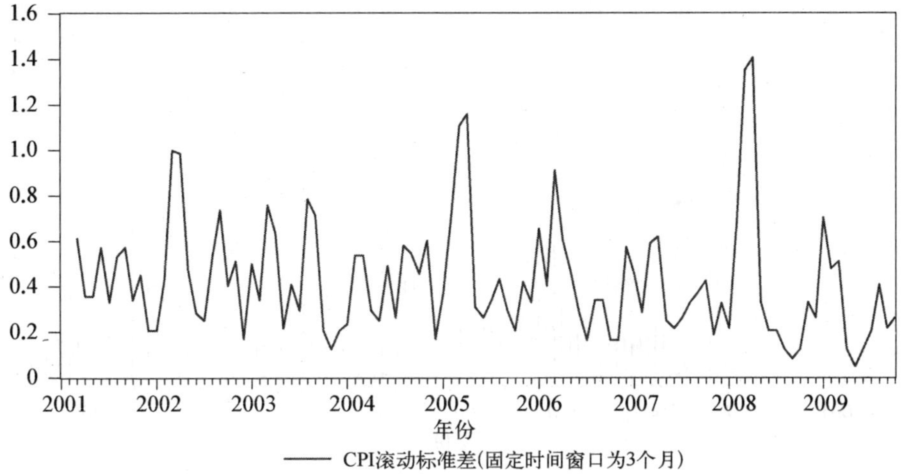

(a)

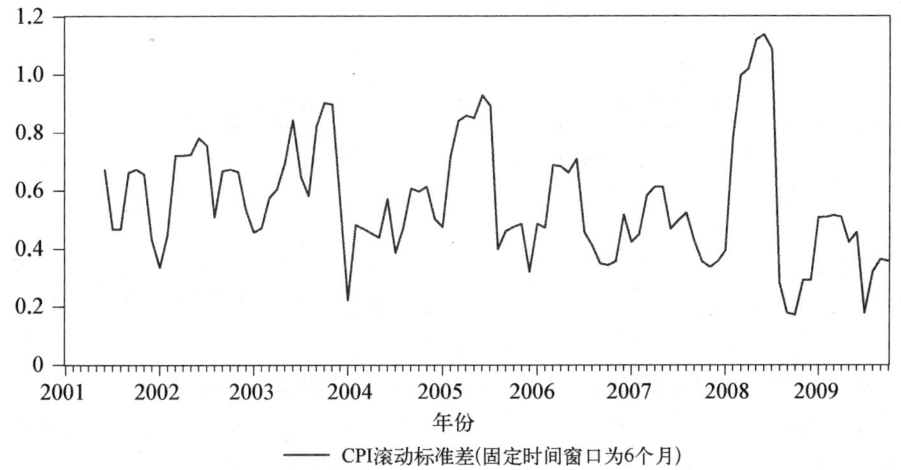

(b)

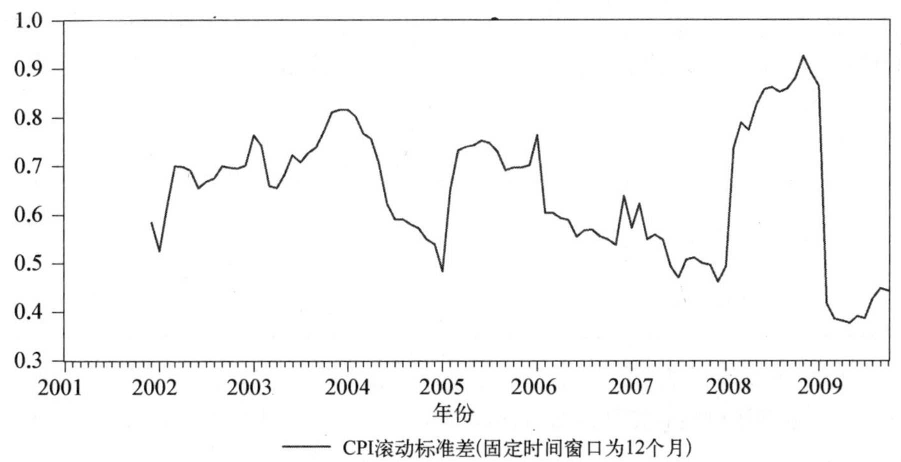

(c)

图 7　CPI 滚动标准差图形(固定时间窗口分别为 3 个月、6 个月、12 个月)

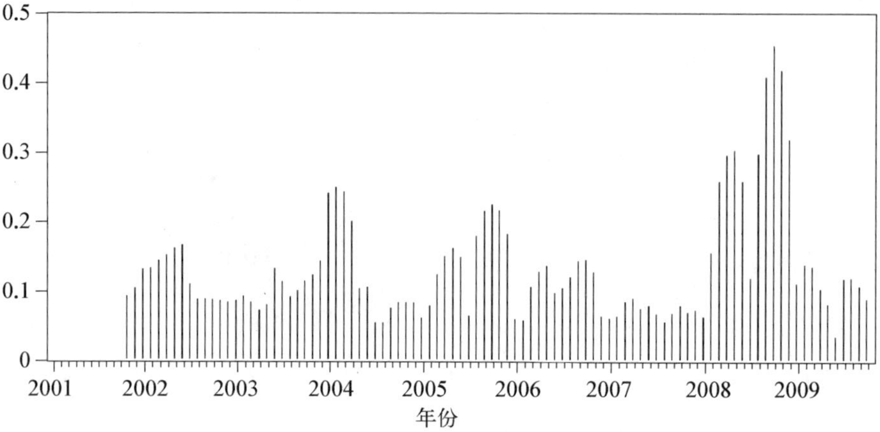

图 8　CPI 滚动标准差的滚动标准差图

对滚动标准差的滚动标准差计算其基本统计指标，如表 2。

表 2

CPI 滚动标准差的滚动标准差基本统计指标

均　值	标准差	偏　度（Skewness）	峰　度（Kurtosis）	Jarque-Bera 统计量	正态分布 P 值
0.134	0.082	1.9	6.7	112	0.000 0

基本统计指标告诉我们有关 CPI 波动程度的基本信息：偏度指标大于零，表明右偏；峰度指标远大于 3，表明尖峰；P 值为零，表明高阶矩具有非正态分布的特点。综合起来看，这些统计指标意味着 CPI 的滚动标准差本身并不是稳定的，CPI 具有异方差性质。

为了对 CPI 异方差性质进行进一步的验证，我们采用 ARCH－LM 检验，观察固定时间窗口的标准差时间序列的自相关偏自相关图形可以发现，不管是 3 个月还是 4 个月、6 个月或者 12 个月，基本上都是自相关 AC 拖尾，而偏自相关 PC 为截尾，说明通货膨胀的标准差是自回归过程。如果对 CPI 进行滞后 6 期的自回归，即设定自回归方程 AR(6)，再对残差进行 ARCH－LM 检测，滞后一阶的 ARCH－LM 检测结果如表 3。

表 3

CPI 异方差检验结果

ARCH Test:			
F-统计量	6.634 639	Probability	0.011 510
Obs×R－squared 统计量	6.337 932	Probability	0.011 818

ARCH－LM 的零假设为：残差不具有异方差 ARCH 效应。而得到的两个检验统计量的 P 值均小于 0.05，说明以超过 95%的概率拒绝零假设，认为 CPI 波动存在比较明显的异方差及 ARCH 效应。

当 CPI 波动存在比较明显的异方差效应时，依托于经典最小二乘法 OLS 的传统回归分析技术失效，此时最小二乘的估计结果不再是有效估计，且相关参数检验的统计量失去参考价值。

四、中长期通货膨胀风险：条件均值和条件方差分析

通过前述对CPI的高阶矩分析，我们猜测CPI具有比较明显的异方差性质，本章利用相关ARCH分析方法，试图对CPI的异方差性质进行定量估计。

关于中国价格问题的研究必须考虑数据的有效性和可得性：在相当长时间中，整个社会的价格指数主要还是由经济计划指令执行，直到1992年后，绝大部分的农产品价格、轻工业品价格、生产资料价格、交通运输价格才转向市场化定价，因此中国的价格数据要到1992年之后才具有研究价值。然而，这也使得年度数据的样本区间相当窄，年度数据量过少，严重影响量化分析的可靠性，为此可以考虑采用高频数据如月度数据或季度数据以增加样本数据容量①。本章选取CPI月度数据作为研究对象。

（一）均值方程设定与分析

数据选取后进行BP(2,24)滤波，得到长期项数据和短期项数据②（如图9所示）。

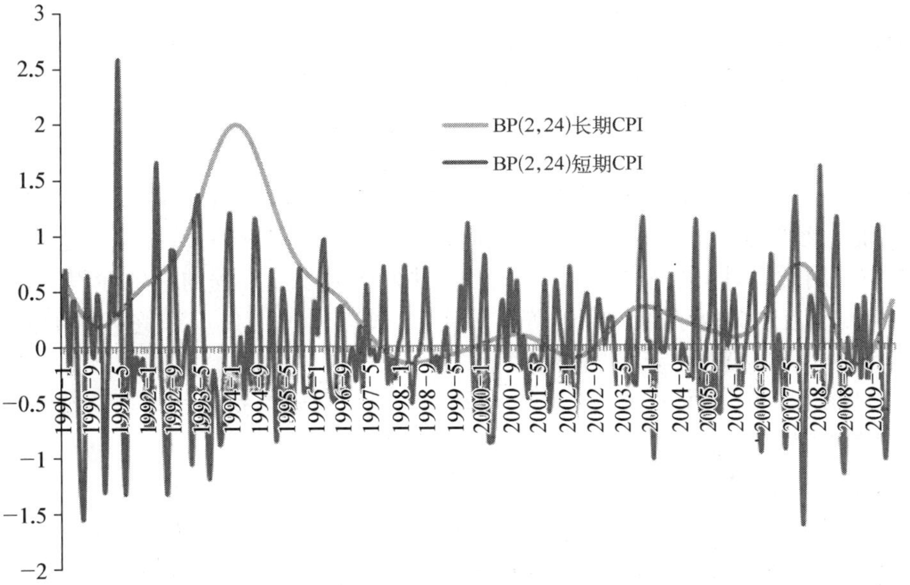

图9　2001—2009年月度CPI长期项和短期项

将CPI分解为长期项和短期项，然后将长期项和短期项分开进行处理，这样的研究思想出现在大量经济文献中。本研究报告在上一期也对这种思想进行了原理阐述，这里不再赘述。简言之，引发通货膨胀的各类因素可以通过这种分解进行归类。尽管我们看到的是最终通货膨胀数字，但实际上推动其中长期项和短期项的经济学机理并不相同，而这两部分彼此之间基本上是无关的。如果计算此处通过滤波程序得到长期项和短期项的相关系数，会发现两者的相关系数不到0.008，基本上接近于零相关。这也表明分解CPI的研究思路具有一定的统计

① 有一些研究认为，样本容量较小时，采用季度数据并不能有效提高量化分析的可靠性（如Perron，1991；Pierce和Snell，1995）。

② 有关BP滤波的程序和说明请参照2009年研究报告的附件。

学基础。

从滤波结果看，2007 年之前，CPI 长期项显得比较平稳，长期项的波动频率、波动幅度的变化都不算大，长期项和短期项差不多分别共享了整个 CPI 指数的一半左右。但是到了 2007 年以后的两年中，CPI 长期项图形出现了一些新的特点：2008 年开始，CPI 长期项对于 CPI 的重要性有所下降，现实中的通货膨胀更多是由于短期因素所引发。

经过平稳性检验后(检验数据见附表)，CPI 长期项的基本统计检验如表 4 所示。

表 4

正态性分析指标(CPI 长期项)

偏　度	峰　度	P　值
1.55	4.87	0.000 0

偏度指标大于零，表明大部分时间中物价水平在上涨；峰度指标大于 3，意味着相对于正态分布为尖峰；而根据 Jarque－Bera 统计量的 P 值，我们发现在 95%显著性水平上，拒绝 CPI 长期项具有正态分布的零假设。

ARCH 模型包括均值方程和条件方差方程。第一步是设定均值方程，我们用一个自回归分布滞后模型(AR－DL)来表达长期项的均值方程：

$$P_t = L(P_t) + L(M_{2t}) + \varepsilon_t \tag{1}$$

其中：P 为 CPI 月度数据的长期项；M_2 为当期广义货币存量；$L(M_{2t})$为滞后算子。

以上方程的经济意义是：CPI 的长期项取决于 CPI 滞后项和货币供应量这两个因素的共同推动，我们采用货币具有长期中性的宏观经济共识作为以上方程的基础性假定，在这一假定下，货币供应尽管在短期能影响到产出等实际变量，长期看货币供应最终只影响名义变量，或者说货币量的变动最终将反应到价格水平上。

为设定均值方程的具体形式，需要逐一确定滞后算子形式，这通过对经济变量的时间特征进行模式识别而得到。

1. CPI 滞后项识别

观察 CPI 月度数据的长期项的自相关和偏自相关函数图形，发现趋势项有明显的偏自相关截尾而自相关拖尾现象，偏自相关系数在 4 个月后截尾，这说明均值方程中 CPI 滞后项为 4 阶自回归过程，记为 AR(4)。

值得一提的是，这里的发现跟前期研究有所不同。前期研究选取的是季度数据，取样时间为 1996 年第一季度到 2008 年第三季度，这种情况下经过滤波后得到的趋势项为 AR(5)过程，而本研究选取的是 2001—2009 年 9 月的月度环比数据，得到的不同的数据生成过程。出现这种差别的具体原因不清楚，但定性地讲，在持续经济转型的社会环境中，经济变量的数据生成过程乃至低阶条件都是不稳定的，不同技术方法得到的结果很可能不一样。

2. M_2 滞后项识别

将获取的 M_2 月度数据进行计算，得到月度 M_2 环比变化率。前期研究表明，M_2 对产出的影响在 8 个季度后才达到最大。我们这里进一步观察 M_2 对通货膨胀的动态效果，这可以通过观察 M_2 环比与长期 CPI 环比超前滞后项的动态相关系数而得到(如表 5 所示)。

表 5

CPI 与 M_2 超前滞后项的动态相关系数

超前滞后期	−11	−10	−9	−8	−7	−6	−5	−4	−3
相关系数	0.035	0.052	0.074	0.091	0.097	0.104	0.099	0.029	0.090
超前滞后期	−2	−1	0	1	2	3	4	5	6
相关系数	0.078	0.069	0.065	−0.010	−0.010	−0.014	−0.015	−0.013	−0.008

观察动态相关图形，可以得到更为清楚的分析结果（如图 10）。

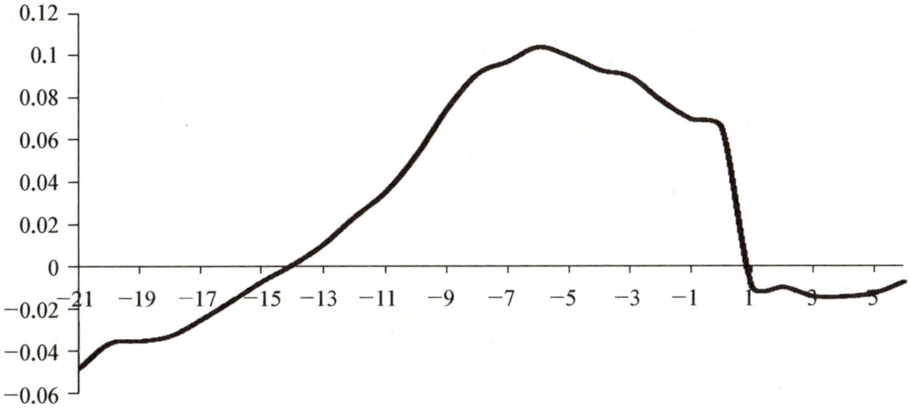

图 10　M_2 滞后项对 CPI 长期项的动态相关系数

通过观察 M_2 超前滞后项对 CPI 长期项的动态相关系数图，可以发现货币政策对通货膨胀的时滞影响规律。我们发现，中国的货币量与通货膨胀的相关性图形特征与 Friedman 所发现的驼峰状图形特征比较类似：货币政策有一定的滞后性，按照目前的货币政策操作，货币供应量变化对于 CPI 的影响在政策实施 2 个月后开始出现，到政策执行第 6 至 18 个月的时候，货币政策对通货膨胀的影响最为明显，此后政策效果逐渐减弱，到 18 个月以后政策影响逐渐消退。如果计算货币供应量与短期 CPI 的动态相关系数，可以发现在货币政策进行调整的前几个月中，货币供应量与短期 CPI 基本上都是负相关，也就是当通货膨胀压力逐渐上升时，货币当局开始逐渐执行紧缩政策，这与经济现实一致，表明中国的货币政策是在执行一种典型的反周期操作，而这种反周期的操作是对通胀压力持续上升的一种滞后反应：在观察到 CPI 数据上升一段时间以后，货币当局才开始执行紧缩；反之亦然。

以上分析表明：货币供应量的影响在滞后一段时间后逐渐显现出来，因此我们设定趋势项均值方程的具体形式如下：

$$\mathrm{CPI} = \mathrm{CPI}(-1) + \mathrm{CPI}(-2) + \mathrm{CPI}(-3) + \mathrm{CPI}(-4) + L(\mathrm{M}_2) \tag{2}$$

其中 $L(\mathrm{M}_2)$ 为滞后项。

经过一系列的试错，逐渐剔除不显著变量并考察方程的 AIC 指标，我们得到以下估计方程：

$$\mathrm{CPIQUSHI} = \mathrm{CPIQUSHI}(-1) + \mathrm{CPIQUSHI}(-2) + \mathrm{M}_2(-10) + \mathrm{M}_2(-11) + \mathrm{M}_2(-12) \tag{3}$$

经典 OLS 回归结果如表 6 所示。

表 6

均值方程经典 OLS 估计结果

变　　量	系　　数	t-统计量	P　　值
CPIQUSHI(−1)	1.997	202.6	0.000 0
CPIQUSHI(−2)	−1.016	−102.8	0.000 0
M_2(−10)	0.000 6	2.789	0.006 0
M_2(−11)	0.000 8	3.704	0.000 3
M_2(−12)	0.000 6	2.863	0.004 8
拟合优度 R-squared		99.97%	

所估计得到的均值方程形式为：

$$\begin{aligned}CPIQUSHI = {} & 1.997 \times CPIQUSHI(-1) - 1.016 \times CPIQUSHI(-2) \\ & + 0.0006 \times M_2(-10) + 0.0008 \times M_2(-11) + 0.0006 \times M_2(-12)\end{aligned} \tag{4}$$

用传统 OLS 判定指标进行考察的话，以上均值方程的拟合效果还是比较好的：拟合优度达到 99%以上，所有 t-检验表明参数均显著。各拟合参数具有明显的经济意义，长期 CPI 主要由 CPI 自身的黏滞性质所决定，此外货币供应量也是一个因素，月度货币供应量每增加 1%（环比），将造成 12 个月后的季度 CPI 环比上升 0.2%，此后货币供应量对通货膨胀的时间效应逐渐消逝。

（二）均值方程 ARCH 效应检验

如前文所述，本研究不但关注通货膨胀的均值过程，而且关注通货膨胀的高阶过程，而前一章的分析也已初步表明，通货膨胀数据的高阶波动可能是不稳定的。因此，尽管前一节的均值方程拟合结果还算不错，我们仍需要对这一方程进行异方差检验。这里采用最常用的结果 ARCH-LM 检验方法，零假设为：回归方程的残差不具有异方差。检验结果如表 7 所示。

表 7

均值方程 ARCH 效应检验结果

F-值	94.531 37	P 值	0.000 000
Obs * R-squared 值	44.699 15	P 值	0.000 000

表 7 中两个检验统计量的 P 值均接近 0，表明强烈地拒绝零假设，据此可认为原均值方程具有明显的 ARCH 效应。残差存在异方差，为此我们下面要增加方差方程，将原方程调整为一个 AR-LD-ARCH 模型。

（三）ARCH 模型设定和条件方差分析

大多数计量回归方法都是对某一经济变量的均值进行估计，但是估计残差的异方差会导致均值估计失效。理论上，如果能知道残差异方差的数学模式，那么可以通过调整均值方程直接消除异方差。然而，实际上这种处理异方差的方法并不实用，因为研究者并不能先验地了解异方差的具体数学模式。因此，为了处理和改善异方差带来的均值估计失真问题，需要对残差的方差进行估计，这也是自回归条件异方差模型（ARCH 模型）解决异方差问题的思路。

ARCH 模型最早由 Engle(1982)提出，核心思想是用一个自回归模型来刻画残差的波动。

这一技术允许均值方程的条件方差具有不确定性和时变性。在应用和推广的过程中，ARCH模型得到了迅速发展和大量的推广，GARCH、ARCH - M、EGARCH、TARCH 等许多关于ARCH 的扩展模型纷纷被提出并得到应用，从而逐渐形成了一整套分析条件异方差的计量理论。

标准的 ARCH 模型可以记为 GARCH(1, 1)，括号中的第一个 1 表示 GARCH 项(方差自回归项)，括号中的第二个 1 表示 ARCH 项，表示进入方差方程的前期波动信息。一般化的ARCH 为 ARCH(P, Q)，表示 P 阶 GARCH，Q 阶 ARCH，普通 ARCH 模型可以看成是没有GARCH 项的 GARCH 模型特例，即 GARCH(0, 1)。

ARCH 模型由条件均值方程和条件方差方程组成，基本形式如下：

条件均值方程：$y_t = rx_t + \varepsilon_t$，其中 ε_t 作为误差项，$\sim N(0, \sigma_t^2)$；

条件方差方程：$\sigma_t^2 = \omega + \alpha\varepsilon_{t-1}^2 + \beta\sigma_{t-1}^2$。

说明：方差方程右边第一项为方差均值，第二项为 ARCH 项，表示前期波动信息，方差方程第三项为 GARCH 项，即最近一期的预测方差。

对参数意义作简单说明：$v_t = \varepsilon_t^2 - \sigma_t^2$，则可以推出：

$$\varepsilon_t^2 = \omega + (\alpha + \beta)\varepsilon_{t-1}^2 + v_t - \beta v_{t-1} \tag{5}$$

经过变形我们得到上面的 ARMA(1, 1)方程，其中系数 $(\alpha + \beta)$ 决定了冲击的持续性。GARCH 模型的平稳性要求满足 $(\alpha + \beta) < 1$，而在一些情况下，$(\alpha + \beta)$ 接近 1，此时外部冲击的影响会持续很长时间。

我们首先采用 GARCH 模型分析 CPI 长期项的均值和波动，经过剔除不显著变量、比较拟合效果的逐步试错后，建立以下 GARCH(1, 1)模型：

$$\begin{cases} CPI_t = c(1)cpi_{t-1} + c(2)cpi_{t-2} + c(3)M_{2_{t-12}} + c(4)M_{2_{t-13}} + c(5)M_{2_{t-14}} + \varepsilon_t，\text{其中 } \varepsilon_t \sim N(0, \sigma_t^2) \\ \sigma_t^2 = \omega + \alpha\varepsilon_t + \beta\sigma_{t-1}^2 \end{cases} \tag{6}$$

第一个方程为 CPI 条件均值方程，第二个方程为条件方差方程，它给出了长期 CPI 二阶矩的数学过程。方程回归结果见表 8。

表 8

GARCH(1, 1)模型估计结果

系　数	估 计 值	P　值
CPI(−1)项系数	1.994	0.000
CPI(−2)项系数	−1.012	0.000
M_2(−12)项系数	0.000 3	0.013
M_2(−13)项系数	0.000 4	0.002
M_2(−14)项系数	0.000 3	0.034
方差方程常数项系数	1.00E - 6	0.338
ARCH(1)系数	0.155	0.019
GARCH(1)系数	0.601	0.043

方差方程中的 $a + b < 1$ 条件满足，符合 GARCH 稳定性要求。再次采用 ARCH - LM 检验，两个统计量相应的 P 值都比较大，可以认为此时已不再存在 ARCH 效应，具体检验结果如表 9 所示。

表 9

GARCH(1, 1)残差的 ARCH 效应检验

F-统计量	0.000 3	P 值	0.986
Obs * R - squared 统计量	0.000 3	P 值	0.986

通过以上 GARCH 模型的估计，我们初步得到了关于 CPI 波动信息的数据生成过程。模型估计结果的经济学意义说明如下：

(1) CPI 具有黏滞性，2 个月前的 CPI 增加 1%会造成后 1 个月 CPI 压力增加。

(2) CPI 受到货币政策的影响：货币供应量 M_2 每环比增加 1%，会造成下一年对应下一个季度的 CPI 环比压力增加 0.1%；反过来，如果 M_2 紧缩，则 CPI 会有类似的下降。

(3) 我们在回归过程中发现，直到 14 个月后货币供应量对通胀的影响才完全体现出来。可以通过不同的技术手段得到验证。现实中，中国大陆在 2008 年下半年开始加大货币供给，2008 年 12 月至 2009 年 3 月之间的货币扩张尤其激烈，货币存量环比增加分别为 3.6%、4.4%、2.1%、4.7%，此后货币扩张略微有所放缓，4 月、5 月的货币存量环比增加分别为 1.86%和 1.4%，但 2009 年 6 月又出现一个货币扩张高峰，当月 M_2 环比增加超过 3.7%，此后出于对这种货币异常扩张的忧虑，2009 年下半年的货币扩张相对温和，月度环比增加基本上保持在 0.7%～1.5%之间。因此，如果从 2008 年 12 月算起，持续 7 个月的超常规货币扩张的后果将导致 14 个月后的通货膨胀压力，具体而言，此次货币扩张对通胀的影响会从 2010 年 3 月、4 月开始逐渐呈现出来。而 2010 年 5 月至 2011 年上半年将是考验 CPI 压力的最关键时间段，因为这个时间段的潜在通货膨胀压力会相当可观。

分析通货膨胀长期项的意义在于，如果个体在形成通胀预期时具有理性预期，那么通胀长期项可以看成是通胀预期的一种统计近似，因此，对于通胀长期项的研究可以看成是讨论通胀预期的一个视角。这并非表明通胀预期的形成过程服从 BP 滤波法则，实际上真实的通胀预期形成过程研究者无从得知也不可能获悉，BP 滤波所得到的通胀长期项只是对于通胀预期的一个统计近似，是真实的公众通胀预期在统计学意义上的一个投射。

通过对于通胀长期项的分析，我们得到货币政策影响通胀预期的动态过程。定性结论简要总结如下：① 通胀预期本身具有一定的时间黏持性，前一期的通胀预期如果比较高，那么后一期的通胀预期一般也比较高；② 通胀预期的波动性具有一定的时变特点；③ 2009 年的货币扩张会导致长期 CPI 压力增加，关键时间段在 2010 年 5 月至 2011 年上半年。

五、产出缺口的估计及其对短期 CPI 的影响

本章对 CPI 短期项进行分析。BP 滤波得到的长期项可以看做通胀预期的一种统计近似，基于古典二分法思想，我们认为货币是影响通胀长期项的主要原因。BP 滤波得到的短期项可以看成是未被预期到的通胀，在短期中，货币很可能是非中性的，基于现代菲利普斯曲线理论的思想，我们认为产出缺口是影响短期通胀的主要原因。

由于产出数据最高只有季度数据，基于产出缺口来分析通货膨胀，也只能相应地选取季度数据作为分析对象。分析步骤为：① 对 CPI 短期项进行平稳性和正态性分析；② 计算产出缺口；③ 通过分析产出缺口与 CPI 短期项的动态相关性，设定短期方程模型；④ 进行方程估计，分析其经济学意义，并进行 ARCH 效应检验。

上期研究也从产出缺口视角分析了 CPI 短期项，此次增加了几处调整：① 我们改用环比指标，而放弃上期研究使用的同比指标。因为与同比指标相比，环比指标的分析结果具有更好的经济学意义，经济学直觉更强烈，对经济系统动态的刻画也更加到位。② 增加了正态性分析和 ARCH 效应检验。③ 数据取样区间增加。

（一）CPI 短期项的平稳性和正态性分析

经济变量的平稳性是大多数计量理论的隐含前提，检验经济变量是否平稳主要的方法是单位根 ADF 检验。零假设为：被检验的经济变量含有单位根过程（不平稳）。对 CPI 长期项和短期项的 ADF 检验具体结果见附表，根据表中数据，在三种情况下（截距、截距加时间趋势、无截距和时间趋势），ADF 统计量均超过 1%临界值水平，因此拒绝有单位根的原假设，认为短期 CPI 数据为时间平稳序列。

通过了平稳性检验后，分析短期 CPI 的正态性。

表 10

短期 CPI 正态性指标

偏　度	峰　度	P　值
0.409	3.7	0.078

表 10 中偏度指标略大于零，说明短期 CPI 右偏：大多数时间里 CPI 会围绕趋势项向右波动；峰度指标大于 3，说明短期 CPI 波动相对于正态分布为尖峰；从检验正态分布的 Jarque－Bera P 值看，在 90%显著性水平下拒绝正态分布的零假设。综上所述，可以认为短期 CPI 波动具有比较典型的非正态性。

（二）产出缺口定义和计算

产出缺口的大小主要取决于潜在产出的定义和计算。目前学术界对于潜在产出的界定还不尽一致，有的按凯恩斯理论来定义，有的按新古典理论来界定。我们这里采用的是美国经济学家利维（Levy，1962）最早提出这一概念时所给出的定义，即潜在产出是指在合理稳定的价格水平下，使用最佳可利用的技术、最低成本的投入组合并且资本和劳动力的利用率达到充分就业要求所能生产出来的物品和服务。

定义产出缺口为现实产出与潜在产出的差值占现实产出的比率（levy，1962），它测度的是经济周期性波动对产出的影响，反映了现有经济资源的利用程度。根据以上定义计算产出缺口，数据收集和前期处理说明如下：

数据来源为 CCER 宏观数据库，取样时间为 1992 年第一季度到 2009 年第三季度，获取 GDP 季度数据后，以 1990 年 1 月的 CPI 数据为基准，计算各季度的 CPI 定基比，然后用名义 GDP 除以各期 CPI 定基比，得到以 1990 年 1 月价格水平计量的实际 GDP，并按照常用的 census－11 方法进行季度调整，然后将实际 GDP 时间序列进行 BP 滤波，滤波参数选择为（2，8）。其经济学意义是：偏离潜在产出的短期波动持续时间不超过 2 年。经过滤波过滤掉短期波动数据后，即得到潜在产出。计算实际产出与潜在产出的差值占实际产出的比率，即得到我们需要的产出缺口（具体数据见附表）。

（三）动态相关性分析和方程设定

当产出缺口为正的时候，表明实际产出大于潜在产出，此时存在通胀压力。CPI 可能会升高。但实际上，利用中国的统计数据，可以发现 CPI 环比与产出缺口的相关系数是－0.05；短期 CPI 与产出缺口的相关系数是－0.09。这为我们带来两点启示：① 短期 CPI 与产出缺口的相关系数高于实际 CPI 与产出缺口的相关系数，表明产出缺口研究短期 CPI 具有一定的统计基础。② 当期 CPI 与当期产出缺口负相关，这表明产出缺口对 CPI 的影响可能存在一定的超前滞后性质，为此可以利用动态相关系数作进一步分析（见表 11）。

表 11

CPI 与各期产出缺口的动态相关系数

产出的超前滞后项	－3	－2	－1	当期	1	2	3
相关系数	0.083	－0.099	0.033	－0.094	0.110	－0.074	－0.087

我们看到，当产出缺口超前一期时相关系数达到最大，为 0.11。此时产出缺口与短期 CPI 正相关，这一量化结论符合经济学直觉。也就是说，如果由于一些短期原因使实际产出高于潜在产出时，短期价格水平会在 1 个季度后作出相应的反应。产出缺口的扩张会导致 1 个季度后出现短期价格上涨。图 11 为 CPI 与产出缺口图形。

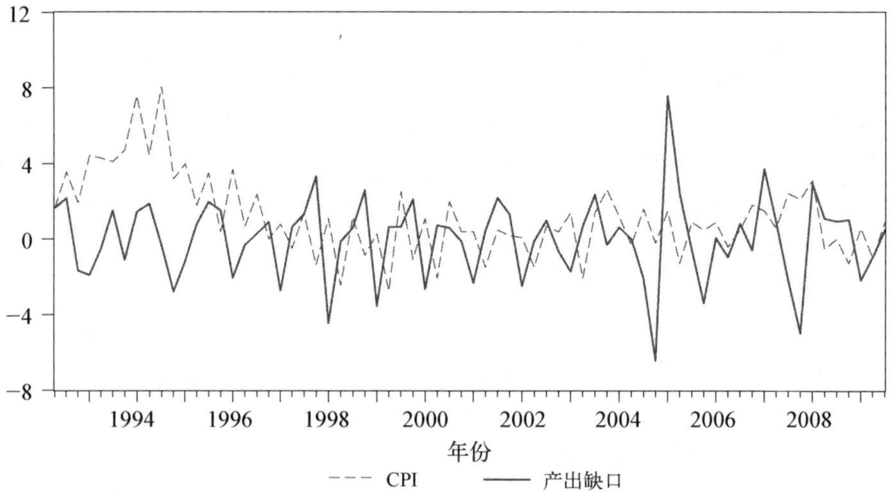

图 11　CPI 与产出缺口（季度数据）

根据产出缺口与短期 CPI 的动态相关性分析，设定以下短期 CPI 方程：

$$P_t = \alpha_i \cdot L(P_t) + \beta \cdot y_{t-1} + \varepsilon_t \tag{7}$$

其中：P_t 为短期 CPI；y_t为产出缺口；L 为滞后算子。

（四）方程估计和 ARCH 效应检验

对以上方程进行估计时，需要逐步试错，剔除掉不显著变量，并比较各方程的拟合效果和 AIC 指标。通过观察自相关和偏自相关函数初步判断短期 CPI 的自回归项的滞后阶数为 8，经过试错后最终得到的估计方程为：

$$p_t = c(1) \cdot y_{t-1} + c(2)p_{t-1} + c(3)p_{t-2} + c(4)p_{t-3} + c(5)p_{t-4} + c(6)p_{t-5} + c(7)p_{t-6} + c(8)p_{t-7} + c(9)p_{t-8} + \varepsilon_t \tag{8}$$

其中：p 表示短期 CPI（环比）；y 为产出缺口。

各参数 OLS 估计结果见表 12。

表 12

短期 CPI 估计结果

参　　数	估 计 值	t-统计量	P　　值
$c(1)$	0.045 6	1.819 781	0.074 4
$c(2)$	−1.406	−12.196 39	0.000 0
$c(3)$	−1.628	−10.875 47	0.000 0
$c(4)$	−2.021	−11.142 56	0.000 0
$c(5)$	−1.946	−9.106 192	0.000 0
$c(6)$	−1.861	−8.726 640	0.000 0
$c(7)$	−1.562	−8.354 430	0.000 0
$c(8)$	−1.271	−8.393 704	0.000 0
$c(9)$	−0.485	−4.240 275	0.000 1
拟合度(R-squared)：		0.906	
经调整后的拟合度(Adjusted R-squared)：		0.892 9	

根据回归结果，给出如下方程以拟合短期 CPI 的数据生成过程：

$$p_t = 0.0456y_{t-1} - 1.406p_{t-1} - 1.628p_{t-2} - 2.021p_{t-3} - 1.946p_{t-4} - 1.861p_{t-5} - 1.562p_{t-6} - 1.271p_{t-7} - 0.485p_{t-8} \quad (9)$$

以上方程表明，产出缺口对短期 CPI 的影响为滞后 1 个季度：如果产出缺口扩张，那么对 CPI 的压力会在 1 个季度后体现出来，产出缺口每增加 1 个百分点，对 CPI 的压力约为 0.045 个百分点。

考虑到残差可能存在异方差，对以上回归进行 ARCH－LM 检验，检验结果如表 13。

表 13

短期 CPI 方程 ARCH 效应检验

F-统计量	0.483	P 值	0.489
Obs * R－squared 统计量	0.495	P 值	0.481

ARCH－LM 检验所得到的 F-统计量、Obs * R－squared 统计量相应的 P 值均为 0.4 左右，表明不能拒绝残差不存在异方差的零假设，回归方程有较大概率不存在异方差引发的失真问题。

六、结论

中国居民的消费仅占中国全部经济活动的 1/3 多一点，但 CPI 仍被视为判断通货膨胀风险时最为广泛接受的指标。本研究考察了近期货币供应、产出缺口对 CPI 的长短期影响，我们认为：① 产出缺口对 CPI 只有短期的影响，而货币政策对 CPI 有较长期的影响。② CPI 的波动性具有一定的时变特点，这种时变特点一定程度上可以利用异方差技术加以刻画。③ 2009 年的货币扩张导致长期 CPI 压力增加，关键时间段在 2010 年 5 月至 2011 年上半年。

尽管从 2010 年上半年 CPI 的走势看，近期通货膨胀的潜在压力已经比较明显，但考虑到通货膨胀具有一种不对称性，货币政策用于紧缩时是比较有效的①，因此对未来治理通货膨胀

① ARCH 模型可以验证确实存在这种不对称性，但是尚不能做准确的定量分析。

的效果我们仍持谨慎乐观的态度，只是由于货币政策对通货膨胀具有一定的时间滞后性，即使立刻实施紧缩的货币政策，2010 年 CPI 的上行压力仍然会比较大，反周期货币政策的效果要到 2010 年年底之后才能体现出来。而在 2010 年下半年这个时间段中，经济的通货膨胀风险是比较高的，中国货币政策的操作仍需要进一步加强预判和前瞻性。另外，包括本研究在内，大量关于通货膨胀的研究均表明：通货膨胀预期主要取决于与货币供应及其相关的一些经济变量如信贷等，这意味着仅仅通过宣传来引导通货膨胀预期是不够的，管理通货膨胀预期的关键在于货币政策在时间和力度上的合理选择，明确并公布通货膨胀目标的货币政策对于治理通货膨胀在中国可能是潜在有效的。

本研究报告关注的是通货膨胀风险。在前后两期研究中，笔者均发现信贷扩张对通货膨胀风险有很大影响。然而，有可能信贷扩张的重要性不仅仅局限于通货膨胀风险，随着对次贷危机和金融海啸的讨论不断深入，一些人开始认为信贷扩张是造成整体经济危机的关键因素之一。一类典型的观点是：在 1945 年第二次世界大战后，信贷、货币与经济规模之间的稳定关系被打破，各国政策执行更加有力的反周期货币政策，这实际上阻碍了金融部门自身周期性的去杠杆化，从而造成持续的信用膨胀，积累起越来越大的金融风险，最终造成了此次严重的金融海啸。换言之，多年来各国政府通过货币扩张刺激经济的效果是负面的。尽管对这种观点还存在争议，但比较公认的看法是应该更加谨慎地处理货币供应与信贷扩张。在如今充满不确定性的动荡环境中，从经济危机而不是从传统经济波动的视角去研究通货膨胀风险，已经日益成为一个重要的领域，毕竟我们已了解到，与类似于次贷危机的灾难性事件相比，日常经济波动对一个国家造成的福利损失是微不足道的①，当然这已经超出了本研究的讨论范围，但也是后续值得深入探讨的一个话题。

附表 1

短期 CPI 平稳性检验

项　　目	ADF 统计量	MacKinnon 1%临界值
考虑截距	−11.09	−3.49
考虑截距和时间趋势	−11.03	−4.05
无截距也无时间趋势	−11.15	−2.58

附表 2

长期 CPI 平稳性检验

项　　目	ADF 统计量	MacKinnon 5%临界值
考虑截距	−4.71	−2.89
考虑截距和时间趋势	−24.74	−3.45
无截距也无时间趋势	−1.98	−1.94

① Barro(2006)表明，危机造成的损失平均相当于 GDP 的 20%，而普通经济波动造成的损失只相当于 GDP 的 1.5%。

附表 3

长期 CPI 与 M_2 的动态相关性

滞后期	−6	−5	−4	−3	−2	−1	0	1	2
相关系数	−0.038 25	−0.060 66	−0.072 34	−0.070 14	−0.060 11	−0.043 4	−0.021 94	−0.014 66	0.023 797
滞后期	3	4	5	6	7	8	9	10	11
相关系数	0.008 282	−0.024 07	−0.055 82	−0.216 64	−0.284 34	−0.287 66	−0.232 7	−0.097 86	0.044 933
滞后期	12	13	14	15	16	17	18	19	20
相关系数	0.162 808	0.269 078	0.321 477	0.290 333	0.228 688	0.128 79	0.008 525	−0.064 14	−0.098 5

附表 4

潜在产出和产出缺口估计

季度数据	名义 GDP	实际 GDP(经季度调整)	潜在产出	产出缺口%
1992 - 06	11 224.50	11 369.421 22	11 184.485	1.653 506 763
1992 - 09	18 346.60	11 930.540 43	11 676.485 16	2.175 785 494
1992 - 12	26 638.10	11 852.070 27	12 052.763 41	−1.665 121 371
1993 - 03	6 285.90	12 110.345 98	12 346.297 43	−1.911 111 068
1993 - 06	14 224.80	12 533.261 61	12 600.382 58	−0.532 689 892
1993 - 09	23 189.40	13 049.160 85	12 854.288 01	1.516 014 25
1993 - 12	34 634.40	12 986.858 47	13 131.688 49	−1.102 904 772
1994 - 03	8 649.60	13 630.933 41	13 436.503 45	1.447 027 937
1994 - 06	19 477.30	14 014.516 74	13 757.367 96	1.869 171 346
1994 - 09	31 687.50	14 024.085 56	14 078.001 89	−0.382 982 865
1994 - 12	46 759.40	13 987.611 14	14 388.124 33	−2.783 637 26
1995 - 03	11 159.70	14 515.874 28	14 689.552 07	−1.182 321 896
1995 - 06	24 799.40	15 114.541 49	14 994.734 53	0.798 993 531
1995 - 09	39 903.80	15 619.830 31	15 318.916 83	1.964 326 089
1995 - 12	58 478.10	15 907.519 42	15 670.411 47	1.513 093 366
1996 - 03	13 249.80	15 715.187 54	16 044.417 75	−2.051 992 256
1996 - 06	29 135.10	16 370.517 12	16 423.941 43	−0.325 283 155
1996 - 09	46 130.70	16 833.317 96	16 787.575 9	0.272 475 647
1996 - 12	67 884.60	17 278.999 87	17 120.163 72	0.927 772 393
1997 - 03	14 838.70	16 943.169 97	17 420.646 19	−2.740 863 988
1997 - 06	32 562.00	17 819.099 37	17 702.708 53	0.657 474 751
1997 - 09	50 782.80	18 225.122 4	17 987.562 08	1.320 692 189
1997 - 12	74 462.60	18 900.518 95	18 292.480 36	3.323 981 106
1998 - 03	15 674.30	17 794.238 38	18 621.247 05	−4.441 209 909
1998 - 06	34 112.00	18 935.928 94	18 962.010 5	−0.137 546 427
1998 - 09	53 205.50	19 408.680 75	19 294.324 73	0.592 692 543
1998 - 12	78 345.20	20 111.045 03	19 602.186 44	2.595 927 689
1999 - 03	16 570.40	19 179.384 29	19 886.241 45	−3.554 503 535

（续表）

季度数据	名义 GDP	实际 GDP(经季度调整)	潜在产出	产出缺口%
1999－06	35 756.40	20 298.896 74	20 168.101 75	0.648 524 053
1999－09	56 000.60	20 617.803 81	20 483.304 52	0.656 628 853
1999－12	82 067.50	21 304.932 43	20 865.277 26	2.107 113 927
2000－03	17 882.00	20 763.909 4	21 327.845 84	－2.644 132 179
2000－06	38 929.20	22 016.585 78	21 855.518 47	0.736 964 021
2000－09	61 161.10	22 544.827 54	22 407.746 89	0.611 755 598
2000－12	89 468.10	22 910.419 25	22 936.707 82	－0.114 613 54
2001－03	19 828.90	22 869.308 46	23 410.962 92	－2.313 678 699
2001－06	42 872.80	23 940.890 08	23 833.328 09	0.451 309 143
2001－09	67 052.10	24 770.822 8	24 242.857 53	2.177 817 812
2001－12	97 314.80	25 024.791 36	24 697.859 46	1.323 725 626
2002－03	21 192.60	24 621.118 95	25 246.363 41	－2.476 572 395
2002－06	45 998.80	25 873.659 48	25 897.926 45	－0.093 702 366
2002－09	72 366.90	26 876.203 22	26 612.083 47	0.992 480 544
2002－12	105 172.30	27 134.651 63	27 312.646 08	－0.651 692 454
2003－03	23 856.20	27 447.112 04	27 925.490 92	－1.713 054 504
2003－06	51 073.50	28 622.400 62	28 425.388 28	0.693 085 86
2003－09	80 421.20	29 550.569 1	28 870.543 83	2.355 429 376
2003－12	117 390.20	29 316.756 12	29 405.758 59	－0.302 670 197
2004－03	27 262.00	30 420.081 34	30 226.510 29	0.640 401 578
2004－06	59 042.70	31 516.635 59	31 512.661 52	0.012 611 02
2004－09	93 495.20	32 656.506	33 355.068 07	－2.094 320 621
2004－12	136 875.90	33 412.365 84	35 704.457 5	－6.419 623 267
2005－03	37 957.40	41 281.787 99	38 366.122 65	7.599 583 015
2005－06	79 981.90	42 030.849 67	41 047.716 46	2.395 098 425
2005－09	124 784.70	43 207.439 26	43 446.833 94	－0.551 006 032
2005－12	182 321.00	43 812.735 87	45 348.437 57	－3.386 448 987
2006－03	43 390.50	46 731.571 71	46 696.598 53	0.074 894 489
2006－06	91 443.00	47 158.685 41	47 613.260 49	－0.954 723 704
2006－09	142 898.30	48 752.182 42	48 355.935 01	0.819 439 043
2006－12	209 406.80	48 945.626 15	49 228.982 75	－0.575 588 986
2007－03	50 286.70	52 360.245 76	50 480.432 55	3.723 845 273
2007－06	106 767.90	52 703.673 64	52 221.295 31	0.923 719 587
2007－09	166 043.00	53 206.669 56	54 395.170 35	－2.184 938 078
2007－12	246 618.80	104 375.960 3	56 806.463 53	－4.978 595 332
2008－03	63 475.00	26 055.528 79	59 193.639 75	2.930 664 693
2008－06	134 726.00	55 580.780 43	61 318.258 69	1.089 614 425
2008－09	208 025.00	85 820.134 29	63 036.908 59	0.944 793 546
2008－12	300 670.00	125 668.486 6	64 332.284 8	1.022 037 693
2009－03	65 745.1	27 315.764 07	65 297.120 17	－2.177 387 727
2009－06	139 862.2	58 695.058 22	66 082.955 02	－0.943 313 715
2009－09	217 817.2	90 592.778 31	66 837.529 76	0.499 252 009

参考文献

[1]　陈太明.不确定性、通货膨胀与产出增长[J].经济理论与经济管理,2007(12).

[2]　陈彦斌,唐诗磊,李杜.货币供应量能预测中国通货膨胀吗?[J].经济理论与经济管理,2009(2).

[3]　丁岚,吴卫星.通货膨胀先行指标和预测方法的国际比较[J].当代经济科学,2009(1).

[4]　范志勇.中国通货膨胀是工资成本推动型吗?——基于超额工资增长率的实证研究[J].经济研究,2008(8).

[5]　方勇,吴剑飞.中国的通货膨胀:外部冲击抑或货币超发——基于贝叶斯向量自回归样本外预测模型的实证[J].国际金融研究,2009(4).

[6]　郭庆旺,贾俊雪.中国潜在产出与产出缺口的估算[J].经济研究,2004(5).

[7]　李景曈,齐晓安.通货膨胀通货紧缩相互转换及转换机制:一个文献研究综述[J].生产力研究,2009(9).

[8]　刘弘,姜国麟.我国通货膨胀成因解释的理论模型选择与实证研究[J].数量经济技术经济研究,2009(1).

[9]　刘元春.中国通货膨胀成因的近期研究及其缺陷[J].经济学动态,2008(10).

[10]　陆云航.中国货币供应量、价格水平和GDP关系的经验研究:1952—2003[J].经济科学,2005(2).

[11]　米咏梅,王宪勇.中国通货膨胀成因——基于ECM模型的分析[J].统计与决策,2009(11).

[12]　孙朗成.基于EGARCH模型的我国通货膨胀率预测[J].沿海企业与科技,2009(7).

[13]　王少平,王津港.中国通货膨胀的惯性变化及其货币政策含义[J].统计研究,2009,(5).

[14]　王双正.基于VAR模型的通货膨胀与经济增长关系研究[J].经济理论与经济管理,2009(1).

[15]　王子博.中国产出缺口与通货膨胀关系的实证研究[J].统计与决策,2009(8).

[16]　吴军,田娟.结构性通货膨胀解析——基于当前中国通货膨胀问题的思考[J].金融研究,2008(9).

[17]　闫森.东盟五国通货膨胀的福利成本研究[J].南洋问题研究,2009(2).

[18]　严佳佳.反通货膨胀政策的可信度检验[J].财贸研究,2009(4).

[19]　杨继生.通胀预期、流动性过剩与中国通货膨胀的动态性质[J].经济研究,2009(1).

[20]　杨丽萍,陈松林,王红.货币供应量、银行信贷与通货膨胀的动态关系研究[J].管理世界,2008(6).

[21]　张斌,徐奇渊.中国的通货膨胀:寻找完整一致的解释[J].国际经济评论,2008(6).

[22]　张成思.通货膨胀动态路径的结构性转变及其启示[J].金融研究,2008(3).

[23]　张静.当前通货膨胀压力下的货币政策取向[J].金融研究,2008(7).

［24］ 张军，方红生．投资与通货膨胀—紧缩的联系：来自中国的经验证据［J］．经济学家，2007(1)．

［25］ 张屹山，张代强．我国通货膨胀率波动路径的非线性状态转换——基于通货膨胀持久性视角的实证检验［J］．管理世界，2008(12)．

［26］ 赵留彦．中国通胀预期的卡尔曼滤波估计［J］．经济学(季刊)，2005(4)．

［27］ 赵留彦．通货膨胀、政府收益与社会福利损失［J］．经济学(季刊)，2009(1)．

［28］ 赵留彦，王一鸣．货币存量与价格水平：中国的经验证据［J］．经济科学，2005(2)．

［29］ 顾铭德．非加速通货膨胀区间研究［J］．上海金融，2009(6)．

［30］ 杨国中，姜再勇．外部冲击与我国物价水平的决定——基于结构 VAR 模型的分析［J］．财经研究，2009(8)．

［31］ 中国社会科学院经济研究所．外部冲击与中国的通货膨胀［J］．经济研究，2008(5)．

第六章　就业风险

一、绪论

2009 年 2 月，《国务院关于做好当前经济形势下就业工作的通知》下发以后，各地区都制定了执行方案和细则，并分阶段开始加大力度实施。2009 年 3 月，国务院常务会议研究部署了进一步加强就业工作的措施并出台了就业五项政策措施，包括：加快就业专项资金划拨，加快实施重点产业调整和振兴规划、开辟更多新的就业增长点，继续抓好高校毕业生、农民工等重点群体就业，加快实施特别职业培训计划，加强公共就业服务体系建设等。

经各方努力，2009 年我国就业目标基本实现。据国家统计局《2009 年国民经济和社会发展统计公报》、人力资源和社会保障部相关数据显示：2009 年年末全国就业人员 7.799 5 亿人，比上年年末增加 515 万人。其中城镇就业人员 3.112 0 亿人，增加 910 万人，新增就业达到 1 102 万人。城镇登记失业率为 4.3%，比上年年末上升 0.1 个百分点。从就业结构来看，高校毕业生就业率达到 87.4%，下岗失业人员再就业达到 514 万人，就业困难人员就业人数达到 164 万人；农民工总量为 2.297 8 亿人，比 2008 年增加 436 万人，增长 1.9%，其中，外出农民工 1.453 3 亿人，比 2008 年增加 492 万人，增长了 3.5%。

人力资源和社会保障部部长尹蔚民在 2010 年 1 月中旬举行的全国就业工作座谈会上表示：从劳动力供求方面看，2010 年全国城镇需要安排就业的总人数超过 2 400 万人，新进入人力资源市场的劳动力将达到 1 500 万人，其中高校毕业生将超过 630 万人，而全年能够提供的就业岗位约为 1 200 万个，供大于求的矛盾十分尖锐。

温总理在十一届全国人大三次会议上提出：为保证 2010 年就业工作，中央财政拟投入 433 亿元用于促进就业；要重点做好高校毕业生、农民工、就业困难人员就业和退伍转业军人就业安置工作。确保 2010 年城镇新增就业人员 900 万人以上，下岗失业人员再就业 500 万人，其中，就业困难对象再就业 100 万人，城镇登记失业率控制在 4.6%以内。

由上述分析可见：受次贷危机的影响，2009 年和 2010 年我国就业形势依然严峻。本报告旨在对我国近期就业风险状况进行较为全面的分析。主要内容包括：首先是国内外就业状况分析，然后逐一阐述就业影响因素的表现及其影响就业的结果，进而基于相关数据对 2010 年和 2011 年我国就业风险状况进行度量和预测，最后是相关结论与政策建议。

二、近期国内外就业状况分析

本部分将结合相关数据，对近期我国、美国和全球就业概况进行分析。

（一）我国非农产业就业状况概述

基于 2008 年第二次全国经济普查数据，对我国非农产业就业概况进行简要分析。

1. 第二、第三产业就业概况

2008 年第二次全国经济普查对我国（截至 2008 年年底）第二、第三产业的全部法人单位、产业活动单位和个体经营户的生产经营情况进行了抽样调查，对应的就业状况可概述如表 1 所示。

表 1

2008 年我国经济活动单位与产业的就业状况

<table>
<tr><th colspan="2">就业状况
经济单位与产业</th><th>就业人数（万人）</th><th>占比（%）</th><th>经济单位数（万个）</th><th>占比（%）</th><th>就业密度（人/个）</th></tr>
<tr><td rowspan="2">按经济单位</td><td>产业活动单位</td><td>27 311.5</td><td>76.92</td><td>886.4</td><td>23.57</td><td>30.8</td></tr>
<tr><td>有证照的个体经营</td><td>8 195.5</td><td>23.08</td><td>2 873.7</td><td>76.43</td><td>2.8</td></tr>
<tr><td rowspan="2">按产业</td><td>第二产业</td><td>17 338.8</td><td>48.83</td><td>483.8</td><td>12.87</td><td>35.8</td></tr>
<tr><td>第三产业</td><td>18 168.2</td><td>51.17</td><td>3 276.3</td><td>87.13</td><td>5.5</td></tr>
<tr><td colspan="2">合　计</td><td>35 507.0</td><td>100</td><td>3 760.1</td><td>100</td><td>9.4</td></tr>
</table>

数据来源：据国家统计局网站（www.stats.gov.cn）数据整理；表 2 至表 8 数据来源同。

由表 1 可知：截至 2008 年年末，我国经济活动单位合计 3 760.1 万个，其中有证照的个体经营占比为 76.43%，第三产业占比为 87.13%；总体就业人员为 35 507.0 万人，就业密度（即经济单位平均吸纳就业人数）为 9.4 人/个，产业活动单位和第二产业吸纳就业的密度较大（分别为 30.8 人/个和 35.8 人/个），有证照的个体经营和第三产业吸纳就业密度较小；从就业人数来看，产业活动单位和第三产业成为就业的主体，分别占比 76.92%和 51.17%。

上述分析说明单位就业为就业的主体渠道，有关单位从业人员的行业分布如表 2 所示。

表 2

单位从业人员的行业分布

行　　业	从业人员（万人）	比重（%）
制造业	10 433.1	38.2
建筑业	3 907.7	14.3
公共管理和社会组织	2 228.5	8.2
批发和零售业	1 892	6.9
教育	1 723.6	6.3
交通运输、仓储和邮政业	1 077	3.9
采矿业	990.8	3.6
租赁和商务服务业	770.7	2.8
卫生、社会保障和社会福利业	680.4	2.5
住宿和餐饮业	585.8	2.1
房地产业	552.2	2.0
金融业	487	1.8
科学研究、技术服务和地质勘查业	447.6	1.6
电力、燃气及水的生产和供应业	404.6	1.5

（续表）

行　　业	从业人员(万人)	比重(%)
信息传输、计算机服务和软件业	320.7	1.2
水利、环境和公共设施管理业	221.4	0.8
农、林、牧、渔业	195.3	0.7
居民服务和其他服务业	199	0.7
文化、体育和娱乐业	194.1	0.7
合　计	**27 311.5**	**100**

由表2可知：在单位从业人员中，制造业10 433.1万人，占38.2%；建筑业3 907.7万人，占14.3%；公共管理和社会组织2 228.5万人，占8.2%；教育1 723.6万人，占6.3%；批发和零售业1 892万人，占6.9%。

有关单位从业人员学历、职称、技术等级情况如表3所示。

表3

单位从业人员学历、职称、技术等级情况

从业人员构成	从业人员(万人)	比重(%)
从业人员合计	**27 311.5**	**100**
具有研究生及以上学历者	358.6	1.3
具有大学本科学历者	3 106	11.4
具有大专学历者	4 796.1	17.6
具有高中学历者	8 610.5	31.5
具有初中及以下学历者	10 440.3	38.2
具有技术职称的人员合计	**4 559.7**	**100**
具有高级技术职称者	515.1	11.3
具有中级技术职称者	1 747.5	38.3
具有初级技术职称者	2 297.1	50.4
具有技术等级证书人员合计	**2 381.1**	**100**
高级技师	98.2	4.1
技师	280.7	11.8
高级工	793.6	33.3
中级工	1 208.6	50.8

由表3可知：在单位从业人员中，具有研究生及以上学历、大学本科、专科、高中、初中及以下学历的人员分别占1.3%、11.4%、17.6%、31.5%和38.2%。具有技术职称的人员共

4 559.7 万人，占单位从业人员的 16.7%；具有技术等级资格证书的人员共 2 381.1 万人，占单位从业人员的 8.7%。从学历构成、技术职称和等级来看，单位就业人员总体状况偏低。

2. 第二产业就业概况

(1) 工业。按登记注册类型分组的工业企业法人单位及其从业人员状况如表 4 所示。

表 4

按登记注册类型分组的工业企业法人单位和从业人员

企业类型	企业法人(万个)	从业人员(万人)	就业密度(人/个)
内资企业	178.1	9 107.9	51.1
国有企业	2.6	761.8	293.0
集体企业	6.6	345.2	52.3
股份合作企业	2.6	111.7	43.0
联营企业	0.3	26.5	88.3
国有联营企业	0.04	7.5	187.5
集体联营企业	0.2	9.4	47.0
国有与集体联营企业	0.05	4.9	98.0
其他联营企业	0.1	4.7	47.0
有限责任公司	14.5	1 967.0	135.7
国有独资公司	0.2	314.4	1 572.0
其他有限责任公司	14.3	1 652.6	115.6
股份有限公司	2.5	593.3	237.3
私营企业	145.7	5 205.8	35.7
其他企业	3.4	96.6	28.4
港、澳、台商投资企业	5.7	1 251.5	219.6
外商投资企业	6.5	1 379	212.2
合计	**190.3**	**11 738.3**	**61.7**

由表 4 可知：在工业企业法人单位从业人员中，国有企业及国有独资公司占 9.2%，集体企业占 2.9%，私营企业占 44.4%，港、澳、台商投资企业占 10.7%，外商投资企业占 11.7%，其余类型企业占 21.1%。相对而言，国有和集体企业吸纳就业的比例偏低。

就业密度，即企业平均吸纳就业状况表明：工业企业法人单位平均吸纳就业人员为 61.7 人；其中，国有企业、股份公司和外资企业吸纳就业的能力很强。国有独资公司、国有企业、股份有限公司、港澳台商投资企业、外商投资企业、国有联营企业的平均吸纳就业分别为 1 572.0 人、293.0 人、237.3 人、219.6 人、212.2 人、187.5 人。

工业企业法人单位和从业人员的行业分布如表 5 所示。

表 5

工业企业法人单位和从业人员的行业分布

分 行 业	企 业 法 人		从 业 人 员		就业密度（人/个）
	（万个）	（%）	（万人）	（%）	
制造业	**175.3**	**92.1**	**10 359.3**	**88.3**	**59.1**
非金属矿物制品业	20.6	10.8	932.9	7.9	45.3
纺织业	10.4	5.5	804.6	6.9	77.4
通用设备制造业	17.6	9.2	717.2	6.1	40.8
通信设备、计算机及其他电子设备制造业	4.3	2.3	698.8	6.0	162.5
纺织服装、鞋、帽制造业	7.6	4.0	640.9	5.5	84.3
电气机械及器材制造业	8.9	4.7	624.8	5.3	70.2
交通运输设备制造业	7.6	4.0	577.3	4.9	76.0
化学原料及化学制品制造业	9.3	4.9	557.0	4.7	59.9
金属制品业	12.7	6.7	499.2	4.3	39.3
农副食品加工业	10.0	5.3	452.4	3.9	45.2
其他制造业	66.2	34.8	3 854.5	32.8	58.2
采矿业	**9.4**	**4.9**	**978.5**	**8.3**	**104.1**
煤炭开采和洗选业	2.1	1.1	570.7	4.9	271.8
非金属矿采选业	4.4	2.3	129.4	1.1	29.4
石油和天然气开采业	0.1	0.1	110.8	0.9	1 108.0
黑色金属矿采选业	1.7	0.9	92.3	0.8	54.3
有色金属矿采选业	1	0.5	73.7	0.6	73.7
其他采矿业	0.1	0.1	1.5	0.0	15.0
电力、燃气及水的生产和供应业	**5.6**	**2.9**	**400.5**	**3.4**	**71.5**
电力、热力的生产和供应业	3.7	1.9	311.2	2.7	84.1
燃气生产和供应业	0.3	0.2	22.4	0.2	74.7
水的生产和供应业	1.6	0.8	67	0.6	41.9
合 计	**190.3**	**100**	**11 738.3**	**100**	**61.7**

由表 5 可知：在工业企业法人单位的从业人员中，制造业占 88.3%，采矿业占 8.3%，电力、燃气及水的生产和供应业占 3.4%。在制造业大类中，非金属矿物制品业、纺织业、通用设备制造业从业人员数位居前三位，分别占 7.9%、6.9%和 6.1%。

就业密度分析表明：采矿业，电力、燃气及水的生产和供应业，制造业的平均吸纳就业人员分别为 104.1 人、71.5 人和 59.1 人。子行业就业密度分析表明，石油和天然气开采业，煤炭开采和洗选业，通信设备、计算机及其他电子设备制造业的吸纳就业能力较强，单位平均吸纳就业人员分别达到了 1108.0 人、271.8 人和 162.5 人。

(2) 建筑业。按登记注册类型分组的建筑业法人单位和从业人员状况如表 6 所示：建筑业企业法人单位从业人员中，国有企业及国有独资公司占 12.7%，集体企业占 6.7%，私营企业占 37.0%，其他有限责任公司占 34.6%，其余类型企业占 9.1%。

从就业密度来看：建筑业法人单位平均吸纳就业为 172 人。其中，国有企业平均吸纳就业人员 552.8 人，有限责任公司平均吸纳就业人员 339.2 人(其中国有独资公司和其他有限责任公司分别为 896.4 人和 330.5 人)，股份有限公司平均吸纳就业 425.6 人，集体企业和联营企业平均吸纳就业分别为 255.4 人和 242.9 人。

表 6

按登记注册类型分组的建筑业法人单位和从业人员

企 业 类 型	企业法人(万个)	从业人员(万人)	就业密度(人/个)
内资企业	225 141	3 878.7	172.3
国有企业	7 925	438.1	552.8
集体企业	10 252	261.8	255.4
股份合作企业	1 778	29.9	168.2
联营企业	490	11.9	242.9
国有联营企业	69	1.7	246.4
集体联营企业	191	3.4	178.0
国有与集体联营企业	68	1.6	235.3
其他联营企业	162	5.2	321.0
有限责任公司	41 393	1 404.2	339.2
国有独资公司	637	57.1	896.4
其他有限责任公司	40 756	1 347.1	330.5
股份有限公司	6 339	269.8	425.6
私营企业	153 319	1 443.8	94.2
其他企业	3 645	19.2	52.7
港、澳、台商投资企业	807	11.5	142.5
外商投资企业	847	10.9	128.7
合 计	**226 795**	**3 901.1**	**172.0**

建筑业企业法人单位和从业人员的行业分布如表 7 所示。

表 7

建筑业企业法人单位和从业人员的行业分布

子行业＼企业与就业	合计			资质内企业			资质外企业		
	企业法人（万个）	从业人员（万人）	就业密度（人/个）	企业法人（万个）	从业人员（万人）	就业密度（人/个）	企业法人（万个）	从业人员（万人）	就业密度（人/个）
房屋和土木工程建筑业	9.3	3 238.7	348.2	4.6	3 018.4	656.2	4.7	220.3	46.9
建筑安装业	4.4	322.0	73.2	1.5	255.2	170.1	2.9	66.7	23.0
建筑装饰业	6.6	186.4	28.2	1.5	120.7	80.5	5.1	65.7	12.9
其他建筑业	2.4	154.1	64.2	0.7	117.0	167.1	1.7	37.0	21.8
合　计	**22.7**	**3 901.1**	**172.0**	**8.3**	**3 511.3**	**423.0**	**14.4**	**389.8**	**27.1**

由表 7 可知：建筑业企业法人单位从业人员中，房屋和土木工程建筑业占 83.0%，建筑安装业占 8.3%，建筑装饰业占 4.8%，其他建筑业占 3.9%。

从就业密度来看：资质内企业和资质外企业平均吸纳就业分别为 423.0 人和 27.1 人；从子行业来看，房屋和土木工程建筑业平均吸纳就业人员最高，达到了 348.2 人，其中资质内和资质外企业平均吸纳就业分别为 656.2 人和 46.9 人。

3. 第三产业就业概况

表 8 列示了第三产业法人单位和从业状况，结合其他数据分析如下：

表 8

第三产业法人单位和就业状况

行业＼单位与就业	法人单位		就业状况		就业密度（人/个）
	单位数（万个）	占比(%)	就业人数（万人）	占比(%)	
交通运输、仓储和邮政业	14.8	100.00	1 020.2	100.00	**68.9**
交通运输业	12.6	85.30	890.6	87.30	70.5
仓储业	1.7	11.70	51.0	5.00	29.5
邮政业	0.5	3.00	78.6	7.70	0.3
批发和零售业	140.3	50.00	1 891.2	100.00	**13.5**
批发业	85.4	30.43	1 055.3	55.80	12.4
零售业	54.9	19.57	835.9	44.20	15.2
住宿和餐饮业	14.5	100.00	585.2	100.00	**40.4**
住宿业	5.4	37.24	266.9	45.60	49.4
餐饮业	9.1	62.76	318.3	54.40	35.0

（续表）

行业 \ 单位与就业	法人单位		就业状况		就业密度（人/个）
	单位数（万个）	占比（%）	就业人数（万人）	占比（%）	
房地产业	21.4	100.00	552.2	100.00	**25.8**
房地产开发业	8.8	40.99	207.7	37.61	23.6
物业管理业	5.8	27.24	250.1	45.29	42.8
中介服务业	3.4	15.81	37.4	6.77	11.0
其他房地产业	3.4	15.96	56.9	10.30	16.6
其他第三产业	297.5	100.00	7 272.9	100.00	**24.4**
企业法人单位	85.7	28.81	2 138.9	29.41	25.0
行政事业及其他非企业法人单位	211.8	71.19	5 134.0	70.59	24.2

(1) 交通运输、仓储和邮政业从业人员 1 020.2 万人。其中，交通运输业占 87.3%，仓储业占 5.0%，邮政业占 7.7%。

(2) 批发和零售业企业法人单位从业人员 1 891.2 万人。其中，批发业占 55.8%，零售业占 44.2%。在批发和零售业企业法人单位从业人员中，国有企业占 8.3%，集体企业占 4.6%，私营企业占 54.1%，港、澳、台商投资企业占 2.0%，外商投资企业占 3.3%。

(3) 住宿和餐饮业企业法人单位从业人员 585.2 万人。其中，住宿业占 45.6%，餐饮业占 54.4%；就企业属性来看，国有企业占 11.8%，集体企业占 3.1%，私营企业占 49.4%，港、澳、台商投资企业占 5.2%，外商投资企业占 7.2%。

(4) 房地产业企业的从业人员合计 552.2 万人。其中，房地产开发业 207.7 万人，物业管理业 250.1 万人，中介服务业 37.4 万人，其他房地产业 56.9 万人；占比分别为 37.61%、45.29%、6.77%和 10.30%。分区域来看，广东、北京、江苏、上海和山东的房地产就业人员占比均超过 5%，分别为 14.16%、7.42%、7.23%、7.09%和 6.44%。

(5) 其他第三产业法人单位从业人员 7 272.9 万人。其中，企业法人单位从业人员 2 138.9 万人，行政事业及其他非企业法人单位 5 134.0 万人；占比分别为 29.41%和 70.59%。

就业密度分析表明：交通运输、仓储和邮政业，以及住宿和餐饮行业平均吸纳就业人员相对较多，分别为 68.9 人和 40.4 人；房地产业、其他第三产业平均吸纳就业分别为 25.8 人和 24.4 人；批发和零售业平均吸纳就业人员最少，为 13.5 人。

(二) 次贷危机对美国就业与经济发展的影响

从美国就业状况来看，次贷危机的影响表现为：非农就业人口和周就业工时均在经历回落后开始缓慢上升，失业人口和失业率也呈现暂时性的倒 V 形逆转。美国经济状况很大程度上决定了其就业和失业状况。经分析发现，在经受了次贷危机冲击之后，近期美国经济回升较为明显，可以预期未来就业压力将得以进一步舒缓。

1. 次贷危机对美国就业的影响

美国是本次金融危机的“发源地”，对其就业和失业进行考察具有重要意义。图 1 分别列示了美国自 1980 年以来与就业、失业相关的几个关键指标之走势状况。

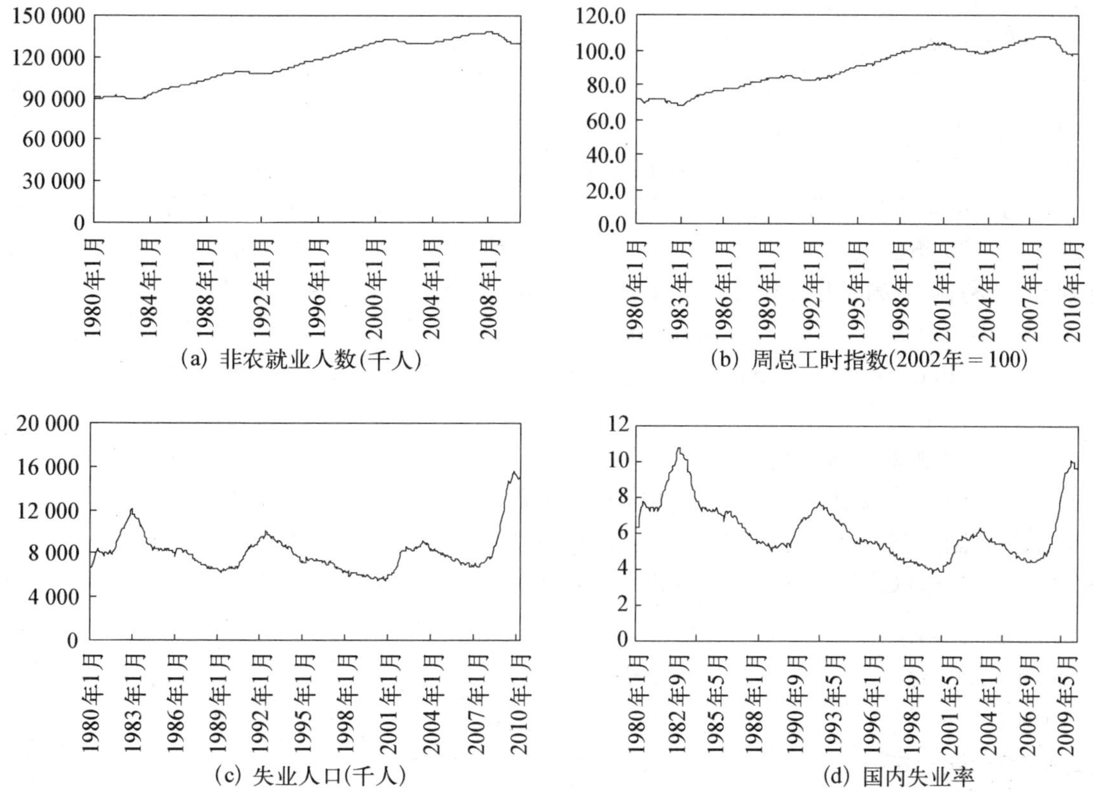

图 1 美国就业与失业概况

数据来源：U. S. Department of Labor。

由图 1 可见：

(1) 从"非农就业人数"(Total Nonfarm Payrolls：All Employees)的月度数据来看，次贷危机的影响在爆发初期并未体现，2007 年 12 月非农就业人数还达到了创纪录的 13 795.1 万人，此后该指标数据一路下滑，至 2009 年 9 月后低于 1.3 亿人。其中，2009 年 12 月为近期最低点(12 958.8 万人)，但 2010 年 3 月该指标回调至 12 975.0 万人。

(2) 从私人部门"周总工时指数"(Aggregate Weekly Hours Index：Total Private Industries)的月度数据来看，其大致表现出与"非农就业人数"一致的走势。该指标从 2003 年 6 月的 98.2 缓慢上升到 2007 年 12 月的 107.6，随后步入下行，2009 年 3 月跌破 100(为 99.8)，近期最低点在 2009 年 10 月(为 97.2)，2010 年 3 月上升到 98.4。

(3) 从"失业人口"(Unemployed)的月度数据来看，2007 年中该数据尚不足 700 万人(2007 年 6 月为 696.6 万人)，此后失业人口急剧攀升，2008 年 10 月突破 1 000 万人(达到 1 017.2 万人)，2009 年 10 月达到近期最高值 1 561.2 万人。尽管进入 2010 年以来有所回落，该数据在 2010 年 3 月仍达到了 1 500.5 万人，表明就业压力巨大。

(4) "国内失业率"(Civilian Unemployment Rate)指标(月度数据)走势和"失业人口"一致。自 2007 年中后期开始，次贷危机的冲击开始显现，失业率大幅上升，近期失业率的低点在 2007 年 5 月出现(为 4.4%)，随后上升至 2009 年 10 月的最高点(为 10.1%，此前的一个高点出现在 1982 年的 11、12 月份，达 10.8%)；但近期美国就业形势出现好转，表现为失业率在

2010 年前 3 个月均下调为 9.7%。

上述分析表明，尽管次贷危机对美国就业带来了巨大冲击，但近期就业人口和就业工作时间均得以提升，失业人口和失业率也出现了 V 形反转。就业局面的改善与美国政府积极应对措施紧密相关，促进就业的多种应对措施主要包括(向志容、颜蕾，2009)：① 通过实施总额高达 7 870 亿美元的经济刺激计划来重振消费，弱化周期性失业因素的影响。② 政府提供 39.5 亿美元的救助资金用于劳动力投资项目，通过强化特定失业对象的再就业培训和服务，减少摩擦性失业。③ 奥巴马政府实施的"绿色工作计划"预计将创造 300 万个新的绿色就业机会，该计划和《贸易调整援助法案》一起，将有助于解决美国经济结构的调整引起的结构性失业矛盾。④《2008 年紧急失业补助办法》(Emergency Unemployment Compensation，EUC08)和联邦额外补贴项目(Federal Additional Compensation，FAC)等政府临时就业措施的实施，减少了失业引发的不稳定因素。

2. 次贷危机对美国经济发展的影响

由于就业是一种引致性需求(派生需求)，因而经济走势很大程度上决定了未来就业状况。下面将对美国经济产出及其结构进行简要分析，用以判别美国未来经济与就业走势。图 2 为 1980 年以来美国 GDP 及其增长率状况(季度数据，经季节调整)。

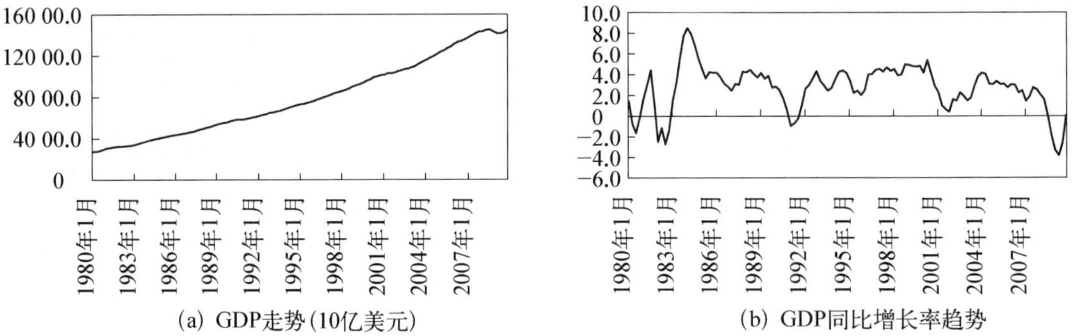

图 2 美国 GDP 及其增长率状况

数据来源：U. S. Department of Commerce。

如图 2 所示：① 就 GDP 总量而言，1980 年之后该指标一路上行，至 2007 年第三季度达到最高点(为 14.546 7 万亿美元)，此后开始回调，2009 年第二季度为 14.151 2 万亿美元，但 2009 年年底回升至 14.453 8 万亿美元。② 从 GDP 同比增长率来看，次贷危机影响表现为该指标从 2007 年 10 月的 2.5%迅速回落到 2009 年 4 月的－3.8%(最近的两次 GDP 负增长分别出现在 1980 和 1990 年代初期美国两次总统大选前后，且幅度不及此次危机)，但 2009 年第四季度开始该指标回升正值(为 0.1%)，GDP 及其同比增长呈现出 V 形趋势。

次贷危机的根源在于美国长期的经济失衡，因而对其经济结构进行分析是判别未来美国经济走势和就业状况的重要依据。图 3 给出了 1980 年以来美国经济结构指标的变动趋势。

由图 3 各指标走势可以发现以下问题。

(1) 就"国内私人储蓄"(Gross Private Saving)的同比增长率而言，2007 年该指标均为负值(季度数据分别为－5.5%、－3.1%、－4.2%和－5.3%)，表明"去杠杆化"效果明显，此后大幅上升，2008、2009 年度平均在 10%以上，2009 年第四季度达到 13.8%；就"国内私人投资"(Gross Private Domestic Investment)的同比增长率而言，2007 年第一季度该指标出现持续负

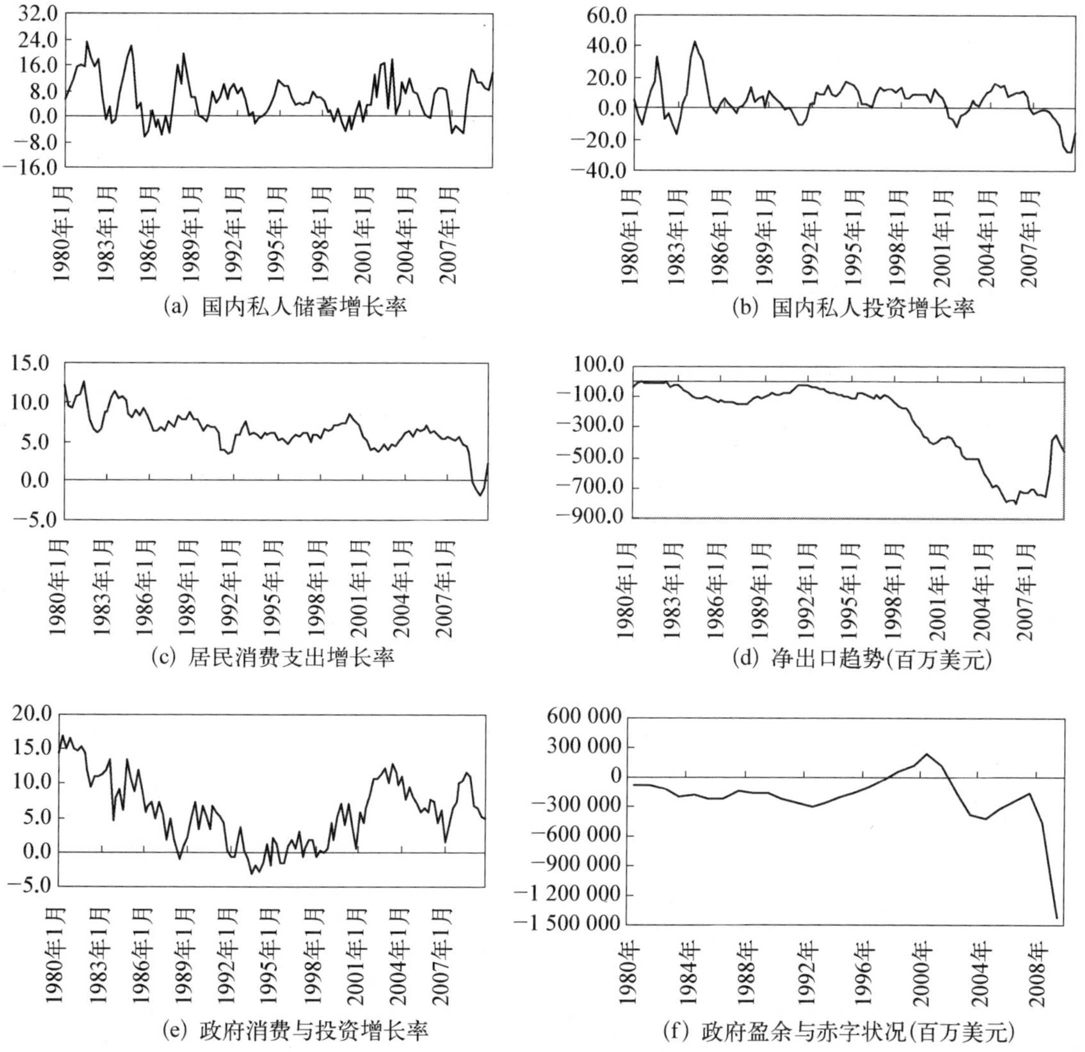

图 3 美国经济发展结构状况

数据来源：U. S. Department of Commerce，The White House：Office of Management and Budget。

增长(为－3.0%)，并于 2009 年第二季度探底(为－27.9%)，2009 年第四季度回升为－15.5%。

(2) 就"居民消费支出"(Personal Consumption Expenditures)同比增长率而言，2007 年第三季度仍达到了 5.0%，2008 年第四季度开始出现近 30 年来的负增长(为－0.1%)，2009 年第二季度达到历史低位(为－1.9%)，2009 年第四季度开始转为正增长(为 2.3%)；就产品与服务"净出口"(Net Exports of Goods & Services)而言，近 30 年来该指标基本处于负值，特别是 20 世纪 90 年代以来净进口趋势明显，2006 年第三季度达到峰值(为－8 057 亿美元)，次贷危机后有所改善，2009 年第二季度为－3 391 亿美元，但 2009 年第四季度该指标回调为－4 495 亿美元。

(3) 就"政府消费与投资"(Federal Consumption Expenditures & Gross Investment)同比增长率而言，该指标基本上为正值，但 1980 年以来呈现下降，1990 年代处于相对低谷，次贷危机爆发后，该指标开始攀升，2008 年第三季度达到近期最高点(为 11.8%)，但随后趋于下降，

2009 年第四季度为 5.0%。就“政府盈余与赤字”(Federal Surplus or Deficit)而言，除 2000 年前后表现为财政盈余外，其余时段基本上为赤字状态。2007 财年赤字为 1 607.01 亿美元，2009 财年则高达 14 126.86 亿美元，为近 30 年来新高。图 4 列示了美国金融市场概况。

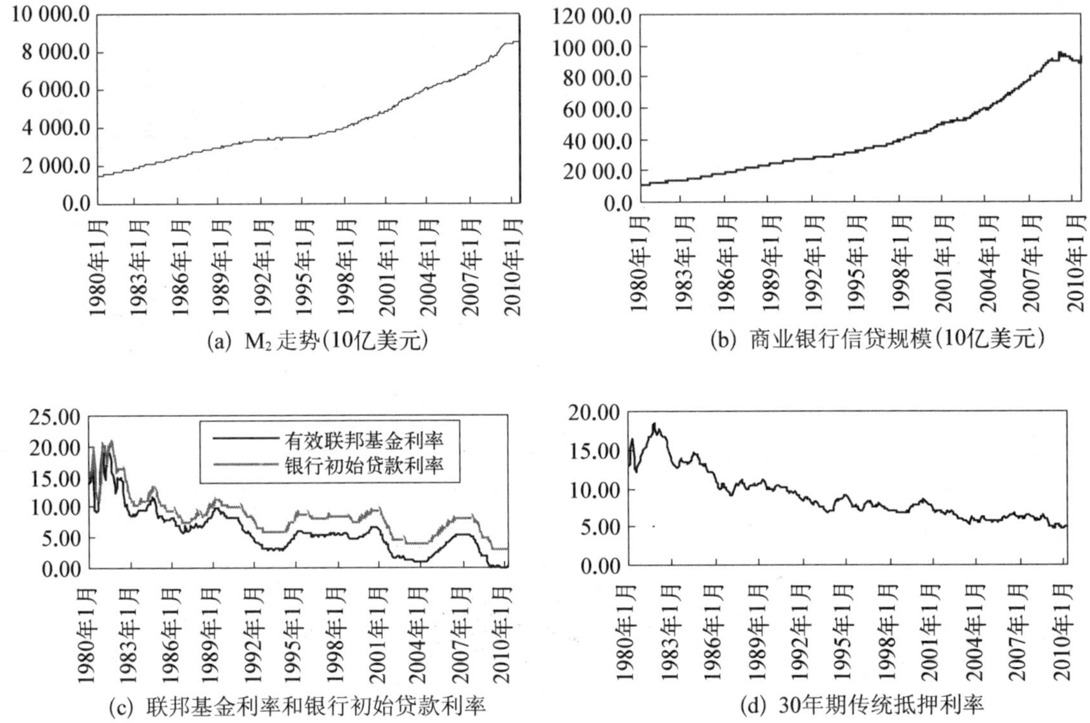

图 4 美国金融市场概况

数据来源：Board of Governors of the Federal Reserve System。

由图 4 各指标走势可见：M_2 基本上呈现上升态势，2007 年 7 月为 72 849 亿美元，2008 年 11 月突破 8 万亿美元(为 80 461 亿美元)，2010 年 3 月达到创纪录的 85 753 亿美元，表明市场流动性充裕。从“商业银行信贷规模”(Bank Credit of All Commercial Banks)来看，基本上也呈现逐步上升趋势，2008 年第四周(10 月 22 日)为近期最高点，达到 95 601 亿美元规模，随后有所回落，2010 年 4 月 7 日该指标为 92 915 亿美元。

从“有效联邦基金利率”(Effective Federal Funds Rate)和“银行初始贷款利率”(Bank Prime Loan Rate)来看，两者基本上均经历了次贷危机前逐步走高，而后全面下调的走势。以有效联邦基金利率为例，危机前的低点为 2003 年 12 月的 0.98，高点为 2007 年 7 月的 5.26，近期低点为 2010 年 1 月的 0.11，2010 年 3 月该指标为 0.16。就银行初始贷款利率而言，2004 年前后为 4.0，2007 年前后为 8.25，2009 年 1 月之后稳定在 3.25。“30 年期传统抵押利率”(30-Year Conventional Mortgage Rate)则基本上延续了逐步走低趋势，2007 年 7 月和 2010 年 3 月分别为 6.70 和 4.97。

图 5 为主要价格指数的走势情况。城镇居民 CPI 在 2007 年 7 月为 207.651，2008 年冲高到 219.102，2008 年 12 月回落至 211.339，2010 年 3 月为 217.729；PPI 走势与 CPI 基本一致，2007 年 7 月、2008 年 7 月、2010 年 3 月分别为 175.1、205.5 和 183.3。从美国供应管理协会公布的制

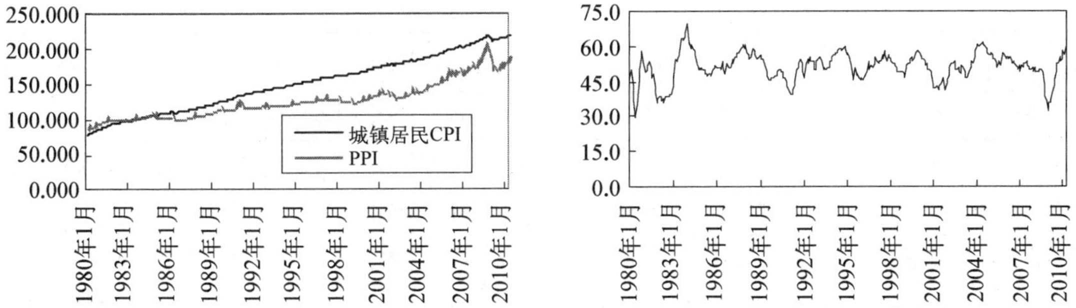

(a) CPI和PPI走势　　(b) PMI合成指数走势

图 5　主要价格指数走势

数据来源：U. S. Institute for Supply Management，U. S. Department of Labor。

造业 PMI 合成指数（PMI Composite Index）来看，2008 年年底前后呈现 V 形走势，2007 年 7 月、2008 年 12 月和 2010 年 3 月分别为 52.1、32.5 和 59.6，说明制造业恢复状况良好。

（三）次贷危机对全球就业的影响分析

IMF 发布的最新研究报告（Balakrishnan、Das 和 Kannan，2010）对次贷危机造成的就业冲击进行了分析：① 金融危机导致产出下降进而加剧失业，但对不同的经济体其作用机理存在差异。金融危机使得外部融资依赖较大的企业大幅裁员，房价暴跌对就业密集型的部门（如建筑业）造成重大影响，美国和西班牙即属于这种情况；但在大规模实施短期工作计划的国家，如德国、意大利、日本和荷兰等，由这些因素所造成的失业率的上升幅度小于预期。② 鉴于产出恢复缓慢，以及金融紧张的持续影响，尽管许多发达经济体 2010 年的就业增长将转为正值，但失业率居高不下的情形将持续至 2011 年。③ 实施扩张性货币和财政政策，修复金融部门以加强对劳动密集型部门的支持也至关重要。此外，鼓励弹性工资并改善劳动力市场体制，制订短期工作计划和解决双重劳动力市场问题也应予以持续关注。

由 IMF 的分析报告可见，尽管全球经济有所缓和，但鉴于冲击对各国经济和就业的影响表现为周期性和结构性的叠加，作用机制的差异性、复杂性和延续性在一定时间内仍然存在，经济增长和结构性调整的步伐仍然较为艰难，因而就业的困境在短期内仍将继续存在。

结合国际劳工组织（ILO）公布的最新数据，对近期全球概况可进一步分析如下。表 9 列示了全球劳动参与率概况。

表 9

全球劳动参与率概况：分区域、性别和年龄数据

区域＼年份	1999	2000	2001	2002	2003	2004	2005	2006	2007	2008	2009
全球	65.5	65.3	65.2	65.0	64.9	64.8	64.8	64.8	64.7	64.7	64.7
发达经济体与欧盟	60.8	60.8	60.6	60.4	60.4	60.3	60.5	60.6	60.7	60.9	60.5
中欧、东南欧(非欧盟)与独联体	58.8	58.5	58.5	58.6	58.3	58.4	58.7	58.8	59.3	59.4	59.2
东亚	76.9	76.5	76.1	75.6	75.1	74.6	74.1	73.7	73.4	73.1	73.1
东南亚与太平洋地区	70.4	70.0	70.2	70.0	69.9	69.8	69.6	69.4	69.4	69.4	69.5
南亚	59.3	59.1	59.0	58.9	58.8	58.7	58.8	58.9	58.9	58.9	58.8

(续表)

区域 \ 年份		1999	2000	2001	2002	2003	2004	2005	2006	2007	2008	2009
拉丁美洲与加勒比地区		63.3	63.2	63.2	63.6	63.7	64.3	64.7	65.2	65.2	65.5	65.4
中东		50.5	50.5	50.6	50.8	50.9	51.1	51.4	51.2	51.2	50.9	51.5
北非		51.4	51.3	51.1	51.0	51.1	51.2	51.2	51.3	51.3	51.4	51.8
撒哈拉沙漠以南非洲		70.7	70.9	71.0	71.1	71.2	71.2	71.3	71.3	71.4	71.5	71.7
性别与年龄	男性	79.2	79.0	78.8	78.6	78.4	78.2	78.1	78.0	77.8	77.7	77.7
	女性	51.8	51.6	51.6	51.5	51.4	51.4	51.5	51.6	51.6	51.7	51.6
	青年	54.4	53.8	53.3	52.8	52.3	52.0	51.8	51.5	51.1	50.8	51.0
	成年人	69.3	69.2	69.2	69.2	69.1	69.1	69.2	69.2	69.2	69.3	69.1

数据来源：ILO(2010)，其中2009年为预测值；单位：%。

由表9数据可见：① 分区域来看，全球劳动参与率基本上呈现平缓的下降趋势(保持在65%左右)；发达经济体与欧盟的劳动参与率较全球水平约低5%，同样较为平稳；东亚地区的劳动参与率全球最高(75%左右)，东南亚与太平洋地区的劳动参与率维持在70%左右，均呈现下降趋势；撒哈拉沙漠以南非洲的劳动参与率维持在71%左右，拉丁美洲与加勒比地区在65%左右，均呈现上升趋势；而中欧、东南欧(非欧盟)与独联体地区的劳动参与率在59%左右；中东和北非地区的劳动参与率最低，在51%左右。② 从性别与年龄结构来看，性别歧视与文化差异，以及劳动经验因素影响显著，男性和成年人的劳动参与率较高，分别在78%和69%左右；女性和青年人的劳动参与率则相对较低，仅为51%左右。

表10列示了全球分区域的失业率数据(2008年和2009年的实际值与预测值)，由表中数

表10

全球失业率概况：分区域数据

区域 \ 年份	2008		2009(去年预测值)			2009(今年预测值)		
	实际值	原预测值	情形1	情形2	情形3	下限	预测值	上限
全球	5.8	6.0	6.1	6.5	7.1	6.3	6.6	6.9
发达经济体与欧盟	6.0	6.4	6.6	7.1	7.9	8.3	8.4	8.5
中欧、东南欧(非欧盟)与独联体	8.3	8.8	9.1	9.2	9.8	10.0	10.3	10.6
东亚	4.3	3.8	4.0	4.5	5.5	4.1	4.4	4.8
东南亚与太平洋地区	5.3	5.7	6.0	6.1	6.4	5.4	5.6	5.9
南亚	4.8	5.4	5.4	5.7	6.2	4.8	5.1	5.5
拉丁美洲与加勒比地区	7.0	7.3	7.6	8.1	8.3	7.9	8.2	8.5
中东	9.2	9.4	9.3	9.3	11.0	8.8	9.4	10.0
北非	10.0	10.3	10.2	10.4	11.2	9.8	10.5	11.1
撒哈拉沙漠以南非洲	8.0	7.9	7.9	8.1	8.5	7.9	8.2	8.5

数据来源：ILO(2009,2010)；单位：%。

据可见：① 2008 年全球失业率的原预测值为 6.0%，实际值为 5.8%，较预测值略低；除东亚和撒哈拉沙漠以南非洲地区的实际失业率略高于预测值外（实际值分别为 4.3%和 8.0%，原预测值分别为 3.8%和 7.9%），其余区域的实际失业率均低于原预测值，说明整体上次贷危机对全球就业的冲击小于预期。② 就 2009 年全球失业率的预测值来看，随着经济形势的发展，2009 和 2010 年的预测值发生了变化，从 2009 年预测值的中间情形（情形 2）和 2010 年的预测中间值对比可以发现：2009 年全球失业率由 6.5%上升为 6.6%，其中发达经济体和欧盟的预测值由 7.1%上调为 8.4%；北非，中欧、东南欧（非欧盟）与独联体，中东，拉丁美洲与加勒比地区，撒哈拉沙漠以南非洲等区域的失业率预测值也分别被调高至 10.5%、10.3%、9.4%、8.2%和 8.2%；而东亚、东南亚与太平洋地区、南亚则被调低至 4.4%、5.6%和 5.1%，说明经济复苏和就业状况分化明显。

表 11 列示了 1999—2009 年全球失业人口和失业率分性别和年龄的分布状况。

表 11

全球失业概况：分性别和年龄数据

失业状况 / 年份	失业率(%)					失业人口(百万)				
	全球	男性	女性	青年	成年人	全球	男性	女性	青年	成年人
1999	6.4	6.2	6.8	12.6	4.7	175.2	102.0	73.2	73.5	101.7
2000	6.2	6.0	6.5	12.5	4.6	173.2	101.4	71.8	73.1	100.2
2004	6.4	6.2	6.8	13.0	4.8	191.0	110.6	80.4	78.4	112.7
2005	6.3	6.1	6.7	13.0	4.6	191.1	110.2	80.9	79.1	112.0
2006	6.0	5.8	6.4	12.4	4.4	184.8	106.5	78.4	76.0	108.8
2007	5.7	5.5	6.0	11.8	4.2	177.7	102.8	74.9	72.5	105.2
2008	5.8	5.6	6.1	12.1	4.3	184.9	107.1	77.8	74.2	110.7
2009预测 下限	6.3	6.0	6.7	12.7	4.7	201.9	116.1	85.8	78.9	123.0
2009预测 预测值	6.6	6.3	7.0	13.4	5.0	211.5	122.0	89.5	82.7	128.8
2009预测 上限	6.9	6.6	7.3	14.0	5.2	221.2	127.6	93.6	86.9	134.3

数据来源：ILO(2010)。

据表 11 数据分析：① 从全球情况来看，1999—2007 年失业率呈现下降趋势（由 6.4%下降为 5.7%），但次贷危机使得失业率发生反转，2008 年全球失业率为 5.8%，2009 年则达到了 6.6%（预测值）；分性别和年龄结构来看，女性和青年人的失业状况更为显著，2009 年预期将分别达到了 7.0%和 13.4%。② 就失业绝对人数来看，次贷危机同样导致失业人口短期内急剧上升，2009 年全球失业人口预计将达到 2.115 亿人，其中男性和成年人将分别占比 57.68%和 60.90%。③ 我国就业和失业人口特征和全球一致，按照城镇调查失业率口径计算，2005 年 16～24 岁年龄组失业率较平均水平高 83.7%（蔡昉、都阳，2009）。鉴于经济衰退期企业会大幅度减少对新人的雇用，扶助就业和创业的措施应该更加瞄准青年人。

表 12 列示了 2009 年劳工贫困指标预测值：就平均水平（情形 2）而言，2009 年全球贫困人口将达到 7.44 亿人，占比 24.8%；贫困人口在 1 亿人以上的区域包括南亚（3.28 亿人）、撒

哈拉沙漠以南非洲(1.91亿人)和东亚(1.00亿人);贫困人口占比超过20%的区域分别为撒哈拉沙漠以南非洲(63.5%)、南亚(53.5%),以及东南亚与太平洋地区(27.8%)。

表12

2009年劳工贫困指标(日均1.25美元)

贫困指标 区 域	贫困人数(百万)			贫困人数占比(%)		
	情形1	情形2	情形3	情形1	情形2	情形3
全球	632	744	849	21.1	24.8	28.3
中欧、东南欧(非欧盟)与独联体	7	8	10	4.1	5.3	6.3
东亚	78	100	124	9.7	12.6	15.6
东南亚与太平洋地区	64	78	92	23.0	27.8	32.7
南亚	275	328	374	44.9	53.5	61.0
拉丁美洲与加勒比地区	18	21	25	7.0	8.5	9.9
中东	5	7	8	8.1	10.4	12.7
北非	9	10	12	13.6	15.6	17.7
撒哈拉沙漠以南非洲	177	191	204	58.7	63.5	67.7

数据来源:ILO(2010)。

图6列示了2010年全球失业人口分布的区域预测值及其相对于2007年的增加值。

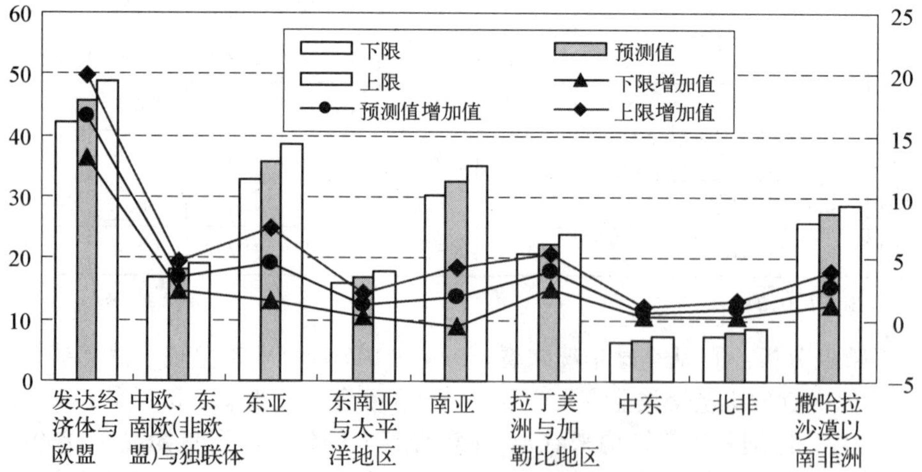

图6 2010年全球失业人口预测

数据来源:ILO(2010);单位:百万人;柱状图、折线图分别依左右纵轴刻度。

据国际劳工组织(ILO)预测:2010年全球失业人口为2.134亿人(预测上、下限分别为2.282亿人和1.987亿人),增加值将达到2 100万人(预测上、下限分别为5 040万人和3 570万人)。据图6的分区域数据来看,2010年失业人口较为集中的区域分别为(预测值)发达经济体与欧盟、东亚、南亚、撒哈拉沙漠以南非洲、拉丁美洲与加勒比地区,失业人口预计分别为

4 560 万人、3 580 万人、3 270 万人、2 740 万人和 2 240 万人；失业人口增加值较大的几个区域分别为(预测值)发达经济体与欧盟(1 660 万人)，东亚(450 万人)，拉丁美洲与加勒比地区(400 万人)，中欧、东南欧(非欧盟)与独联体地区(350 万人)。

图 7 进一步列示了 2010 年全球失业率的分区域预测值。

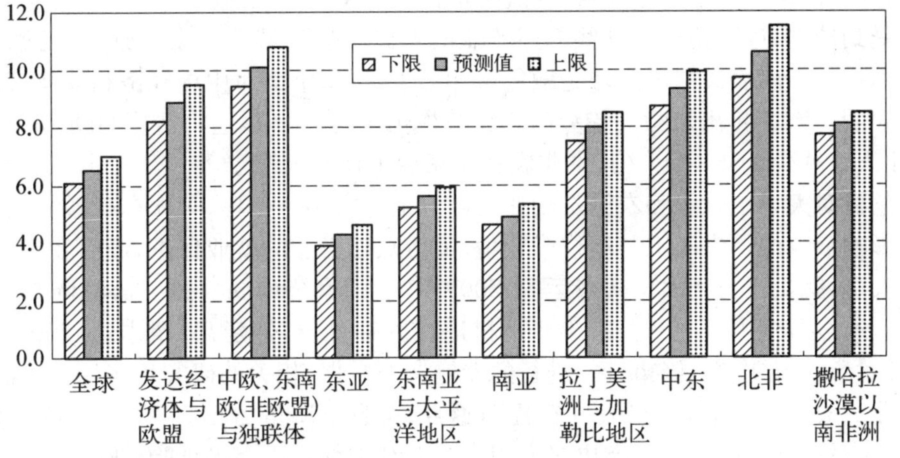

图 7　2010 年全球失业率预测

数据来源：ILO(2010)；单位：%。

如图 7 所示：2010 年全球失业率预测值为 6.5%(上下限分别为 7.0%和 6.1%)，其中：北非，中欧、东南欧(非欧盟)与独联体，中东，发达经济体与欧盟，撒哈拉沙漠以南非洲，拉丁美洲与加勒比地区将分别达到 10.6%、10.1%、9.3%、8.9%、8.1%和 8.0%；而东亚、南亚、东南亚与太平洋地区则分别为 4.3%、4.9%和 5.6%。

三、风险因素识别

本部分将基于文献综述提出就业风险因素识别的思路，进而结合相关数据进行分析。

(一) 近期文献综述与基本分析思路

近期有关次贷危机对全球及国内外就业冲击的文献可归结为以下三个方面。

1. 国外有关次贷危机对就业影响的相关研究

丁守海、蒋家亮(2009a)结合国外近期文献，从传导强度、福利后果、失业原因、治理政策等方面理清了经济衰退背景下失业问题的特殊性，主要包括以下几个方面：

(1) 传导强度。从引致性需求角度来看，尽管各国总就业弹性较低，但由于服务业和出口型产业的就业弹性很大，经济危机发生将直接导致产出下降，进而引起失业率巨幅提升。此外，在全球化背景下，金融危机将通过贸易途径扩散，延长失业周期并提高自然失业率。

(2) 福利后果。失业与收入下降很可能会引起消费的过度下滑、犯罪率攀升、就业歧视、心理健康问题显现、对后继职业生涯的追加惩罚、劳动力由城市向乡村的返流等。

(3) 失业原因。制度刚性，如工资管制、强制性健康保险等就业政策等被认为会提升失业率，而产出波动(如周期性波动)和制度刚性对就业的联合影响被认为会强化失业波动。

(4) 治理政策。旨在刺激经济的宏观经济政策对促进就业未必富有成效，但通过改进投资方式可以强化拉动就业的效果；此外，就业制度改革、就业促进政策及保护性就业政策的实施也能起到一定的正面效果。

2. 次贷危机对国内就业的影响研究

次贷危机对我国就业影响的表现形式与渠道。蔡昉、王美艳(2009)分析发现,次贷危机对中国就业的冲击,主要通过失业率上升、求人倍率下降和就业增长减缓等几方面得以体现。王德文、蔡昉(2009)认为:随着订单减少,沿海地区出口导向的制造业、劳动密集型产业和中小企业最先受到冲击,进而使得在这些部门就业的农民工受到就业冲击。蔡昉、王德文、张华初(2009)利用投入产出表模拟了全球金融危机冲击下,出口下滑对中国经济和就业带来的影响。计算结果表明:2009 年出口额与趋势值相比减少幅度为 7.3%,这将造成 GDP 减少 23 298 亿元,总就业人口减少 1 861 万人(其中非农就业减少 1 183 万人)。

次贷危机对大学生就业和农民工就业的影响最为突出。李珍、王海东(2009)认为,受本次金融危机影响最大的是农民工与高校毕业生,前者缺乏必要的就业保护,而后者作为初次进入劳动市场人员,就业压力巨大。盛来运等(2009)基于国家统计局农民工监测调查数据,韩凯、王宾(2009)通过对全国 19 个省、市 105 个村进行调查分析,郁建兴、瞿志远(2009)基于 2009 年 7～8 月对浙江省 99 个县(市、区)进行的专题调研数据,相关的研究均表明:金融危机已对农民工就业造成较大影响,突出表现在提前返乡、工资下降等方面。丁守海、蒋家亮(2009b)也认为,危机对大学生就业的影响更多表现为就业结构性矛盾突出,即专业错位、素质错位、体制内外部门就业的二元分割矛盾、内部就业的差异和不公平等方面。

3. 应对次贷危机冲击的就业促进措施研究

此研究可分为国外就业扶持政策研究与国内相关政策研究两个方面。

(1) 国外就业扶持政策研究。为应对次贷危机对就业带来的负面影响,世界各国通过实施经济刺激方案、加强就业保护、完善就业服务、采取社会保障救助、实施劳工培训计划、鼓励创新与创业、通过培育新的经济增长点以创造新的就业岗位等措施来促进就业(王飞鹏等,2009;黄军英,2009)。这些措施通过提振经济来刺激就业需求,同时也优化了劳动力供求结构,提升了劳动者的就业能力,为全球经济复苏和促进就业奠定了基础。

阿部诚(2010)就次贷危机对日本就业的冲击进行了分析,认为产出与经济结构、就业结构、人口特征等诸多因素决定了日本的就业与失业状况:受次贷危机影响,2009 年 6 月日本失业率回升为 5.4%;次贷危机使得非正规就业人员的雇用终止或解除合同大量出现,同时正规就业人员也出现了紧急下岗、工资和劳动条件下降,且出口依赖程度较大的制造业占据了失业人口的 90%以上。鉴于日本经济结构和就业结构的上述基本特征,自 2008 年以来,政府通过修改劳务派遣法、时间工劳动法,制定《强化社会保障紧急对策》等措施加强对非正规就业的管制和保护;而日本内阁于 2009 年 6 月制定的《2009 年经济财政改革基本方针》也把实现“安心、有活力、责任”视为就业的基本目标。

(2) 国内相关政策研究。短期来看,应注重扩张性财政与货币政策的投向与效果。蔡昉、王美艳(2009)认为,由于投资增长乘数较高的行业其就业吸纳系数较低,且政府财政投资的重点恰恰在于汽车、装备制造和纺织业等非劳动密集型产业,因此保增长并不必然与促就业相联系。蔡昉、王德文、张华初(2009)认为,政府 4 万亿经济刺激方案可以做到在“保增长”的同时“促就业”,应重点投向教育、卫生、住房和社会保障领域;李腊生、关敏芳(2010)也认为,政府经济刺激方案的经济增长效应比就业效应明显,实现“保就业”目标的优化路径是政府投资优先向房地产业、农林牧渔业、工业和卫生体育、社会福利业 4 个行业倾斜。

长期来看，实现产业结构调整以凸显区域禀赋优势有利于提升就业水平。蔡昉(2009)认为，从长远看，应把这次国际金融危机作为转变发展方式的契机，着力调整产业结构。蔡昉、王美艳、曲玥(2009)发现，在金融危机冲击前后，中西部工业产出相对于东部沿海增长明显加快，但迄今为止中西部工业加速发展主要来自政策效应，因而形成的是偏于重化工业的产业结构，并不符合中西部的资源禀赋；保持中国经济高速、可持续增长，有赖于形成国内的雁阵模式，要求把中西部的增长转到市场引导的比较优势轨道上来。蔡昉、王德文、曲玥(2009)的实证研究进一步指出，东北和中部地区比沿海地区有更快的全要素生产率提高速度和贡献率，通过沿海地区的产业升级、转移与中西部地区的产业承接，可以在中西部地区回归其劳动力丰富比较优势的同时，保持劳动密集型产业在中国的延续。

4. 文献述评与分析思路

上述近期有关次贷危机(或经济衰退期)对就业影响的文献分析表明：劳动力作为一种投入要素，对经济增长而言体现为一种引致性需求，经济衰退(次贷危机)会带来失业人口和失业率攀升；就不同产业部门而言，劳动密集型产业、贸易出口部门、中小企业最先受到冲击且被冲击力度最大；从就业群体来看，非正规就业(如农民工)、新进入劳动力市场的群体(如大学生)更为脆弱，面临的就业压力也最大；从促进就业的措施来看，通过重振经济、就业保护与救助，以及积极性的举措，如技能培训、完善劳动力市场等对缓解就业压力有一定的帮助。次贷危机对中国就业的冲击符合上述一般规律。在应对措施方面，政府应注意经济刺激方案的资金投向，同时通过经济结构调整，在实现产业升级的同时结合区域性禀赋优势，实现产业跨区域梯度布局，以实现劳动力资源的优化配置。

鉴于就业风险(就业不足或失业)的实质为劳动力市场处于“供大于求”的状态(唐海燕，2009)，本报告有关就业风险影响因素的分析思路将沿着三个方向展开，即：影响劳动力供给的因素，影响劳动力需求的因素，国家财政与货币政策的影响。由于次贷危机对经济增长与结构产生影响，进而对就业带来冲击，因而影响劳动力需求的因素分析为重点。

(二) 次贷危机情形下影响就业的因素分析

1. 影响劳动力供给的因素分析

按照既有文献，城镇化水平和农村劳动力转移将对城镇就业产生影响，为此选取城镇化率、城乡收入比、非农业劳动生产率的自然对数、“非农产业—农业”劳动生产率比、城乡 Gini 系数等 5 个指标进行分析。2006—2008 年相关指标数据如表 13 所示。

表 13

影响城镇就业的劳动供给类指标

年份 \ 指标	城镇化率(%)	城乡收入比(倍)	非农业劳动生产率(元/人)的自然对数	“非农产业—农业”劳动生产率比(倍)	城乡 Gini 系数
2006	43.90	3.28	11.09	12.78	0.28
2007	44.90	3.33	11.21	12.22	0.28
2008	45.68	3.31	11.39	12.27	0.28

数据来源：依据《中国统计年鉴》、《中国劳动统计年鉴》各年度数据整理；Gini 系数源于：陈建东，侯文轩，邹高禄. 1978—2008 年我国城乡居民之间收入基尼系数的演化趋势[Z]. 西南财经大学工作论文，2009。

由表 13 可见：我国城镇化率逐年增加，2008 年达到了 45.68%，城乡收入比近年来维持在 3.3 倍左右，非农业劳动生产率(自然对数)缓慢上升，"非农产业—农业"劳动生产率的比值近两年虽有小幅度下降，但仍在 12 倍以上，城乡 Gini 系数基本上维持在 0.28 左右。

图 8 进一步给出了 1978 年以来我国农村劳动力总人数和其中从事第一产业人数的比重。由图 8 可见：我国农村劳动力逐年递增，总人数由 1978 年的 3.31 亿人增加到 2008 年的 5.31 亿人；与此同时，农村总劳动力中从事第一产业的比重基本上呈现下降趋势，1978 年该指标数据为 89.74%，2008 年则下降为 53.08%。农村劳动力人口的递增及其从事第一产业占比下降，使得农民工向城镇转移成为必然，为我国城镇就业带来了一定的压力。

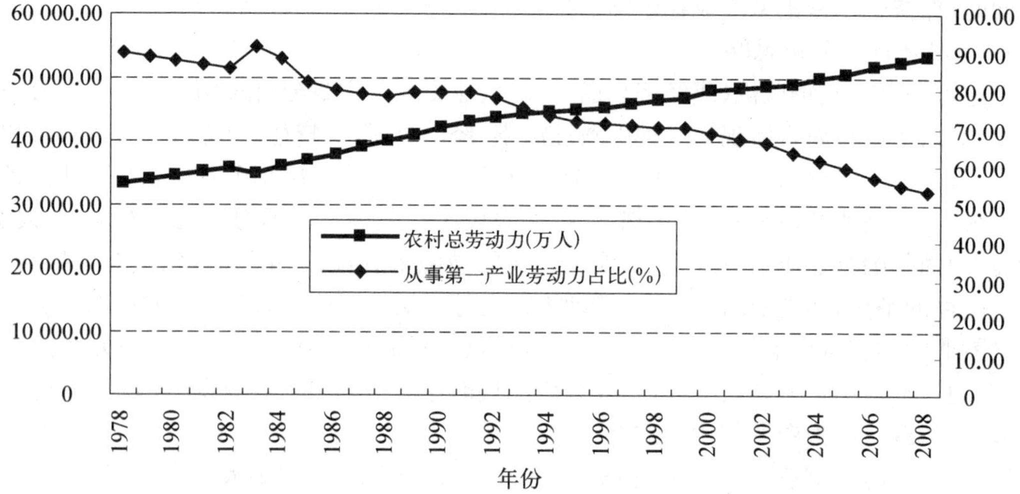

图 8　改革开放以来我国农村总劳动力及其从事第一产业的比例

数据来源：郭丹等(2010)；其中，农村总劳动力及其从事第一产业的比例分别依左右纵轴。

2. GDP 与产业结构变化对就业的影响

(1) 产出和经济增长对就业的影响。经济冲击和产出结构变化被认为对就业具有显著影响。例如，方福前、孙永君(2009)研究发现，短期内，总需求冲击是失业波动的主要来源，总需求冲击和总供给冲击共同破坏了产出失业之间反向变化关系。但从长期来看，总需求冲击对产出和失业没有显著影响，总供给冲击所带来的产出增加将使我国的失业率上升。此外，奥肯定理也表明，经济增长和就业之间呈现此消彼长的关系，但该定律在中国被证明无效。胡学勤、陆万军(2009)，肖军(2009)，黎贵才、卢荻(2009)，尹碧波、周建军(2010)均认为，经济结构变化导致的结构性失业是导致我国经济增长对就业的拉动作用不明显的主要原因。

选取 1997 年亚洲金融危机为对照，考察次贷危机对我国经济和就业的影响，1996 年第一季度至 2010 年第一季度我国 GDP 及其增长率的趋势图如图 9 所示。

由图 9 可见：

A. 从 GDP 绝对值来看，近年来逐步增长且趋势明显，2009 年第四季度和 2010 年第一季度分别达到同期最高值 107 756.34 亿元和 80 577 亿元。

B. 对 GDP 增长率进行 HP 滤波趋势分解，所得趋势线可视为 GDP 潜在增长率。图示 GDP 潜在增长率趋势表明：1997 年亚洲金融危机和 1998 年前后启动的国企全面改革叠加作用，对我国 GDP 增长率有较为显著的负面影响，表现为自 1996 年第一季度以来 GDP 增长趋

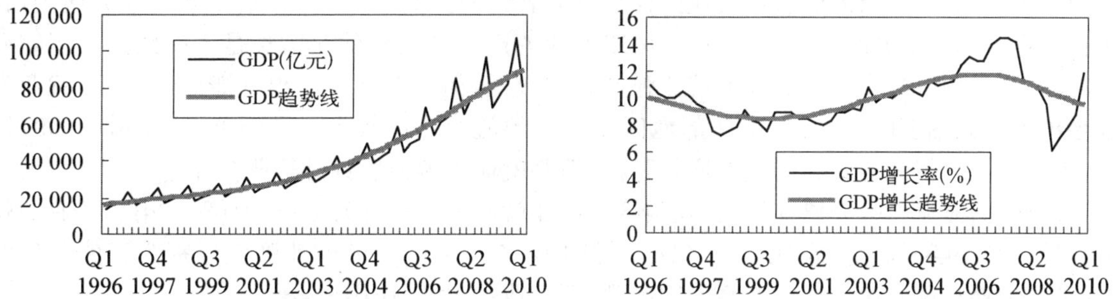

(a) GDP及其趋势表现　　(b) GDP增长率及其趋势表现

图 9　GDP 及其增长率的趋势表现

数据来源：Wind 咨询；其中，趋势线为 HP 滤波分解所得。

势明显回落，直到 2000 年趋稳；2000—2007 年 GDP 增长率有上升趋势，但次贷危机导致 GDP 潜在增长率快速掉头，近期仍处于下降通道。

C. 按照奥肯定律，产出对就业的影响表现为对劳动力的引致性需求。当产出缺口为负值时，就业压力明显。比较 GDP 增长率的实际值和趋势值发现：1997 年第四季度至 1999 年第一季度、2006 年第一季度至 2008 年第一季度、2008 年第二季度至 2010 年第一季度，产出缺口显著表现为持续的负、正、负状态；且以 2008 年年初为界，产出缺口出现正负交替的迅速"变脸"。从产出和就业的关系来看，次贷危机给我国经济增长和就业工作带来了严峻考验。

D. 随着近期我国经济增长复苏，2009 年第一季度 GDP 增速触底（GDP 同期增长率为 6.2%）之后逐步回升，2009 年第四季度 GDP 增长率达到了 9.7%，产出正缺口得以显现，2010 年第一季度 GDP 增速达到了 11.9%，表明就业压力有所缓和。除上述 GDP 企稳回升之外，图 10 列示的 2001 年第一季度以来企业景气指数和企业家信心指数的走势也能说明这一点。

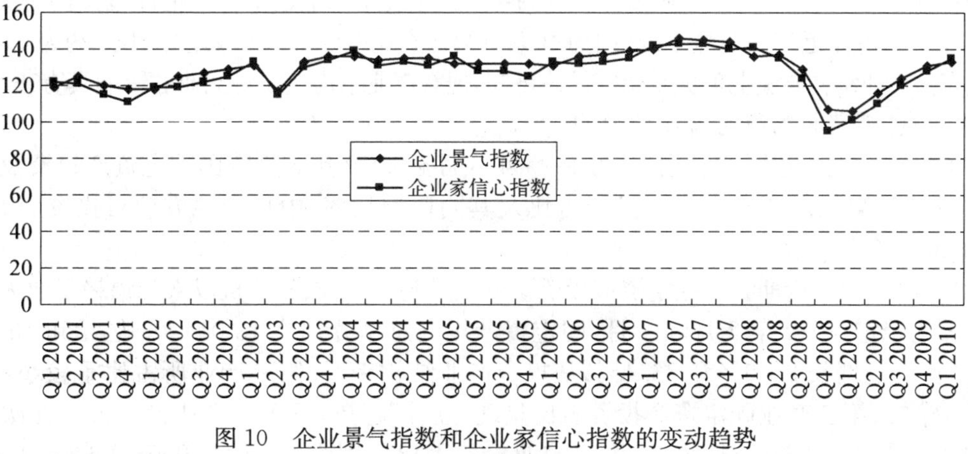

图 10　企业景气指数和企业家信心指数的变动趋势

数据来源：Wind 咨询。

由图 10 可见：两个指数具有相当一致的走势，2007 年第二季度两指数达到最高值（分别为 146 和 143.1），此后因次贷危机影响呈现下降趋势，2008 年第四季度下滑至最低点（分别为 107 和 94.6）；随后开始回升，2010 年第一季度两者回复至 132.9 和 135.5。

（2）产业结构变化对就业的影响。不同的产业以及同一产业内部的不同行业之间，其就业弹性各不相同,产出的滞后对就业同样具有显著影响。例如,王柏杰、郭立宏(2009)认为,我国在产业结构调整升级过程中,短期内第二产业的产出增长和就业增长是不一致的。丁守海(2009)发现,中国非农产业的同期就业弹性确实较低,但在考虑到产出的滞后影响后,就业弹性会出现较大幅度的上升,且中西部地区服务业的就业弹性较大。马海英、王立勇(2009)发现,第三产业具有相对较高的就业增长弹性,但其就业吸纳弹性具有行业差异。

此外,唐海燕(2009)研究认为,我国第三产业就业弹性一直为正值,但第一、第二产业的就业弹性具有"互补"趋势,表现为经济回落时期第一、第二产业的就业弹性分别为正值和负值(经济繁荣期相反),第一产业在衰退期起到了"就业蓄水池"作用。

图 11 列示了 1996 年第一季度至 2010 年第一季度我国各产业产出占比的变动趋势。

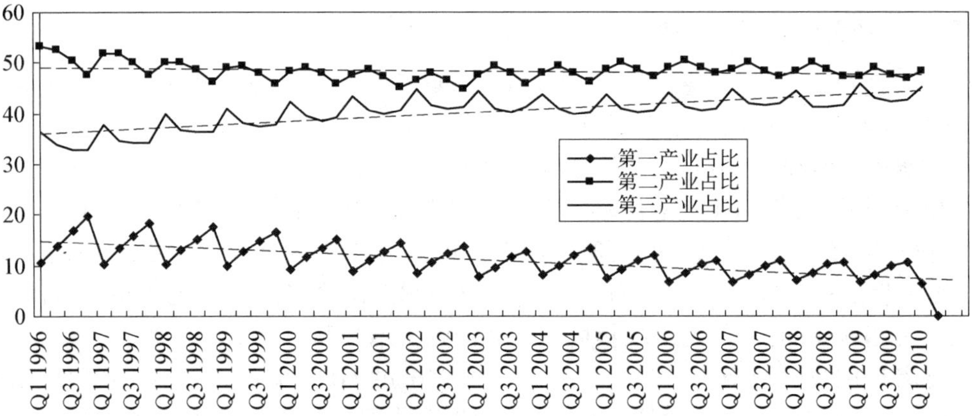

图 11 第一、第二、第三产业产出占比的变动趋势(季度数据)

数据来源:Wind 咨询,图中虚线为趋势线。

由图 11 可见:我国现有产业结构表现为第二产业主导(占比为 50%左右)但趋于缓慢下降,第一产业产出占比近年来明显下降(约为 10%),第三产业产出占比上升趋势明显(约为 40%)。结合上述有关产业结构与就业的关系研究结论可知,现有产业结构变动对就业的影响具有正面效应。

3. 投资、消费与出口对就业的影响

(1) 投资对就业的影响。图 12 为 1993 年 3 月至 2010 年 3 月我国固定资产投资及其同比增长率,第二、第三产业固定资产投资占比及其同比增长率,中央和地方项目投资(2001 年 2 月至 2010 年 3 月)情况。

由图 12 可见:近期我国固定资产投资呈现上升趋势,且次贷危机以来升幅趋于放大但同比增长率较为稳定,2010 年 2 月和 3 月,固定资产投资总额分别为 13 014.03 亿元和 16 778.65 亿元,同比分别增长 26.6%和 26.4%;从投资产业结构来看,第一产业所占比重较小(近期不足 2%),第二、第三产业固定资产投资占比呈现"互补"趋势,且第三产业投资占比在次贷危机以来趋于放大,2010 年 3 月,第二、第三产业投资占比分别为 41.82%和 56.96%;第二、第三产业固定资产投资同比增长率同样较为平缓,2010 年 3 月,对应增长率分别为 22.4%和 30%;从投资去向来看,中央项目投资占比近期趋于缓慢下降,2001 年 3 月为 7.71%;从中央和地方项目投资的同期增长率来看,次贷危机后中央投资经历了短暂的急剧上升(2009 年 2 月达到了 40.3%),而地方项目投资增速较为平缓,两者近期均趋于下降,2010 年 3 月中央、地方项目投资增长率分别为 9.1%和 28.2%。

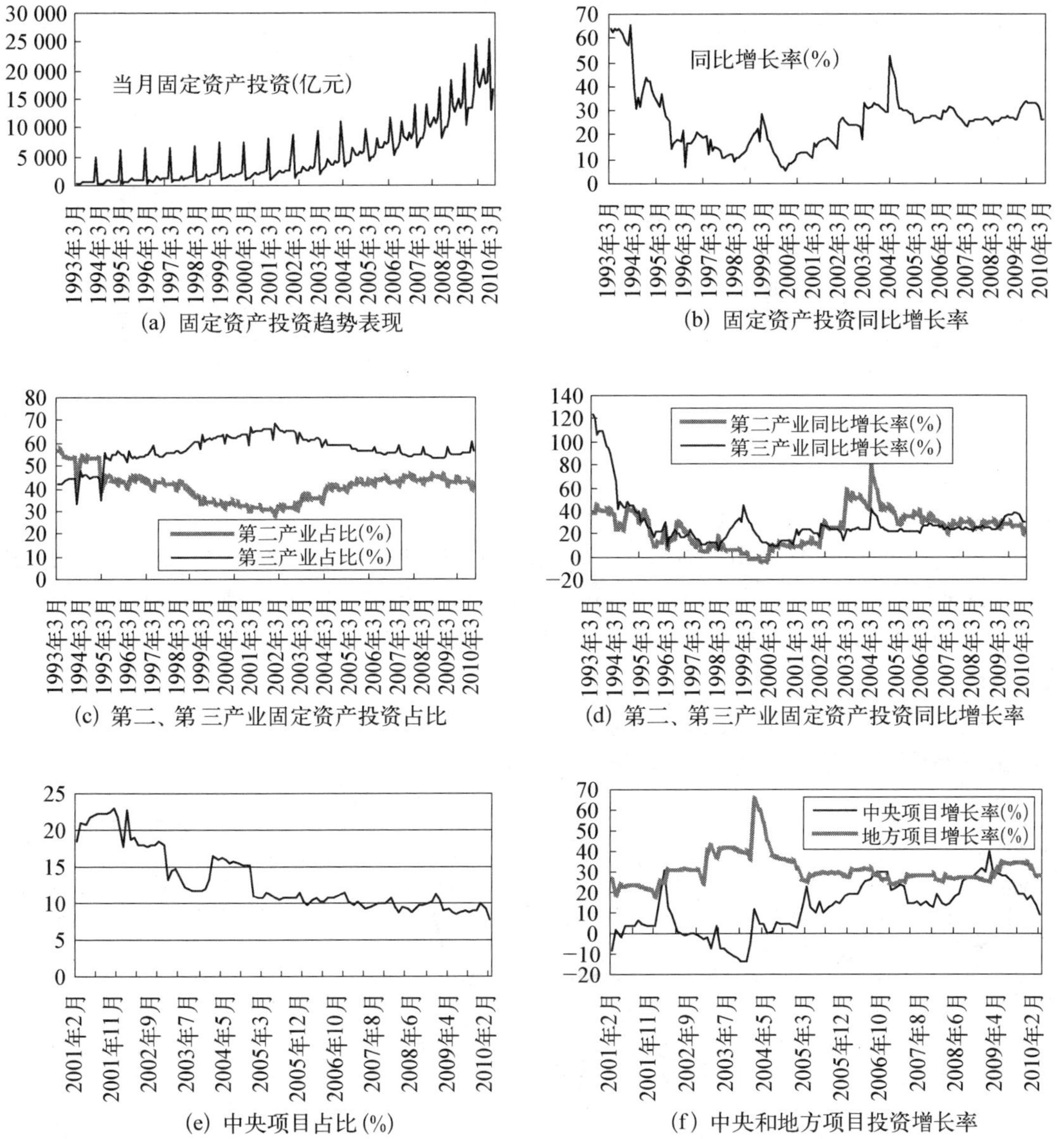

图 12 近期我国固定资产投资情况

数据来源：Wind 咨询。

结合上述投资趋势可知，就近期投资对就业的影响来看：一方面，投资的增加可以促进经济增长进而拉动就业(通过资本和劳动力的结合实现)，且次贷危机之后中央项目投资的急剧加速可以强化这一正面效果；另一方面，就投资的产业结构而言，面向第三产业的投资增加也可以起到促进就业的作用，因为前述分析表明，第三产业的就业弹性始终为正值。

(2) 收入与消费对就业的影响。图 13 给出了近期城乡居民人均收入水平及其增长率概况。由图 13 可知：我国城乡居民收入经历了稳步上升的过程，但农村居民平均现金收入增幅显著低于城镇居民可支配收入，2009 年和 2010 年第一季度城镇居民可支配收入水平分别为人均 4 834元、4 022 元、4 117 元、4 202 元和 5 308 元，对应的农村居民现金收入分别为人均 1 622

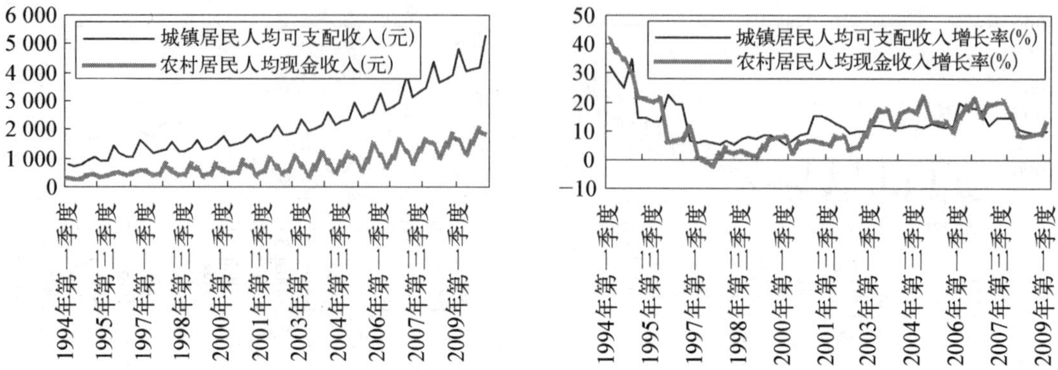

(a) 城乡居民人均收入　　(b) 城乡居民人均收入增长率

图 13　城乡居民人均收入及其增长率

数据来源：Wind 咨询。

元、1 111 元、1 574 元、1 963.2 元和 1 814 元。

从同比增长率来看，次贷危机爆发前，城乡居民收入同比增幅较高，2007 年第二季度城镇居民可支配收入同比增幅达到了 17.59%，2007 年第三季度农村居民现金收入同比增长为 20.24%；次贷危机后城乡居民收入降幅较为明显，而近期有所起色，2009 年第一季度至 2010 年第一季度城镇居民可支配收入增长率分别为 10.21%、9.81%、9.34%、8.83%和 9.81%，对应农村居民平均现金收入增长率分别为 8.57%、8.11%、8.46%、9.29%和 11.84%。

图 14 列示了近期我国社会消费品零售总额及其增长率走势。

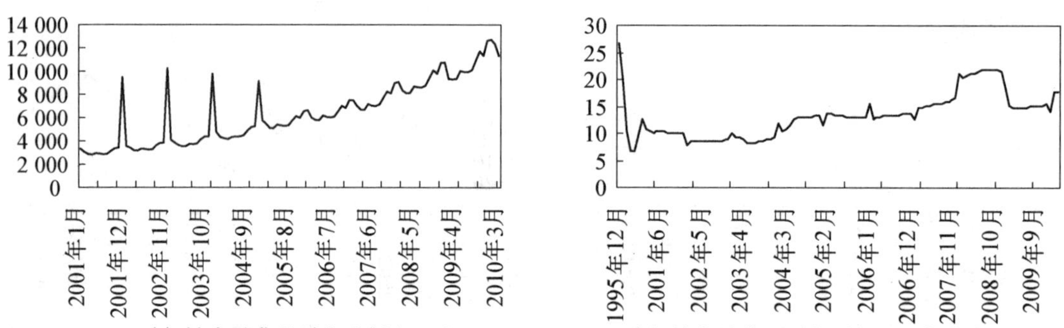

(a) 社会消费品零售总额(亿元)　　(b) 社会消费品零售总额同比增长率(%)

图 14　社会消费品零售总额及其增长率

数据来源：Wind 咨询。

由图 14 可见：剔除季节因素后，2001 年 1 月以来，我国社会消费品零售总额基本上呈现逐渐上升的趋势，2010 年 1～3 月分别为 12718.1 亿元、12 334.2 亿元和 11 321.7 亿元。就其同比增长率来看，次贷危机之后基本上经历了先升后降的趋势，但进入 2010 年以来有所上升，2007 年 6 月、2008 年 9 月、2010 年 1～3 月分别为 15.5%、22.0%、14.1%、17.9%和 17.9%。上述分析表明，次贷危机对社会消费有一定的不利影响，但近期有所缓和。

由于居民收入变化反映了劳动者价格的变动，上述城乡居民收入增长趋势从侧面揭示了次贷危机对就业的不利影响。此外，按照凯恩斯有效需求理论，消费不足不利于扩大就业，社会消费品零售总额的增长趋势也表明了次贷危机的不良影响；但城乡居民人均收入增长率和社会消费品零售总额同比增长率进入 2010 年以来开始出现反转，说明局势有所好转。

(3) 贸易出口和汇率对就业的影响。出口贸易和人民币贬值被认为能促进我国就业增长。例如，张亚斌、王颖(2009)利用湖南省 1987—2007 年数据实证检验发现，出口和 FDI 对就业产生正向作用，而进口对就业则产生负面效应；李晓峰、任靖楠(2009)分析认为，中韩自由贸易区的建立能减少中国对韩国的贸易逆差、增加 GDP，并导致失业率下降约 0.069%；盛斌、牛蕊(2009a)研究表明，出口增长能拉动就业但进口增加则相反，贸易自由化能促进中低技术部门的就业，且贸易流量对中低技术部门的冲击均大于其对中高技术部门的冲击。此外，王孝成(2010)发现，就长期而言，人民币实际汇率贬值将促进中国就业；在短期内，人民币汇率调整对就业影响存在一定的滞后性，甚至会出现与长期关系相反的现象。

但也有研究认为进口贸易对就业的负面影响是条件依存的，整体的贸易开放有利于就业。例如，盛斌、牛蕊(2009b)发现，进口贸易自由化会提高劳动力需求弹性，当加入出口贸易与实际有效汇率因素时，进口贸易对劳动力市场的负面影响被抵消，最终贸易开放的净影响是降低了劳动力的就业风险。

此外，也有研究认为我国长期依赖出口的劳动密集型产业结构造成了畸形的就业结构。例如，龚秀国、邓菊秋(2009)认为，入世后外向型劳动力密集型产业繁荣导致了“中国式荷兰病”，在“中国式荷兰病”的影响下，就业增长越来越严重地依赖于外向型劳动力密集型产业的持续繁荣以及大规模从事加工贸易的东部沿海地区。

图 15 列示了我国近期进出口贸易总额和贸易顺差趋势(月度数据)。

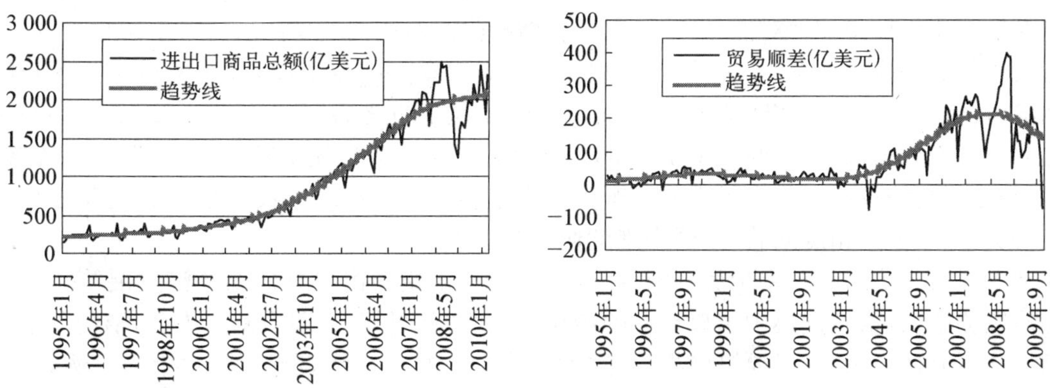

(a) 进出口贸易总额　　(b) 贸易顺差

图 15　进出口贸易总额和贸易顺差趋势

数据来源：Wind 咨询；其中趋势线为 HP 滤波分解所得；下图 16 同。

如图 15 所示：我国进出口商品总额在 2004 年前后开始大幅攀升，2004 年 9 月突破 1 000 亿美元(为 1 066.14 亿美元)，2007 年 9 月突破 2 000 亿美元(为 2 006.14 亿美元)；次贷危机对商品进出口总额的影响非常明显，表现为实际值和趋势线之间正负缺口之间的大幅逆转，2008 年 7 月该指标值为 2 482.49 亿美元，2009 年 2 月为 1 249.24 亿美元，分别为近期的最高和最低点；自 2009 年下半年以来，商品进出口总额相对较为稳定，2010 年前 3 个月分别为 2 049.68 亿美元、1 814.33 亿美元和 2 314.6 亿美元。从贸易顺差数据来看，2004 年 12 月突破 100 亿美元(为 110.76 亿美元)，2006 年 10 月突破 200 亿美元(为 238.29 亿美元)，2008 年

11 月则达到了创纪录的 403.28 亿美元。此后回落趋势明显，2010 年 3 月贸易顺差为－72.36 亿美元，近年来首次出现逆差。

上述贸易商品总额的趋势线有趋于"极限"平稳的态势，而贸易顺差的趋势线则在 2008 年年中开始出现缓慢下降。依据既有文献，贸易出口作为驱动我国经济增长的"三驾马车"之一，上述趋势表现对于促进我国就业略有负面的影响。

图 16 进一步给出了近期人民币对美元汇率的走势(月度数据)。

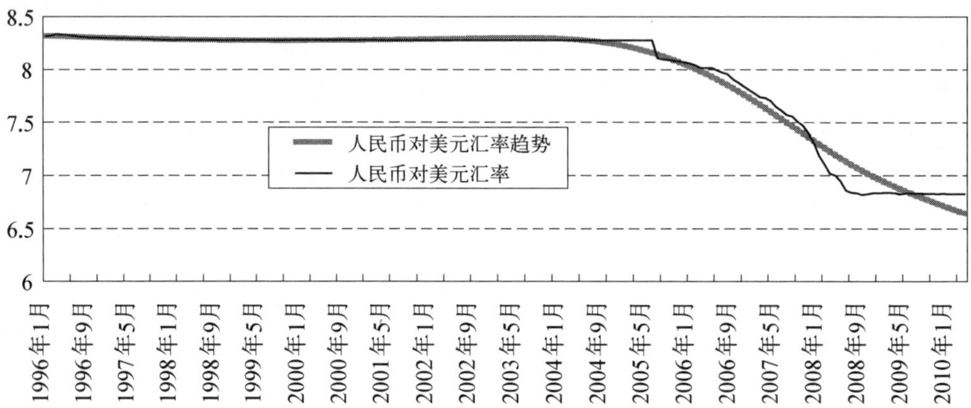

图 16　人民币对美元汇率变动趋势

据姚枝仲(2009)测算，我国出口的收入弹性和价格弹性分别为 4.7 和－0.5。由于收入弹性绝对值大于价格弹性绝对值，发达国家经济增长收缩对我国贸易需求所产生的收入效应，将远远大于价格效应。由图 16 可见：自 2005 年年中启动汇率改革以来，人民币对美元升值趋势明显，且依据趋势线和实际值的对比分析发现，次贷危机之后，即 2007 年 12 月至 2009 年 6 月之间有加速升值倾向(期间汇率由 7.304 6 升值为 6.831 9)，随后基本稳定，但从趋势来看，这一"稳定"局势难以持久，人民币未来升值压力空前巨大。鉴于人民币贬值和就业之间存在正相关关系，从汇率角度来看，我国未来就业压力巨大。

从上述贸易出口和汇率走势判断，我国现有劳动密集与出口导向的经济发展策略长期来看是难以为继的，次贷危机中出口产业的增长和就业"首当其冲"即为现实佐证，结构调整势在必行。从既有研究来看，只要措施得当，这种结构调整并不必然表现为负面效应。例如，在近期的一份研究报告中，IMF 的研究人员 Abiad、Leigh 和 Terrones(2010)对过去 50 年中发达和发展中经济体 28 次政策驱动的经常账户顺差逆转进行了深入分析，结果表明：① 政策驱动的经常账户顺差逆转并不必然伴随产出增长或就业的下降，相反，外部与内部需求之间、贸易部门与非贸易部门之间还实现了更佳的平衡。② 虽然汇率升值在顺差逆转中可发挥关键作用，但如果在升值的同时采取经济政策支持国内需求并实施结构改革，并在某些情况下实行结构改革解决导致大量经常账户顺差的经济扭曲时，逆转才会取得最佳结果。③ 需要警示的是，为抵消货币升值影响而实施的宏观经济政策如果过于扩张或持续时间过长，可能加剧通货膨胀或资产价格泡沫。

4. 财政与货币政策对就业的影响

(1) 应对次贷危机的扩张性财政政策明显。扩张性财政与货币政策能在刺激经济的同时促进就业。图 17 列示了近年来我国财政收支情况。如图 17 所示：1990—2003 年我国均表现为财政赤字，但 2004—2007 年表现为财政盈余，收支相抵额分别为 2 836.67 亿元、3 615.27 亿元、6 472.37 亿元和 11 092.35 亿元；2008 年和 2009 年度表现为财政赤字，且对应财政预算支出大幅上升，分别为 62 426.97 亿元和 75 873.97 亿元，表明政府为应对次贷危机采取了力度极大的扩张性财政政策。

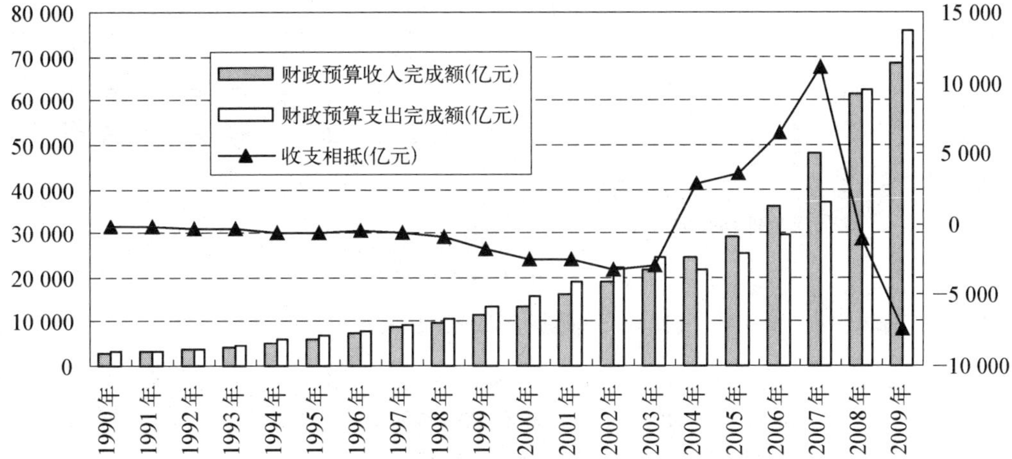

图 17　我国财政收支趋势

数据来源：Wind 咨询；其中，财政收支数据、收支相抵数据分别依左右纵轴。

有关财政收支的增长率如图 18 所示。

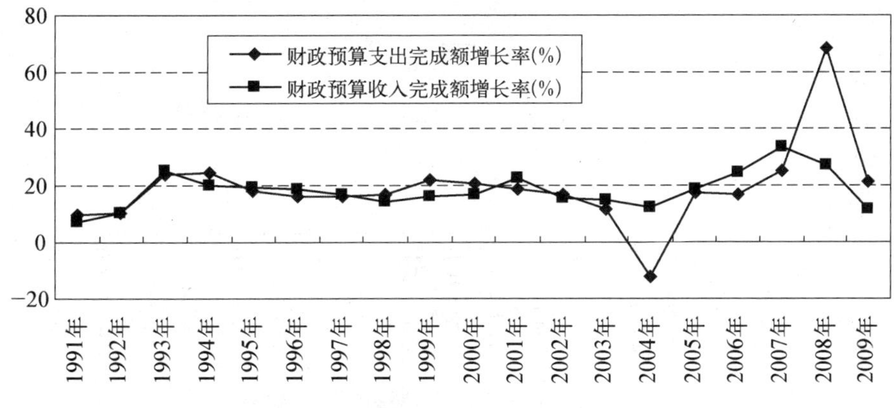

图 18　我国财政收支增长率趋势

数据来源：Wind 咨询。

图 18 表明：2003 年以前，财政收支增幅基本一致，“量入为出”的财政平衡趋势明显，2004—2007 年财政预算收入增幅大于预算支出增幅，为 2008 年和 2009 年度的财政刺激方案奠定了一定基础，且 2008 年和 2009 年度的财政支出增幅明显高于财政收入增幅。

（2）扩张性货币政策的跟进也表明了政府刺激经济的目的。图 19 列示了近期我国 M_2 和物价指数的走势。如图 19 所示：近期我国 M_2 增长较快，2007 年第四季度突破 40 万亿元（为 403 401.3 亿元），2009 年第一季度突破 50 亿元（为 530 626.71 亿元），2009 年第四季度和 2010 年第一季度

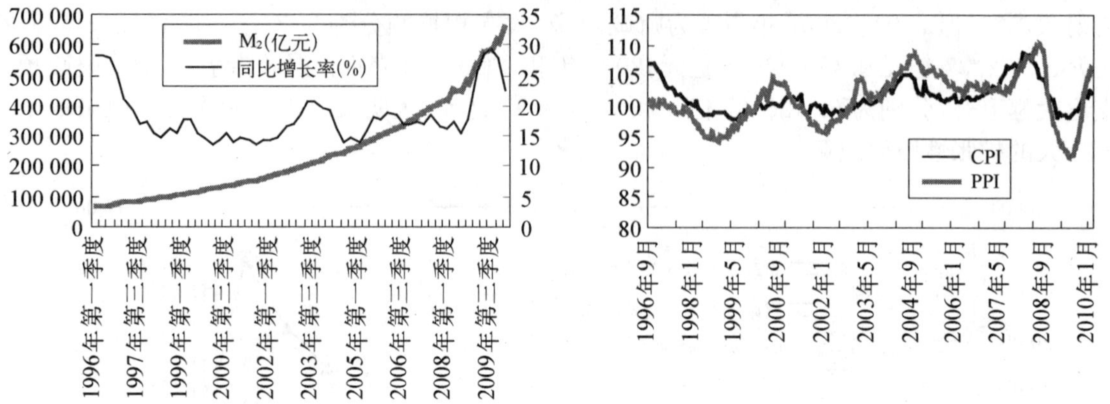

(a) M2及其同比增长率　　(b) CPI与PPI

图 19　M_2 及物价指数

数据来源：Wind 咨询；其中 M_2 及其增长率数据分别依左右纵轴。

则分别为 606 225.01 亿元和 650 012.9 亿元。从增速来看，2008 年第三季度为近期低点（为 15.29%），2009 年第三季度为近期高点（达到了 29.31%），2010 年第一季度回落为 22.5%。CPI 和 PPI 在次贷危机后经历了高位回落而后爬升的走势，2008 年 2 月 CPI 为 108.7，2008 年 8 月 PPI 为 110.06，2009 年 7 月的 CPI 和 PPI 分别为 98.2 和 91.8，2010 年 3 月则分别为 102.4 和 105.91。

图 20 为近期我国储蓄存款与 1 年期实际存款利率走势。

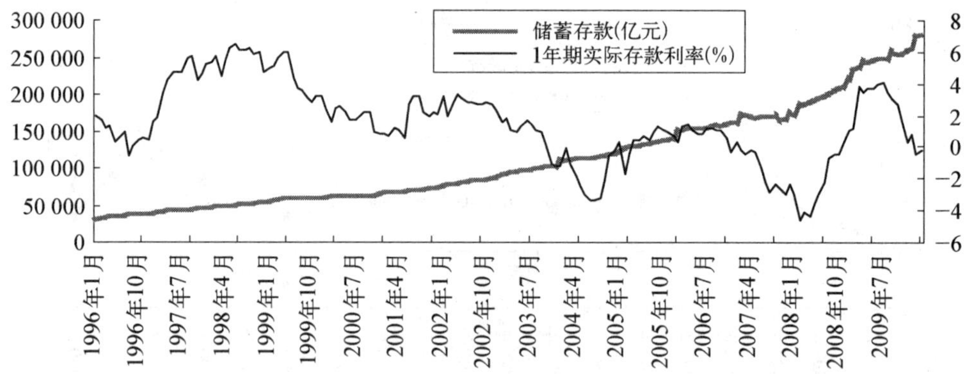

图 20　储蓄存款与 1 年期实际存款利率

数据来源：Wind 咨询；其中，储蓄存款与 1 年期实际存款利率（CPI 调整）数据分别依左右纵轴。

由图 20 可见：我国储蓄存款基本上逐年上升，2008 年 8 月突破 20 万亿元（200 267.97 亿元），2010 年 3 月达到了 281 047.23 亿元。从 1 年期实际利率走势来看，2007 年 2 月为－0.18，此后一路下滑，2008 年 2 月为－4.56，此后开始反转，2009 年 7 月达到了 4.05，但随后又趋于下降，2010 年 1、2、3 月分别为 0.75、－0.45 和－0.15。

图 21 进一步给出了近期我国贷款及其利率走势。

由图 21 可见：我国短期和中长期贷款逐年递增，分别于 2007 年 2 月和 2006 年 9 月突破 10 亿元（分别为 103 193.91 亿元和 102 649.43 亿元）；2006 年开始，中长期贷款开始大于短期贷款，差距随之逐步扩大且在 2008 年年底之后表现明显，2010 年 3 月短期和中长期贷款分别

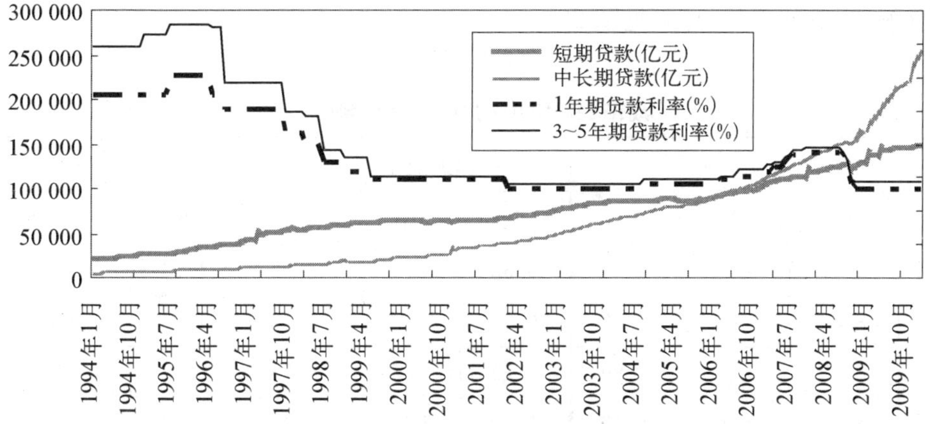

图 21　贷款及其利率走势

数据来源：Wind 咨询；其中，贷款数据与利率数据分别依左右纵轴。

为 149 344.34 亿元和 251 517.95 亿元；2000 年以来短期和中长期贷款利率差别不大，2008 年年底开始下调，2008 年 12 月至今为近期最低点(分别为 5.31 和 5.76)。

四、风险度量与预测

本部分将在界定城镇调查失业率与城镇就业风险度量方法的基础上对 2010 年和 2011 年我国就业风险状况进行测度和预测。

（一）研究设计

1. 城镇调查失业率的界定与趋势分析

本报告对于中国就业风险的考察侧重于城镇失业状况的分析(唐海燕，2009)，但我国现行公布的城镇登记失业率并非国际通用的“调查失业率”。2009 年年初人力资源和社会保障部对此曾公开表示：“登记失业率在一定时间内，反映总体失业状况的敏感程度不是很强。此外，有一部分失业人员没有进行登记，这就可能不是很全面地反映状况。”为了在统计口径上实现国际接轨，1996 年我国统计部门建立了劳动力调查制度，国务院办公厅于 2004 年也下发了《关于建立劳动力调查制度的通知》，确定从 2005 年起正式建立我国劳动力的调查制度，并开始做调查失业率的试点，但迄今为止仍未公布相关数据。

鉴于上述分析，本报告借鉴蔡昉等(2004)的方法计算我国城镇调查失业率，即：

假设农村经济活动人口失业率为零，则，

城镇失业人口＝城镇经济活动人口－城镇就业人口

＝(全国经济活动人口－农村就业人口)－城镇就业人口

＝全国经济活动人口－城乡就业人口

城镇失业率＝城镇失业人口/(城镇就业人口＋城镇失业人口)×100％

如果将农村失业人口计算在内，按照上述方法计算所得城镇失业率将有所下降；但按照胡英(2009)有关我国城乡失业率的预测(如表 14 所示)，我国农村失业率处于相对较低的状态且较稳定，因而按照上述公式计算所得城镇调查失业率的趋势是合理的。

按照上述方法计算得到 1978—2008 年我国城镇调查失业率数据，进而运用 HP 滤波方法进行趋势分解，形成如下趋势图（见图 22）。

表 14

城市、镇和乡村失业率预测值

年　份	城市失业率(%)			镇失业率(%)			乡村失业率(%)		
	低	中	高	低	中	高	低	中	高
2000	9.41	9.41	9.41	6.62	6.62	6.62	1.14	1.14	1.14
2001	8.88	7.15	5.42	6.32	4.71	3.18	1.03	0.65	0.27
2002	8.79	7.65	7.89	6.12	4.78	4.73	0.98	0.55	0.44
2003	8.75	8.05	8.39	6.03	5.06	5.29	0.95	0.50	0.44
2004	8.37	6.47	5.24	5.63	3.98	3.21	0.89	0.40	0.30
2005	8.17	6.36	6.14	5.33	3.97	3.96	0.94	0.75	1.00
2006	7.78	5.48	4.77	4.99	3.10	2.45	0.91	0.63	0.55
2007	7.32	4.56	3.78	4.57	2.48	1.97	0.84	0.51	0.42
2008	6.90	4.15	3.76	4.23	2.05	1.67	0.79	0.47	0.43

数据来源：胡英(2009)。其中，“低中高”系指时间序列指数平滑法所用系数大小。

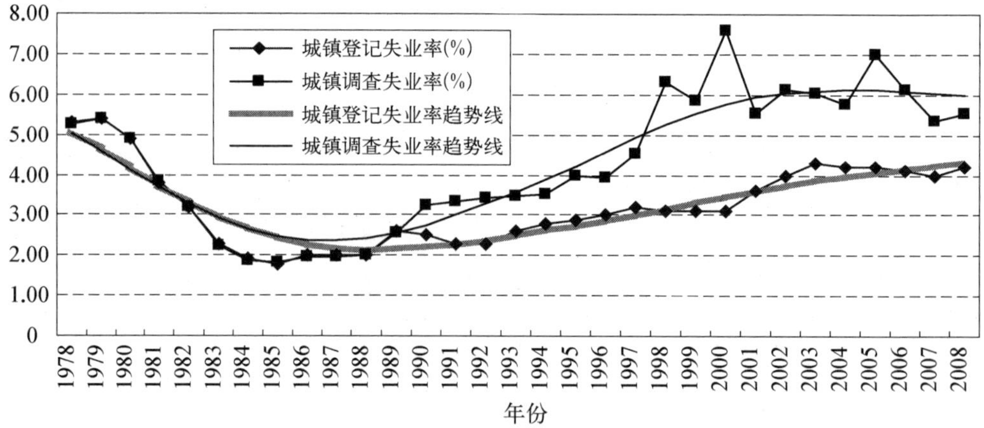

图 22　我国城镇登记失业率和调查失业率趋势

数据来源：据《中国统计年鉴》、《中国劳动统计年鉴》各年度数据整理计算；趋势线为 HP 滤波分解所得。

如图 22 所示：① 自改革开放以来，我国城镇登记失业率和调查失业率均经历了先降后升的走势，城镇登记失业率相对平稳，而城镇调查失业率在 1998 年国企改革之后波动较大。② 1978 年前后失业率高企与大量知青返城有关；伴随着我国经济市场化改革进程，在 1988 年前后城镇登记失业率和调查失业率均开始爬升且逐渐分化；1998 年开始的国企改革使得原有城镇失业“显性化”，城镇调查失业率急剧爬升，城镇登记失业率和调查失业率分化趋势进一步拉大；在经历了国企改革的“阵痛”之后，2001—2004 年的调查失业率显著降低且较为平稳，2005—2007 年更是经历了失业率下降的过程，但次贷危机对我国就业的影响在 2008 年开始显现，调查失业率开始回升。③ 失业率的趋势线从某种程度上可视为潜在失业率（或自然失业率），主要体现了结构性失业趋势，图 22 显示城镇登记失业率的趋势仍在爬升，而城镇调查失业率近期则较为平稳且隐含下降趋势。④ 2007 年和 2008 年我国城镇登记失业率分别为 4.00%和 4.20%，对应趋势值为 4.25%和 4.34%；城镇调查失业率分别为 5.34%和 5.51%，对应趋势值为 6.05%和 6.00%；趋势值大于实际值显示就业压力巨大。

图 23 进一步给出了 1996 年第一季度至 2009 年第三季度城镇就业人口及其增长率趋势。

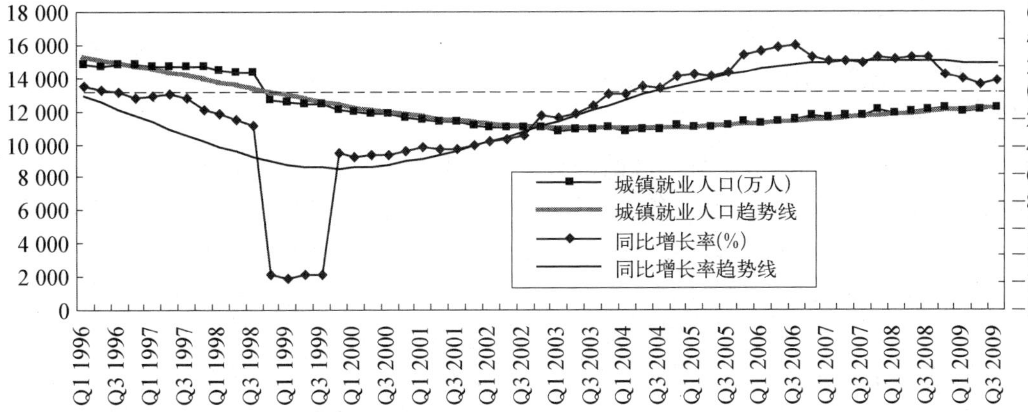

图 23　城镇就业总人口及其增长率（季度数据）

数据来源：Wind 咨询；其中，趋势线为 HP 滤波分解所得。

如图 23 所示：① 1996 年以来我国城镇就业人口趋于下降（1998 年第三季度出现跳跃性下降），至 2003 年第一季度开始缓慢上升，2009 年第一季度至第三季度分别为 11 996.5 万人、12 075.6 万人和 12 198.9 万人。② 城镇就业人口增长率在 1998 年第四季度至 1999 年第三季度之间出现跳跃性下降（源于国企改革），此后缓慢上升并趋于平稳；受次贷危机影响，2008 年第四季度之后开始显著下降（同时低于趋势线），2008 年第四季度至 2009 年第三季度增长率分别为 1.4%、1.0%、0.7%和 1.0%（趋势线分别为 2.3%、2.3%、2.3%和 2.2%）。

2. 风险度量方法选择与数据来源

在《中国就业风险分析报告 2009》中（唐海燕，2009），选取了排序 Logit 模型度量城镇就业风险，即将城镇调查失业率分为 5 个等级，分别对应于不同的风险状况；以 5 级分类为因变量，就业风险影响因素为自变量，选取排序 Logit 模型度量就业风险并用于预测。

本报告延续这一思路，但提出以下两点改进思路：

第一，就业风险分级的改进。原有就业风险等级的 5 分法中，实证检验发现人力资源和社会保障部劳动科学研究所课题组（2002）的分级方法并不切合指标实际值，因而唐海燕（2009）将 1978—2007 年间城镇失业率均分为 5 个区间，以此界定风险等级，实证检验发现样本内预测成功率为 80%，效果较好。但本报告认为，将既有城镇失业率数据进行等距划分，落入不同区间的样本多少仍不均匀，可能会影响模型估计和预测效果，一个可能的改进是选取城镇失业率数据的 5 分位数作为风险等级划分标准。沿着这一思路，以 1978—2008 年间的城镇调查失业率数据为基础进行风险等级划分，以此 3 种风险分类方法比较如表 15 所示。

表 15

城镇就业风险等级的 3 种方法比较

安全等级	高度安全	安　全	值得关注	危　险	高度危险
风险等级	1	2	3	4	5
方法 1：调查失业率	5%以下	5%～6%	6%～7%	7%～10%	10%以上
方法 2：调查失业率	2.99%以下	2.99%～4.14%	4.14%～5.30%	5.30%～6.45%	6.45%以上
方法 3：调查失业率	2.56%以下	2.56%～3.52%	3.52%～5.28%	5.28%～5.87%	5.87%以上

注：上述方法 1～3 分别与人力资源和社会保障部劳动科学研究所课题组(2002)、唐海燕(2009)和本报告选用的风险等级分类对应。

第二，自变量多元共线性处理方法的改进。唐海燕(2009)有关就业风险的研究选取了 18 个自变量，样本区间为 1978—2007 年。由于自变量相对于样本容量而言过多，再加上指标之间存在严重共线性，线性回归选取自变量无一显著，最终通过逐步回归筛选了 7 个显著性变量进行就业风险估计和预测。与此同时，因为显著性不足而未能最终进入估计和预测模型的自变量中，有多个指标被证明和因变量(城镇失业率)之间存在相关关系或 Granger 因果关系，即逐步回归筛选自变量造成了信息损失。基于上述分析，本报告将以主成分方法来克服原有研究的缺陷。原因如下：主成分方法可将过多的指标合成为少量的因子，实现了指标降维，且尽可能地保全了自变量信息量；此外，合成因子之间的正交性克服了指标共线性的缺陷，且各合成因子具有一定的经济含义，因而较为合理。

综上，本报告的研究思路可表述为：

(1) 选取城镇失业率的 5 分位数实现就业风险等级分类，进而以各年度城镇就业风险等级作为因变量；依据前述就业风险因素分析内容，选取如下 16 个指标作为自变量(见表 16)。

表 16

指标选取情况

序号	指　标	代　码	序号	指　标	代　码
0	城镇调查失业率	Unemp_R	9	第三产业比重	Thirdind_GDP
1	城市化率	Urb_R	10	人民币对美元汇率(对数值)	Lnexch_R
2	城乡收入比	Inc_UR	11	出口占 GDP 比重	Export_GDP
3	城乡 Gini 系数	Gini_UR	12	全体居民消费占 GDP 比重	Cons_GDP
4	“非农业—农业”劳动生产率对比	Prod_UR	13	职工平均实际工资增长率	Gr_salary
5	城镇劳动生产率	Prod_Urb	14	国家财政支出占 GDP 比例	Fics_GDP
6	全社会固定资产投资占 GDP 比重	Fixinv_GDP	15	M_2 占 GDP 比例	M_2_GDP
7	GDP 增长率	Gr_GDP	16	结构性指标	Struc
8	第二产业比重	Secind_GDP		指标 16 释义：1990 年以前为 0，1991—1998 年为 1，1999—2007 年为 2，2008 年之后为 3。	

如表 16 所示，指标 1～15 和唐海燕(2009)的研究是一致的，指标 16 作为“结构性指标”用以刻画政策或外部冲击，分别选取 1991、1998 年和 2007 年作为事件时点。

(2) 运用主成分分析方法，将上述 16 个自变量指标合成为主成分因子，阐明主成分因子的经济含义，以主成分因子为新的自变量，各年度就业风险等级为因变量，运用排序 Logit 模型和排序 Probit 模型进行参数估计。

(3) 运用估计所得模型，对样本区间内的风险等级进行“样本内预测”，判别估计模型的预测精度，然后在预测主成分因子数值的基础上进行 2010 年和 2011 年的就业风险等级预测。

数据来源与计量软件选择：所用数据主要源于 1978—2009 年度《中国统计年鉴》、《中国劳动统计年鉴》、《中国金融年鉴》，国家统计局网站；Gini 系数数据来自陈建东(2009)。此外，本文的数据处理运用 Stata10 来实现。

(二) 参数估计与预测

1. 自变量的主成分合成

主成分分析的适用性：KMO(Kaiser-Meyer-Olkin)检验准则(KMO>0.7 时作主成分分析较为合适，本报告总体 KMO 值为 0.774 2)和各变量 SMC 检验(Squared Multiple Correlations)的结果均表明选用主成分合成是合理的(参见表 18)。表 17 进一步给出了主成分选取情况。

表 17

主成分选取情况

主 成 分	特 征 值	特征值差异	方差贡献率	累计贡献率
F_1(主成分 1)	11.631 8	10.013 0	0.727 0	0.727 0
F_2(主成分 2)	1.618 9	0.410 9	0.101 2	0.828 2
F_3(主成分 3)	1.208 0	0.573 9	0.075 5	0.903 7

如表 17 所示：按照特征值大于 1 的标准，最终选取 3 个主成分，累积方差贡献率达到了 90.37%(一般以累积方差贡献率在 85%以上作为确定主成分数目的准则)。图 24 的碎石图列示了各主成分对应的特征值，同样可以说明选取 3 个主成分是合理的。

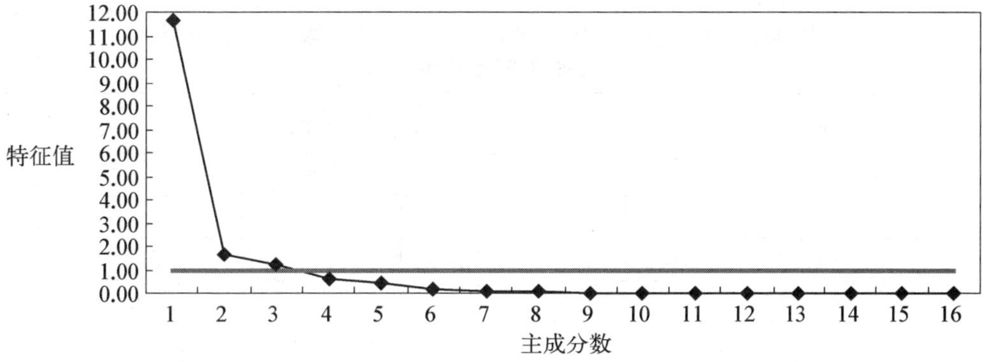

图 24 碎石图

3 个主成分对应的载荷因子如表 18 所示。

表 18

主成分的因子载荷及 KMO 和 SMC 指标值

变　量	F_1	F_2	F_3	KMO	SMC
Urb_R	0.971 0	−0.006 0	0.031 5	0.805 6	0.997 6
Inc_UR	0.909 1	0.292 4	−0.117 4	0.749 3	0.999 2
Gini_UR	0.957 4	0.064 4	−0.136 7	0.784 5	0.999 3
Prod_UR	0.972 7	−0.037 7	−0.094 9	0.749 3	0.997 1
Prod_Urb	0.980 0	−0.139 1	−0.077 3	0.799 5	0.998 6
Fixinv_GDP	0.902 9	0.141 0	0.069 7	0.919 4	0.953 6
Gr_GDP	0.182 4	−0.029 4	0.887 5	0.141 8	0.811 9
Secind_GDP	0.485 0	0.632 6	−0.354 6	0.454 4	0.986 5
Thirdind_GDP	0.935 4	−0.276 8	0.004 5	0.712 7	0.998 6
Lnexch_R	0.872 5	−0.456 6	−0.049 3	0.805 0	0.995 7
Export_GDP	0.952 3	0.016 3	0.052 4	0.830 4	0.989 6
Cons_GDP	−0.949 1	−0.261 5	−0.018 7	0.743 8	0.994 9
Gr_salary	0.645 7	0.279 1	0.462 9	0.832 6	0.804 0
Fics_GDP	−0.475 2	0.806 7	0.137 6	0.623 0	0.978 2
M_2_GDP	0.977 5	−0.038 7	0.014 0	0.963 0	0.989 0
Struc	0.955 8	0.059 9	0.048 4	0.855 7	0.961 9

如表 18 所示：选取的三个主成分中，F_3 代表了“GDP 增长速度”；F_2 在“第二产业产值/GDP”、“财政支出/GDP”两个指标上具有较大载荷，代表了“财政支出及其主要投向所产生的结果”；F_1 在剩余的 13 个指标上具有最大载荷，可归结为“综合影响因子”。

2. 参数估计与预测

表 19 至表 20 分别给出了按照 2010 年分组方法(按城镇失业率 5 分位数分组)，运用排序 Logit 模型和排序 Probit 模型估计所得参数情况。

表 19

用排序 Logit 模型估计城镇调查失业率等级的分析结果
(按城镇失业率 5 分位数分组)

变　量	系　数	标准差	Z　值	P　值	95%的置信区间	
F_1	0.670 5	0.159 9	4.190 0	0.000 0	0.357 2	0.983 8
F_2	0.810 3	0.309 0	2.620 0	0.009 0	0.204 7	1.415 9
F_3	−0.726 5	0.377 5	−1.920 0	0.054 0	−1.466 3	0.013 3
断点 1	−2.966 7	0.741 9			−4.420 9	−1.512 6
断点 2	−0.746 3	0.551 6			−1.827 3	0.334 8
断点 3	1.105 0	0.563 0			0.001 5	2.208 6
断点 4	3.017 3	0.755 6			1.536 3	4.498 3
似然函数值(LL)=−33.839 3；似然比(LR)=31.980 0，对应 P 值=0.000 0；伪 R^2=0.320 9						

表 20

用排序 Probit 模型估计城镇调查失业率等级的分析结果
(城镇失业率 5 分位数分组)

变 量	系 数	标准差	Z 值	P 值	95%的置信区间	
F_1	0.396 7	0.083 8	4.740 0	0.000 0	0.232 5	0.560 9
F_2	0.460 9	0.172 8	2.670 0	0.008 0	0.122 1	0.799 6
F_3	−0.452 8	0.221 1	−2.050 0	0.041 0	−0.886 1	−0.019 6
断点 1	−1.735 9	0.407 2			−2.534 0	−0.937 8
断点 2	−0.433 6	0.322 9			−1.066 4	0.199 2
断点 3	0.677 3	0.336 8			0.017 3	1.337 4
断点 4	1.773 5	0.404 4			0.980 8	2.566 1
似然函数值(LL)= −33.579 6;似然比(LR)=32.500 0,对应 P 值=0.000 0;伪 R^2=0.326 1						

由表 19 至表 20 可见:新的分组方法结合主成分因子进行排序 Logit 模型和排序 Probit 模型估计参数的结果是显著的,F_1~F_3 的系数对应的 Z-统计量值和 P 值均符合预期,似然函数、似然比及其概率等指标也说明了模型整体估计效果良好。

作为比较,按照 2009 年风险等级分组(按城镇失业率均分 5 组,参见:唐海燕,2009),运用同样方法进行参数估计,结果如表 21 至表 22 所示,结果发现:F1 和 F2 的系数显著,但 F3 的系数并不显著(对应 P 值在 20%左右),从而证明了新的分组方法的可行性。

表 21

用排序 Logit 模型估计城镇调查失业率等级的分析结果
(按照样本区间内调查失业率数据大小均分为 5 等级)

变 量	系 数	标准差	Z 值	P 值	95%的置信区间	
F_1	0.836 9	0.223 4	3.750 0	0.000 0	0.399 0	1.274 8
F_2	1.213 2	0.389 8	3.110 0	0.002 0	0.449 2	1.977 3
F_3	−0.429 6	0.353 2	−1.220 0	0.224 0	−1.121 9	0.262 6
断点 1	−3.167 4	0.894 9			−4.921 4	−1.413 4
断点 2	−0.063 5	0.573 0			−1.186 6	1.059 7
断点 3	1.018 9	0.611 5			−0.179 6	2.217 4
断点 4	6.252 8	1.685 0			2.950 2	9.555 4
似然函数值(LL)=−27.970 1;似然比(LR)=34.760 0,对应 P 值=0.000 0;伪 R^2=0.383 2						

表 22

用排序 Probit 模型估计城镇调查失业率等级的分析结果
（按照样本区间内调查失业率数据大小均分为 5 等级）

变　量	系　数	标准差	Z　值	P　值	95%的置信区间	
F_1	0.454 0	0.106 7	4.250 0	0.000 0	0.244 7	0.663 2
F_2	0.626 1	0.199 5	3.140 0	0.002 0	0.235 0	1.017 2
F_3	−0.279 9	0.215 9	−1.300 0	0.195 0	−0.703 0	0.143 2
断点 1	−1.730 2	0.447 7			−2.607 7	−0.852 8
断点 2	−0.025 2	0.337 3			−0.686 3	0.635 9
断点 3	0.601 6	0.353 9			−0.092 1	1.295 3
断点 4	3.121 3	0.683 4			1.781 9	4.460 7
似然函数值(LL)＝−28.448 1；似然比(LR)＝33.800 0，对应 P 值＝0.000 0；伪 R^2＝0.372 7						

以上述模型估计结果为依据，结合两种方法进行 2010 年和 2011 年我国就业风险预测，所得结果如表 23 所示。

表 23

2010 年和 2011 年就业风险预测

风　险　等　级				1	2	3	4	5
按照2010年方法分组	Logit模型预测	近 3 年移动平均	2010 年	0.000 4	0.003 2	0.018 6	0.110 7	0.867 1
			2011 年	0.000 4	0.002 9	0.017 2	0.103 5	0.876 0
		基于 1997 年亚洲金融危机	2010 年	0.000 0	0.000 1	0.000 7	0.004 9	0.994 3
			2011 年	0.000 0	0.000 0	0.000 3	0.001 8	0.997 8
	Probit模型预测	近 3 年移动平均	2010 年	0.000 0	0.000 5	0.013 9	0.123 6	0.861 9
			2011 年	0.000 0	0.000 4	0.012 3	0.114 8	0.872 5
		基于 1997 年亚洲金融危机	2010 年	0.000 0	0.000 0	0.000 0	0.001 1	0.998 9
			2011 年	0.000 0	0.000 0	0.000 0	0.000 1	0.999 9
按照2009年方法分组	Logit模型预测	近 3 年移动平均	2010 年	0.000 1	0.001 4	0.002 8	0.436 8	0.559 0
			2011 年	0.000 1	0.001 3	0.002 6	0.424 1	0.571 9
		基于 1997 年亚洲金融危机	2010 年	0.000 0	0.000 0	0.000 1	0.016 9	0.983 0
			2011 年	0.000 0	0.000 0	0.000 0	0.004 9	0.995 0
	Probit模型预测	近 3 年移动平均	2010 年	0.000 0	0.000 2	0.001 9	0.36 40	0.633 8
			2011 年	0.000 0	0.000 2	0.001 7	0.351 9	0.646 2
		基于 1997 年亚洲金融危机	2010 年	0.000 0	0.000 0	0.000 0	0.007 1	0.992 9
			2011 年	0.000 0	0.000 0	0.000 0	0.000 9	0.999 1

由表 23 可见，按照排序 Logit 模型和排序 Probit 模型预测的结论是一致的。具体而言：① 以 2010 年新的分组方法进行预测，基于近 3 年移动平均和基于 1997 年亚洲金融危机进行预测，所得风险等级均属于 5 级(失业率在 5.87%以上)，但基于近 3 年移动平均预测对应的概率值相对稍低。② 以 2009 年分组方法进行预测所得结果基本和新分组方法所得结论一致(风险等级为 5 级，但失业率在 6.455%以上)，基于近 3 年移动平均预测对应的概率值同样偏低(60%左右)。③ 结合前述有关就业风险影响因素的分析结论，本文认为，2010 年和 2011 年的就业压力相对 2008 年和 2009 年会有所缓和，但偏紧的局势并不会改变。

五、结论与政策建议

本研究的主要结论可概述如下：

(1) 近期国内外就业状况。基于 2008 年第二次全国经济普查数据，对我国非农产业就业分析发现：经济单位和第三产业是就业的主体，经济单位和第二产业吸纳就业的平均人数较多；制造业和建筑业占据了单位就业的最大部分，但其就业人员的学历、技术职称和技术等级仍然偏低。就工业就业而言，国有和集体企业吸纳就业不到 10%(但其就业密度很高)，私营企业吸纳就业则在 40%以上，建筑业就业有类似规律。在第三产业就业中，批发零售业、交通运输、仓储和邮政业为就业主体；交通运输、仓储和邮政业，以及住宿和餐饮行业平均吸纳就业人员相对较多。

次贷危机对美国就业造成了一定的冲击，但近期就业状况有所好转。非农就业人数、周总工时指数在经历回落后开始上升，失业人口、失业率则有相反表现；由于就业表现为经济发展的引致性需求，对美国经济发展的分析表明，GDP 增速、私人储蓄、居民消费支出等指标均表现为反转趋势；政府消费与投资、金融市场利率也显示了政府刺激经济的意图明显；CPI、PPI 经历了冲高后开始回落，PMI 指数显示美国制造业正在复苏，就业压力有所缓和。

次贷危机使得全球失业率发生反转，其冲击效应表现出行业差异和国别差异，且具有一定的持续性。2008 年全球失业率为 5.8%，2009 年和 2010 年预计将达到 6.6%和 6.5%；北非、中欧、东南欧(非欧盟)与独联体的就业状况最差，2009 年失业率将分别达到 10.5%和 10.3%，2010 年预计将达到 10.6%和 10.1%；此外，由于性别歧视和就业经验的欠缺，女性和青年人的劳动参与率普遍较低，失业率较高。

(2) 我国就业风险影响因素分析。从城镇劳动力供给影响因素来看，城镇化率、城乡收入比、非农业劳动生产率、“非农产业—农业”劳动生产率比、城乡 Gini 系数的指标均较高，表明城镇就业压力将长期存在。

从劳动力需求角度来看，次贷危机对经济和就业造成了周期性的不利影响，但近期有所缓和。次贷危机导致 GDP 潜在增长率快速掉头。以 2008 年年初为界，产出缺口出现正负交替，就业压力加大；但 2009 年第四季度 GDP 增长率达到了 9.7%，产出正缺口得以显现，2010 年第一季度 GDP 增速达到了 11.9%。此外，政府为应对次贷危机采取了力度极大的扩张性财政政策；M_2、中长期贷款趋于放大，而贷款利率趋于降低。与此同时，我国固定资产投资升幅、第三产业投资占比均趋于放大，中央投资在次贷危机后经历了短暂的急剧上升；次贷危机后城乡居民收入、社会消费降幅较为明显，但近期有所回升。

从长期来看，次贷危机的警示作用表现为经济结构和对应的就业结构调整势在必行。次贷危机对我国贸易出口和汇率均有重大不利影响，我国现有劳动密集与出口导向的经济发展策略长期来看是难以为继的。另外,从产业格局来看,第一产业和第二产业产出占比趋于缓慢下降,第三产业产出占比上升趋势明显,均有利于增加就业。

(3) 就业风险度量和预测。本报告沿用 2009 年就业风险报告中通过将城镇失业率进行 5 级分类,进而运用排序 Logit 模型进行就业风险度量和预测的思路。在技术方法上,为避免自变量(即影响因素)相对样本容量过多,且自变量之间存在严重多元共线性的缺点,采取主成分分析实现自变量的因子合成;同时以城镇失业率数据的 5 分位数作为风险等级划分标准,用以取代原有均分风险等级的做法。从模型估计和预测效果来看,新的方法是可取的。

以 1978—2008 年相关数据为基础,基于排序 Logit 模型和排序 Probit 模型进行参数估计,进而进行 2010 年和 2011 年我国就业风险预测。结果发现:基于主成分因子指标近 3 年移动平均和基于 1997 年亚洲金融危机情形进行预测,所得 2 年的就业风险等级均属于 5 级(失业率在 5.87%以上),但基于近 3 年移动平均预测对应的概率值相对稍低(2010 年和 2011 年的概率值分别为 86.71%和 87.60%)。总体而言,未来 2 年的就业压力将相对有所缓和。

基于上述结论,本报告给出的政策建议为:短期内要注重次贷危机对我国就业带来的不利影响的持续性,政策制定上要注意在"保增长"的同时"促就业",以化解冲击对周期性失业的影响。从长期来看,要注重经济结构调整所造成的结构性失业的上升,在产业调整的行业和区域布局方面,凸显劳动力资源的比较优势,实现劳动力分布的优化布局;此外,建立健全社会保障体系,提升劳动者的就业安全水平也是未来就业政策的一大挑战。

参考文献

[1] 阿部诚. 经济危机下日本的劳动和社会保障[J]. 中国人民大学学报,2010(1).

[2] 蔡昉,都阳,高文书. 就业弹性、自然失业和宏观经济政策——为什么经济增长没有带来显性就业?[J]. 经济研究,2004(9).

[3] 蔡昉. 坚持在结构调整中扩大就业[J]. 求是,2009(5).

[4] 蔡昉,都阳. 创新思路促就业、保增长[J]. 学习月刊,2009(6).

[5] 蔡昉,王德文,曲玥. 中国产业升级的大国雁阵模型分析[J]. 经济研究,2009(9).

[6] 蔡昉,王德文,张华初. 中国经济刺激方案的就业效应[D]. 北京:中国社会科学院人口与劳动经济研究所,2009(8).

[7] 蔡昉,王美艳. 扩大就业——中国特色的反周期战略[J]. 经济与管理研究,2009(3).

[8] 蔡防,王美艳,曲玥. 中国工业重新配置与劳动力流动趋势[J]. 中国工业经济,2009(8).

[9] 陈建东,侯文轩,邹高禄. 1978—2008 年我国城乡居民之间收入基尼系数的演化趋势[D]. 太原:西南财经大学,2009.

[10] 丁守海,蒋家亮. 经济衰退背景下失业问题研究新进展[J]. 经济学动态,2009a(11).

[11] 丁守海,蒋家亮. 金融危机对大学生就业的影响及对策分析[J]. 经济学家,2009b(10).

[12] 丁守海. 中国就业弹性究竟有多大?——兼论金融危机对就业的滞后冲击[J]. 管理世界,2009(5).

[13] 方福前,孙永君. 总需求和总供给冲击对我国失业和产出动态关系的影响分析[J]. 经济理论与经济管理,2009(12).

[14] 龚秀国,邓菊秋. 中国式"荷兰病"与中国城乡就业研究[J]. 国际贸易问题,2009(11).

[15] 郭丹,谷洪波,尹宏文. 基于农村产业结构调整的我国农村劳动力就业分析[J]. 中国软科学,2010(1).

[16] 韩凯,王宾. 国际金融危机对农民工就业影响的百村调查[J]. 经济纵横,2009(8).

[17] 胡学勤,陆万军. 我国经济增长中就业效应不足问题的成因及对策[J]. 经济纵横,2009(6).

[18] 胡英. 2000—2008 年中国城镇、乡村经济活动人口数量估计[J]. 中国人口科学,2009(6).

[19] 黄军英. 经济危机背景下世界主要国家和地区促进就业的主要措施及启示[J]. 中国科技论坛,2009(10).

[20] 劳动和社会保障部劳动科学研究所课题组. 我国失业预警系统与就业对策研究[J]. 经济研究参考,2002(34).

[21] 黎贵才,卢荻. 中国经济增长模式演进的就业效应[J]. 经济理论与经济管理,2009(12).

[22] 李腊生,关敏芳. 我国政府经济刺激方案的结构性优化[J]. 财经科学,2010(1).

[23] 李晓峰,任靖楠. 中韩自由贸易区的建立对中韩两国净出口与就业影响的实证分析[J]. 国际贸易问题,2009(6).

[24] 李珍,王海东. 金融危机下的中国失业人口经济保障应急政策研究[J]. 经济体制改革,2009(6).

[25] 马海英,王立勇. 我国第三产业周期稳定效应与就业吸纳效应研究[J]. 中国软科学,2009(7).

[26] 盛斌,牛蕊. 国际贸易、贸易自由化与劳动力就业:对中国工业部门的经验研究[J]. 当代财经,2009(12).

[27] 盛斌,牛蕊. 贸易、劳动力需求弹性与就业风险:中国工业的经验研究[J]. 世界经济,2009b(6).

[28] 盛来运,王冉,阎芳. 国际金融危机对农民工流动就业的影响[J]. 中国农村经济,2009(9).

[29] 唐海燕. 中国经济运行风险研究报告 2009[M]. 上海:立信会计出版社,2009.

[30] 王柏杰,郭立宏. 中国转型期第二产业产出与就业关系的实证——基于 1979—2008 年的 ECM 模型[J]. 山西财经大学学报,2009(11).

[31] 王德文,蔡昉. 化解金融危机对中国的就业冲击[J]. 宏观经济研究,2009(2).

[32] 王飞鹏,何勤,肖鹏燕. 国际金融危机背景下一些国家促进就业的做法及启示[J]. 经济纵横,2009(10).

[33] 王孝成. 人民币实际汇率与中国就业——基于内生劳动力供给模型的实证研究[J]. 世界经济研究,2010(2).

[34] 向志容,颜蕾. 经济危机时期美国就业状况、政策调整及其启示[J]. 南方金融,2009(9).

[35]　肖军. 就业与经济增长问题研究[J]. 社会科学辑刊,2009(5).

[36]　姚枝仲. 如何在出口下降时实现宏观稳定? [J]. 国际经济评论,2009(3).

[37]　尹碧波,周建军. 中国经济中的高增长与低就业——奥肯定律的中国经验检验[J]. 财经科学,2010(1).

[38]　郁建兴,瞿志远. 金融危机冲击下的就业与保增长——以浙江省为研究对象[J]. 浙江大学学报(人文社会科学版),2009(11).

[39]　张亚斌,王颖. 对外贸易、FDI对就业影响的实证分析——以湖南省为例[J]. 软科学,2009(12).

[40]　ABIAD A, LEIGH D, TERRONES M E. Getting the balance right: transitioning out of sustained current account surpluses [R]. //IMF. World Economic Outlook: Rebalancing Growth (Chapter 4). Washington, D. C. , 2010(4).

[41]　BALAKRISHNAN R, DAS M, KANNAN P. Growth unemployment dynamics during recessions and recoveries: okun's law and beyond [R]. //IMF. World Economic Outlook: Rebalancing Growth (Chapter 3). Washington, D. C. , 2010(4).

[42]　ILO. Global employment trends: January 2009[M]. Geneva: ILO, 2009.

[43]　ILO. Global employment trends: January 2010[M]. Geneva: ILO, 2010.

第七章　国际收支失衡风险

一、绪论

（一）国际收支与国际收支失衡风险

1. 国际收支与国际收支平衡表

国际收支是指一个国家或地区在一定时期内（通常为1年）全部对外经济交易往来的系统的货币记录。

国际收支的主要结果反映在国际收支平衡表里，国际收支平衡表基本反映了一国的对外经济和金融环境。国际收支平衡表主要有四个项目：经常项目、资本和金融项目、储备资产项目和净误差与遗漏项目。经常项目也常称作经常账户，它又包括了三个二级账户，即货物和服务账户、收益账户和经常转移账户。资本和金融项目又称作资本和金融账户。资本项目包括移民转移、债务减免等资本性转移，金融项目包括直接投资、证券投资和其他投资。储备资产项目是指货币黄金、特别提款权、在基金组织的储备头寸、外汇以及其他债权等方面本年年末与上年年末余额之间的差额。误差与遗漏项目是由于实际的国际收支统计中数据的来源、统计口径不一等原因，虽然采用了复式记账的原则，但是借贷双方未必相等，经常残留一个净借方或净贷方余额，为此，特设该项进行平衡。在编制国际收支平衡表时，经常收支、资本收支、储备资产增减以及误差与遗漏四项之和为零。

2. 国际收支失衡

国际收支失衡是指一国经常账户、资本和金融账户的余额出现问题，即对外经济出现了需要调整的情况。国际收支失衡的结果一般表现为两种类型：一种是持续的国际收支逆差，它表现为对外支付大于收入，表示资金的持续流出；另一种是持续的国际收支顺差，它表现为对外支付小于收入，表示资金的持续流入。中国目前面临的正是后一种情况，失衡的突出表现就是外汇储备急剧增加。

3. 国际收支失衡风险

国际收支失衡风险是指一国国际收支在失衡状态下对一国经济发展和各种经济指标和经济变量的相互作用与影响。

一国国际收支失衡对外的经济影响主要是国际收支失衡造成汇率、资源配置、福利提高的困难；一国国际收支失衡对内的经济影响主要是国际收支失衡造成经济增长与经济发展的困难，即对外的失衡影响到国内经济的均衡发展。从这一点来说，国际收支失衡又可以分为宏观国际收支失衡和微观国际收支失衡。相对于国际收支本身流量概念而言，国际收支失衡则是一个存量概念。因而国际收支失衡又可以包括静态的国际收支失衡和动态的国际收支失衡。

（二）国际收支失衡风险计量口径

在国际收支的理论研究中，把经济交易按发生的动机不同区分为自主性交易和补偿性交易。根据国际收支的实际情形以及研究重点的不同，国际收支不平衡与国际收支风险可以按下述口径来加以观察。

（1）贸易收支的不平衡与风险。贸易收支即商品进出口收支差额，这是传统上用得最多的一种概念。在一些国际收支调节理论中，有的也将此作为国际收支的代表。由于贸易收支在国际收支中的重要地位，且该项收支直接取决于一国的产业结构、产品质量和劳动生产率，所以受到人们的重视。

（2）经常收支的不平衡与风险。经常收支反映了国与国之间实际资源的转移净额，即持有国外财富净额的变化。由于一国拥有多少实际资源可支配使用对经济增长和发展十分重要，因此经常项目收支差额往往被用来表示一国的国际收支目标。此外，根据国民收入恒等式：

总供给＝国内需求（消费＋投资＋政府购买）＋经常收支

因此，经常收支反映了国内总供给与国内总需求的缺口。当国内需求过热时，经常收支便会出现逆差。

（3）基本收支的不平衡与风险。经常收支和长期收支之和称为基本收支，它是度量一国国际收支长期趋势的尺度。由于它不包括一些投机性的或不稳定的短期资本往来项目，只考虑经常项目与长期资本流动这些较为稳定的项目，所以能反映国际收支的长期趋势。对于那些长期资本往来规模较大的国家，它是用以判断国际收支状况的重要指标。

（4）综合收支的不平衡与风险。经常收支、资本收支和误差及遗漏之和称为综合收支。综合收支若出现盈余，则意味着储备资产增加；如果出现赤字，则必须用外汇、黄金等储备资产来弥补，从而使储备资产减少。所以综合收支决定了该国对外储备资产的增减。

由于以上各种原因，国际收支风险在各国广泛存在且有所差异，国际收支失衡也时常发生。一国的国际收支风险与国际收支失衡，会影响到其内部经济的正常运行和长期均衡。一旦发生逆差，为维持汇率的稳定，便要动用储备弥补逆差，但这会引起货币供应的减少，影响国内产出水平和就业，导致经济萎缩。而当一国存在巨额顺差时，则会造成货币供应过量，从而引发通货膨胀，阻碍经济发展；巨额的贸易顺差还会引发贸易摩擦和货币升值，使出口受阻。

国际收支的失衡状况主要是通过国际收支平衡表来判断和衡量的。国际收支平衡表是重要的经济报表，它的每个项目都独具深刻的内涵，其数字反映了一个经济体的各方面的对外经济活动状况。本研究通过分析中国国际收支平衡表，研究中国经济的外部均衡和内外均衡影响与制约因素，并对中国国际收支风险进行分析和度量。

因而，仅从国际收支平衡表来看，国际收支失衡只是一个会计问题，但从一国经济运行的本质来说，国际收支失衡本质上是一个经济概念而非一个会计概念，而国际收支失衡风险在不同的经济概念下也存在不同的含义，实际上并不存在某种单一的尺度衡量一国国际收支风险，不同国家要根据本国实际选用一种或若干种，来判别国际收支风险并采取相应对策。

（三）研究思路与架构

本报告主要研究分析中国多年来国际收支持续顺差所造成的经济外部失衡对中国整个宏观经济运行造成的风险。本报告将跟踪分析中国国际收支失衡状况及其失衡原因，特别是2008年以来在国际金融危机影响下中国国际收支所面临的风险，并对后金融危机时期中国国际收支所面临的风险进行预测分析。运用实证计量方法对近年来中国国际收支风险进行度量检验，在此基础上对2010年和2011年中国国际收支可能面临的风险进行推演预测，并使用相应的风险指数进行风险等级量化。本报告将重点研究国际收支风险度量方法的基础理论，中国国际收支失衡风险的传导机制，国际收支风险度量模型建立，度量模型所用数据的选取与处理方法，2010 年和 2011 年中国国际收支风险的风险指数及风险指数等级度量及风险管理对策。

二、风险因素识别

（一）中国国际收支现状分析

1. 2009 年国际收支的运行环境

2009 年，世界主要经济国家纷纷采取有力措施应对国际金融危机，国际金融危机和全球经济衰退得到有效抑制并趋向缓和好转，世界经济金融形势呈现出变化快、波动大、不确定性依然存在等突出特点。在政府大力救助和市场自我修复的双重作用下，危机恶化局面得到缓解，宏观经济总体触底反弹，但复苏基础尚不稳固。各国复苏进程出现分化，部分新兴市场国家率先企稳，主要发达国家也陆续在下半年步出经济衰退，但与亚洲等新兴市场国家相比，经济恢复速度较缓。整体复苏基础较为脆弱，复苏的动力主要来自大规模政策刺激下的制造业反弹和存货调整，主要国家的就业形势依然严峻，私人需求尚未有效启动，经济复苏依然面临不确定性。国际金融市场先抑后扬，市场趋稳过程中频繁振荡。从全球范围看，去杠杆化过程仍在持续，信贷增长尚未恢复，市场避险情绪未完全散去，极易受到局部和个别信用事件的影响，金融市场呈现出波动回升的态势。

2009 年，中国国际收支的国内环境经历了较大变化。上半年，受国际金融危机持续扩散蔓延影响，中国经济下行压力明显加大，有效需求不足矛盾凸显；进出口出现负增长，对外贸易形势发生逆转；外资流入势头放缓，甚至出现部分外资撤资情况。下半年，党中央、国务院不断丰富完善应对国际金融危机的一揽子计划和政策措施，中国经济在全球率先回升向好，全年 GDP 增长 8.7%；内需对经济增长的拉动作用显著增强；出口形势逐步好转，利用外资稳步增长，下半年外汇资金净流入势头明显加快。

2. 2009 年国际收支的主要特点

2009 年，中国国际收支继续呈现“双顺差”格局。其中，经常项目顺差 2 971 亿美元，较上年下降 32%，2008 年为增长 17%；资本和金融项目顺差 1 448 亿美元，较上年增长 6.6 倍，2008 年为下降 74%。2009 年年末，国家外汇储备达到 2.34 万亿美元，较上年年末增加 3 984 亿美元，比 2008 年少增 194 亿美元。根据国家外汇管理局公布的《2008 年中国国际收支报告》，国际收支各项目的主要特点如下：

(1) 货物贸易进出口多年来首次回落。2009 年，由于外部需求依然较低，国内经济增速相对前些年有所回落，中国货物贸易进出口继续呈现下滑趋势。按国际收支统计口径，2009 年货物贸易出口 12 038 亿美元，进口 9 543 亿美元，分别较上年下降 16%和 11%，是近 20 年来的首次下降；货物贸易顺差 2 495 亿美元，下降 31%。

(2) 服务贸易逆差持续增长。2009 年，服务贸易收入 1 295 亿美元，较上年下降 12%；支出 1 589 亿美元，与上年基本持平；逆差 294 亿美元，增长 149%。服务贸易逆差扩大的主要原因是，运输项目逆差较上年扩大 93%，旅游项目由上年的顺差 47 亿美元转为逆差 40 亿美元。

(3) 收益项目净流入小幅上升。2009 年收益项目顺差 433 亿美元，较上年增长 4%，增幅回落 57 个百分点。随着中国对外资产规模的进一步扩大，2009 年投资收益流入 994 亿美元，增长 7%，其中大部分是国家外汇储备取得的收益。在全球经济不景气的情况下，中国海外务工人员的劳务收入增幅放缓，2009 年职工报酬净流入 72 亿美元，较上年增长 12%，增幅回落

35 个百分点。

(4) 直接投资顺差减少。2009 年,直接投资顺差 343 亿美元,较上年下降 64%。由于国际资本流动规模收缩,外国来华直接投资净流入 782 亿美元,较上年下降 47%。中国对外直接投资保持一定规模,2009 年净流出 439 亿美元,较上年下降 18%。

(5) 证券投资净流入略有下降。2009 年,证券投资项下净流入 387 亿美元,较上年下降 9%。其中,中国对外证券投资净回流 99 亿美元,较上年下降 70%;境外对中国证券投资净流入 288 亿美元,增长 191%。

(6) 其他投资由净流出转为净流入。2009 年,贷款、贸易信贷、货币和存款等形式的其他投资项下净流入 679 亿美元,2008 年为净流出 1 211 亿美元。其中,中国境外其他投资资产净回流 94 亿美元,2008 年为净流出 1 061 亿美元。境外对中国其他投资净流入 585 亿美元,2008 年为净流出 150 亿美元。

(7) 储备资产增幅放缓。2009 年,剔除汇率、价格等非交易价值变动(即估值效应)影响,中国新增国际储备资产 3 984 亿美元,按可比口径较上年减少 17%。其中,外汇储备交易变动 3 821 亿美元,特别提款权和货币黄金合计增加 160 亿美元。

3. 2010 年第一季度中国国际收支的主要特点

2010 年第一季度,中国国际收支经常项目、资本和金融项目呈现"双顺差",国际储备资产继续增长。中国国际收支经常项目顺差 409 亿美元,同比下降 48%。其中,按照国际收支统计口径计算,货物贸易顺差 294 亿美元,服务贸易逆差 180 亿美元,收益顺差 213 亿美元,经常转移顺差 83 亿美元。资本和金融项目顺差(含净误差与遗漏)550 亿美元。其中,直接投资净流入 175 亿美元。中国国际储备资产变动 960 亿美元,按可比口径,同比增长 46%。其中,外汇储备资产交易变动 959 亿美元(不含汇率、价格等非交易价值变动影响),特别提款权增加 1 亿美元。

(二) 中国国际收支历史轨迹分析

附表是根据中国历年国际收支平衡表整理出的 1982—2009 年间国际收支概览。我们可以看出,中国国际收支交易总规模持续扩大,尤其是加入 WTO 以来,无论是对外贸易还是国际资本流动均急剧增加。这充分表明,中国参加国际经济合作和竞争的能力已显著增强,对外开放程度持续加深,同时也说明中国经济对外依存度继续提高,国际经济对中国的影响不断加大。

1. 中国国际收支演变历程及其特征

(1) 对外贸易发展非常迅速,进出口贸易总额从 1982 年的 380.1 亿美元上升到 2009 年的 26 720 亿美元,年平均增长率高达 17.3 %,远远超过世界贸易的年平均增长率 8%。进出口总额与 GDP 之比从 1982 年的 13.5%上升到 2008 年的 54.5%,开放经济规模已变得十分强大。

(2) 劳务收支在 20 世纪 90 年代之前规模较小,并且劳务收入大于劳务支出。90 年代之后,劳务收支规模增长迅速,1990 年首次超过 100 亿美元,1994 年超过 300 亿美元,2003 年则超过了 1 000 亿美元,2009 年则达到 2 884 亿美元。1991 年以后,劳务收入一直小于劳务支出,2009 年劳务收支逆差为-294 亿美元。

(3) 收益收支在 2002 年之前规模相对较小,但从 1993 年到 2004 年间一直表现为逆差,2003 年收益收支规模首次超过 400 亿美元,并且收益收支逆差迅速下降。收益收支规模在

2005 年之后快速增长，收益收支顺差也很快上升，2009 年收益收支规模达到 1 739 亿美元，收益收支顺差也进一步创纪录，达到 433 亿美元。资本收益从净流出转变为净流入，有效地改善了中国经常收支状况。

(4) 经常收支不断趋于改善。在 1982—2009 年的 28 年间，仅出现 1985、1986、1988、1989 和 1993 年五次逆差；自 1994 年以来，经常收支持续保持顺差。尤其是加入 WTO 之后，经常收支顺差从 2002 年的 354.2 亿美元上升到 2008 年的 4 261.1 亿美元，年增长幅度保持在 20%～30%之间。2009 年在金融危机的影响下显著下降，但仍保持顺差为 2 971 亿美元。这显示了中国外向型经济战略的成功，特别是由于大量的外商直接投资，中国的出口供给能力和进口替代能力得到了很大的提高。

(5) 经常收支在经济增长慢的时期会出现顺差，如 1981—1983 年，1990—1991 年；在经济增长快的时期容易出现逆差，如 1978—1980 年，1985—1989 年。但从 1992 年以来，中国经济虽然保持了平均 10%以上的高增长率，出现贸易逆差的只有 1993 年，经常收支顺差成为基本趋势。与经济周期脱钩的经常收支顺差表明中国的产业结构逐渐趋于合理，但也预示着中国经济内需不足和外部不确定性对中国经济影响加深。

(6) 在资本和金融项目中，2004 年之前，直接投资所占比重较高，而证券投资和其他投资所占比重相对较小，资本和金融收支相对合理。但是，2005 年之后，证券投资和其他投资大量增加且波动剧烈，尤其是其他投资，其在 2007 年和 2008 年分别出现 696.8 亿美元和 1 210.6 亿美元的净流出，但在 2009 年则实现了 679 亿美元的净流入。由较为稳定的直接投资主导中国国际资本和金融收支结构阶段已经结束，资本和金融项目将受到国际金融投机显著影响，表现出更多的不稳定性。

(7) 净误差和遗漏在 1990—2001 年间开始逐渐增加且持续为负，表现为表外的资本净流出，1997 年更达到最高的 221.2 亿美元，这被归结为统计误差、货币折算问题以及可能存在的走私行为。近年来净误差和遗漏频繁为负，在 2005—2009 年的 5 年间，除 2007 年之外，净误差和遗漏均为负，这可能是源于人民币升值预期以及国际经济形势的剧烈波动。

2. 中国国际收支长期失衡问题

自 1994 年以来，中国国际收支持续顺差，尤其是加入 WTO 以来，国际收支不但延续“双顺差”格局，而且顺差规模持续扩大。2008 年，中国国际收支状况在总体上相对改善，国际收支总顺差为 4 451 亿美元，与 2007 年的 4 453 亿美元基本持平，总顺差由快速增长转为趋于平衡。其中，经常项目顺差与同期 GDP 之比为 9.8%，比 2007 年下降 1.2 个百分点。以“双顺差”格局为特征的单边性国际收支失衡，已经成为中国经济运行的突出问题和深层次矛盾之一，主要是受国内经济发展的长期性和结构性因素影响。

国际收支长期失衡是在经济全球化背景下，中国参与国际分工的必然结果。改革开放以来，中国日益良好的投资环境、相对低廉的劳动力等生产要素价格，促使跨国公司在全球分工布局中，逐步将加工制造环节向中国转移，带动了中国外资的流入和进出口顺差的增长。

国际收支长期失衡是中国经济处于工业化、城镇化和国际化进程中的阶段性特征。现阶段，工业化步伐较快，投资需求较高，制造业产能迅速扩大。在城镇化进程中，农村大量劳动力向城市转移，增加了劳动力市场的供给，形成了一定的国际比较优势。

国际收支长期失衡是中国储蓄持续大于投资，国内需求不足的外在表现。与发达国家相比，中国居民收入尤其是农民收入仍处于相对较低的水平，再加上社会保障体制改革尚未完全到位，居民预防性储蓄较多，影响了国内需求和消费水平提升到更高层次。此外，国内金融市场发育程度不高，也影响了国内储蓄向投资转化的效率。

国际收支长期失衡也是跨境资本追求较高投资回报的结果。全球性金融危机爆发，以美国为首的主要经济国家连续降息以应对金融风险，并发展到竞相滥发货币，世界经济陷入深度衰退，国际市场的投资风险显著增加。

虽然全球经济的一体化趋势在长期上不会改变，但在未来一段时期将发生剧烈的起伏和波动。中国经济有望保持稳定增长，国际收支失衡在总体上也会有所缓解。但是，国际经济运行中的各种风险和不确定性将会明显增加，国内经济也将面临一定挑战，中国国际收支形势的复杂性将会增加，尤其是国际收支的结构性风险将会显著上升。

（三）中国国际收支失衡风险传导机制

关于国际收支失衡风险的传导机制可追溯到国际收支调节理论，包括国际收支弹性分析法、吸收分析法、货币分析法以及结构分析法等。国际收支弹性分析法认为，汇率变动通过影响国内外商品之间、本国生产的贸易品和非贸易品之间的相对价格变动，影响一国的总供给和总需求，从而影响国际收支。国际收支吸收分析法则从凯恩斯的国民收入决定理论入手，考察总收入与总支出对国际收支的影响。国际收支货币分析法则从货币的角度考察国际收支不平衡的原因。国际收支结构分析法则认为，国际收支逆差，尤其是长期国际收支逆差，可以是长期过度需求引起的，也可以是长期供给不足引起的，而这些结构性因素包括经济结构老化、经济结构单一和经济结构落后等。

国际收支顺差导致国际储备上升和对外资产增加，从而使得货币当局在维持人民币币值的情况下相应地增加基础货币，货币供应量也随之增加；货币供给的增加经过一定的滞后会使经济增长加快，而经济过快增长意味着产能相对过剩和国内需求增加，产能相对过剩导致出口增加，国内需求增加导致进口增加，从而导致经常收支趋于平衡。这样，随着时间的推移，经济将在循环变动的过程中保持经常收支大致均衡状态下的增长。

当存在国际资本流动时，经济增长和经常收支之间的长期均衡关系，由于资本的净流入而被打破，外商直接投资对出口的推动作用使得经济更快增长和产能持续上升，从而使得出口相对于进口更快增加，导致经常收支持续顺差；而持续的经济高增长吸引外资不断流入，导致资本收支持续顺差。持续的国际收支“双顺差”导致国际储备持续增加，货币供给不断增加，进一步促进经济增长。

1. 贸易收支失衡的决定因素

自 1994 年人民币贬值以后，中国持续保持着进出口贸易收支顺差，贸易收支失衡问题长期存在。就经常收支顺差而言，其与 GDP 之比从 2001 年的 1.3%持续上升到 2007 年的 11.0%。由于全球金融危机爆发和世界经济陷入衰退，2008 年经常收支顺差增速有所减缓，但其与 GDP 之比仍为 9.8%。

在中国经济转型时期，贸易收支决定因素存在其特殊性。出口贸易主要受到累计外商直接投资和实际汇率的影响。这是因为，中国出口的快速增长在很大程度上得益于三资企业的发展。数据显示，20 世纪 90 年代后期以来，三资企业出口的增长尤为明显，2001 年，其出口比重首次超过了 50%，三资企业的出口贡献率都在 60%以上，有的年份甚至超过 80%。而外商直接投资是促进三资企业出口迅速增长的根本原因。自中国实施对外开放政策以来，外商直接投资是中国资本流入的主要形式，是三资企业发展与壮大的主要原动力。根据唐国兴、徐剑刚(2006)的研究结果，无论是在出口总额与外商直接投资累计之间，还是在三资企业出口额与直接投资累计之间，都存在很强的正相关关系。在考虑出口贸易决定因素的特殊性之后，我们可以得出贸易收支决定模型：

$$TB = e_0 - m_0 - m_1\alpha A - m_1\alpha\Delta Y/\sigma + e_1(1-m_1\alpha)KDI_{-1} + (e_2+m_2)(1-m_1\alpha)R$$
$$= \beta_0 + \beta_1\Delta Y + \beta_2 KDI_{-1} + \beta_3 R \tag{1}$$

其中：TB 为商品和劳务净出口；Y 为国内生产总值；KDI 为外商直接投资累计总额；R 为直接标价的美元对人民币的实际汇率；Δ 为差分符号；m_1 为边际进口倾向；σ 为资本产出比率；$A = a + e_0 - m_0$；$\alpha = 1/(1-b-m_1)$。

2. 国际收支顺差对货币供给的影响

在现行人民币汇率制度和保持人民币币值稳定的货币政策目标下，中国货币当局不得不持续买入因国际收支顺差带来的外汇资产，这导致与国际储备相对应的货币当局对外净资产快速增加。货币当局的主要资产包括国外净资产(FS)、对政府债权(LG)、对其他存款性公司债权(LB)和对其他金融性公司债权(LNMF)等，主要负债包括基础货币(MB)、政府存款(DG)和发行债券(DB)等。货币当局的国外净资产(FS)与其他各项资产和负债共同决定了基础货币，而不断增加的国外净资产主要是由持续上升的国际储备形成的。

就货币供给形成过程而言，货币供给取决于基础货币和货币乘数。基础货币(MB)由货币发行(CU)和准备金(RE)组成，而货币发行与流动中的现金(M_0)相差不大，因而，$MB = CU + RE \approx M_0 + RE$。准备金包括法定准备金(RD)和超额准备金(RO)，即 $RE = RD + RO$。结合基础货币由货币当局资产和负债的决定关系，货币供给的表达形式为：

$$M_2 = \mu MB = \mu(CU+RE) = \mu[FS + LB + LNMF + (LG - DG) - DB] \tag{2}$$

货币供给的内生性体现在货币供应量是由货币当局和货币持有主体共同决定的，货币持有主体包括公众和商业银行两部分，公众由家庭和商业银行之外的企业组成。货币当局在外部环境冲击下对货币供给进行调控，一方面采取调节基准利率和法定准备金率等措施；另一方面通过公开市场操作调整其自身的资产负债结构。随着货币当局资产负债结构的调整，将会对货币持有主体的持币行为产生影响，公众的现金持有偏好和商业银行的准备金需求将会发生变化，货币供给也因而调整。我们在以往模型分析的基础上，进一步分析公众的现金持有偏好与商业银行的准备金需求行为，并引入货币当局资产负债结构调整因素，构建中国转型期货币供给的形成机理及其微观基础。

中国经济转型时期，在通过国家隐性担保和全民储蓄动员而形成特殊金融安排的环境下，政府部门对金融体系的全力支持以及存款、银行免于破产的国家隐形担保，因而无须担心持有货币的安全性，公众的现金持有偏好主要取决于持有现金的流动性收益与机会成本。公众通常在现金与银行存款之间进行选择，银行存款利率上升时，公众因持有现金的机会成本增加而减少现金持有量，转而增加银行存款；反之，银行存款利率下降将使公众减少银行存款并增加现金持有量，以获取更好的流动性。公众持有货币形式的最优化模型为：

$$\operatorname*{Min}_{k}\{L = \alpha U[(1-\delta)(1-k)] + (1-\alpha)U(ik)\} \tag{3}$$

其中：k 为现金持有比率；i 为存款的平均利率水平；现金有完全流动性，存款有部分流动性，δ 为存款的流动性系数，$0<\delta<1$，δ 的大小取决于金融创新和金融交易的效率等；那么，

$U[(1-\delta)(1-k)]$为持有存款在流动性方面造成的效用损失;$U(ik)$为持有现金在盈利性方面造成的效用损失;α 和 $1-\alpha$ 分别表示流动性的相对偏好系数和机会成本的相对厌恶系数,$0<\alpha<1$。因此,L 为公众在该现金持有比率情况下所获取的总体效用损失。模型表示,在给定的持有货币量的情况下,公众选择持有现金 C 和存款 D 的最优数量,即现金持有比率 $k=C/D$,以最小化其在流动性和盈利性方面的综合效用损失。若将效用函数 $U(.)$设定为常相对风险厌恶(CRRA)形式,即 $U(X)=(X_1-\sigma-1)/(1-\sigma)$,$0<\sigma<1$,则 $U'(X)=X-\sigma$。解上述最优化问题,得出一阶条件为:

$$-\alpha(1-\delta)[(1-k)(1-\delta)]^{-\sigma}+(1-\alpha)i(ik)^{-\sigma}=0 \tag{4}$$

经过整理,并将 k 对 α、δ 和 i 分别求偏导,有:

$$k=k(\overset{+}{\alpha},\ \overset{-}{\delta},\ \overset{-}{i}) \tag{5}$$

商业银行在日常经营活动中持有准备金,主要是在综合判断安全性与盈利性的基础上进行决策。就商业银行的盈利性而言,由于准备金利率低于贷款等资产的收益率,商业银行的准备金越少,则盈利性越强。就商业银行的安全性而言,由于贷款等其他资产可能成为呆坏账,而存于中央银行的准备金却没有风险,而且准备金还可以用于防范可能发生的挤兑行为,商业银行的准备金越多,则安全性越高。商业银行持有货币形式的最优化模型为:

$$\underset{re}{\mathrm{Min}}\{T=\beta U[(i-i_e)(re-rd)]+(1-\beta)U[\phi(1-re)]\} \tag{6}$$

其中:re 为准备金率;rd 为法定准备金率;$1-re$ 为贷款等资产所占比重;$i-i_e$ 为持有准备金的机会成本;i 和 i_e 分别为存款利率和准备金利率;ϕ 为贷款等资产的风险性系数。那么,$U[(i-i_e)(re-rd)]$ 为持有超过法定要求的准备金而在盈利性方面造成的效用损失,$U[\phi(1-re)]$ 为持有贷款等资产而在安全性方面形成的效用损失,β 和 $1-\beta$ 分别是商业银行对盈利性和安全性的相对偏好程度,$0<\beta<1$。因此,T 为商业银行在该准备金率情况下所获取的总体效用损失,商业银行的准备金需求应使其整体效用损失最小化,其效用函数 $U(.)$也设定为常相对风险厌恶(CRRA)形式,如上所示。解上述最优化问题,得出一阶条件为:

$$\beta(i-i_e)[(i-i_e)(re-rd)]^{-\sigma}-(1-\beta)\phi[\phi(1-re)]^{-\sigma}=0 \tag{7}$$

经过整理,并将 re 对 β、$i-i_e$ 和 ϕ 分别求偏导,有:

$$re=re(\overset{-}{\beta},\ i\overset{-}{-}i_e,\ \overset{+}{\phi},\ \overset{+}{rd}) \tag{8}$$

我们可以得到现金持有偏好与准备金需求的主要决定参数影响货币乘数的如下定式:

$$\mu=\mu(\overset{-}{\alpha},\ \overset{+}{\beta},\ \overset{+}{\delta},\ \overset{-}{\phi},\ \overset{+}{i},\ i\overset{+}{-}i_e,\ \overset{-}{rd}) \tag{9}$$

国外净资产在货币当局总资产中所占比重(FS/AS)上升,意味着货币当局不断买入外汇而投放货币,这将引起货币市场的流动性不断增加,导致公众对流动性的相对偏好系数下降,商业银行对安全性的相对偏好程度下降,即 α 下降,β 上升,因此,货币乘数上升。商业银行再贷款所占比重(LB/AS)下降,意味着商业银行面临着相对的银根紧缩和信贷紧张,这将影响市场参与主体改变对流动性的预期,导致公众对存款的流动性要求增加,商业银行对所持有的贷款等资产的风险性也更为审慎,即 δ 上升,ϕ 下降,因此,货币乘数上升。央行票据所占比重

(DT/AS)上升，随着货币当局不断增加央行票据的发行，商业银行等金融机构在货币当局要求下购买央行票据后，其所持有资产的综合风险程度下降，对安全性的相对偏好程度也会下降，即 ϕ 下降，β 上升，因此，货币乘数上升。以货币当局的资产负债结构替代市场参与主体持有货币的关键参数，货币乘数可以进一步表示为：

$$\mu=\mu\left(\overset{+}{\frac{FS}{AS}}, \overset{-}{\frac{LB}{AS}}, \overset{+}{\frac{DT}{AS}}, \overset{+}{i}, \overset{+}{i-i_e}, \overset{-}{rd}\right) \tag{10}$$

长期的国际收支顺差导致货币当局不得不被动地进行公开市场操作，持续地买入因国际储备不断增加而产生的国外净资产，国外净资产不断增加不但引起了基础货币增加，而且改变了货币当局的资产负债结构。而货币当局资产负债结构变化会影响企业和家庭的现金持有行为和商业银行的准备金需求，并进而改变货币乘数。因此，国际收支顺差和国际储备增加通过基础货币和货币乘数两方面影响着货币供给形成过程。

3. 持续国际收支顺差形成的对外净资产

对外净资产(Net Foreign Asset，NFA)是一国国际投资头寸表中对外资产与对外负债之差；也称净头寸。根据 Lane 和 Milesi-Ferretti(2007)的测算，中国在 1992—2002 年的对外净资产连续 11 年为负，为对外净债务国。自 2003 年起，中国的对外净资产开始为正，成为对外净债权国。2007 年中国的对外净资产已达到 10 220 亿美元，NFA/GDP 为 31.2%，居世界第二位。

国际投资头寸表是反映特定时点上一个国家或地区对世界其他国家或地区金融资产和负债存量的统计报表，其与国际收支平衡表共同构成了一个国家或地区完整的国际账户体系。如果将一个经济体的对外金融资产和负债存量折算为本币，除了资产价格变动外，汇率变动和其他调整也会对其价值产生影响。如果将国际收支平衡表看成是企业的财务状况变动表，反映交易流量情况，那么，国际投资头寸表就相当于企业的资产负债表，反映资产负债存量状况。因此，研究国际投资头寸表相当于研究中国的对外资产负债表。中国的国际投资头寸表根据 IMF《国际收支手册》(第五版)的标准编制并公布。其中，对外资产包括对外直接投资、证券投资、其他投资(进口预付款、出口应收款、贷款、货币和存款等)和储备资产；对外负债包括来华直接投资、证券投资和其他投资(进口应付款、出口预收款、贷款、货币和存款等)。

表 1 给出了 2007 年中国对外资产和负债及其组成，对外资产达到 22 881 亿美元，较 2006 年增加了 6 439 亿美元。其中，储备资产为 15 349 亿美元，占 67.1%，较 2006 年增加了 4 620 亿美元，贡献率为 71.7%，是对外资产增加的最主要因素。债务证券资产下降 72 亿美元，因中国债务证券投资主要在美国，2007 年次贷危机已影响到中国对外债务证券资产的投资。2007 年中国对外负债为 12 661 亿美元，较 2006 年增加了 2 333 亿美元。其中，外国来华直接投资为 7 424 亿美元，占中国对外负债的 58.6%，较 2006 年增加 1 299 亿美元，贡献率为 55.7%，是对外负债增加的主要原因。2007 年中国的 FDI、股本证券净资产分别为－6 348 亿美元和－1 061 亿美元。由于储备资产(主要是外汇储备)高达 15 349 亿美元，对外净资产为 10 221 亿美元，而 FDI、证券投资净资产的增量分别为－1 129 亿美元和－116 亿美元，反映了 FDI 负债以及证券投资负债的上升。储备资产增加 4 620 亿美元，使得对外净资产上升 4 106 亿美元。

表 1

2007 年中国对外资产和负债及组成

单位:亿美元

项　　目	对外资产	增　量	对外负债	增　量	净资产	增　量
对外直接投资(FDI)	1 076	170	7 424	1 299	−6 348	−1 129
证券投资	2 395	103	1 426	219	969	−116
股本证券	189	174	1 250	185	−1 061	−11
债务证券	2 206	−72	176	34	2 030	−106
其他投资	4 061	1 546	3 810	814	251	732
储备资产	15 349	4 620			15 349	4 620
外汇	15 282	4 619			15 282	4 619
总　计	22 881	6 439	12 661	2 333	10 220	4 106

资料来源:国家外汇管理局网站(www. safe. gov. cn)。

我们可以将中国的对外资产和对外负债情况与美国和日本两国情况相比较。在对外资产方面,美国以股权型(FDI、股本证券)资产为主,日本以债务型(债务证券和其他投资)资产为主,而中国表现为储备资产,主要是巨额外汇储备。在对外负债方面,美国以债务型负债为主,中国以股权型(FDI、股本证券)负债为主,日本则以股本证券负债和其他投资(主要是贷款负债)为主。美、日、中三国形成当前对外资产和负债格局的原因在于,美国以债务证券向中国、日本等国融资,对外则进行股权型投资。

三、风险度量

随着中国经济转型的深入发展,中国经济与世界其他国家关系越来越紧密,经济的开放程度日益扩大,对中国宏观经济分析也应该纳入全球一体化的环境之中,突破传统经济的分析框架,以促使中国实现内部均衡与外部均衡的双重均衡。中国国际收支失衡与国际收支风险是多方面的,中国宏观经济增长潜在的不确定性风险也是多方面的。

从实体经济的视角来看,国际收支作为国民经济的重要变量,反映了一国实物资源的跨国流动状况,它的变化必然与国民经济的其他重要变量密切相关。从虚拟经济的视角来看,国际收支作为货币现象,影响了一国的国际储备及其货币当局持有的对外净资产,决定了一国货币量的变化,从而必然对经济的多方面产生影响。在此,我们基于上述中国国际收支失衡传导机制,分别从贸易收支决定模型、过度储蓄下的经常收支以及国际收支对货币供给的影响等三个方面,对国际收支风险进行识别。

(一) 风险度量之一:贸易收支失衡的决定因素

贸易收支为出口与进口之差,影响出口的因素包括世界经济活动水平、出口价格水平和出口供给能力;影响进口的因素包括国内经济活动水平、进口价格水平和进口替代能力。因此,当我们在仅考虑汇率变动对出口价格水平和进口价格水平的影响时,从贸易收支的决定模型可知,中国贸易收支在理论上由世界总出口水平、国内产出水平、汇率水平以及出口供给能力、进口替代能力等决定。即:

$$TB = EX - IM = f(+EXW, -IGDP, +REX, +S, -K) \quad (11)$$

其中：EXW 表示世界总出口水平；IGDP 表示本国总需求；REX 为人民币兑美元汇率水平；S 表示本国对出口的供给能力；K 表示本国对进口的替代能力。

中国转型经济时期所取得的一个显著成就是，通过不断实施对外开放政策，外商直接投资持续流入中国，这不但提高了进口替代能力，而且增强了出口供给能力。由于三资企业生产了大量以前需要进口的商品，使中国的进口替代能力大大提高，因此在实际估计工业制成品进口时采用累计直接投资作为反映进口替代能力的解释变量。与此同时，三资企业出口的商品还占据了主要份额，尤其是 20 世纪 90 年代后期以来，三资企业出口的增长尤为明显，2001 年，其出口比重首次超过了 50%，三资企业的出口贡献率都在 60%以上，有的年份甚至超过 80%。到 2008 年年底，中国已累计引进外商直接投资 8 526 亿美元，这是三资企业出口迅速增长的主要原动力。采用累计外商直接投资 KDI 同时表示出口供给能力 S 和进口替代能力 K。随着外商直接投资的增加，出口供给能力上升，意味着出口增加；进口替代能力也上升，意味着进口减少。因此，贸易收支上升。引入累计外商直接投资之后，贸易收支决定模型为：

$$TB = EX - IM = f(+EXW, -IGDP, +REX, +KXDI - 1) \quad (12)$$

表 2 给出了关于中国贸易收支决定模型的计量分析结果，模型采用 1980—2009 年年度数据，因变量 TB 为贸易收支，自变量包括世界总出口水平 EXW、中国国内生产总值指数 IGDP (2000 年＝100)、累计外商直接投资 KXDI 以及人民币兑美元汇率水平。

表 2

贸易收支决定模型

自 变 量	因变量：TB			
	模型 1：1980—1994 年	模型 2：1980—2002 年	模型 3：1980—2007 年	模型 4：1980—2009 年
EXW	0.013 (3.5)	0.016(3.3)	0.049(7.1)	0.053(8.5)
IGDP	−7.45 (−4.2)	−4.8(−2.6)	−14.6(−4.6)	−15.7(−5.5)
KXDI(−1)	—	0.220(3.6)	0.368(2.8)	0.352(2.7)
REX	79.9(2.9)	—	—	—
常系数	−97.4(−1.9)	−145.6(−2.3)	−468.6(−2.8)	−474.3(−2.9)
调整后的 R_2	0.587	0.861	0.912	0.938
D. W.	1.279	1.369	1.010	1.152

注：括号内数字为 t —统计值。

模型结果显示，中国贸易收支的影响因素在 1994 年前后发生了显著变化。模型 1 给出了 1980—1994 年之前的实证结果，以世界总出口额表示的外部总需求、以国内生产总值指数表示的国内总需求和以人民币兑美元汇率表示汇率水平对贸易收支产生显著影响。模型 2～4 将实证区间延伸到 1994 之后。实证结果显示，由于人民币兑美元汇率自 1994 年之后长期保持稳定，汇率水平对贸易收支的影响并不显著，但是，随着外商直接投资不断进入中国，以累计外商直接投资表示的出口供给能力和进口替代能力对贸易收支产生了显著影响。

模型 2 给出了 1980—2002 年之间的实证结果，与模型 1 相比，在加入 WTO 之前，以世界总出口额表示的外部总需求对贸易收支的影响并未发生显著变化。但是，如果进一步考虑加入 WTO 之后的近几年时间，在一个更长的样本区间里，外部总需求对贸易收支的影响效果显著上升，从模型 3 和模型 4 的实证结果可以看出，贸易收支对世界总出口的反应系数已经从加入 WTO 之前的 0.016 上升到 0.053。累计外商直接投资对贸易收支的影响也表现如此，随着实证区间的延伸，考虑加入 WTO 之后的近几年间的模型 3 和模型 4 与仅考虑 WTO 之前的模型相比较，累计外商直接投资对贸易收支的影响效果也显著上升了。

根据模型 4 的结果，世界总出口水平增长 1 亿美元，将使贸易收支增加 0.053 亿美元；而中国的产出水平每增长 1 个百分点，将使贸易收支下降 15.7 亿美元。也就是说，实证结果表明，中国贸易收支顺差随着外部总需求的增加而增加，而中国自身的经济增长对其则表现出抑制作用。实证结果还进一步表明，累计外商投资所表现出的三资企业的出口供给能力和进口替代能力不能加强，累计外商直接投资增加 1 亿美元，贸易收支增加 0.352 亿美元。中国的三资企业出口供给能力和进口替代能力虽仍然主导着贸易收支状况，但相对于全球金融危机前有所减弱，这间接表明本土企业在对外贸易方面的作用正逐步加强。

（二）风险度量之二：国际收支失衡对货币供给的影响

近年来，在国内外多种经济因素的作用下，中国国际收支双顺差格局不断加剧，货币当局不得不在外汇交易市场被动地持续买入外汇，外汇储备持续快速增长，外汇占款形成基础货币投放规模越来越大。为控制基础货币的过快增长以维持货币总量平衡，保持货币信贷合理增长，货币当局开始发行央行票据，以调节基础货币，吸收商业银行的过度流动性。央行票据的发行是公开市场业务交易方式的创新和货币政策操作的现实选择，因为正回购和现券买断都是公开市场业务回笼基础货币的交易方式，但它们均受中央银行持有债券资产的限制，而发行央行票据可以在保持货币当局资产总额不变的情况下，通过对货币当局负债结构的调整直接减少基础货币，从而减少商业银行的可贷资金总量并间接控制商业银行贷款规模。中国货币政策逐渐由再贷款和再贴现转向以买入外汇资产和发行央行票据为主的公开市场操作，这种转变引起货币当局资产负债结构调整。基础货币持续上升和货币供应量过快增加则意味着，商业银行再贷款减少和央行票据增加并未能抵消国外净资产上升所带来的影响。

货币当局通过其自身的各种资产与负债对货币形成过程进行调节。就货币当局资产负债管理的能动性而言，买入外汇是被动地解决国际收支持续顺差问题，发行债券则是主动地吸收因买入外汇所带来的过度流动性问题。根据货币当局以公开市场业务为主的资产负债结构调整过程，我们可以将货币当局的资产负债管理方式划分为内部资产管理、外部资产管理以及特别负债管理三类。货币当局的传统资产管理方式包括对外净资产、商业银行再贷款、对其他金融性公司债权以及对政府债权净额。其中，对外净资产属于外部资产管理，而商业银行再贷款、对其他金融性公司债权以及对政府债权净额则为内部资产管理。当货币当局发现仅运用常规方法不能解决多任务下面临的问题、冲突时，其创造性地设计了新的特别负债管理方式，通过发行央行票据以抑制基础货币的过快增长，并进而控制货币供应量的过快增长。

那么，为什么货币当局不同的资产负债管理方式对基础货币与货币供给产生不同的影响？我们可以从货币当局资产负债结构对货币乘数影响的视角进行解释。通过 Johansen 协整检验，显示出转型期中国货币当局资产负债结构对货币乘数的影响存在长期均衡机制和短期波动规律，进一步的检验结果可参见作者的以往研究。本报告采用两步法，首先通过普通最小二乘法探讨货币乘数的长期均衡机制并获得误差修正项，然后采用误差修正模型分析货币乘数的短期波动规律。鉴于数据生成过程的特殊性，首先在不考虑央行票据所占比重的情况下分析货币当局资产负债结构对货币乘数的影响，然后再引入央行票据所占比重综合分析货币当局资产负债结构所产生的影响。实证结果见表 3 和表 4。

表 3

货币乘数的长期均衡方程(1994 年第一季度至 2007 年第四季度)

货币乘数 M_2/MB	不考虑央行票据				考虑央行票据	
	模型 1	模型 2	模型 3	模型 4	模型 5	模型 6
常数项	3.29 (18.5***)	3.35 (19.5***)	5.70 (43.0***)	5.63 (54.7***)	4.53 (18.6***)	5.38 (40.2***)
FS/AS	4.61 (9.3***)	4.20 (11.7***)	—	—	1.10 (1.8*)	—
LB/AS	—	—	−3.45 (−14.2***)	−3.34 (−17.4***)	—	−2.10 (−4.6***)
DB/AS	—	—	—	—	3.36 (5.8***)	1.77 (3.0***)
R_1	13.4 (2.9***)	8.98 (3.2***)	6.42 (2.4**)	4.83 (2.7***)	0.91 (0.3)	2.54 (1.4)
R_1-RR	−6.29 (−1.2)	—	−2.78 (−0.8)	—	—	—
RD(−1)	−23.8 (−6.2***)	−20.4 (−7.7***)	−11.3 (−5.6***)	−10.3 (−6.4***)	−15.8 (−7.1***)	−12.0 (−7.5***)
adj. R^2	0.924	0.924	0.959	0.959	0.953	0.965
S. E.	0.195	0.196	0.143	0.143	0.154	0.133
D. W.	0.608	0.572	0.852	0.840	0.734	0.866

注：***(**,*)表示在 1%(5%,10%)的显著性水平下显著。

表 4

货币乘数的误差修正模型(1994 年第二季度至 2007 年第四季度)

货币乘数变动 $\Delta(M_2/MB)$	不考虑央行票据		考虑央行票据	
	模型 2′	模型 4′	模型 5′	模型 6′
常数项	−0.01 (−0.4)	−0.00 (−0.0)	−0.01 (−0.9)	−0.01 (−0.5)
Δ(FS/AS)	2.95 (3.3***)	—	2.04 (2.5**)	—
Δ(LB/AS)	—	−1.85 (−2.1**)	—	−1.40 (−1.7*)
Δ(DB/AS)	—	—	2.85 (3.6***)	3.03 (3.7***)

（续表）

货币乘数变动 $\Delta(M_2/MB)$	不考虑央行票据		考虑央行票据	
	模型 2′	模型 4′	模型 5′	模型 6′
$\Delta(R_1)$	−2.49 (−0.6)	−5.63 (−1.6)	−6.33 (−1.8*)	−6.44 (−1.8*)
Δ(RD(−1))	−6.50 (−2.7***)	−4.39 (−1.8*)	−4.97 (−2.2**)	−3.14 (−1.3)
ECM(−1)	−0.25 (−3.1***)	−0.40 (−4.0***)	−0.37 (−3.9***)	−0.35 (−3.5***)
adj. R^2	0.290	0.326	0.387	0.345
S. E.	0.105	0.102	0.097	0.100
D. W.	1.901	1.891	1.851	1.938

注：***(**,*)表示在1%(5%,10%)的显著性水平下显著。

从长期均衡来看，货币当局的资产负债结构对货币乘数产生显著影响，并且与第三节理论分析的形成机理与微观基础相吻合。在实证分析过程中，为避免多重共线性，需要在不同模型中分析对外净资产所占比重与商业银行再贷款所占比重所带来的影响。持有准备金的机会成本，即存款利率与准备金利率之差(R_1－RR)，对货币乘数的影响为负（模型 1 和模型 3），这与理论分析不符，因而将其在影响因素中剔除。在不考虑央行票据的情况下，对外净资产所占比重对货币乘数的影响系数为 4.20（模型 2），商业银行再贷款所占比重对货币乘数的影响系数为－3.34（模型 4），对外净资产所占比重上升和商业银行再贷款比重下降从两个方面使得货币乘数上升。在考虑央行票据的情况下，对外净资产所占比重和商业银行再贷款比重对货币乘数的影响幅度均有所减弱，但这一减弱的影响幅度似乎又被央行票据所占比重上升对货币乘数的显著正影响所抵消（模型 5 和模型 6）。

从短期波动来看，货币当局的资产负债结构对货币乘数影响的显著性体现出较大差异。在不考虑央行票据的情况下，货币乘数变化对对外净资产所占比重变化的反应系数为 2.95，且在 1%的显著性水平下显著（模型 2′），对商业银行所占比重变化的反应系数为－1.85，且在 5%的显著性水平下显著（模型 4′），利率变动的影响则不显著，对外净资产所占比重变化对货币乘数变化的影响程度更大一些。在考虑央行票据的情况下，对外净资产所占比重变化和商业银行再贷款比重变化对货币乘数变化的影响幅度均有所减弱，利率变动的影响仅在 10%的显著性水平下显著。但是，央行票据所占比重变化对货币乘数变化的影响，无论相对于对外净资产所占比重变化的影响（模型 5′），还是商业银行再贷款所占比重变化的影响（模型 6′），均显得更为显著且程度更大。从误差修正项对货币乘数变化的影响，即误差修正系数来看，如果货币乘数从长期均衡状态上发生偏离，可以在 3～4 个季度完成复归。

货币当局资产负债结构和其他影响因素所共同作用的货币乘数拟合效果较好并与理论相符，显示出转型期中国特有的货币乘数长期均衡规律和短期调整机制。货币当局资产负债结构的调整对货币乘数的影响存在较为明显的差异，这也是货币当局不同的资产负债管理方式对货币供给产生不同影响的主要原因。我们可以看出，对外净资产所占比重上升相对于商业银行再贷款所占比重下降更为显著地影响货币乘数，外部资产管理对货币供给的影响程度相对于内部资产管理也相对更强。增发央行票据对货币乘数的正向影响比对外净资产和商业银行再贷款操作更为显著，特别负债管理未能从根本上抑制货币供给的过快上升。

（三）风险度量之三：经常收支失衡与对外净资产

我们来分析对外净资产与经常收支之间的关系。图 1 给出了经常收支与 GDP 之比，图 2 给出了对外净资产与 GDP 之比。从图 1 可以看出，经常收支/GDP 与储蓄率和投资率之差高度相关。从图 2 可以看出，1996 年中国的对外净资产与 GDP 之比达到了－15.05％，为最低点，1997 年开始回升，2003 年为 1.88％，中国开始成为对外净债权国，2005、2006 年分别达到了 18.91％、25.03％，对外净资产与 GDP 之比呈 U 形。1982—1991 年，中国对外净资产与 GDP 之比也呈 U 形。比较 2004—2006 年的对外净资产/GDP 和经常收支/GDP，我们可以发现，对外金融净资产得到大幅改善，主要由于经常收支的大幅顺差。表 5 给出的 1982—2006 年对外金融净资产/GDP 变动和经常收支/GDP 的相关系数为 0.488，而 1992—2006 年的相关系数则达到了 0.530。

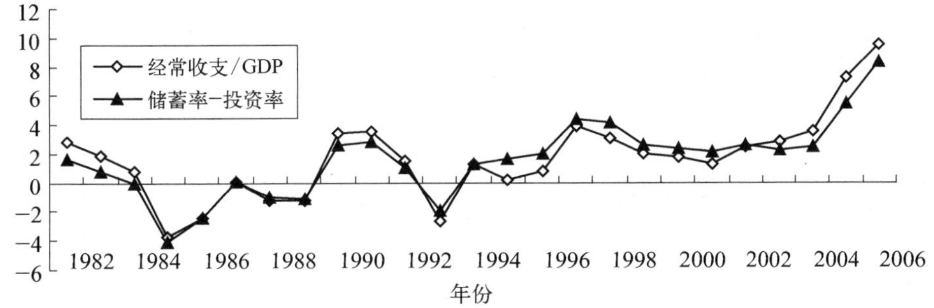

图 1　中国的储蓄率与投资率之差和经常收支

资料来源：1982—2005 年的投资率来自《中国统计年鉴 2006》，2006 年的投资率来自王一鸣(2007)。1982—2005 年中国国民储蓄为支出法 GDP－居民消费－政府消费，储蓄率＝国民储蓄/GDP(％)，2006 年中国的国民储蓄率来自 IMF(2006)，为预测值。

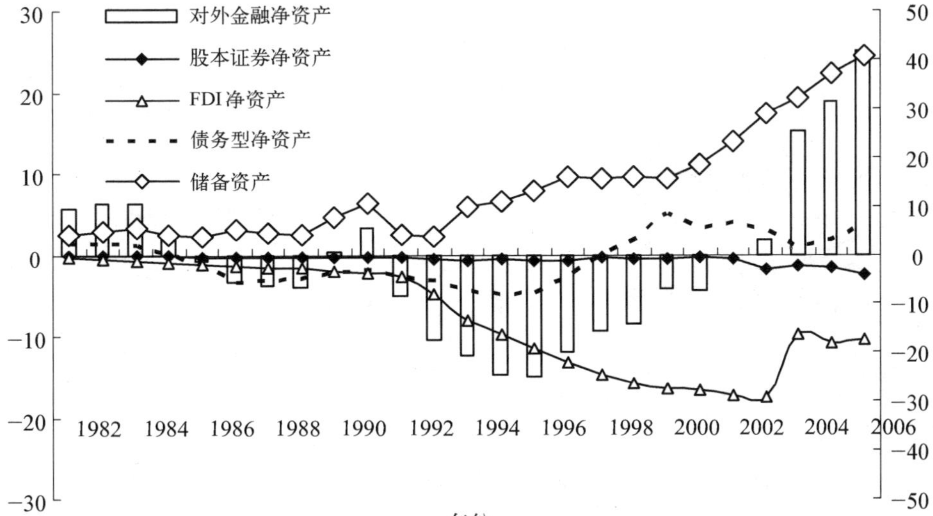

图 2　中国的对外金融净资产及构成(/GDP)

注：1992—2003 年、2004—2006 年中国对外金融净资产及其构成的计算所采用的数据分别来自 LM(2007)、外管局。左轴给出的对外金融净资产，其他均为右轴。

表 5

经常收支/GDP 与对外金融净资产/GDP 变动的相关系数

项　目	1982—2006 年	1982—1991 年	1992—2006 年
相关系数	0.488 (0.010)	0.543 (0.047)	0.530 (0.024)

注：括号内为 p 值。

为更好地分析对外净资产形成过程中经常收支的作用，图 2 还给出了对外金融净资产的构成，包括 FDI 净资产（中国对外直接投资资产－外国来华直接投资负债）、股本证券净资产（股本证券资产－股本证券负债）、债务型净资产（债务证券资产－债务证券负债＋其他投资资产－其他投资负债）、储备资产。图中给出的为各变量与 GDP 之比。

从中国对外净资产构成来看，中国对外净资产为正，主要是高比例的储备资产，以及 1998 年开始为正的债务型净资产，2004 年以来呈较快上升的趋势，主要是中国持有外国中长期债券的上升。而 FDI 净资产为负，表明 FDI 负债远大于中国对外直接投资资产，尽管 2005 年起中国对外直接投资开始加快，2004、2005、2006 年年末中国的对外直接投资资产分别为 527、645、824 亿美元，分别为 FDI 负债的 0.143、0.137、0.151 倍。股本净资产均为负的，近几年有增大趋势，主要是中国企业特别是商业银行境外 IPO 和上市，以及 2006 年中国股市表现较好，外国投资者通过合格境外机构投资者制度（QFII）投资于中国资本市场特别是股票市场。

对外金融净资产的变动可分解为经常收支、对外金融资产和对外金融负债的资本利得和损失、净误差与遗漏加上资本收支。图 3 给出了经常收支的构成，包括商品服务收支、收益收支、经常转移，中国经常收支顺差主要来自商品服务收支的顺差。可见，1997 年以来中国对外金融净资产得以改善，主要靠持续的商品服务收支顺差。特别是近两年商品服务收支顺差的快速增长，导致了对外金融净资产也大幅增长。

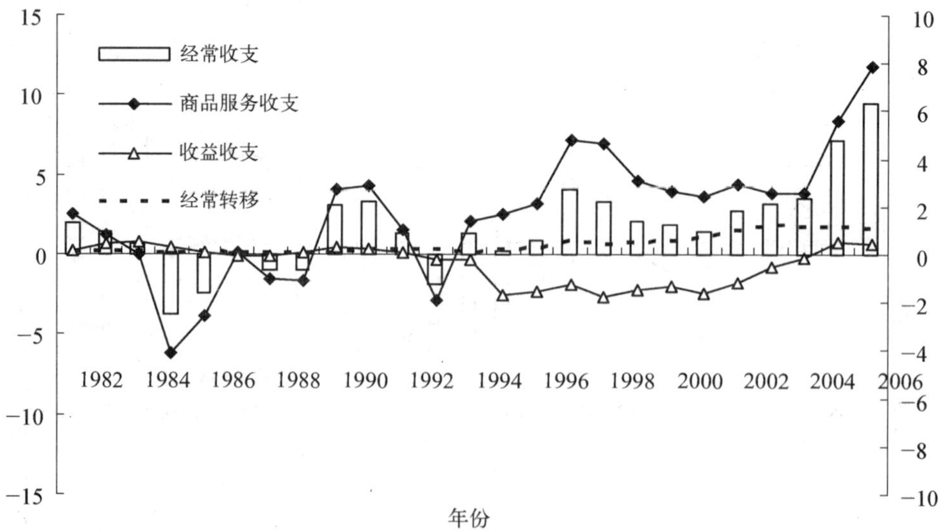

图 3　中国的经常收支及构成（/GDP）

注：商品和服务收支、收益收支、经常转移的数据来自中国国家外汇管理局公布的 1982—2006 年国际收支平衡表。左轴为经常收支，右轴为商品和服务收支、收益收支、经常转移。

四、风险预测与管理

在上述研究过程中，我们分析了当前国际收支运行环境和主要特点，并根据 1982—2009 年间的国际收支概览研究了改革开放以来中国国际收支变化趋势与国际收支失衡特征，特别是对中国国际收支失衡风险的传导机制进行了理论分析和实证研究，分析了贸易收支失衡的决定因素、过度储蓄下的经常收支失衡以及国际收支失衡对货币供给的影响。本报告将基于上述研究设计国际收支风险指标，建立国际收支风险指数，对中国面临的国际收支风险进行预测与管理。

（一）国际收支失衡风险指数

1. 国际收支失衡风险指标体系

国际收支风险是在国际收支状况可能恶化的情况下出现的风险，包括国际收支自身存在的风险以及可能对宏观经济运行产生的不利影响。国际收支风险具有客观性，其伴随着国际经济活动和国际贸易与资本流动而产生，是一种常态状况。国际收支风险具有扩散性，不是某种孤立的系统内风险，可以通过某些传导机制进行扩散。国际收支风险具有可识性，可以通过一些国际经济金融指标被认知。尽管在实践中准确预测国际收支风险存在较大难度，但国际收支风险在一定程度上是可测的。

根据相关的风险监测和预警理论，国际收支风险预测最基本的要素是确定相关的国际收支风险指标，通过观测这些指标对国际收支出现的异常变动进行分析和监测，进而预测可能发生的国际收支风险及其对宏观经济运行产生的不确定性。然而，影响国际经济金融稳定的因素十分复杂，而且各种因素的相对重要性及相互作用也因一国的发展水平、开放程度、经济周期、经济结构以及政府干预程度的不同而大相径庭。在借鉴和吸收相关风险监测和预警系统的研究成果，并基于我们对中国国际收支失衡风险的传导机制进行的理论和实证研究，制定了七项国际收支风险指标，见表 6。其中，反映国际收支自身风险的指标为出口增长率、FDI 增长率、贸易收支/GDP、(FDI＋经常收支)/GDP，反映国际收支对宏观经济不利影响的三项指标为对外开放度、国际储备变动/GDP 和国际储备变动/基础货币变动。

表 6

国际收支风险指标及其临界值

风险指标	风险状态			
	安全	关注	风险	预警
出口增长率	10%～25%	0～10% 25%～30%	－10%～0 30%～35%	－10%以下 35%以上
FDI 增长率	5%～10%	－5%～5% 10%～20%	－15%～－5% 20%～30%	－15%以下 30%以上
贸易收支/GDP	－2%～＋3%	－3%～－2% 3%～6%	－5%～－3% 6%～8%	－5%以下 8%以上
(FDI＋经常收支)/GDP	0～＋5%	－2%～0 5%～8%	－3%～－2% 8%～10%	－3%以下 10%以上

（续表）

风险指标	风险状态			
	安全	关注	风险	预警
对外开放度	30%以下	30%～50%	50%～70%	70%以上
国际储备变动/GDP	−1%～+3%	−2%～−1% 3%～6%	−3%～−2% 6%～9%	−3%以下 9%以上
国际储备变动/基础货币变动	25%以下	25%～40%	40%～60%	60%以上

2. 国际收支失衡风险度量指数

国际收支风险指标体系确定后，要进一步对每一个指标确定不同风险状态的临界值。确定国际收支风险指标的临界值：凡国际上有公认标准的，临界值的确定将根据国际标准来确定；没有国际标准的，将根据中国经济不同发展阶段的特征，结合国际收支运行的特点，计算出该指标的最高、最低和平均值，并确定上下浮动比例，或者采用自回归移动平均 ARMA 模型，利用时间序列过去值的加权求和来建立一个平稳的时间序列模型，以确定单个指标的临界值。表 6 给出了各项国际收支风险指标的临界值。

基于国际收支风险指标体系的综合得分，我们对国际收支风险指数进行分级，如表 7 所示。国际收支风险共分五个等级：安全、较安全、一般、较危险和危险，其相关的国际收支风险指数为从 1～5，而所对应的综合得分区间由表 7 给出。国际收支风险指数从低到高，意味着国际收支风险不断加大。

表 7

国际收支风险指数分级

风险等级	风险指数	综合得分	含义
安全	1	0～4	收支适度
较安全	2	5～8	收支相对适度，不会有大的风险
一般	3	9～12	收支有一定风险，出现各种对宏观经济不利的影响
较危险	4	13～16	须立即重视收支风险的存在，施行各种措施进行调节
危险	5	17～21	收支风险极大，须采取紧急措施纠正

（二）2010 年和 2011 年中国国际收支风险指数预测

自国际金融危机突然爆发以来，国内外经济金融形势发生了较大转变，全球经济虽然在 2009 年触底反弹，危机恶化局面得到缓解，但仍旧呈现出变化快、波动大、不确定性依然存在等突出特点，复苏基础尚不稳固。在此国际背景下，我们对 2010 年与 2011 年的各项国际收支风险指标进行预测，表 8 和表 9 分别给出了 2010 年和 2011 年各项国际收支风险指标的预测区间。

由于 2009 年第一季度出口增长率和 FDI 增长率分别下降 19.7%和 20.6%，虽然下降但趋势将有所好转，我们预测，出口增长率和 FDI 增长率将分别为 10%～15%。世界总出口水平和外商直接投资等正向影响因素出现急剧下降，而中国经济增长等反向影响因素也出现回落。我们预测，相对于 2008 年的 8.5%，贸易收支/GDP 将出现下降，其预测区间为 7%～8%。由

表 8

2010 年国际收支风险指标预测区间及其风险状态

风　险　指　标	预测区间	风险状态	各项得分
出口增长率	10%～20%	关　注	1 分
FDI 增长率	−5%～5%	关　注	1 分
贸易收支/GDP	3%～6%	关　注	1 分
(FDI+经常收支)/GDP	8%～10%	风　险	2 分
对外开放度	50%～60%	风　险	2 分
国际储备变动/GDP	3%～6%	关　注	1 分
国际储备变动/基础货币变动	50%～60%	风　险	2 分

表 9

2011 年国际收支风险指标预测区间及其风险状态

风　险　指　标	预测区间	风险状态	各项得分
出口增长率	5%～15%	安　全	0 分
FDI 增长率	−5%～5%	关　注	1 分
贸易收支/GDP	3%～6%	关　注	1 分
(FDI+经常收支)/GDP	5%～8%	关　注	1 分
对外开放度	50%～60%	风　险	2 分
国际储备变动/GDP	3%～6%	关　注	1 分
国际储备变动/基础货币变动	50%～60%	风　险	2 分

于外商直接投资出现急剧下降，经常收支也因贸易收支等因素影响而出现回落。我们预测，相对于 2008 年的 13.6%，(FDI＋经常收支)/GDP 将出现回落。其预测区间为 9%～13%。2009 年第一季度数据已显示中国出口和进口分别下降 19.7%和 30.1%，因此我们预测，相对于 2008 年的 59.3%，对外开放度[(出口＋进口)/GDP]在 2009 年将出现显著下降，其预测区间为 45%～55%。由于贸易收支等下降将导致经常收支下降，而 FDI 减少和对外投资增加而导致资本收支下降，国际储备增速将出现回落，因此，相对于 2008 年的 9.9%，国际储备变动/GDP 将出现回落，其预测区间为 8%～9%；相对于 2008 年的 65.4%，国际储备变动/基础货币变动也将出现回落，其预测区间为 40%～50%。

根据上述预测结果，我们可以判断各项国际收支风险指标所处的风险状态及其相应得分。出口增长率于 2010 年所处的风险状态为"关注"，得 1 分；FDI 增长率于 2010 年所处的风险状态为"关注"，得 1 分；贸易收支/GDP 于 2010 年所处的风险状态为"关注"，得 1 分；(FDI＋经常收支)/GDP 于 2010 年所处的风险状态为"风险"，得 2 分；对外开放度于 2010 年所处的风险状态为"风险"，得 2 分；国际储备变动/GDP 于 2010 年所处的风险状态为"关注"，得 1 分；国际储备变动/基础货币变动 2010 年所处的风险状态为"风险"，得 2 分。将上述各项国际收支风险指标得分进行加总，我们得到 2010 年国际收支风险体系的综合得分区间为 10 分，与此相对应的国际收支风险指数等级为一般，即中国 2010 年国际收支有一定风险，出现各种对宏观经济不利的影响，但影响相对适中，在可控范围之中。

根据上述预测结果，我们可以判断各项国际收支风险指标所处的风险状态及其相应得分。出口增长率于 2011 年所处的风险状态为“安全”，得 0 分；FDI 增长率于 2011 年所处的风险状态为“关注”，得 1 分；贸易收支/GDP 于 2011 年所处的风险状态为“关注”，得 1 分；(FDI＋经常收支)/GDP 于 2011 年所处的风险状态为“关注”，得 1 分；对外开放度于 2011 年所处的风险状态为“风险”，得 2 分；国际储备变动/GDP 于 2011 年所处的风险状态为“关注”，得 1 分；国际储备变动/基础货币变动 2011 年所处的风险状态为“风险”，得 2 分。将上述各项国际收支风险指标得分进行加总，我们得到 2011 年国际收支风险体系的综合得分区间为 8 分，与此相对应的国际收支风险指数等级为较安全，即中国 2011 年国际收支较 2010 年有一定程度改善和好转，出现宏观经济不利影响的程度有所减弱，对风险的控制能力有进一步提高。

按照表 7 给出的国际收支风险分级标准，对应于 9～12 分的综合得分区间，2010 年的国际收支风险处于“一般” 等级，其相应的国际收支风险指数为 3；对应于 5～8 分的综合得分区间，2011 年的国际收支风险处于“较安全” 等级，其相应的国际收支风险指数为 2。因此，必须立即重视国际收支风险的存在，施行各种措施进行调节。因此，在 2010 年，我们需要在 2009 年基础上继续重视国际收支风险的存在，采取必要措施对国际收支进行调节，以应对各种不利影响，希望国际收支在 2011 年达到适合的程度，逐步控制国际收支失衡风险。

（三）中国国际收支失衡风险管理

中国国际收支失衡的经济结构已经形成多年，近年来随着世界经济与金融形势的日益多样化和复杂化，中国国际收支所面临的风险也日趋复杂多变，并且存在着在特定情况下国际收支失衡风险进一步放大和恶化的可能性。所以，我们应该从战略角度高度重视、防范和化解国际收支失衡风险，实现中国国际收支的均衡和经济发展的内外均衡。

(1) 在实现国际收支内部均衡方面，要正确处理投资和消费、内需与外需的关系。要积极扩大内需，努力降低出口依赖，逐步减少经常项目余额，真正实现富民强国。中国国际收支的巨额顺差是改革开放 30 多年来中国经济快速发展的结果，30 多年的发展使中国的国家整体实力和财富得到大力增强，但同时也存在着国内居民消费水平低下和对外贸易环境恶化的困境。因此，积极扩大内需，努力降低出口依赖，增强国内居民消费需求，既可以更进一步提高人民生活水平，也可以改善贸易环境和贸易摩擦，进一步改善国际收支失衡状况，降低国际收支失衡风险。

(2) 在实现国际收支外部均衡方面，密切关注和跟踪国际金融危机特别是欧洲债务的发展变化，采取措施积极应对危机可能对中国产生的影响。加强对资本流入的管制，由注重数量向注重质量转变。积极参与国际经济贸易和国际金融事务，积极推进建立有利于世界经济持续稳定协调发展的国际经济和金融新秩序。继续实施“走出去”战略，研究进一步拓宽中国对外投资的战略，引导国内企业进行海外投资，合理配置外汇资产，减少国际收支风险。

(3) 在防范金融风险和国际收支风险方面，按照“主动、渐进和可控”的原则进一步完善浮动汇率的管理，逐步增加人民币汇率弹性，合理引导资本流动，加强对短期资本流动的监控，抑制投机性热钱的频繁流入和流出，减少对中国国内经济的冲击。大力发展外汇市场，完善其资源配置、价格发现和风险规避的功能，督促和引导企业增强汇率风险意识，谨慎正确地运用各类金融工具管理金融风险。要稳步推进利率市场化，理顺货币政策传导机制，增强货币政策有效性，要减少国际收支顺差对货币供给的影响。实施逐步减少外汇储备中美元比重的策略，逐步减少国内各经济主体的美元资产，实行国际资产多元化，改变中国国际收支对外净资产结构和质量。建立健全国际收支风险监测、预警、评估和防范体系。在国际收支调节政策搭配方面要有效运用和发挥财政政策的作用和机能，要继续实行适度的财政政策和货币政策，把握宏观经济发展动向，慎重对待经济推出政策，避免中国经济二次探底，防止中国经济增长的大起大落，以实现中国经济发展的内外均衡和持续均衡发展。

(4) 在经济结构方面，中国国际收支失衡是中国经济结构失衡的重要表现。中国的持续双顺差是中国经济过度依赖外需，过度依赖外资，国内要素市场特别是金融市场改革滞后，政府不当干预过多，特别要防止地方政府在错误的政绩观指导下盲目引资。制度缺陷导致资源真实成本"扭曲"，虽然在一定时期内某种"扭曲"是必要的，但后者会导致中国国际收支结构的失衡。中国必须尽快调整外资、外贸和产业政策。特别是产出结构的调整应作为今后中国经济发展的重中之重，对附加值低、高消耗、高污染的行业要坚决淘汰掉。中国不能在世界经济链条中充当最下游的加工工厂。要通过科技创新促进企业并转和升级换代，培育长足的发展能力和竞争能力。这是抵御金融危机和国际收支风险的基础。

参 考 文 献

[1] 国家外汇管理局. 2005—2009 年中国国际收支报告[EB/OL]. 2010-04-19. http://www.safe.gov.cn/model_safe.

[2] 李治国. 货币需求弹性、有效货币供给与货币市场非均衡模型——解析"中国之谜"与长期流动性过剩[J]. 经济理论与经济管理. 2007(11).

[3] 李治国，张晓蓉. 转型期货币供给内生决定机制：基于货币当局资产负债表的解析[J]. 统计研究，2009(6).

[4] 李治国. 转型期的中国宏观经济运行机制及其计量模型研究[M]. 上海：上海财经大学出版社，2007.

[5] 许宪春. 改革开放以来中国国际收支情况分析[J]. 统计研究，2009(1).

[6] 余永定，覃东海. 中国的双顺差性质、根源和解决办法[J]. 世界经济，2006(3).

[7] 中国人民银行货币政策分析小组. 2010 年第一季度中国货币政策执行报告[J].

[8] 邹宏元，何泽荣. 中国转型期国际收支研究——转型期中国金融研究丛书[M]. 北京：中国金融出版社，2005.

[9] 余旭. 国际收支风险问题的探讨[J]. 金融与经济，2009(2).

[10] BRUNNER K, MELTZER A E. Some further investigations of demand and supply functions for money [J]. The Journal of Finance, 1964 (19).

[11] SPINDT P A. Modelling the monetary multiplier and the controllability of the divisia monetary quantity aggregates [J]. The Review of Economics and Statistics, 1984 (66).

[12] SHANMUGAM B, NAIR M, LI O W. The endogenous money hypothesis: empirical evidence from malaysia (1985-2000) [J]. Journal of Post Keynesian Economics, 2003(25).

附表

中国国际收支概览:1982—2009 年

单位:亿美元

项目	1982 年	1983 年	1984 年	1985 年	1986 年	1987 年	1988 年	1989 年	1990 年	1991 年	1992 年	1993 年	1994 年	1995 年
经常项目	56.7	42.4	20.3	−114.2	−70.3	3.0	−38.0	−43.2	120.0	132.7	64.0	−116.1	76.6	16.2
对外贸易	42.5	19.9	0.1	−131.2	−91.4	−16.6	−53.2	−56.2	91.7	87.4	51.8	−106.5	72.9	180.5
出口	211.3	207.1	239.1	251.1	257.6	347.3	410.5	432.2	515.2	589.2	695.7	756.6	1 025.6	1 281.1
进口	168.8	187.2	238.9	382.3	349.0	364.0	463.7	488.4	423.5	501.8	643.9	863.1	952.7	1 100.6
劳务	4.9	4.8	−0.5	5.3	15.5	19.5	12.6	6.9	15.0	28.6	−1.9	−8.4	3.2	−60.9
收入	25.1	24.7	28.1	30.6	38.3	44.4	48.6	46.0	58.6	69.8	92.5	111.9	166.2	191.3
支出	20.2	19.9	28.6	25.2	22.8	24.9	36.0	39.1	43.5	41.2	94.3	120.4	163.0	252.2
收益	4.5	12.6	16.2	9.3	1.8	−2.2	−1.6	2.3	10.6	8.4	2.5	−12.8	−10.4	−117.7
收入	10.9	15.5	20.1	14.8	11.0	9.8	14.7	18.9	30.2	37.2	56.0	43.9	57.4	51.9
支出	6.4	2.9	3.9	5.5	9.2	11.9	16.3	16.7	19.6	28.8	53.5	56.7	67.8	169.7
经常转移	4.9	5.1	4.4	2.4	3.8	2.2	4.2	3.8	2.7	8.3	11.6	11.7	3.4	14.4
收入	6.7	6.2	6.0	4.4	5.2	3.9	5.7	4.8	3.8	8.9	12.1	12.9	12.7	18.3
支出	1.9	1.1	1.5	2.0	1.4	1.7	1.5	1.0	1.0	0.6	0.5	1.2	9.3	3.9
资本和金融项目	3.4	−2.3	−10.0	89.7	59.4	60.0	71.3	37.2	32.6	80.3	−2.5	234.7	326.5	386.7
资本项目	0.0	0.0	0.0	0.0	0.0	0.0	0.0	0.0	0.0	0.0	0.0	0.0	0.0	0.0
金融账户	3.4	−2.3	−10.0	89.7	59.4	60.0	71.3	37.2	32.6	80.3	−2.5	234.7	326.5	386.7
直接投资	3.9	5.4	11.2	10.3	14.3	16.7	23.4	26.1	26.6	34.5	71.6	231.2	317.9	338.5
我国在外投资	0.4	0.9	1.3	6.3	4.5	6.5	8.5	7.8	8.3	9.1	40.0	44.0	20.0	20.0
外国在华投资	4.3	6.4	12.6	16.6	18.8	23.1	31.9	33.9	34.9	43.7	111.6	275.2	337.9	358.5
证券投资	0.2	−6.2	−16.4	30.3	15.7	10.5	8.8	−1.8	−2.4	2.4	−0.6	30.5	35.4	7.9
资产	0.2	6.4	17.2	−22.6	0.4	1.4	3.4	3.2	2.4	3.3	4.5	6.0	3.8	−0.8
负债	0.4	0.2	0.8	7.6	16.1	11.9	12.2	1.4	0.0	5.7	3.9	36.5	39.2	7.1
其他投资	−0.7	−1.5	−4.9	49.1	29.5	32.8	39.1	12.9	8.4	43.4	−73.5	−26.9	−26.9	40.4
资产	7.9	6.4	6.3	11.0	3.3	−0.8	7.8	2.3	2.3	1.6	32.7	21.1	11.9	10.8
负债	7.2	4.9	1.4	60.2	32.8	32.0	46.9	15.2	10.7	45.0	−40.8	−5.8	−15.0	51.2
净误差和遗漏	2.9	1.3	−8.9	0.6	−9.6	−15.2	−9.6	1.2	−32.1	−67.7	−82.1	−101.0	−91.0	−178.2
综合收支	63.1	41.4	1.4	−23.9	−20.5	47.8	23.7	−4.8	120.5	145.4	−20.6	17.7	304.5	224.7
储备资产增减额	−63.1	−41.4	−1.4	23.9	20.5	−47.8	−23.7	4.8	−120.5	—	20.6	−17.7	−304.5	−224.7

（续表）

项　目	1996年	1997年	1998年	1999年	2000年	2001年	2002年	2003年	2004年	2005年	2006年	2007年	2008年	2009年
经常项目	72.4	369.6	314.7	211.2	205.2	174.1	354.2	458.7	686.6	1 608.2	2532.7	3 718.3	4 261.1	2 971
对外贸易	195.4	462.2	466.1	362.1	344.7	340.2	441.7	446.5	589.8	1 341.9	2 177.5	3 153.8	3 606.8	2 495
出口	1 510.8	1 826.7	1 835.3	1 947.2	2 491.3	2 660.8	3 256.5	438.3	593.4	7 624.8	9 696.8	12 000.0	14 346.0	12 038
进口	1 315.4	1 364.5	1 369.1	1 587.3	2 146.6	2 320.6	2 814.8	393.6	534.4	6 282.9	7 519.4	9 046.2	10 739.2	9 543
劳务	−19.8	−57.3	−27.8	−53.4	−56.0	−59.3	−67.8	−85.7	−97.0	−93.9	−88.3	−79.0	−118.1	−294
收入	206.0	245.7	238.9	262.5	304.3	333.4	397.4	467.3	624.3	744.0	920.0	1 222.1	1 471.1	1 295
支出	225.9	279.7	266.7	315.9	360.3	392.7	465.3	553.1	721.3	838.0	1 008.3	1 301.1	1 589.2	1 589
收益	−124.4	−110.1	−166.3	−144.7	−146.7	−191.7	−149.5	−78.4	−35.2	106.4	151.6	256.9	314.4	433
收入	73.2	57.1	55.8	83.3	125.5	93.9	83.4	160.9	205.4	389.6	546.4	830.3	916.1	1 086
支出	197.6	167.2	222.3	228.0	272.2	285.6	232.9	239.3	240.7	283.2	394.9	573.4	601.8	653
经常转移	21.3	51.5	42.8	49.4	63.1	84.9	129.8	176.3	229.0	253.9	292.0	386.7	458.0	337
收入	23.7	54.8	46.6	53.7	68.6	91.2	138.0	184.8	243.3	277.3	315.8	426.5	525.7	426
支出	2.4	3.3	3.8	4.2	5.5	6.3	8.1	8.5	14.3	234.9	237.8	397.8	67.7	89
资本和金融项目	399.7	229.6	−63.2	51.7	19.2	347.8	322.9	527.3	1 106.6	629.6	66.6	735.1	189.6	1 448
资本项目	0.0	−0.2	−0.5	−0.3	−0.4	−0.5	−0.5	−0.4	−0.7	41.0	40.2	31.0	30.5	40
金融账户	399.7	210.4	−62.8	52.0	19.6	348.3	323.4	527.7	1 107.3	588.6	26.4	704.1	159.1	1 409
直接投资	380.7	416.7	411.2	369.8	369.8	373.6	467.9	472.3	531.3	678.2	569.3	1 214.2	943.2	343
我国在外投资	21.1	25.6	26.3	17.7	9.2	68.9	25.2	−1.5	18.1	113.1	211.6	170.0	534.7	439
外国在华投资	401.8	442.4	437.5	387.5	384.0	442.4	493.1	470.8	549.4	791.3	780.9	1 384.1	1 477.9	782
证券投资	17.4	69.4	−37.3	−112.3	−39.9	−194.1	−103.4	114.3	196.9	−49.3	−675.6	186.7	426.6	387
资产	6.3	9.0	38.3	105.3	113.1	206.5	120.9	−29.8	−64.9	261.6	1 104.2	23.2	−327.5	−99
负债	23.7	78.4	1.0	−7.0	73.2	12.5	17.5	84.4	132.0	212.2	428.6	210.0	99.1	288
其他投资	1.6	−275.8	−436.6	−205.5	−315.3	168.8	−41.1	−58.8	379.1	−40.3	132.6	−696.8	−1 210.6	679
资产	11.3	396.1	350.4	244.0	438.6	208.1	−30.8	179.2	−19.8	489.5	318.5	1 514.9	1 060.7	−94
负债	12.8	120.3	−86.2	38.5	123.3	−39.3	−10.3	120.4	359.3	449.2	451.2	818.1	−149.9	585
净误差和遗漏	−155.0	−221.2	−189.0	−176.4	−117.4	−48.6	77.9	184.2	270.5	−167.7	−129.5	164.0	−260.9	−435
综合收支	317.1	358.6	62.5	86.5	106.9	473.3	755.1	1 170.2	2 063.6	2 070.2	2 469.8	4 617.4	4 189.8	3 984
储备资产增减额	−317.1	−358.6	−62.5	−86.5	−106.9	−473.3	−755.1	−1 170.2	−2 063.6	−2 070.2	−2 469.8	−4 617.4	−4 189.8	−3 984

数据来源：International Financial Statistics、中国国家外汇管理局网站：http://www.safe.gov.cn/。

第八章 金融运行风险

一、绪论

经过1年多的努力，中国经济已基本上克服了全球金融危机的不利影响，实体经济也开始恢复，2009年GDP保八成功，2010年第一季度甚至达到了11.9%的高增长率。然而，这一切都是政府主导的经济刺激计划实施的结果。经过1年的经济刺激计划，2009年金融机构贷款余额高速增长。伴随着经济的复苏，金融系统的风险也可能重新开始积聚。截至2010年3月末，广义货币供应量M_2余额达到65万亿元，同比增长22.5%，增速比上年同期低3%；狭义货币供应量M_1余额为22.9万亿元，同比增长29.9%，增速比上年同期高12.9%；全部金融机构本外币各项存款同比增长21.7%，增速比上年同期低4.0%。金融机构贷款增速稳步回落，中长期贷款比重较高；人民币贷款余额同比增长21.8%，增速比上年同期低8.0%。人民币汇率保持在合理均衡水平上的基本稳定。

当前我国经济面临的不利因素是世界经济运行中存在较强的不确定因素，特别是欧洲主权债问题凸显，全球经济新的增长点尚不明朗；内需回升的基础还不平衡，持续扩大居民消费、改善收入分配、促进经济结构优化的任务仍然艰巨，财政金融领域的潜在风险也不容忽视。一些推动价格上涨的因素逐步显现，强化了通胀预期。这些问题都是影响金融系统风险的宏观因素。

从全球范围来看，随着经济状况好转，全球金融稳定面临的风险有所减弱，金融企业杠杆率不断降低，市场也逐渐恢复正常，大多数银行系统的健康状况已经有所改善。自金融危机以来，银行资产减记总额从2009年10月的2.8万亿美元降至2010年4月的2.3万亿美元。然而，由于部分发达国家财政收支恶化以及公共债务快速累加，以及部分发展中国家面临通货膨胀和资产泡沫的问题，全球金融风险重新开始发生变化。投资者对部分发达国家长期偿债能力的担忧可能转化为资金的短期压力，这是因为投资者要求获得较高的风险溢价来抵消潜在的风险，这种压力可能加剧这些国家的短期贷款难度，对恢复私人信贷产生负面影响。此外，一些新兴市场经济体资本流量再次攀升，出现通货膨胀和资产泡沫，影响全球金融系统的稳定性。鉴于我国经济同全球经济之间日益密切的关系，全球金融稳定性问题也会影响到我国的金融系统，成为影响我国金融运行风险的重要因素。

从我国金融系统自身来看，过去1年多宽松的货币政策的目的是为了使经济恢复到金融危机发生以前的状态。由于经济已经逐步恢复，甚至有了较强的通货膨胀预期，部分资产的价格也持续高涨①，因此，适度宽松的货币政策有了调整甚至退出的理由。截至2010年5月10日，央行已在2010年内3次上调存款类金融机构人民币存款准备金率。然而，目前是否真正达

---

① 比如主要大中城市的房地产价格在近1年中快速上升；投机资金流甚至流入农产品市场进行疯狂炒作等。

到货币政策的常态化仍然是一个难以解决的问题，而此对金融系统风险的影响就更加难以确定。

金融风险的形成因素是很复杂的。金融系统是整个经济的一个子系统，将投资者和融资者联系起来，一方面为投资者提供储蓄（投资）渠道，另一方面为融资者提供资金来源，因此金融系统是社会资本积累的一种制度安排。如果金融系统有效性受到限制，则其功能将因此产生扭曲，进而通过金融加速器机制扭曲实体经济，金融系统面临的风险就由此机制影响实体经济，而对实体经济产生影响的结果加大了金融风险。

本研究将从金融系统内各部门之间资金往来关系出发，找出影响金融运行风险的最基本因素，建立这些基本因素与经济指标之间的关系，通过预测金融系统部门间资金往来关系的变动，预测经济和金融指标的变动，进而对 2010—2011 年期间的金融运行风险进行度量和预测并提出建议。

二、金融系统部门资金往来

（一）金融系统部门结构

金融系统属于整个经济的子系统，因此，对其风险的研究不能与实体经济脱离。图 1 是金融与经济系统的简单关系。梳理金融系统各方面的因素，可以看出核心在于生产者、消费者、央行和国际经济环境这几个方面。国际经济环境主要通过影响生产者和政府行为来影响中国的金融系统，此外，尽管中国当前的资本项目尚未开放，但通过 QFII 渠道，国际经济环境仍然可以对我国金融系统产生直接影响。就金融系统而言，又可进一步划分为直接融资（一级金融市场）和间接融资（商业银行）两个子系统，而这两个子系统将储蓄和社会投资（实物投资）联系起来，成为整个经济系统运转的核心部分。

运行良好的金融系统将使得社会的总产出除了消费之外，其储蓄尽可能地转化为社会投资，进而致使短期的总需求和长期的总产出增大。理想的情况下，资金的供给（储蓄）和需求（投资）达到均衡，但可能有很多因素导致这种供求失衡。一方面，若社会中存在过多的闲置资金，必然导致经济中短期资金供给增大，从而产生投机行为；另一方面，如果资金供给不足，则潜在的社会投资需求难以得到满足。研究金融系统的风险本质上就是研究这两个基本方面及影响这两个方面的诸多因素。

储蓄者（金融投资者）和融资者（生产者，也是社会投资的主体）之间的资金流通通过金融系统的渠道，具体表现为各种金融工具（如存款和贷款、债券、股票），如图 1 所示。

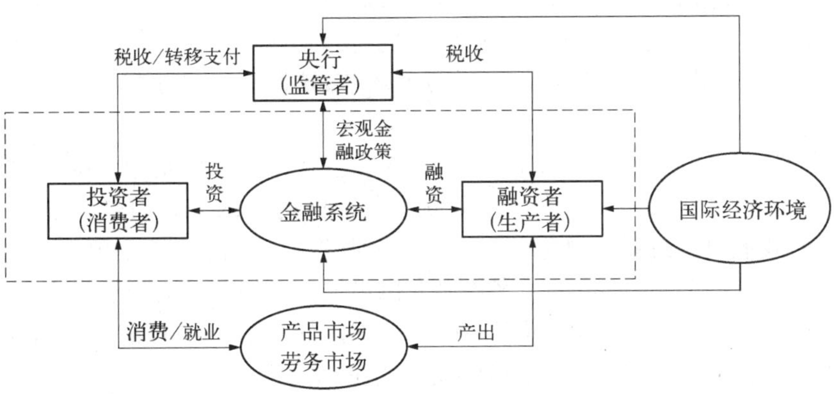

图 1 金融系统

以影响金融系统风险的几个方面为基础，分析影响这几个方面的各种因素，以及这些因素之间的相互联系，就可以对金融系统风险进行度量和预测。

（二）金融系统内货币资金往来

金融系统的参与者和关键部门包括：货币当局（央行）、金融机构、金融市场、生产者（企业）、消费者（居民）和世界经济。那么，这些参与者和部门之间的货币资金往来就反映了金融系统的运行状况。可以将这种货币往来用表1描述，此表就是金融系统部门间的现金流量（或存量）表。

表1中，第i行和第j列对应的元素表示部门j流向部门i的资金，若此元素表示为a_{ij}，那么$\sum_j a_{ij}$就表示所有部门流入部门i的资金总和；$\sum_i a_{ij}$则表示部门j向其他部门流出的资金总和。这样，对第k个部门，$\sum_j a_{kj}-\sum_i a_{ik}$就表示此部门的资金积累（流入与流出的差额）。

表1

金融（经济）系统中部门货币资金往来关系

	部门1	部门2	……	部门i	……	合　计
部门1	—	a_{12}		a_{1i}	…	部门1总流入
部门2	a_{21}	—		a_{2i}	…	部门2总流入
……	…	…	…	…	…	……
部门i	a_{i1}	a_{i2}	…	—	…	部门i总流入
……	…	…		…	…	……
合　计	部门1总流出	部门2总流出	…	部门i总流出	…	……

1. 金融系统的部门集结

由于我们的研究对象主要是金融系统，所以对实际经济系统中的部门进行了适当的集结：

首先，我们忽略中央政府和地方政府。因为从金融角度来说，目前中国的地方政府还缺乏独立性，而且如果将两级政府区别开来，我们将不得不再进行地税和国税之分，这样会使问题复杂化，金融系统的特征不再明显。

其次，我们忽略金融机构中商业银行与其他金融机构的区别，即将所有的金融机构看作一个部门。这样考虑的理由是金融机构基本上均可以参加银行间市场交易，且如果进行细分，则机构间业务上的复杂性和相关数据的不易获得性会使研究难以开展。

再次，我们忽略商品市场和劳动力市场两个环节，这两个环节由"企业—消费者"之间的"消费"和"工资"元素代替。

最后，我们忽略了货币当局以外的其他部门与世界经济之间的货币流动，而将世界经济与国内的货币往来直接与货币当局之间发生关联。这样做的目的一方面是为了简化，另一方面也不会因此影响我们对金融系统风险的研究：我们对这个环节的集结主要是考虑到我国实行外汇管制，各部门与国外发生的资金往来均以人民币结算，结汇与购汇均相当于从央行处出售或购买外汇，我们只是忽略了货币当局以外的其他部门的结汇与购汇环节，而未影响到外汇储备对中国货币供应。后者而非前者才是金融系统中的主要问题之一。

此外还需要说明的是，一般情况下我们不考虑部门内部的资金流动状况，这也是进行部门集结的原因。另外,我们忽略了一些因素,比如地方政府财政收入中的土地出让金收入,因为我们没有单独考虑"土地"这一要素而被忽略。因此,我们提供的各部门货币资金往来与真实经济的总体货币资金流动存在一定的差异,但我们更关注的是不同部门之间的货币流动关系。

2. 金融系统内货币往来

对金融系统进行合理的部门集结后,更重要的是厘清各部门之间的资金往来,以对金融系统的风险进行描述。

(1) 货币当局。流入货币当局的资金主要来自三个部门:金融机构、政府部门和世界经济。金融机构流向货币当局的资金包括:缴纳准备金、购买央行票据;政府部门流向货币当局的资金主要是财政存款;世界经济流向货币当局的资金是总的资本流出(包括经常性项目和资本项目)。

货币当局资金直接流向三个部门:金融机构、政府部门与世界经济。流向金融机构的货币表现为基础货币投放,流向政府部门的货币表现为货币当局对政府债券的增加,流向世界经济部门的货币表现为资本流入,因为外汇的流入导致对应人民币的发行。

(2) 金融机构。流入金融机构的资金主要来自货币当局投放基础性货币、金融机构上市融资、各级政府债券到期与回购、企业储蓄与居民储蓄。

金融机构的资金流向货币当局、金融市场、政府、企业以及居民,分别表现为:基础货币回收、金融机构的有价证券投资、银行间政府债券发行、企业贷款和居民贷款。

(3) 资本市场。直接流入资本市场的资金来自:各级政府发行的交易所债券(包括交易所国债和地方债券)到期与回购、公司债到期与回购、金融机构持有证券、居民持有证券。

资本市场资金流向政府、企业、金融机构等部门,具体项目包括:各级政府发行的交易所债券(包括交易所国债和地方债券)、企业直接融资、金融机构向市场的直接融资、印花税。

(4) 政府。流向政府部门的资金来自金融市场、金融机构:国债和地方债券的发行(包括银行间交易债券和交易所债券)、政府贷款、各级政府税收(企业与个人所得税、消费税)。

从政府部门流出的资金流向央行(财政存款)、金融机构和资本市场(债务到期、政府债券到期或回购)、企业和居民(转移支付)。

(5) 企业(生产者、储蓄者、投资者)。流向企业的资金来自于金融机构(贷款)、资本市场(直接融资)、居民(消费品购买),实际上还有其他中间商品市场,但我们将其看作企业之间的货币流动而不予以列示。

企业的资金流主要流向金融机构(企业储蓄)、政府部门(税收)和居民(工资)。需要说明的是,我们这里讨论的企业实际上是一个总的生产部门,所以分析其工资时包括了所有劳动者的工资收入。

(6) 居民(消费者、储蓄者)。流向居民的资金来自金融机构(居民贷款)、政府(转移支付)、企业(工资);居民的资金流向金融机构(居民储蓄)、政府部门(税收)、企业(消费)等。

(7) 世界经济。流向世界经济与国内资金往来主要是经常性项目和资本类项目收支。资本流入(外汇资产的流入)必然导致相应本币的发行,这是货币当局的货币流出;相反,资本流出导致相应本币的回收,这是货币当局的货币流入。

表 2 是我们经过部门集结后,各部门之间的货币资金往来情况。表 3 是 2009 年各部门之间的货币资金往来情况,其他年份的货币资金往来情况因篇幅关系而省略。

表 2

金融系统各部门货币资金往来

部　门	1. 货币当局	2. 金融机构	3. 资本市场	4. 政府	5. 企业	6. 居民	7. 世界经济	资金流入合计
1. 货币当局	—	基础货币收回，外汇资产增加	—	财政储蓄	—	—	资本流出	货币当局资金总流入
2. 金融机构	基础货币投放	机构间交易①	交易所金融债券、金融机构上市发行的股票	银行间交易的国债的地方政府债券到期与回购	企业储蓄	居民储蓄	—	金融机构资金总流入
3. 资本市场	—	有价证券投资	资本市场交易②	交易所政府债券到期与回购	—	—	—	资本市场资金总流入
4. 政府	央行对政府债权	银行间国债、政府贷款、银行间政府债券	交易所国债、交易所地方政府债券、印花税	—	企业所得税等	个人所得税、车辆购置税等	—	政府部门资金流入
5. 企业	—	企业贷款	直接融资	政府购买	投资③	消费	—	企业的资金总流入
6. 居民	—	居民贷款	—	转移支付	工资	—	—	居民的资金总流入
7. 世界经济	资本流入	—	—		—	—	—	—
资金流出合计	货币当局的资金总流出	金融机构的资金总流出	资本市场的资金总流出	政府部门资金总流出	企业资金总流出	居民资金总流出	—	—

① 金融机构间交易是金融机构这个部门的内部资金往来，不影响其净流入流出合计。
② 资本市场交易不影响此部门的流入流出合计。
③ 企业或产业部门内部的货币转移，主要是作为中间品的商品购买作为投资投入，不影响该部门的货币净流入流出合计。

表 3

2009 年金融系统部门资金往来(流量)

单位：万元

部　门	1. 货币当局	2. 金融机构	3. 金融市场	4. 政府
1. 货币当局	—	89 238.84	—	4 796.53
2. 金融机构	82 080	—	—	6 116.7
3. 金融市场	—	26 883.19	—	5 601.7
4. 政府	0	11 266	11 409.6	—
5. 企业	—	80 811.08	6 084	—
6. 居民	—	24 736.82	—	12 359.14
7. 世界经济	152 290.291	—	—	—
合计	234 370.291	232 935.93	17 493.6	28 874.07
差额(入—出)	—18 180.212	—20 853.98	14 991.29	26 162.01

部　门	5. 企业	6. 居民	7. 世界经济	合　计
1. 货币当局	—	—	122 154.709	216 190.079
2. 金融机构	80 876.1	43 009.15	—	212 081.95
3. 金融市场	—	—	—	32 484.89
4. 政府	24 071.47	8 289.01	—	55 036.08
5. 企业	—	125 342.7	—	212 237.78
6. 居民	136 036	—	—	173 131.96
7. 世界经济	—	—	—	152 290.291
合计	240 983.57	176 640.86	122 154.709	1 053 453.03
差额(入—出)	—28 745.79	—3 508.9	30 135.582	0

注：因不影响部门的净流入或净流出，忽略部门内部资金往来。

通过部门集结后，整个金融系统各部门之间的货币资金往来关系得到厘清。货币当局的流入流出反映了货币投放，这是整个金融系统货币流动的基本来源；金融机构和资本市场共同构成了狭义的金融系统，其货币流入流出反映了此狭义金融系统与其他部门之间的资金往来，而其内部货币流动则反映了金融资产的交易活跃状况。政府部门的货币流入流出则在一定程度上反映了政府的财政收支。企业和居民的货币流入流出则反映了实体经济状况。世界经济部门的引入则反映了境内货币与境外货币之间的流转，因为影响到基础货币投放而显得格外重要。

三、金融风险指标体系及因子现况描述

根据表 2 中各部门之间货币往来关系和关键部门，我们对金融风险因子进行识别，并对描述这些风险的经济指标进行分类。

关于指标的选取各国有所不同，但大同小异。IMF 和世界银行 1999 年 5 月联合启动了一个“金融部门评估计划”(FSAP)，主要用来判别金融体系的脆弱性，包括：宏观审慎指标如经济增长、通货膨胀、利率等；综合微观审慎指标如资本充足性、盈利性指标、资产质量指标等。这是一种理论与实践相结合的宏观金融稳定性评估方法。欧洲中央银行(ECB) 也专门成立了金融脆弱性工作小组，展开了对金融脆弱性的初步研究。研究将指标分为三类：一是关于银行系统健全的指标；二是影响银行系统的宏观经济因素；三是危机传染因素。美国的宏观金融稳定监测指标体系分为两大类：一是宏观经济指标；二是综合微观金融指标。众多的经济金融学家也就具体指标的选择问题进行了深入的探讨，以 Graciela Kaminsky, Saul Licondo 和 Carmen M. Reinhart(1996), Demirgiic-Kunt 和 Det Ragiache (1997)等的研究最具代表性。他们认为下列指标可以反映金融体系正趋于脆弱，这些指标有：不良资产比率过高，资本充足率过低，信贷增长率过快，利率过高，股指波幅过大，货币发行量增长过快等。本研究借鉴西方国家在选取指标过程中的共同经验和专家学者的研究成果，结合我国现实国情，考虑到数据的可获得性，选择了 15 个指标，分成三个子系统来度量我国金融脆弱性程度。

第一个子系统是为金融系统的环境，描述实体经济的运行状况；

第二个子系统是宏观金融子系统，描述宏观金融的运行；

第三个子系统是微观金融部门自系统，描述银行和金融市场两部分的风险积累状况。

结合表 2 的内容，我们建立了如图 2 所示的金融系统风险指标体系：总指标下涵盖三个子系统，三个子系统下涵盖各自的二级指标；前两个子系统的二级指标均受表 2 中有关部门之间货币资金往来的影响，而微观金融子系统下涵盖商业银行(金融机构的主要代表)和资本市场两大因素，而这两大因素又有相应的下级指标描述。

图 2 中前两个子系统的三级指标符号具体含义如下：

a_{12}——货币当局货币收回，包括央行票据到期、回购，金融机构持有的外汇资产增加(等价于机构将与央行全部结汇后重新购回)

a_{14}——央行对政府债权

a_{17}——资本流出，相当于境内部门从货币当局购买外汇，本币重新流入央行

a_{21}——央行的货币投放

a_{23}——金融机构从资本市场获得的融资

a_{25}——企业储蓄

a_{26}——居民储蓄

a_{32}——金融机构持有的有价证券

a_{34}——政府向资本市场发行的债券到期或回购

a_{41}——央行对政府的债权

a_{42}——银行间政府债券的发行、政府贷款

a_{43}——交易所政府债券、印花税

a_{45}——企业所得税(及划入此部门的流转税)

a_{46}——与居民相关的税收

a_{52}——企业从商业银行获得的贷款

a_{53}——交易所发行股票、债券

a_{54}——政府采购

a_{56}——消费

a_{62}——居民从商业银行等金融机构获得贷款

a_{64}——转移支付

a_{65}——工资

a_{71}——资本流出

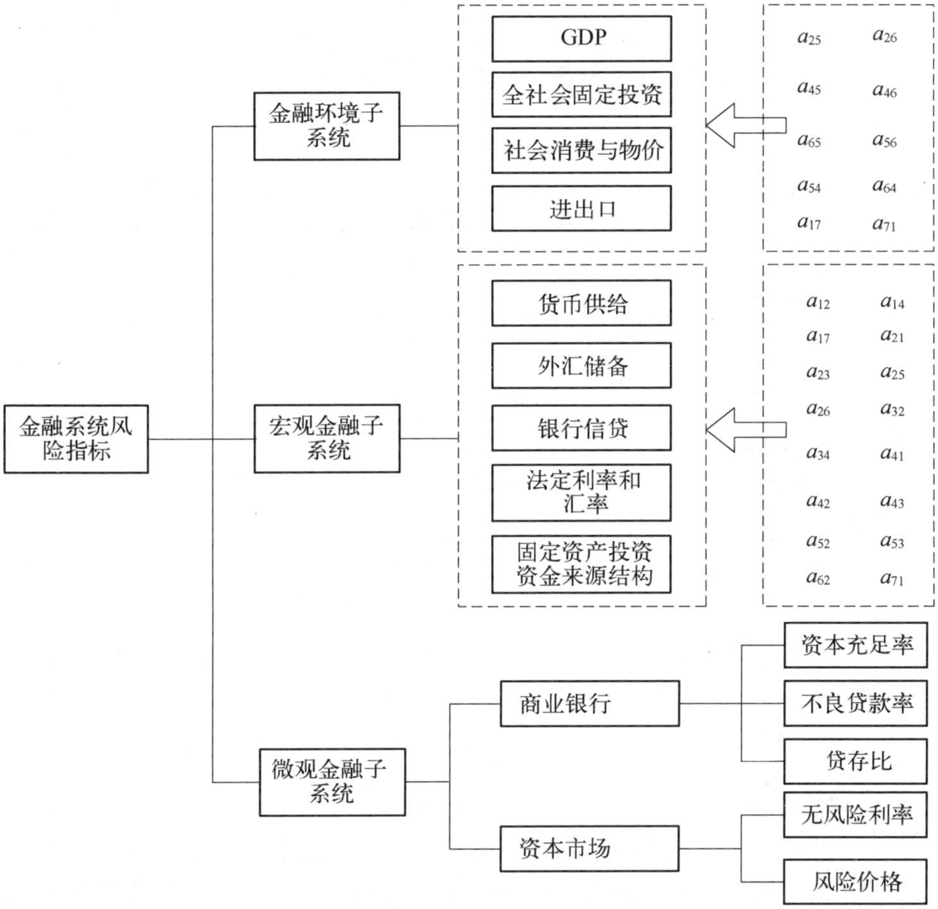

图 2　金融系统风险指标体系

（一）金融系统的环境——实体经济运行状况

从理论上，金融系统促进社会资本的积累，有利于全社会产出能力的扩大（总供给曲线的右移），而全社会的产出能力为金融投资收益提供了保障，由此，金融投资可以看作以总供给为抵押，进行不同风险—收益分配的过程，当实体经济出现问题，则金融系统也将受到影响。

金融系统环境子系统在表 2 中覆盖了企业、居民、政府和世界经济几个部门，这几个部门中最基本的环节包括总产出（企业的产出能力）、固定投资（再生产）、消费与物价水平（居民与商品环节）、净出口与外汇储备几个方面。

1. GDP

GDP 作为总供给能力的表现，会影响到经济效益，并最终影响到银行信贷的质量，因此，GDP 的波动是金融风险的重要因素。

图 3 是 GDP 年增长速率，可以看出 2009 年是近 10 年间增速最慢的年份之一，仅为 8.7%。图 4 是 GDP 季度同比增长数据，可以很明显地看到，在 2007 年达到高峰后，2008 年以来 GDP 同比增长迅速下降，特别是 2008 年和 2009 年的第一季度，下降速度非常明显，到 2009 年第一季度达到最低谷，其后逐季上升，2010 年第一季度的 GDP 增速已接近 2006 年第一季度的水平。

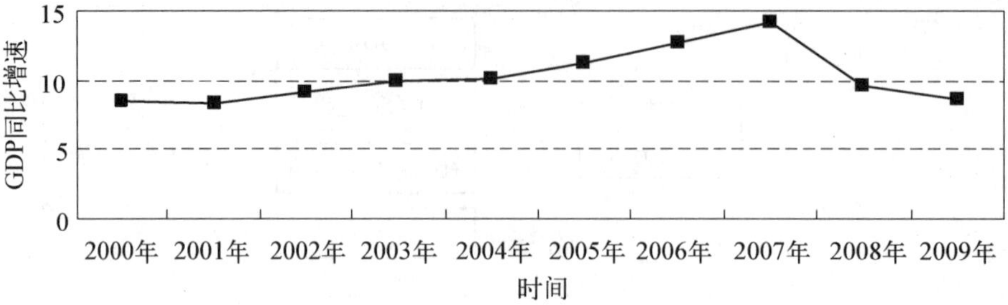

图 3　GDP 年度增速

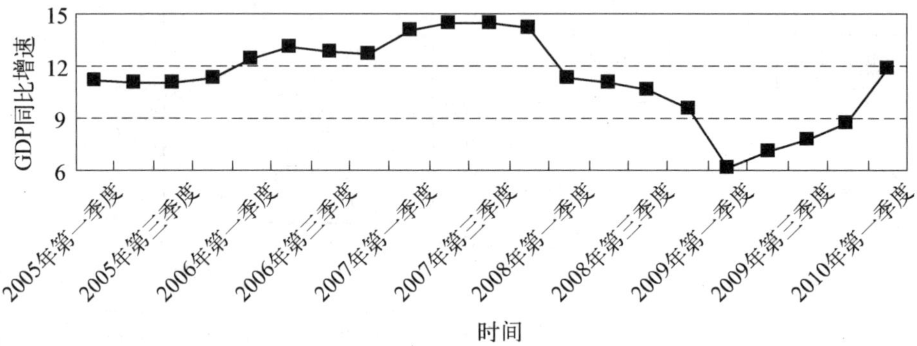

图 4　GDP 季度增速

2. 全社会固定投资

一定的社会投资增长是保持社会经济向前发展的物质基础。但是固定投资的速度和规模要合意，如果固定投资增长过慢，便会使总供给偏小；反之，如果固定投资增长过快，则容易导致产能过剩，银行贷款总量增量过大，一旦经济发生波动，银行遭遇的信用风险加大，使这些贷款容易转变成不良贷款。从 2009 年第一季度开始，固定资产投资同比增长率上升到较高水平，到 2009 年第四季度开始逐渐下降，如图 5 所示。

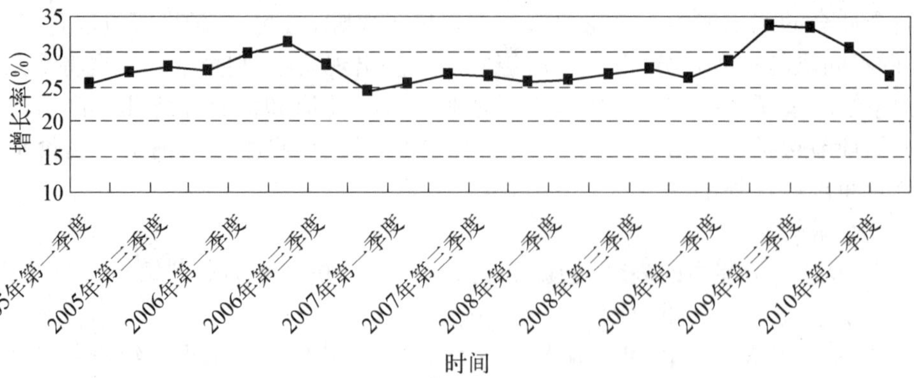

图 5　固定投资增长率(季度数据，%)

3. 社会消费与物价

消费需求影响着总需求。而物价的持续上涨将引起货币贬值。尽管银行是债权人和债务人的统一，并在一定程度上抵消物价上涨带来的风险，但如果存贷差较大，则通货膨胀使本金缩水。

图 6 是从 2001 年以来的 CPI 数据。在 2004 年和 2008 年上半年都达到了高峰，在 1999 年、2002 年和 2009 年均出现了负值，其中 1999 年时还处于 1997 年金融危机的影响中，2009 年前几个季度出现的负值则是由于本次金融危机的影响。在这期间，CPI 的波动率也较大。从 2009 年第四季度开始，CPI 开始逐渐上升，到 2010 年 4 月，CPI 增速达到 2.8%，其中食品价格的同比增速达到 5.9%。这一方面反映了实体经济的向好，另一方面也提示我们需要注意物价波动。

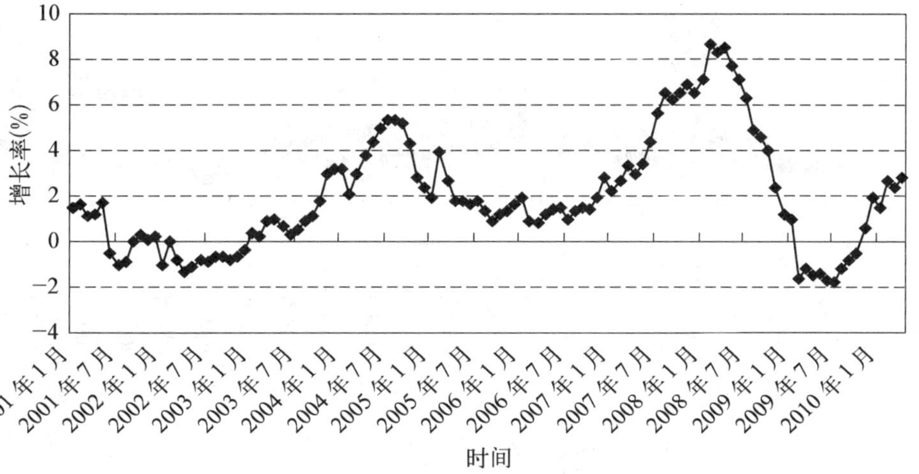

图 6 历年 CPI(%)

4. 进出口

进出口规模反映了我国国际收支中经常账户的状况，该指标可以用来衡量我国经济和金融系统受国际收支经常账户影响的程度。2009 年第二季度开始，进出口同比增长急剧下降，甚至出现了负值；2010 年第一季度进出口同比增长急剧上升，也反映了我国实体经济开始出现好转(见图 7)。

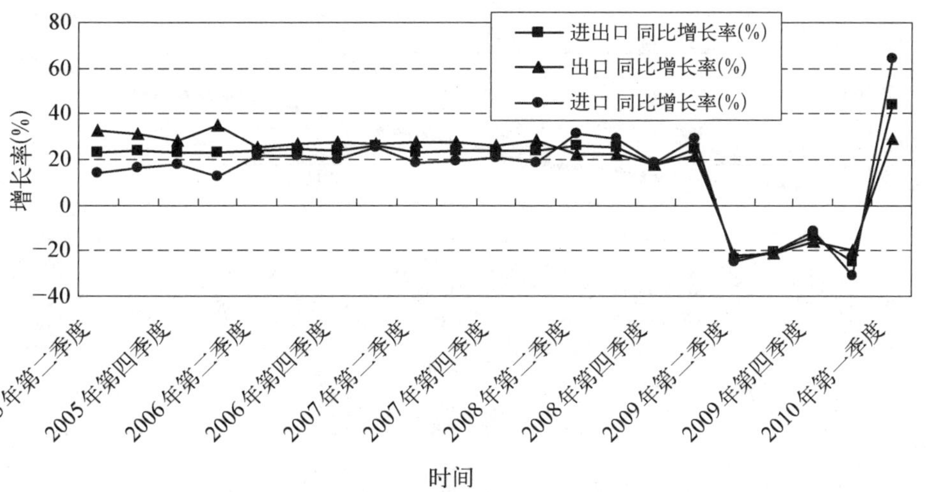

图 7 进出口同比增长率(%)

（二）宏观金融系统运行状况

1. 货币供给

截至 2010 年 3 月末，广义货币供应量 M_2 余额为 65.0 万亿元，同比增长 22.5%，增速比上年同期低 3.0 个百分点。狭义货币供应量 M_1 余额为 22.9 万亿元，同比增长 29.9%，增速比上年同期高 12.9 个百分点。总体看，货币政策各项措施取得初步成效，货币信贷增长正逐步向常态方向回归（见图 8）。

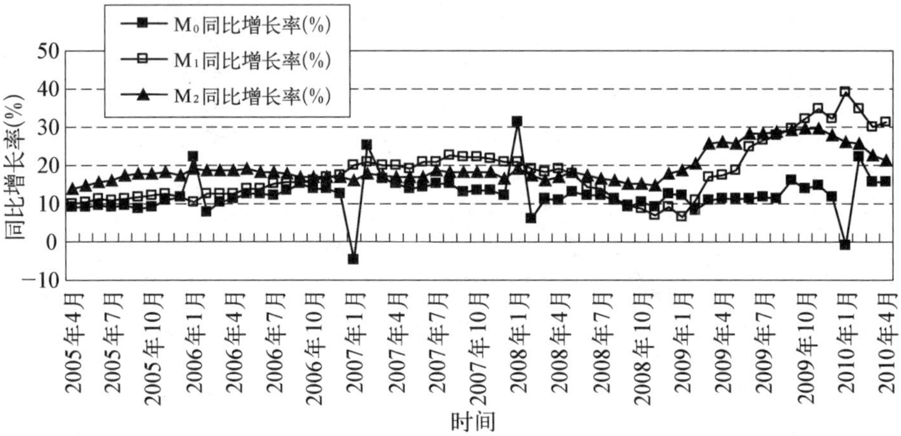

图 8 M_0、M_1 和 M_2 增速比较

2. 外汇储备

外汇储备增长体现了我国经济实力增强的特点，是我国多年来贸易顺差的一个直接表现。然而随着外汇储备的不断增长，其对我国经济的促进作用也受到质疑，高额外汇储备也并不是防御金融危机爆发的决定性因素，如 20 世纪 90 年代的亚洲金融危机正说明了一点；另外，我国目前是全球外汇储备最大的国家，但债务国出现的经济问题则导致外汇资产贬值，增大了外汇储备的风险和持有成本（见图 9）。

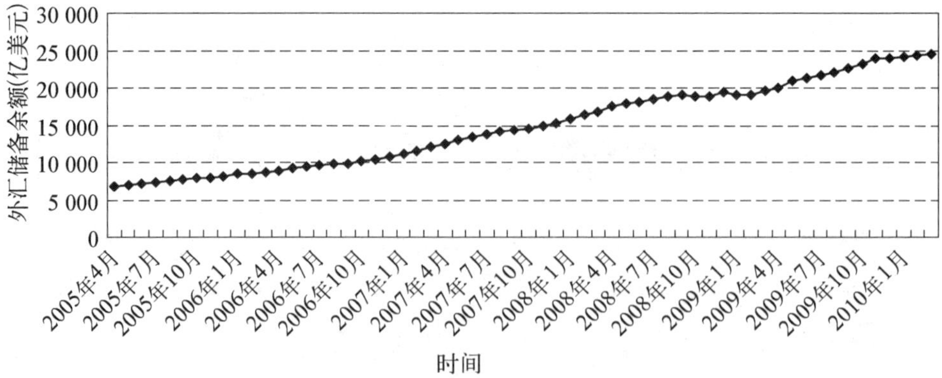

图 9 外汇储备（亿美元）

3. 银行信贷

截至 2010 年 3 月末，全部金融机构本外币贷款余额为 45.4 万亿元，同比增长 24.1%，增

速分别比上年同期和上年年末低 2.9 个和 8.9 个百分点，比年初增加 2.8 万亿元，同比少增 1.7 万亿元。从人民币贷款的部门分布和期限看，住户贷款增长较快，中长期贷款比重较高。从机构上看，中资全国性大型银行、全国性中小型银行及区域性中小型银行贷款同比增加少。从部门分布看，住户贷款增长较快，非金融企业及其他部门贷款增速明显回落（见图 10）。

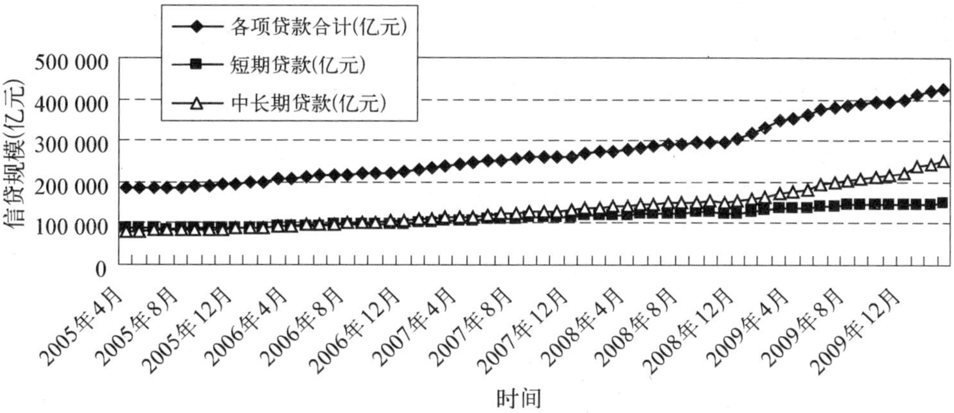

图 10　总贷款与中长期贷款增量（月度数据，亿元）

2010 年 1 月 18 日和 2 月 25 日，中国人民银行分别上调存款类金融机构人民币存款准备金率各 0.5 个百分点。这两次上调存款准备金率对冲了银行体系部分过剩流动性，政策实施后，市场流动性仍可满足货币信贷总量适度增长和经济发展的需要。

4. 法定利率和汇率

利率水平反映了经济运行的态势，当一国为鼓励经济发展时，往往采用低利率政策；反之，则采用高利率政策。由于利率反映了资本成本，因此对存贷款均产生一定的调节作用，特别是对投资需求会产生较强的刺激或抑制作用。从汇率角度来看，由于美元兑人民币汇率从 2008 年 7 月至今（2010 年 5 月）保持相对稳定（见图 11），因此，当前汇率对金融风险变动的影响较小，但是，今年以来受到国际因素的影响，人民币存在着一定的继续升值的压力。

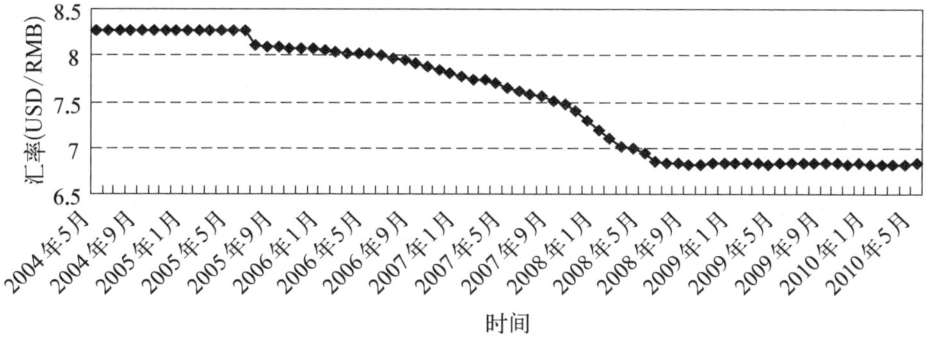

图 11　美元兑人民币汇率

5. 固定资产投资资金来源结构

我国固定投资资金来源主要是自筹资金和企事业单位自有资金（见图 12）。在我国经济转型和市场不断开放过程中，外商直接投资也对我国产业结构的优化和资金缺乏的缓解起到

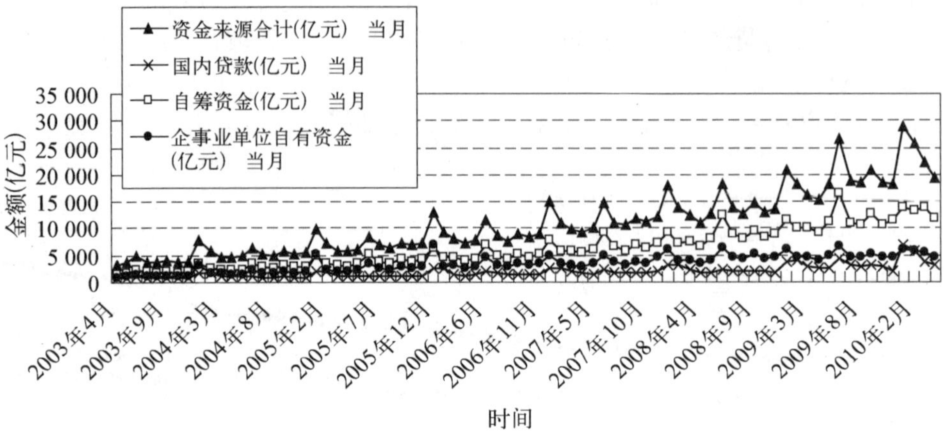

图 12　固定投资主要资金来源(月度数据,亿元)

了重要作用。然而,随着经济的飞速发展,我国总体上已经改变了资金稀缺的状况,银行流动性也非常充足。当前,外商直接投资、发行债券和股票并非固定投资的主要资金来源。

(三) 微观金融子系统运行状况

1. 商业银行

资本充足率是衡量银行资本实力和防御资本风险能力的指标,是资本风险监控和衡量银行机构整体健康水平的关键。从目前看,我国银行的资本充足率还是符合要求的,不会由此造成银行体系的不稳定。此外从总体上说,金融机构不良贷款率处于较安全的区域。

表 4 是截至 2009 年 12 月已上市国有商业银行关于资本充足率和不良贷款的主要指标。

表 4

已上市国有商业银行的主要指标(2009 年 12 月)

商 业 银 行	资本充足率(%)	不良贷款率(%)	税前利润(亿元)
中国工商银行	12.4	1.54	1 672
中国建设银行	11.7	1.50	1 381
中国银行	11.1	1.52	1 111
交通银行	12.0	1.36	382

数据来源:中国人民银行。

商业银行的贷存比处于 60%～70%之间,并且从 2003 年以来具有略微下降的趋势。这说明有超过 30%的存款没有转变为贷款,这必然成为商业银行付息的负担(见图 13)。

2. 资本市场①

2009 年,货币市场回购、拆借交易量保持较快增长。全年回购累计成交 70.3 万亿元,日均成交 2 812 亿元,同比增长 21.4%;同业拆借累计成交 19.4 万亿元,日均成交 774 亿元,同比增长

① 本部分数据量主要来自中国人民银行网站,以及《中国货币政策执行报告》2009 年第四期、2010 年第一期。

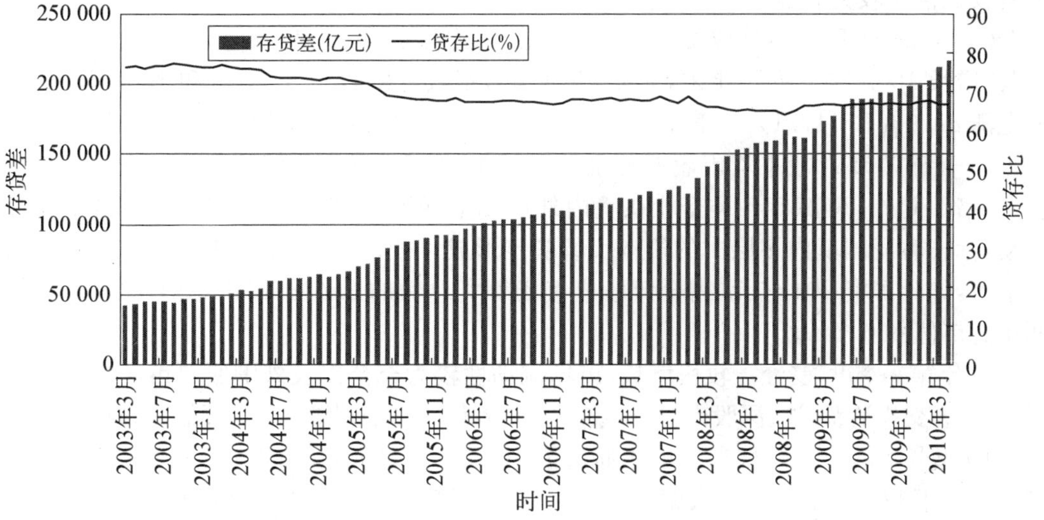

图 13　存贷差与贷存比变化

数据来源：Wind 咨询。

29.1%。回购、拆借交易均主要集中于隔夜品种，其交易份额分别为 77.7%和 83.6%，同比分别上升 14.0 个和 12.8 个百分点。交易所市场国债回购累计成交 3.6 万亿元，同比增长 46.2%。货币市场融资主体主要呈现以下特点：一是国有商业银行流动性保持充裕，资金供给的主导地位进一步增强；二是受货币市场融资收益相对较低及资产配置策略影响，其他商业银行资金净融出规模同比明显减少；三是受股票市场震荡上行、下半年新股密集发行等因素影响，证券、基金及保险公司等非银行金融机构的融资需求大幅上升；四是外资金融机构资产扩张放缓，融资需求有所减弱。

2010 年第一季度货币市场回购交易增速明显放缓，拆借交易量大幅增加。银行间市场回购累计成交 17.1 万亿元，日均成交 2 850 亿元，日均成交同比增长 1.2%；同业拆借累计成交 5.2 万亿元，日均成交 875 亿元，日均成交同比增长 62.6%。回购、拆借交易均主要集中于隔夜品种，其交易份额分别为 80.4%和 87.8%。交易所市场回购累计成交 1.2 万亿元，同比增长 99.1%。货币融资主体主要呈现以下特点：一是受春节前现金集中投放以及金融机构放贷动机仍然强烈等因素影响，国有商业银行净融出资金有所减少，其他商业银行则由上年同期净融出资金转变为净融入。第一季度国有商业银行净融出资金 7.2 万亿元，同比减少 9 069 亿元；其他商业银行净融入资金为 2.4 万亿元，同比增加 2.8 万亿元。二是受股票市场波动加大、预期变化和自身资产负债状况好转等因素影响，证券及基金公司、保险公司资金需求明显下降，第一季度净融入资金同比分别下降 30.7%和 73.5%。三是外资金融机构资金需求仍然较强，第一季度净融入资金 7 964 亿元，净融入资金占净融入资金总量的 11%。

资本市场，特别是股票市场反映了投资者对风险的态度。如果市场对风险的定价过低，则反过来表示风险证券价格较高。采用上海综指月度收益作为金融市场对风险的度量(见图 13)，可见其波动率随时间的变化较为频繁。风险价格的变动反映了投资者在风险资产和无风险资产之间的调整状况：如果市场为风险的定价偏高，说明投资者对风险的厌恶情绪加强；反之，说明投资者投机情绪较为高涨。

2009年,沪、深股市累计成交53.6万亿元,同比多成交26.9万亿元;日均成交2 197亿元,同比增长100.7%。同年年末,上证、深证综合指数分别收于3277点和1201点,分别比上年末上涨80.0%和117.1%。截至2009年年末,股票市场流通市值为15.1万亿元,同比增长2.3倍。沪、深两市A股平均市盈率分别从上年末的15倍和17倍回升到2009年年末的29倍和47倍。此外,2009年各类企业在境内外市场上融资6 084亿元。10月份创业板市场正式启动,标志着我国境内多层次的资本市场初步形成。截至2009年年末,共有36家公司在创业板上市,累计筹资204亿元,占全年股票市场筹资总额的3.4%;市价总值1 610亿元,占沪深两市总市值的0.7%。

2010年第一季度,受经济较快增长、市场流动性较为充裕以及外围股票市场活跃等因素影响,股票市场交投活跃,沪、深股市累计成交11.6万亿元,同比增加2.3万亿元;日均成交2 006亿元,同比增长23.1%。3月末市场流通市值为15.7万亿元,比2009年年末增长3.5%。股票指数有所下跌。继上年股市大幅上涨后,2010年第一季度上证综合指数在2900~3300点之间震荡。3月末上证综指、深证成指分别收于3109点和12494点,比上年末分别下跌5.1%和8.8%。沪、深两市A股平均市盈率分别为28倍和41倍,比上年末减少1倍和6倍。第一季度,非金融企业及金融机构在境内外股票市场上通过发行、增发、配股、行权以及可转债累计筹资1 919亿元,同比增加1 624亿元,增长550.8%。其中,A股发行和配股融资1 814亿元,同比多融资1 549亿元,增长585.5%。

四、风险度量

(一) 金融风险因子预测(2010—2011)

关于金融风险的预测,我们采用如下的思想:根据各个风险因素的变动趋势,预测其在未来的可能值(有一定的范围),然后根据描述各风险因素的单指标和综合指标之间的关系,计算可能的综合指标,预测未来可能的风险状况。

具体操作步骤如下:

第一步,对金融系统各部门之间货币往来与金融风险指标体系(见图2)中的二级指标之间建立起联系①。

第二步,对金融环境子系统和宏观金融子系统涉及表2所列示的各部门之间的货币往来进行预测,借鉴社会核算矩阵的最大熵表式条横方法(METR)②,我们可以获得2011年的金融系统部门间货币往来的可能结果。

第三步,结合前两步的方法,我们由2011年金融系统各部门间货币往来的可能结果获得风险指标体系中的二级指标(前两个子系统的二级指标)。

第四步,以金融环境子系统和宏观金融子系统的指标为约束条件,对微观金融子系统的基本指标进行预测,获得一定置信度的指标区间。

我们对2010—2011年间的二级指标预测结果如表5。

---

① 此处尚需保密,请读者谅解。

② Robinson and El Said(1998,2000).

表 5

2010—2011 金融风险二级指标预测范围

一级指标	二级指标	指标值范围	说明
金融环境子系统	GDP 增速	9%～12.0%	
	固定投资增速	25%～32%	
	CPI 增速	2.8%～4.0%	
	净出口/GDP	5.6%～7.2%	
宏观金融子系统	M_2 增速	25%～31%	
	外汇储备/GDP	45%～50%	
	信贷增速	20%～25%	
	利率与汇率	—	尽管有加息压力和升值压力，我们把政策当作是一种调整手段而非风险
	信贷资金结构变化	—	基本保持不变，因此不作为 2011 年的风险因素
微观金融系统	资本充足率，不良贷款率	—	根据当前主要商业银行的现状，假定资本充足率和不良贷款率均不发生变化。因为当前这两个指标很好，急剧变坏的可能性非常小
	贷存比	62%～68%	
	股价指数	2500～3500	

注：① 预测的置信水平为 95%。
　　② 符号"—"表示本年度暂不考虑该指标的变化，或其变化的影响。

（二）金融风险度量

1. 度量方法

金融系统的风险状况由前面分析的这些主要指标来描述，因此从风险角度来看，金融系统是一个多维度的系统，需要用一个总体的指标来描述系统风险测度，并根据金融系统的变化趋势对其风险作出预测。

由于对各种风险都由不同的指标来进行描述，而按照每一个单一指标进行分析，会发现不同的银行可能有不同的风险排名，为了将各种指标同时考虑进来，我们采用综合评价的方法。综合评价是指对被评价对象进行客观、公正、全面的评价。多属性综合评价的理论、方法在管理科学与工程领域占有重要地位，已成为经济管理、工业工程和决策领域中不可缺少的重要内容，且有着重大的使用价值和应用前景。综合评价的要素包括多个被评价的对象、多个指标体系、评价指标的权重系数、综合评价模型等，其基本方法如下。

假设有 M 个解决问题的方案（如共有 M 个银行，对应 M 种风险结果），采用 N 个评价指标（如对信用风险评价，有不良贷款率等指标；对金融运行风险评价，则有金融环境指标、宏观金融系统、微观金融系统等多个指标），这样，由所有的单指标构成的指标矩阵为 $(a_{mn})_{M\times N}$。首先对各指标进行标准化，采用极值法进行处理 $x_{mn}=\dfrac{a_{mn}-\min\limits_{m}\{a_{mn}\}}{\max\limits_{m}\{a_{mn}\}-\min\limits_{m}\{a_{mn}\}}$，对所有的 $m=$

$1, \cdots, M$，$0 \leqslant x_{mn} \leqslant 1$，这样我们可以构建一个综合指标 $G_m = \sum_{n=1}^{N} w_n x_{mn}$，$m = 1, \cdots, M$，其中 $w_n \geqslant 0$ 为第 N 个指标的权重，且 $\sum_{n=1}^{N} w_n = 1$。可以看出，若单个指标均是越大越好，则综合指标 G_m 越大，该方案越优。

评价的核心问题是权重，其确定方法可以是“功能驱动”、“差异驱动”原理的赋权法和综合集成赋权法。令 $w_n^1 \geqslant 0$，$n = 1, \cdots, N$ 和 $w_n^2 \geqslant 0$，$n = 1, \cdots, N$ 分别表示“差异驱动”、“功能驱动”获得的权重。其中，“差异驱动”权重可以采用“拉开档次”法、逼近理想点法、均值方差法、极值法和熵值法等；“功能驱动”权重则可采用集值迭代法、特征值法。如果考虑到这两类方法，一个属于客观方法，一类属于主观方法，将这两种方法结合起来，构成综合集成赋权法，其权重系数为

$$w_n = k_1 w_n^1 + k_2 w_n^2,\ n = 1, \cdots, N$$

表示综合集成权重，其中 k_1 和 k_2 为待定参数，$k_1 + k_2 = 1$，并且

$$k_1 = \frac{\sum_{m=1}^{M}\sum_{n=1}^{N} w_n^1 x_{mn}}{\sqrt{\left(\sum_{m=1}^{M}\sum_{n=1}^{N} w_n^1 x_{mn}\right)^2 + \left(\sum_{m=1}^{M}\sum_{n=1}^{N} w_n^2 x_{mn}\right)^2}}$$

$$k_2 = \frac{\sum_{m=1}^{M}\sum_{n=1}^{N} w_n^2 x_{mn}}{\sqrt{\left(\sum_{m=1}^{M}\sum_{n=1}^{N} w_n^1 x_{mn}\right)^2 + \left(\sum_{m=1}^{M}\sum_{n=1}^{N} w_n^2 x_{mn}\right)^2}}$$

我们的度量方法与《中国经济运行风险研究报告 2008》、《中国经济运行风险研究报告 2009》中金融运行风险部分采用的方法保持一致。

对于前面预测的结果，用此方法对几个金融子系统进行评估，获得各个子系统的风险度量，然后以子系统风险值为基础，用同样的方法获得总的金融运行风险评分。

2. 中国金融运行风险度量结果(2010—2011 年)

计算结果见图 14，其中指标越大，说明风险越高，其中预测上、下限是指 2010—2011 年时间跨度内，所预测的风险指标的上限和下限①，上下限之间的置信度为 95%。图 14 中的指标是金融运行风险总指标②(指标体系如图 2 所示)。

总体来说，在我们所关注的时间跨度内，整个金融系统的风险以 1993 年为最，远高于 1992—2009 年的平均水平。从 1993 年到 1999 年，金融系统的风险积累程度逐渐下降。1993 年金融风险很高，主要表现在 GDP 增速(31.2%)、固定投资增速(56.33%)偏高，而且净出口率偏低上，此后这些主要的实体经济指标均有所改善，特别是 GDP 和固定投资的增速逐渐放缓，物价水平也由 1993—1994 年的高点(物价指数分别为 118.8 和 125.5)逐步下降到 2000 年

① 由于经济(金融)系统的风险难以获得绝对的度量，本研究获得的度量指标是历年的风险水平的一个相对比较指标，从预测结果的范围，可以得到 2010—2011 年间的风险与历史上各年风险相比较，相当于哪一年的风险水平。

② 与 2009 年年度报告相比，本年度不再单独区别金融运行环境和金融系统本身的风险指标。

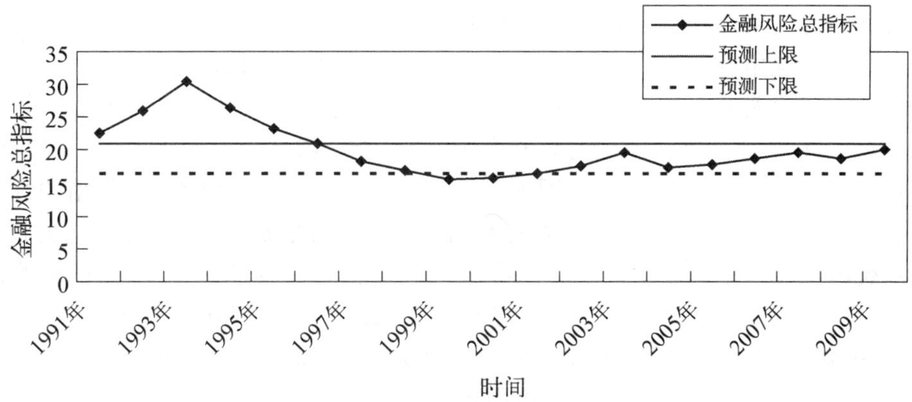

图 14　金融风险总体指标预测区间

的 101，并且进出口占比也有所改善。从 2000 年以后到 2007 年，GDP 增速逐年上升，固定投资增速的维持在较高水平(除了 2000—2001 年较低外，其他各年均高于 15%，2003—2004 年超过 20%，即使 2008 年仍接近 20%)，物价水平也较高，特别是 2007 年物价指数超过了 106；2000 年以来，我国历年的贸易顺差均较大。由此，从 2000 年以来，金融环境，即实体经济系统中开始产生新的风险积累。2008 年因为 GDP 增速的降低和物价水平的降低，使得前几年积累的风险水平略微有所缓解。从 2009—2010 年的风险预测情况来看，其范围大体上以 2003—2008 年的风险水平为中心，其上限基本上与 1997 年我国实体经济面临的风险水平相当。我国金融系统风险水平自 1991 年以来，以 1991—1996 年这段时间积累的风险较高；1997 年和 2003 年风险水平大致相当，而 2000 年的总体风险水平较低。大体上，1993—2000 年的风险水平逐年下降；从 2000 年后金融系统的风险逐渐积累。

从宏观金融指标来看，1991—1996 年间，M_2 增速都比较大(特别是 1993 年，M_2 增速达到了 37.3%)，在此期间法定年利率、贷款余额增速也处于 1990—2008 年的最高位。而到 2000 年左右，这些宏观金融指标均有所改善，比如 M_2 增速下降到 14%左右，法定利率低于 6%，贷款增速也低于 5%。自 2000 年以后，这些指标又逐年发生了变化，M_2 增速有所增大，但远低于 1991—1996 年间的水平，贷款余额增速也重新有所增大。值得注意的是，1991—1996 年间，M_2/M_1 的比值却比 2000 年以来的比值小，这与我国较高的储蓄率有关。从微观金融部门的风险指标来看，近几年来，我国主要商业银行的资本充足率和坏账率均处于比较安全的水平，但是贷存比却较低、甚至有逐年下降的趋势，这说明我国的储蓄—投资转化效率较低，这是银行系统的一个风险因素；2005—2007 年，金融市场(股票市场)的市盈率较高，但 2008 年以来，市盈率已经低于平均水平，而 2010 年第一季度，金融市场重新走弱。

我们预测的 2010—2011 年间我国金融系统的风险水平大体上处于 2007 年的水平。这有几个方面的原因：

从金融运行的宏观环境来看，GDP 增速因为经济重新向好而有所扩大，但是由于外部经济环境、特别是欧洲债务危机的冲击具有负面影响，金融市场对风险的定价(风险溢价)较高，金融投资者普遍具有极端厌恶风险的情绪。自 2009 年 3 月以来道琼斯工业平均指数、道琼斯欧洲 50 指数进入向上通道，但自 2010 年 4 月下旬以来均出现下跌，波动较为剧烈。美元指数自 2009 年年底以来快速攀升，半年内从 74.18 上升到最高超过 87 的水平；相反，欧元兑美元汇率则从 2009 年年底开始快速下跌，从 1.5 的水平下降到最低仅为 1.21 的水平。全球经济面临着二次探底的危险，因此，金融运行的宏观环境面临较大风险。

从宏观金融系统角度来看，货币当局（央行）的资产负债表规模逐渐扩大，2007 年年初规模约为 13.25 万亿元人民币的水平，到 2010 年 3 月已经达到 23.61 万亿元人民币的规模，3 年时间规模扩大了近 80%。货币当局的总资产中，国外资产占比也逐年上升，从 2007 年年初的 68%上升到 2010 年的 81%，这说明我国宏观金融系统风险与国外经济状况相关性在近 3 年得到进一步加强①，而当前国际经济环境的不确定性在金融危机后重新增强，这也将导致我国宏观金融系统风险在一定程度上的上升。金融机构贷款余额增速从 2009 年的较高增长水平开始从 2010 年有所回落，但贷款余额存量已经较大，截至 2010 年第一季度末，国内信贷余额已经达到 52 万亿元人民币，而在 2007 年年初尚不足 30 万亿元，因此这 3 年国内信贷规模扩展了 70%以上，这是宏观金融系统风险积累的一个重要因素。

从微观金融系统的角度来看，主要商业银行的不良贷款率均比较低，银行资产结构与 2007 年前相比有了较大改善。从金融市场上来看，股票市场 2009 年平均市盈率为 25 左右，进入 2010 年后平均市盈率为 18.8；2009 年平均市净率为 3.4，2010 年②约为 2.7。由此可见，国内资本市场对风险溢价的要求均比较高，除了宏观经济和宏观金融系统的影响外，也反映了投资者对风险的厌恶程度较大，金融资产与往年相比，泡沫化程度有所降低。因此综合来看，微观金融系统自身面临风险相对较小。

五、结论与建议

2009 下半年至 2010 年第一季度，世界经济开始呈现全面复苏的态势。尽管如此，各经济体、地区间复苏的速度不一。当前世界经济面临的主要风险包括：主权债务风险上升、贸易保护主义抬头、经济复苏速度不一致导致各国刺激政策退出不同步、局部地区资产价格增长过快等。展望未来，世界经济总体有望进一步向好发展，主要经济体在消费、投资和出口等方面继续改善，但全球经济仍然在一定程度上存在“二次探底”的风险。从我们对 2010—2011 年的风险度量和预测来看，我们认为未来一段时间加强金融运行风险应主要从如下两个方面进行。

（一）采取措施应对国际经济的不利冲击

当前，欧洲债务危机的问题尚未解决，欧元区国家，特别是对希腊的救助问题尚未真正达成一致意见，相关国家正在进行利益博弈：一方面，希腊等债务危机较重的国家如果债务问题不能解决，则整个欧元区都会受到不利影响；另一方面，有关国家均存在“搭便车”的动机，不到万不得已，不愿意主动承担解决问题必须支付的成本。中国经济的外贸依存度很高，央行资产规模中国外资产的比重很大，这两个方面导致国际经济的波动会对中国金融运行的宏观环境和宏观金融系统带来剧烈冲击。由此，应采取措施对国际经济的不利冲击进行应对，特别是外汇资产管理。

（二）谨慎选择量化宽松货币政策的退出时机

为了应对美国金融危机给我国经济造成的困难局面，我国政府及时推出 4 万亿元的干预

① 由于不能获得外汇资产结构的相关数据，因此不能直接获得我国宏观金融系统与具体的国家和地区之间的风险联系。

② 平均市盈率和市净率时间截至 2010 年 5 月。

计划。经过1年多的努力,我国实体经济已经有了一定的起色,比如2009年全年GDP增长率达到8.7%,2010年第一季度增速达到11.9%;CPI和PPI从2009年开始由负转正;2009年全年固定资产投资增速超过30%,2010年第一季度仍高于26%;消费品零售增长率2009年全年为15.5%,2010年第一季度达到18.1%,等等。实际上,我国从2009年11月至2010年5月,除了2010年2月和5月外,其他几个月度央行的货币投放均为负(净回收),表明央行实际上从2009年11月已经开始了货币的适度从紧政策,有量化宽松货币政策逐渐退出的迹象。但是,除了可能的"二次探底"风险外,有关金融指标仍然显示经济尚未完全走出危机的阴影,因此,如何选择量化宽松货币政策的退出时机是需要认真考虑的问题①,否则,金融运行的宏观环境可能受到不利冲击。

参考文献

[1] 唐海燕.中国经济运行风险研究报告2008[M].上海:立信会计出版社,2008.

[2] 唐旭等.论建立中国金融危机预警系统[J].经济学动态,2006(6).

[3] 陈学彬.银行不良资产与金融风险和通货膨胀的博弈分析[J].经济研究,1997(7).

[4] 李扬.金融发展和金融创新必须服务于实体经济[J].当代财经,2009(1).

[5] 李翀.论美国次级抵押贷款危机的原因和影响[J].经济学动态,2007(9).

[6] 刘锡良等.金融结构视觉中的金融安全论[J].经济学动态,2004(8).

[7] 孙立坚.再论中国金融体系的脆弱性[J].财贸经济,2004(3).

[8] 伍志文.中国金融脆弱性(1991—2000):综合判断及对策建议[J].当代经济科学,2002(9).

[9] 中国货币政策执行报告,2009(1)—2009(4),2010(1).

[10] YANNICK K. Financial fragility in emerging market countries: firm balance sheets and the productive structure[D]. PSE Working Papers, 2005.

[11] GOODHART C A E, SUNIRAND P, TSOMOCOS D P. A time series analysis of Financial Fragility in the UK Banking System[J]. Annals of Finance, 2006(2).

[12] TSOMOCOS D P. Equilibrium analysis, banking, and financial instability[J]. Journal of Mathematical Economics, 2003(3).

[13] HOGGARTH G, SAPORTA V. Costs of banking system instability: some empirical Evidence[J]. Financial Stability Review, 2001(6).

[14] LAGUNOFF R, SCHREFT S. A model of financial fragility[J]. Journal of Economic Theory,2001(2).

[15] GOODHART C A E, SUNIRAND P, TSOMOCOS D P. A model to analyse financial fragility[J]. Economic Theory, 2006(1).

[16] HALDANE A, HALL S, SAPORTA V, TANAKA M. Financial stability and macroeconomic models[J]. Bank of England Financial Stability Review, 2004(6).

---

① 需要说明的是,受技术条件的限制,我们的预测中还没有完全地考虑这个问题,仅仅在预测模型中将量化宽松货币政策的退出与否作为外生条件。

[17] HOGGARTH G, WHITLEY J. Assessing the strength of UK banks through macroeconomic stress tests[J]. Bank of England Financial Stability Review, 2003(6).

[18] FENDER I, JACOB G. Overview: global financial crisis spurs unprecedented policy actions[J]. BIS Quarterly Review, 2008(9).

[19] ALLEN F, GALE D. Bubbles and crises[J]. The Economic Journal, 2000(1).

第九章　财 税 风 险

一、绪论

进入2009年以来，我国经济可持续发展面临许多消极因素。就财政方面而言，首先，在收入初次分配方面，劳动力市场不完善，最低工资制度发展迟缓，造成大部分低端劳动力工资长期徘徊不前，使他们陷入贫困状态。其次，在收入再分配方面，宏观税收负担过重，对经济发展及居民收入增长带来风险，结果使得政府税收政策对居民收入差距的调节作用仍然有限。再次，在财政支出方面，相关制度的缺陷进一步加剧了经济可持续发展风险。以城乡收入差距为例，财政支出规模及结构不合理等因素，在一定程度上造成了我国城乡收入差距不断扩大的态势。针对上述问题，2009年中国政府相继出台了一系列政策，如逐步调整收入初次分配政策，积极落实最低工资制度，调整税制结构，实现宏观税负的合理化，以及优化财政支出结构等。其主旨在于发挥政府弥补市场缺陷、实现社会公平分配的主导作用，最大限度地消除各种不平等的制度分割，实现经济与社会的可持续发展。而在此过程中，研究如何降低政策风险，进而实现政策的优化，无疑既具有重要的理论意义，也具有积极的现实意义。

基于上述理由，本报告将以收入初次分配、再次分配及财政支出为研究对象，详细探讨其对我国经济发展的影响。具体结构安排为，首先，在初次分配阶段中，研究最低工资政策对减少居民贫困的作用及风险；其次，在再分配阶段中，探讨我国居民宏观税负对经济增长及收入分配的影响及风险；再次，从财政支出投入总额及结构入手，研究其对城乡收入差距的影响及风险。

二、最低工资标准减贫风险

（一）最低工资标准减贫风险识别

长期以来，我国劳动力市场分割为城市主要劳动力市场及次要劳动力市场。其中，次要劳动力市场劳动力总量供给过剩，劳动力工资长期徘徊不前，形成初次分配阶段中的巨大收入差距。因此，通过最低工资制度来降低劳动者个人与雇主谈判的成本，最低限度地保护这些劳动力的工资水平，将对提高劳动者收入、减少贫困，进而改善收入初次分配产生重要作用。值得注意的是，在实践中，由于受三个方面的因素影响，最低工资能否减少劳动者贫困、改善收入初次分配还存在较大的不确定性。

(1) 就业因素。就业与最低工资之间的不确定性使其成为最低工资能否减少贫困的首要影响因素。理论上，最低工资政策对就业的作用取决于劳动力市场的具体情况：如果劳动力市场处于完全竞争的状态，最低工资的实行可能会在一定程度上减少就业；如果劳动力市场处于买方垄断的状态，而且最低工资水平合适，那么该政策会增加就业；如果雇主减少员工的其他额外福利，那么它将在一定程度上削弱最低工资的就业效应。实践中，西方的经验研究：到20世纪80年代得出的结论是，最低工资每提高10%，会使就业减少1%～3%；但是从20世纪

90 年代开始，得出的结论开始向相反的方向变化，即最低工资的提高并没有减少就业，一些研究甚至发现，最低工资的提高增加了就业。

就我国而言，我国从 1994 年开始实施最低工资标准。显然，我国最低工资制度作用的主要市场是城市次要劳动力市场。由于该劳动力市场属于典型的买方垄断，因此，从理论上来说，我国最低工资标准的实施与提高不会对低技能劳动力的就业产生负面作用。从实践中来看，由图 1 可知，1994—2008 年期间，我国最低工资标准增长幅度较大的三次分别为 1999 年的 22.05%，2006 年的 20.26%及 2004 年的 18.24%，而同期的失业率变化却分别为 0、−2.38%及−2.33%。此外，2001 年我国最低工资标准仅增长 6.29%，该年的失业率却比上年增长了 16.13%，为历年增长速度最快的 1 年。也就是说，在实际实施过程中，我国最低工资标准与就业并没有呈现出显著的正相关关系。

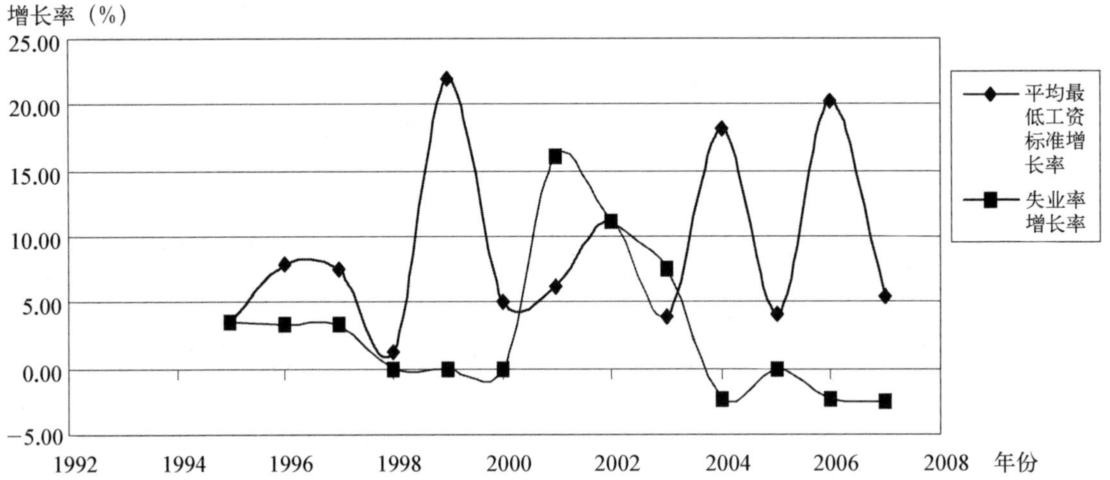

图 1　中国平均最低工资标准及失业率情况：1994—2008 年

（2）劳动者背景因素。Gramlich(1976)指出最低工资能否减少贫困与最低工资标准获得者个人特征有关，尤其是其家庭经济背景及其在家庭中的劳动地位。

首先，如果最低工资标准获得者来自贫困家庭，那么最低工资制度可以起到减贫作用。而如果最低工资标准获得者来自相对富裕的家庭，那么最低工资制度减少贫困的效果将大打折扣。美国 20 世纪 90 年代初的研究表明，最低工资提高所增加的工资报酬中，只有 19%进入贫困家庭。具体到我国，根据 2006 年 CHNS 调查结果可知，2006 年我国最低工资标准获得者 55.24%来自城镇，44.76%来自农村。从职业来看，其一是服务行业人员占最低工资标准获得者的比例最高，为 32.48%，其二是非技术工人和非熟练工人，为 30.57%。从工作地位来看，临时工最多，为 39.68%。从工作单位类型来看，其一是私营、个体企业性质的单位最多，为 47.94%，其二是小集体单位，为 12.38%。从最低工资标准保障者的家庭背景来看，由图 2 可知，在贫困线为人均 1.5 美元的情况下，平均 43.55%的最低工资标准获得者来自贫困家庭。其中，广西壮族自治区最高，71.88%的最低工资标准获得者来自贫困家庭；湖南省最低，20%来自贫困家庭。而当贫困线提高到人均 2 美元时，最低工资标准获得者来自贫困家庭的比例则高达 59.99%，最高、最低省份依然为广西和湖南，分别为 84.38%和 40%。

其次，如果最低工资标准受益人是家庭的主要劳动力，那么最低工资的减贫作用较明显；

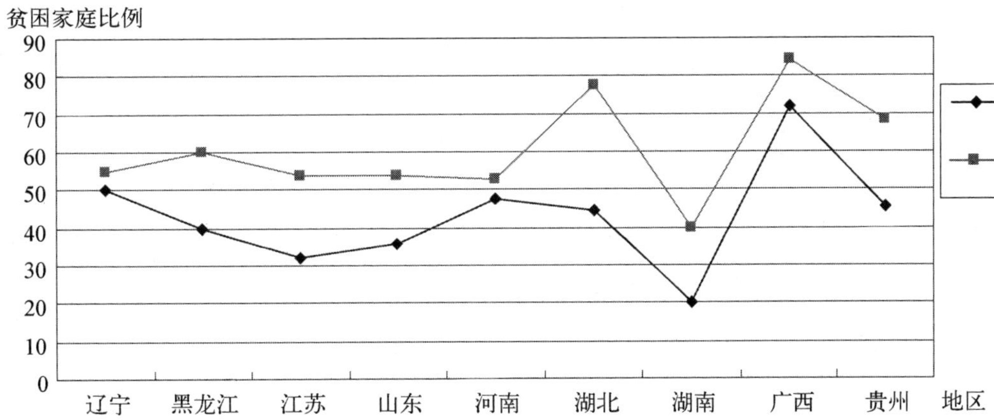

图 2 我国最低工资标准获得者家庭经济状况

反之，则较迟钝。2006 年 CHNS 调查表明，我国最低工资标准获得者主要是 30～50 岁年龄段的劳动者，其中 41～50 岁、31～40 岁的比例分别为 33.97%、27.3%。此外，在所有最低工资标准获得者中，女性劳动者超过一半，为 62.54%，比男性劳动者多出 25.08%。从其受教育程度来看，初中文化程度者最多，为 47.67%，其次是小学文化程度者，23.3%。

综合上述分析，可以发现，由于女性劳动者通常是家庭的第二劳动力，因此，尽管我国最低工资标准获得者主要来自贫困家庭，但由于受益者以女性为主，因此，这会在一定程度上降低我国最低工资标准减贫的作用。如表 1 所示。

表 1

2006 年我国最低工资标准获得者特征

最低工资标准获得者特征		所占比例(%)
年 龄	18～20 岁	2.86
	21～30	11.75
	31～40	27.3
	41～50	33.97
	51～60	24.13
性 别	男	37.46
	女	62.54
受教育程度	小学毕业	23.3
	初中毕业	47.67
	高中毕业	16.49
	中专毕业	7.53
	大专或大学毕业	3.23

(3) 贫困线因素。所谓贫困线，是在一定的时间、空间和社会发展阶段的条件下，维持人们的基本生存所必需消费的物品和服务的最低费用。贫困线又叫贫困标准。由于经济发展水

平不同,发达国家和发展中国家的贫困线存在较大区别。前者以维持社会成员基本生活质量与发展权利所必需的物品和服务为最基本标准,而后者则以维持社会成员基本生存所必需的消费的物品和服务的最低费用为基本标准。

贫困线主要通过两条途径影响最低工资减贫。

贫困线影响最低工资减贫的第一条途径是,贫困线标准会对贫困程度的测算产生影响。这种影响首先反映在贫困人口数量测算方面。以我国为例,2008 年年底之前,我国的贫困线为人均年收入 785 元人民币,贫困人口为 1 500 万人。而如果按照世界银行 1990 年公布的赤贫标准人均每天 1 美元计算的话,中国的贫困人口达到 2.54 亿人,总数仅次于印度,列世界第二位。此外,根据 2006 CHNS 调查结果可知,各个地区的贫困人口数量随着贫困线标准由人均 1 天 1 美元上升到 1.5 美元、2 美元而迅速增加(见图 3)。其次是贫困程度受贫困线的影响还表现为贫困率的测算也会因贫困线标准的不同而产生差异。根据中国国际扶贫中心课题组 2010 年发布的世界各国贫困标准研究报告可知,在有官方贫困线的 86 个国家中,由于采用不同的贫困线标准,各国测算的贫困率与世界银行估算的贫困率均存在不同程度的差异。其中,与世界银行估计的贫困发生率相差最大的国家是坦桑尼亚。世界银行估计的坦桑尼亚贫困发生率为 88.5%,坦桑尼亚本国估计的贫困发生率为 35.7%。中国的官方估计的贫困发生率为 2.8%,世界银行估计的为 15.9%,相差 13.1 个百分点。具体到各个地区时,我们依然可以从图 4 中发现,贫困率随着贫困线提高而不断增加。

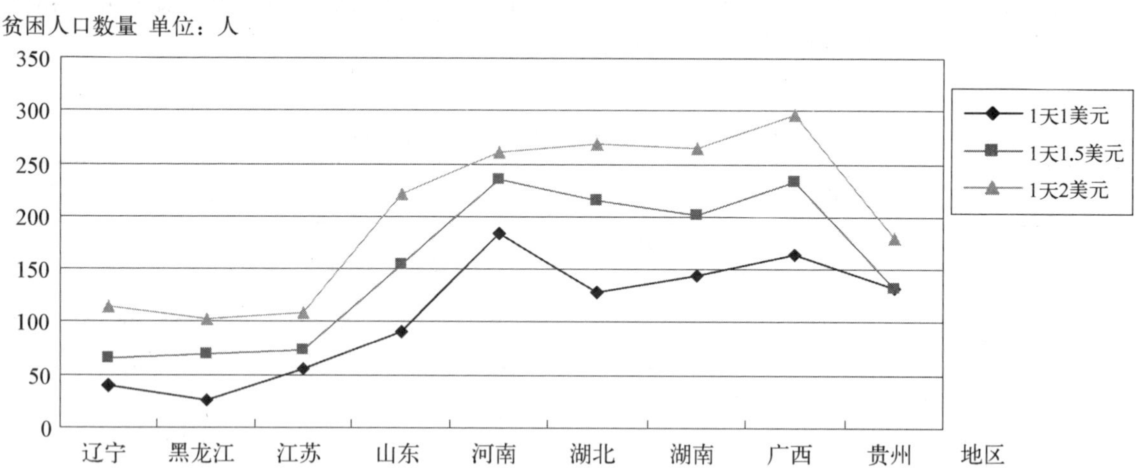

图 3　贫困线标准及贫困人口数量

贫困线影响最低工资减贫的第二条途径是,贫困线与最低工资标准的比例(即贫困线替代率)大小会影响劳动者的就业积极性,进而影响最低工资的反贫困效果。贫困救助是政府对全社会贫困人口的救济,不强调受救助者对社会的相应贡献,只是从道义上对社会贫困人口进行帮助,维持其生存权。问题在于,贫困线的高低会对劳动者的劳动供给行为产生直接的影响。其作用途径主要有二:一是收入效应。当劳动者陷入生存贫困时,贫困救济保障制度为其提供生活保障费,个人即使不工作也能获得一定的收入,生活水平下降幅度较小,劳动者也有条件进行学习与培训,提升自身的技能。二是替代效应。政府提供贫困救济,会降低劳动者消费闲暇的相对价格,提高他们的保留工资水平,降低预期失业时间延长成本,由此产生替代效应,劳动者会选择更多地消费闲暇。

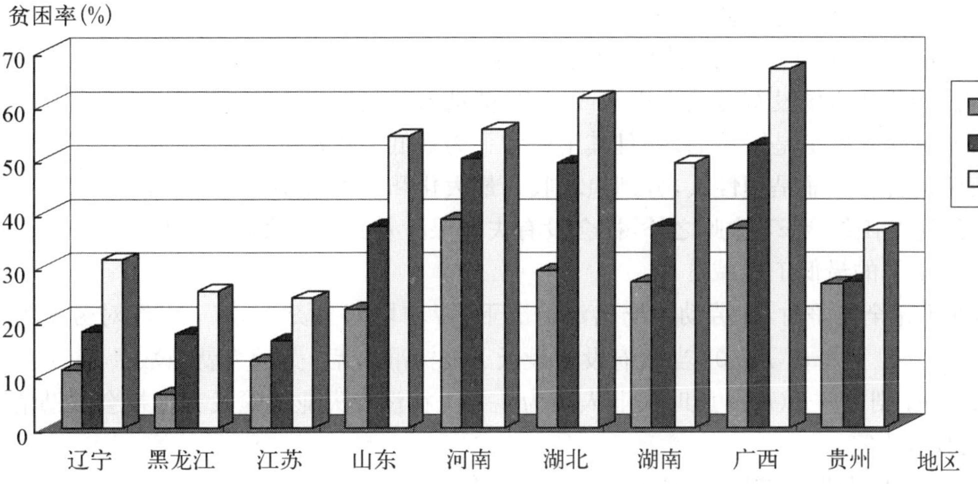

图 4　贫困标准与贫困率

贫困救助对劳动者就业性的这种影响，可以用替代率来衡量。即劳动者获得的贫困救济金与其工资的百分比率。由于经常面临失业，有生存风险的人通常都属于就业困难人群，他们的就业收入更接近于最低工资，而不是平均工资。因此，基于最低工资收入假设的替代率更为符合实际。显然，替代率越高，即最低工资标准与贫困线的距离空间越小，劳动者的福利越高，他们的工作意愿就越低，不仅容易产生福利依赖，而且使得最低工资难以产生就业效应；反之，替代率越低，即最低工资标准与贫困线拉开的距离越大，保障对象领取的保障金则越少，工作意愿就越强烈。国际上贫困线的替代率通常为 50%，然而，从表 2 可知，由于我国最低工资标准偏低，因此，我国贫困线替代率远远超过了 50%。人均每天 2 美元的贫困线替代率平均为 105.40%，受救助的人不会有任何就业意愿。即便贫困线降为每天 1.5 美元，替代率依然高达 79.05%，如果再考虑贫困附带福利以及就业引致的家庭开支等因素的话，贫困救助对象基本上也不具有就业动机。这无疑会大大降低最低工资政策的反贫困效果。

表 2

2006 年不同贫困线替代率

单位：%

地　　区	1 天 1.5 美元贫困线替代率	1 天 2 美元贫困线替代率
辽　宁	80.00	106.67
黑龙江	96.04	128.05
江　苏	59.73	79.65
山　东	76.32	101.76
河　南	62.11	82.81
湖　北	86.28	115.04
湖　南	79.57	106.09
广　西	81.42	108.56
贵　州	90.00	120.00
平　均	79.05	105.40

（二）最低工资标准减贫风险的传导机制

为了简化分析，本报告首先提出如下合理假设：

假定 1：低端劳动市场没有劳动力进入或退出，劳动力总数恒为 1；

假定 2：所有非技能工是同质的，并且其工资水平为最低工资标准 m；

假定 3：劳动者和企业是理性人，分别追求收入最大化和成本最小化；

假定 4：居民贫困线为 z，除此之外，社会没有失业保险及其他社会救助措施。

1. 完全竞争下的最低工资减贫

当市场处于完全竞争时，在劳动市场出清情况下，劳动均衡工资为 w^*，市场对劳动力需求 $D(w^*)=1$，并且 $D'(w^*)<0$。当政府设定最低工资标准 m 后，劳动力就业数量为 x，获得最低工资标准 m，则 $x=D(m)$，此时失业人员为 $1-x$，在没有失业保险及其他社会救助情况下，失业人员收入为零。

(1) 最低工资标准高于贫困线，即 $0<z\leqslant m$。

此时，所有就业人员都是非贫困人口，而所有失业人员都陷入贫困。这样，*FGT* 贫困指数 P_α 为：

$$P_\alpha=(1-x)\left(\frac{z-0}{z}\right)^\alpha=1-x \tag{1}$$

其中，α 表示贫困转移的敏感度。对于任何 α，当最低工资标准提高时，其对贫困的影响表现为：

$$\frac{\mathrm{d}P_\alpha}{\mathrm{d}m}=-\frac{\mathrm{d}x}{\mathrm{d}m}=-D'(m)>0 \tag{2}$$

也就是说最低工资标准提高，贫困会随之增加。

(2) 最低工资标准低于贫困线，即 $0<m\leqslant z$。

此时，贫困人口包括两部分：一是领取最低工资标准的劳动者 x；二是没有收入的失业人员 $1-x$。

$$P_\alpha=(1-x)+x\left(\frac{z-m}{z}\right)^\alpha \tag{3}$$

当 $\alpha=0$ 时，$P_\alpha=1$，并且

$$\frac{\mathrm{d}P_\alpha}{\mathrm{d}m}=0 \tag{4}$$

也就是说，所有人都处于贫困线以下，最低工资标准与劳动者是否贫困无关。

当 $\alpha\geqslant 1$ 时，

$$P_\alpha=(1-x)+x\left(\frac{z-m}{z}\right)^\alpha \tag{5}$$

假设劳动力需求工资弹性系数为 η，对(5)式就 m 取微分：

$$\frac{\mathrm{d}P_\alpha}{\mathrm{d}m}=\frac{x}{m}\left\{\eta\left[1-\left(1-\frac{m}{z}\right)^\alpha\right]-\alpha\frac{m}{z}\left(1-\frac{m}{z}\right)^{\alpha-1}\right\} \tag{6}$$

进一步整理得，

$$\frac{dP_\alpha}{dm}>0\Leftrightarrow\eta>\frac{\alpha\frac{m}{z}\left(1-\frac{m}{z}\right)^{\alpha-1}}{1-\left(1-\frac{m}{z}\right)^{\alpha}};\quad \frac{dP_\alpha}{dm}<0\Leftrightarrow\eta<\frac{\alpha\frac{m}{z}\left(1-\frac{m}{z}\right)^{\alpha-1}}{1-\left(1-\frac{m}{z}\right)^{\alpha}} \tag{7}$$

(7)式表明，当 $\alpha\geqslant 1$ 时，就业需求弹性对于最低工资能否减贫产生关键作用。尤其是当 $\alpha=1$ 时，

$$\frac{dP_\alpha}{dm}>0\Leftrightarrow\eta>1;\quad \frac{dP_\alpha}{dm}<0\Leftrightarrow\eta<1 \tag{8}$$

也就是说，在 $\alpha=1$ 情况下，需求弹性大于1，贫困会随着最低工资标准提高而提高；如果需求弹性小于1，则贫困会随着最低工资标准提高而减少。

当 $\alpha=2$ 时，

$$\frac{dP_\alpha}{dm}>0\Leftrightarrow\eta>\frac{2\left(1-\frac{m}{z}\right)}{2-\frac{m}{z}};\quad \frac{dP_\alpha}{dm}<0\Leftrightarrow\eta<\frac{2\left(1-\frac{m}{z}\right)}{2-\frac{m}{z}} \tag{9}$$

2. 不完全竞争下的最低工资减贫

现实经济生活中存在就业与失业者之间的收入分配现象。假设政府税收税率为 b，转移支出为 a。在实施最低工资制度之前，所有劳动者都就业，并且获得同样的收入，不存在收入分配现象。当实施最低工资制度后，则劳动者收入分配后的收入 y^* 与收入分配前的收入 y 的关系为：

$$\begin{aligned} y^* &= a+(1-b)m \quad \text{对于 } x \text{ 就业劳动者}\\ &= a \quad \text{对于 } 1-x \text{ 失业者而言} \end{aligned} \tag{10}$$

对于实行自我融资的经济总体而言，

$$xm=(1-x)a+x[a+(1-b)m]$$

整理得，

$$a=xbm \tag{11}$$

将(11)式代入(10)式得，

$$\begin{aligned} y^* &= m[1-b(1-x)] \quad \text{对于 } x \text{ 就业劳动者}\\ &= xbm \quad \text{对于 } 1-x \text{ 失业者而言} \end{aligned} \tag{12}$$

此时，最低工资标准与贫困之间的关系主要表现为三种情况：

第一种情况，贫困线较低，每个人的收入都高于该贫困线。即 $z<xbm<m[1-b(1-x)]$。

第二种情况，贫困线很高，所有人都处于贫困当中，即 $xbm<m[1-b(1-x)]<z$。

第三种情况，贫困线较高，部分居民陷入贫困，即 $xbm<z<m[1-b(1-x)]$，居民贫困程度为：

$$P_\alpha=(1-x)\left(1-\frac{bxm}{z}\right)^{\alpha} \tag{13}$$

此时，贫困与最低工资标准之间的关系为：

$$\frac{\mathrm{d}P_\alpha}{\mathrm{d}m}=-\frac{\mathrm{d}x}{\mathrm{d}m}>0 \qquad (\alpha=0) \tag{14}$$

$$\frac{\mathrm{d}P_\alpha}{\mathrm{d}m}=\frac{x}{m}\left[\eta\left(1-\frac{bxm}{z}\right)^{\alpha}+(1-x)\alpha\frac{b}{z}m(\eta-1)\left(1-\frac{bxm}{z}\right)^{\alpha-1}\right] (\alpha\geqslant 1) \tag{15}$$

(14)式表明，当贫困敏感度为零时，贫困随着最低工资标准的提高而增加。而(15)式中括弧的第一项表示，随着最低工资标准的提高，穷人数量以及贫困增加。但同时，就业的非贫困人员的收入也发生变化，并且在收入分配机制下，失业的贫困人口收入同样发生变化。这样，最后的总变化就取决于就业人口的总收入是增加还是减少。(15)式中括弧的第二项主要表示劳动需求弹性对贫困的影响：

$$\eta\geqslant 1\Rightarrow\frac{\mathrm{d}P_\alpha}{\mathrm{d}m}>0 \tag{16}$$

即劳动需求富有弹性，最低工资标准提高会增加贫困。

当 $\eta<1$ 时，可以推出

$$\frac{\mathrm{d}P_\alpha}{\mathrm{d}m}>0\Leftrightarrow\frac{\eta}{1-\eta}>\frac{(1-x)\alpha\frac{bm}{z}}{1-\frac{bxm}{z}};\quad \frac{\mathrm{d}P_\alpha}{\mathrm{d}m}<0\Leftrightarrow\frac{\eta}{1-\eta}<\frac{(1-x)\alpha\frac{bm}{z}}{1-\frac{bxm}{z}} \tag{17}$$

假设最低工资标准等于市场出清工资 w^*，则此时 $x=1$，并且

$$\frac{\eta}{1-\eta}>0\Rightarrow\frac{\mathrm{d}P_\alpha}{\mathrm{d}m}>0 \tag{18}$$

也就是说，当劳动需求弹性较低时，如果最低工资标准从市场出清工资水平开始往上提高，贫困会随之减少。①

（三）最低工资标准减贫风险的度量

1. 模型设定及数据来源

由于引起贫困变化的有人均收入、失业率、贫困线以及最低工资标准等因素，再加上考虑到最低工资标准的影响一般都具有持续性，以及最低工资标准对贫困的正、负影响与最低工资标准的高低有直接联系，因此这里我们将最低工资标准设定为一次型、二次型及滞后型。这样，报告计量模型为：

$$P_t=\beta_0+\beta_1 I_t+\beta_2 U_t+\beta_3 D_t+\beta_4 M_t+\beta_5 M_{t-1}+\beta_6 M_t^2+\varepsilon_t$$

式中，被解释变量 P_t 为时间 t 年度上贫困人口数量或贫困率。解释变量包括时间 t 上人均收入 I_t 、失业率 U_t 、贫困线替代率 D_t 、最低工资标准 M_t 、最低工资标准的平方 M_t^2 以及 $(t-1)$ 年度最低工资标准 M_{t-1} 。

论文数据除最低工资标准来自各地人力资源和社会保障网外，其他所有数据均来自1997—2006年中国健康和营养调查(China Health and Nutrition Survey，CHNS)数据，或根据其中相关数据计算而得。CHNS数据是由美国北卡罗来纳人口中心和中国预防科学医学院联合

---

① FIELDS G S, KANBUR R. Minimum Wages and Poverty with Income-sharing[J], Journal of Economic Inequality, 2007, (5)135-147.

进行的一项纵向调查,始于 1989 年,其后的调查年份为 1991、1993、1997、2000、2004、2006 年。该调查采用多阶段分层随机整群抽样,以家户为单位,进行包括经济状况指标等方面的调查,样本覆盖了中国沿海、中部、西部等地区的 9 个省份(广西、贵州、黑龙江、河南、湖北、湖南、江苏、辽宁、山东)。这些省份无论是在地理位置上还是在经济发展水平上都具有多样性,因此可以作为一个比较有代表性的研究样本。此外,为了保证跨年度数据的可比性及消除变量数据的波动性,报告根据 CHNS 数据中的物价指数对相关分析数据进行了平减处理。

2. 实证分析结果

表 3 是贫困线人均 1 天 1.5 美元下的最低工资标准对贫困的影响。表中(1)研究最低工资标准对贫困人口数量的作用;表中(2)将被解释变量及相关解释变量进行对数转换,以分析最低工资标准对贫困的弹性作用;表中(3)则探讨最低工资标准对贫困率的影响。

表 3

贫困线人均 1 天 1.5 美元下的最低工资标准影响贫困的回归结果

解释变量 \ 被解释变量	贫困人口数量(1)	贫困人口数量对数(2)	贫困率(3)
I_t	−0.32*** (−5.02)	−1.47*** (−7.28)	−47.64*** (−6.76)
U_t	0.20 (0.23)	0.003 (0.57)	0.06 (0.43)
D_t	−461.39** (−2.46)	−4.37*** (−3.56)	−106.44*** (−3.42)
M_t	−2.98** (−2.15)	−19.39** (−2.35)	−471.88* (−1.81)
M_{t-1}	0.16 (0.59)	0.69* (1.79)	20.49 (1.54)
M_t^2	0.002* (1.98)	1.27* (1.97)	31.37 (1.51)
R^2	0.72	0.99	0.81

注:分析结果没有列出常数项系数。*、**、***分别表示通过 10%、5%和 1%水平统计显著性检验;括号内数值为变量的 t 值。表 4 同。

由分析结果表 3 可知:① 人均收入与贫困之间为负相关关系,即人均收入越高,该地区越发达,贫困人口数量就越少、贫困率也越低。② 失业率变量系数为正数,说明失业率对贫困具有正作用,即失业率越高,贫困人口越多、贫困率越高,符合预期。③ 贫困线替代率对贫困具有负作用,即贫困线与最低工资标准的差距越小,贫困就越少,与预期不符。④ 最低工资标准变量系数为负数,且统计显著,这说明最低工资具有减少贫困数量、降低贫困率的积极作用。然而这种积极作用不具有持续性,因为上年度最低工资标准变量系数为正。⑤ 最低工资标准的平方对贫困具有正作用,由此可见,最低工资减少贫困的作用存在一个阈值,当最低工资标准过高时,它不仅不能减少贫困,反而会增加贫困。

为了详细求得最低工资对贫困的影响,报告还对贫困线人均 1 天 2 美元下的最低工资标准对贫困的影响进行了分析。由分析结果表 4 可知，尽管贫困线由人均 1.5 美元提高到 2 美元，贫困人口数量和贫困率也随之增加，但与贫困线为人均 1 天 1.5 美元情况相似的是，各解释变量，包括人均收入、失业率、最低工资标准等因素在内，它们对贫困的作用方向并没有发生实质性改变，而只是作用力度加大了。

表 4

贫困线人均 2 美元下的最低工资标准影响贫困的回归结果

解释变量 \ 被解释变量	贫困人口数量(4)	贫困人口数量对数(5)	贫困率(6)
I_t	−0.38*** (−7.11)	−1.36*** (−6.99)	−51.18*** (−7.46)
U_t	1.12 (1.51)	0.000 6 (0.16)	0.19 (1.48)
D_t	−431.40*** (−3.18)	−2.54*** (−3.94)	−87.50*** (−3.86)
M_t	−4.33*** (−3.48)	−18.69** (−2.59)	−509.40* (−2.01)
M_{t-1}	0.15 (0.69)	0.17 (0.47)	11.43 (0.88)
M_t^2	0.003*** (3.41)	1.32** (2.31)	33.78 (1.68)
R^2	0.96	0.85	0.87

综合上述分析结果可知，当前我国最低工资标准对贫困影响的主要特征为：

第一，我国最低工资标准具有减少贫困的积极作用。首先，我国目前对低工资劳动者的需求还是缺乏弹性的，这些劳动者的工资上升不会导致出现过快用资本或高技能劳动力来替代的现象，而且要素间替代弹性较低，再加上我国最低工资制度的主要保障对象为低技能劳动者，这显然是个典型的买方垄断市场。因此，在上述因素作用下，提高最低工资标准就促进低工资劳动者的就业。其次，我国劳动力市场不完全，工资集体谈判力量较弱，因此，通过最低工资制度会降低技能劳动者个人与雇主谈判的成本，最低限度地保护他们的工资水平。这样，在就业不降低的情况下，低收入阶层的总收入就因最低工资的保障而得到提高。再次，我国最低工资获得者基本上都来自贫困家庭，很大程度上提高了最低工资减贫的效率。

第二，我国最低工资的减贫具有非持续性风险。究其原因，主要有两点：一是我国最低工资标准过低，阻碍最低工资标准领取者收入增长。当前我国各地政府普遍采用“比重法”和“恩格尔系数法”制定最低工资标准，不采用 “社会平均工资法”，造成我国最低工资标准领取者收入长期停滞，严重落后于经济及社会平均工资发展水平。更重要的是，当政府设立的最低工资标准过低时，不但不能起到增加劳动者收入的作用，反而会扩大资方压低工资的权力，形成最低工资领取者增收的阻力。二是我国最低工资制度执行环境不尽如人意，降低了最低工资减贫的作用。一方面，企业有法不依。许多企、事业单位偷换概念，为节省成本把最低工资当成标准工资。一些企业以提供职工食宿为借口，使职工拿到手的工资低于当地的最低工资标准；

还有一些企业将加班费也算进最低工资，工人只有加班才能拿到高于最低工资的工资；更有一些企业随意克扣职工工资，职工所领到的工资远远低于最低工资标准。另一方面，一些地方政府对最低工资制度的作用、意义及含义在认识上存在一定程度的偏差，过多地考虑当地的投资环境，而对劳动者的权益关注不够。由此产生的直接后果是，地方政府对企业的种种违法行为不进行有力的监察，对各种违法行为不闻不问，客观上给企业的各种侵权行为以可乘之机。由于最低工资制度不能真正彻底落实，我国最低工资标准减少贫困的作用不具有持续性。

第三，长期来说，我国最低工资标准减贫的作用存在阈值风险。在该阈值之前，提高最低工资标准对减少贫困有显著促进作用；超过该阈值后，贫困就会随着最低工资标准的提高而增加。理论上，最低工资标准的阈值为劳动力市场完全竞争状态下的工资水平。值得注意的是，尽管长期来说，我国最低工资标准减贫存在阈值风险，但在短期内，政府无须过多忧虑这种风险。这是因为，实践中，世界各国最低工资标准都远未达到该阈值水平。研究表明，发达国家的最低工资标准一般为平均工资水平的40%～60%，但他们的最低工资标准也未影响其减贫的作用，仍然有提高的空间。相比之下，我国最低工资标准水平目前仅处于生存水平，因此，短期内我国最低工资减贫不存在阈值风险，最低工资标准具有增长的空间和余地。

(四) 最低工资标准减贫风险管理

由于目前我国最低工资在减少贫困方面的主要问题不是阈值风险，而是非持续性风险，因此，可以考虑从以下几方面入手，来实现最低工资减少贫困的持续性。

首先，完善最低工资制度法制建设。从国外情况来看，许多国家都在宪法中明确规定最低工资是劳动者应享受的权利，并且叙述应该使用何种机制去调整最低工资。即使在那些没有把最低工资写入宪法的国家，也通过立法方式将最低工资订立于劳动法典或其他法律中，并有系列规定。事实上，由于许多国家其劳动法的地位仅次于宪法，因而其法律效力也极高。除了在宪法或劳动法中有明文规定之外，许多国家还另行颁布了专门的最低工资立法，如美国的《公平劳动基准法》、日本的《最低工资法》等，都以法律的形式对领取最低工资的劳动者提供保护。借鉴国外最低工资立法经验，我国应尽快完善最低工资的立法工作，提升最低工资制度的法律效力。而从长期来看，应当争取把最低工资纳入宪法，或是提高劳动法在我国法制体系中的地位，形成全民关注劳动保障的共识。

其次，加强最低工资制度的监管。为了形成一个严密的监督约束体系，就必须不断提高劳动者和行政领导者等的意识，同时健全企业工会组织。具体来说，可以采取以下措施：一是提高管理人员素质。涉及劳动用工行为的各管理部门应对当地的最低工资制度非常熟悉。二是加强劳动监察部门对最低工资制度落实情况的监察。各地劳动监察部门应深入企业了解劳动者在标准工作时间内的工资收入，严厉查处利用超额加班加点、包吃包住等名义压低工资、变相违反最低工资制度的行为，避免企业钻政策的空子。除了对最低工资制度的落实进行日常监察外，监察部门每年还要开展最低工资制度的专项检查，造成大的声势，尽量减少企业违法行为。三是加强企业工会组织的建设，发挥工会的维权作用。加快非公企业工会的组建步伐，通过建立工会联合会或基层工会等形式，扩大工会组织的覆盖面①。

再次，提高最低工资标准。考虑到前几年标准上调率过低，加上配套措施尚不完善等各方面的原因，短期内最低工资标准上调率要增大，但不能过大。为此，可以先以生存线标准为基

① 张文.深圳市最低工资保障制度实施存在的问题及其对策[J].珠江三角洲经济，1999(1)：40－41.

准，逐渐采用温饱线标准，待条件成熟时，再确定发展线标准。从长期来说，应逐步与国际接轨，将按公式计算出来的最低工资标准与职工平均工资相比较。如果按公式计算出来的最低工资标准在职工平均工资40%～60%之间的，就取按公式计算出来的值；如果小于40%，则取职工月平均工资的40%；如果大于60%，则取职工月平均工资的60%。

最后，改善最低工资执行环境。既要不断提高政府官员的认识，针对部分企业经营者和劳动者法律意识淡薄、对最低工资制度知之甚少或认识不够的情况，政府管理部门应加大力度对最低工资制度进行宣传，除了每次调整最低工资标准时应在报纸上公布外，还应通过举办培训班等形式对企业经营者进行培训，通过报刊、电视等新闻媒体对违反《最低工资规定》的企业进行曝光，提高企业经营者对最低工资制度的认识①。同时，也可通过向劳动者发放小册子等形式提高劳动者的维权意识，提高劳动者监督企业经营者落实最低工资制度、保护自己权益的自觉性和能力。

三、宏观税负风险

（一）宏观税负对经济增长的风险因素

1. 宏观税负研究口径不同引致的税收政策风险

根据政府所取得收入的口径不同，通常有大、中、小三个口径的宏观税负衡量指标。小口径的宏观税负是指税收收入占同期GDP的比重；中口径的宏观税负是指财政收入占同期GDP的比重，这里的财政收入是指包括税收收入在内的预算内财政收入；大口径的宏观税负是指政府全部收入占同期GDP的比重，其中政府全部收入不仅包括预算内财政收入，还包括了预算外收入、社会保障基金收入，以及各级政府及其部门以各种名义向企业和个人收取的没有纳入预算内和预算外管理的制度外收入等，即它是各级政府及其部门以各种形式取得的收入的总和。三个口径宏观税负的差别较大，尤其是小口径和大口径的宏观税负差了几乎一半。具体见表5至表7，图5和图6。

表5

2009年1～12月税收总收入和主要税种税入

金额单位:亿元

税　　种	收　　入	比去年同期增收	增长率(%)
税收总收入	59 514.70	5 290.91	9.8
国内增值税	18 481.24	484.30	2.7
国内消费税	4 759.12	2 190.85	85.3
进口环节增值税和消费税	7 729.15	338.02	4.6
关税	1 483.57	−286.38	−16.2
外贸企业出口退税	−6 486.56	−620.63	10.6
营业税	9 013.64	1 387.25	18.2
企业所得税	11 534.45	358.82	3.2

① 陈志刚，路书明，刘海华等. 最低工资保障制度实行中的问题及对策[J]. 工会理论与实践，1996(3)：40－42.

（续表）

税　　种	收　　入	比去年同期增收	增长率(%)
个人所得税	3 949.27	226.96	6.1
证券交易印花税	510.47	−468.69	−47.9
房产税	803.64	123.30	18.1
车辆购置税	1 163.17	173.28	17.5
城镇土地使用税	920.97	104.07	12.7
土地增值税	719.43	182.00	33.9
耕地占用税	632.99	318.58	101.3
资源税	338.24	36.48	12.1
契税	1 734.99	427.46	32.7
上述税种收入合计	57 287.78	4 975.67	9.5

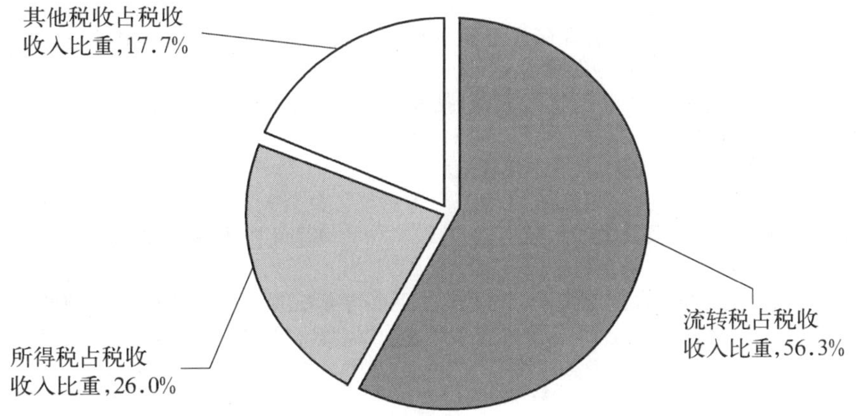

图 5　2009 年税收总量结构图

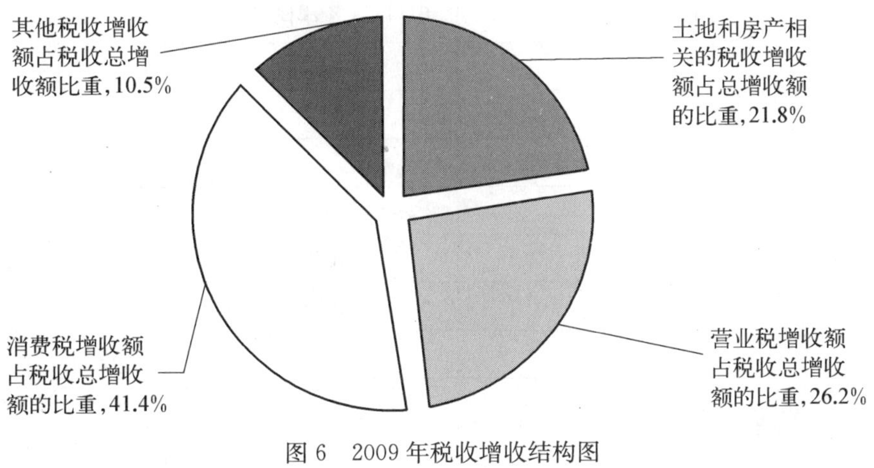

图 6　2009 年税收增收结构图

表 6

2001—2009 年我国 GDP、税收收入、财政收入和政府总收入表

单位:亿元

年　度	GDP 总额	税收收入①	财政收入②	政府总收入③
2001	109 655.2	15 301.4	16 386.0	27 980.9
2002	120 332.7	17 636.5	1 903.6	31 897.9
2003	135 822.8	20 017.3	26 396.5	36 214.6
2004	159 878.3	24 165.7	26 396.5	42 869.9
2005	183 867.9	28 778.5	31 649.3	51 326.4
2006	210 871.0	34 809.7	38 760.2	64 579.5
2007	249 530.0	45 612.99	51 304.03	100 211.03④
2008	300 670.0	54 219.62	61 330.35	85 074.38⑤
2009	335 353.0	59 514.70	68 476.88	98 702.39

资料来源:《中国统计年鉴》、《中国财政年鉴》、《国民经济和社会发展统计公报》、《中国国土资源公报》、《民政事业发展统计公报》、《劳动和社会保障事业发展统计公报》等政府年鉴或公报,以及国家统计局、财政部、国家税务总局等官方网站上公布的数据。

① 这里税收收入是指财政口径的税收收入,包括税务口径税收收入+关税+契税+烟税+耕地占用税+其他税收收入－出口退税。

② 财政收入=财政口径的税收收入+非税收入

③ 政府收入=财政收入+土地出让金+社保基金+彩票公益金+其他收入

④ 2007 年预算外资金收入及其他收入数据转引自乌木:《2007 年中国政府收入超 10 万亿元》,经济学家网站。

⑤ 2008、2009 年政府收入不含其他收入。财政部财政科学研究所所长贾康估算:2009 年我国地方投融资平台负债超过 6 万亿元,其中地方债务总余额在 4 万亿元以上,相当于国内生产总值的 16.5%,财政收入的 80.2%。

表 7

三种衡量指标下中国的宏观税负率

年　度	小口径(%)税收负担率	中口径(%)财政负担率	大口径(%)政府负担率
2001	13.9	14.9	25.5
2002	14.7	15.7	26.5
2003	14.7	16.0	26.7
2004	15.1	16.5	26.8
2005	15.7	17.2	27.9
2006	16.5	18.4	30.6
2007	18.27	20.56	40.15
2008	18.03	20.40	28.29
2009	17.75	20.42	29.43

世界各国一般都采用税收收入总量占同期GDP的比重来表示国家的宏观税收负担。在到底以什么口径来反映我国宏观税负水平的问题上，国内学者说法不一，因此，对于我国的宏观税负水平与其他国家相比到底是高还是低，大家意见也不一致，并各自从自己的认识角度提出了截然不同的政策建议。目前大家普遍认为我国最适宜的宏观税负水平应保持20%～25%，与此相比，小口径的宏观税负水平显然是低了，而大口径的宏观税负水平又高出了许多。据此，有的学者认为当前应适当提高我国的宏观税负水平，而有的学者则认为目前我国的宏观税负过重，主张适度减税。这都是对宏观税负口径认识不统一所造成的。随着税收快速增长，一般认为小口径的宏观税负基本适度，大口径宏观税负水平已经较重，税收还有减税空间，如果得出这样的结论也是不对的，因为造成大口径宏观税负偏重的原因是由于非税收入和制度外收入，如果仅降低税收负担，不减少和规范非税收入，就会造成税收调控和预算内收入不足，预算外收入泛滥的局面。因此，应在“清费立税”的同时，减低税负。

2. 宏观税负较重引致的经济增长风险

宏观税收负担的高低实质上表明了经济资源（这里指一国或一个地区新创造的价值）在政府公共部门与私人部门之间如何配置，寻求最佳的总体税收负担实质上是探讨寻求资源在公共部门与私人部门之间配置的均衡点。根据挤出效应理论，在一个国家或一个地区内，一定时期的可支配资源是既定的，即在一定时期新创造的价值或收入是既定的。如果政府征税重了，也就是政府支配耗用的资源多了，留给私人部门支配的资源就少了，两者成相互挤占的关系，这种税收改变了市场资源配置的原来状况，会对配置效率产生扭曲性。福利经济学将税收看作“一个锲子”打入价格体系中，会损害价格作为引导资源配置的信号。宏观税负过重对经济增长会产生一定影响，表现在以下几个方面。

第一，减低投资积极性，容易产生替代效应。纳税使投资的总收益下降，降低了投资对纳税人的吸引力，导致纳税人以消费取代投资，就发生了税收对投资的替代效应；或者相反，由于税收减少了投资者的可支配收益，促使纳税人为维持以往的收益水平而增加投资，体现税收对投资的收入效应。税负的增加，会引起税收对投资的替代效应和收入效应的增大，而不合理的税负设计，使得税负增加的替代效应超过了其收入效应的影响，从而导致纳税人的投资减少。由于投资决策由税后可支配投资收益决定，因此提高税率会减少资本的税后收益，也减少资本的供给。提高税率增加了使用资本等要素的成本，将造成对资本等要素服务的需求减少。在新古典模型中，税收通过影响资本的产出和资本的使用成本来影响投资，它假定追求利润最大化的企业，使用资本和生产要素的数量直到它们的边际产出等于各自的价格为止，税收增加了资本和生产要素的价格。

第二，抑制企业创新活力，阻碍国家自主创新。建设创新型国家是当代中国重要的战略目标。新时期以来，我国技术创新的70%、国内发明专利的65%和新产品的80%来自中小企业，中小企业已成为我国自主创新的重要源泉。创新需要投入大量的科研费用。按照国际惯例，政府主要通过税收优惠措施为企业科技创新留下支持空间。而国家对中小企业的歧视性税收政策，导致减税和税率优惠往往限定在应纳税额达到一定量的纳税人，中小企业受惠程度和范围往往极其有限，西方工业化国家普遍推崇的税收优惠激励创新做法在我国难现优势。

第三，加强纳税人偷逃税和避税的心理。税率越高，避税和逃税的现象就越严重。在这种情况下，纳税人认为花更多的钱，采取更复杂的手段和冒更大的风险来避税逃税是值得的。大量的非法"地下经济"活动逃避了政府的监管，同时也逃避了政府的处罚。在社会资源一定的情况下，"地下经济"必然会导致地上经济部门生产的商品和劳务所占市场份额的减少，相应地，其收入也会减少，国家税收也会同比例减少，地下经济由于价格低廉，必然影响地上经济的发展，最终影响经济增长。阿林厄姆和桑德姆（Allingham 和 Sandmo，1972）的预期效用最大化认为，纳税人申报所得纳税是在不确定情况下的一种选择：要么如实申报实际所得而足额纳税，要么低报所得偷漏税款而面临被查出和罚款的可能。面临的问题是，税负过高也使得逃税后所得增大，纳税人逃税的边际利益更大，因而使纳税人更想逃税。

第四，增加资本外逃和人力资本的外流现象。在国家之间社会生产力水平相同但税负存在差异的情况下，高税负国家的资本拥有者更愿意将税负投资于税负相对较低的国家，以获取更高的投资收益。在生活水平社会状况差异不大的情况下，从经济动因来看，人才也更愿意选择那些税负相对较低的国家，以实现更大的个人收益。例如，越来越多的纳税人利用全球化产生的跨国经营的移动性进行业务治理从而非法地减少其纳税义务，大量离岸金融中心的存在更是助长了这一趋势。在所得税方面，纳税人可以利用不进行税收情报交换的离岸金融中心账户、信托公司或空壳公司隐藏应税财产或收入；通过避税港空壳公司使用假发票将利润转移；或通过转让定价，人为地将收入转移到低税国家（地区），将费用转移到高税国家（地区）。经济全球化使税收竞争加剧，税收负担的高低已经不是单一国家的问题。

3. 宏观税负过重与居民收入增长风险

根据发展经济学的理论，经济增长会带动全民的实际收入和生活水平提高，这也是政府对其体制合理性和执政能力水平对民众的承诺。我们可以把政府、城镇居民、农民看成中国的三大群体，在经济增长的成果中，哪个群体受益最多呢？也就是说居民收入是否实现和经济同步增长，政府收入和居民收入增长的比例是否协调？根据国家统计局发布的《2007 年国民经济和社会发展统计公报》和税收增长情况绘制图 7。

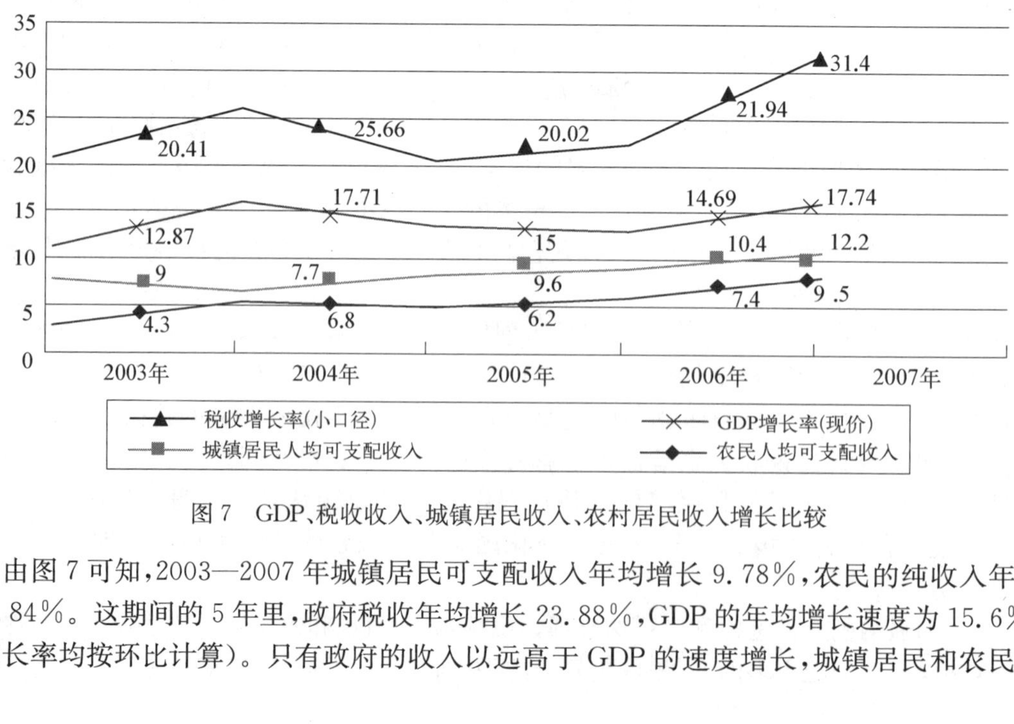

图 7　GDP、税收收入、城镇居民收入、农村居民收入增长比较

由图 7 可知，2003—2007 年城镇居民可支配收入年均增长 9.78%，农民的纯收入年均增长 6.84%。这期间的 5 年里，政府税收年均增长 23.88%，GDP 的年均增长速度为 15.6%（以上增长率均按环比计算）。只有政府的收入以远高于 GDP 的速度增长，城镇居民和农民的收

入增长速度均在 GDP 增长速度之下，城镇居民的收入增长速度次之，农民的收入增长最慢。可见，经济增长带来的财富增长，政府分配的最多。政府在经济增长中分配的比例高，意味着政府可用财力的大量增加，政府宏观调控的能力在财力上有保障。但相比之下，城镇居民和农村人口的消费支出呈下降趋势。据资料统计，最近 20 多年来，中国最终消费率一直处于低位水平并保持持续走低态势，最终消费率从 1985 年的 66.36%下降到 2005 年的 52.1%；居民消费率下降尤其厉害，从 1981 年的 53.1%下降到了 2005 年的 38.2%①。要找到中国消费相对于国内生产总值的比值连年下滑的原因，应当主要从城乡居民收入增长速度相对不足方面去寻找原因。在中国，在其他因素一定的情况下，政府财政收入增加往往会直接导致社会消费的下降。

收入分配过度偏向政府，内需启动更加困难。通过启动内需拉动经济增长，一直是我们追求的经济增长方式。而启动内需的很重要方面是增加居民消费需求，对此必须增加居民可支配的收入，藏富于民。

在过去的改革开放中，哪个群体得到的好处最多？哪个群体得到的好处相对最少？为回答这一问题，我们把中国社会分成三个群体：政府（包括中央、省以及地方政府）、城镇居民和农民。

以 1995 年的 100 为基数，到 2007 年国家税收总体增长了 8.28 倍，达到 49 449.29 亿元，平均每年上升 19.26%；城镇居民人均可支配收入在 12 年里增长了 1.6 倍，平均每年增长 8%；农民人均纯收入增长 1.2 倍，年均增长 6.2%（数据均已去除通胀率，且这里所讲到的收入不包括资产性收入）。三个群体中，政府得到的份额最多，农民得到的份额最少。

我们再看一下资产性财富在政府和社会之间的分配。据统计，差不多有 76%的资产性财富掌握在国家的手里，从这个意义上来说，只有大概 1/4 的资产性财富留在民间。

我国的财富分配重政府、轻居民的一个重要后果，是中国 GDP 虽按 10%左右的速度增长，但老百姓能够感受到的增长少。原因是民间财富少。大家知道对于任何一个家庭，每年可花的收入包括两部分：第一部分是劳动收入和工资收入；第二部分是资产性财富升值收入。在美国，一般资产增长的速度都是 GDP 增速的两倍左右。但中国老百姓享受的只有劳动收入。很多经济学家讲我们必须改变中国出口导向型的增长方式，必须通过内需增长带动国民经济发展，但是财富升值的收益没法流入老百姓手里，他们如何消费？与我国 GDP 的高增长相比，伴随着国家税收收入的超常增长，居民收入和消费者信心必然下降。

总之，从国家经济长远发展来看，税收持续大幅度高于国民的收入增长速度，大量财富源源不断流入国家，自然会对居民收入增长形成一定程度的“挤压”，陷入“国强民不富”的怪圈。

（二）宏观税负风险的管理及对策

通过对上述问题的分析，我们看到，当前中国的小口径宏观税负水平基本上与经济发展水平保持一致，税收与经济增长呈一个正相关的关系，但是 2007 年大口径宏观税负已经超过了合理税负的界限，应当引起我们高度的重视。尤其重要的是，宏观税负在产业上、地区上仍然不够合理，一些具有正社会效应的税种没有开征，有待于通过税制结构的调整，实现宏观税负的合理化。因此中国近几年的目标应该是适度控制税收的规模，结构性减税与“费改税”同时

---

① 李健. 国民收入分配失衡导致消费率持续下降[EB/OL].[2007-4-18]http://www.chinareform.org.cn/cirdbbs/dispbbs.asp? boardID=9&replyID=357477&ID=125204&skin=1.

并行，使宏观税负控制在合理的限度之内，逐渐消除重复征税，实现税收政策从调节生产向调节消费过度，达到税制优化的目标。

1. 开征社会保障税，建立完整高效的社会保障制度

完善的社会保障制度是当今世界上众多国家都在实施的一项社会政策，也是一个国家现代市场经济体制的重要组成部分。对于中国这样一个正处在转型期的国家来说更是如此。要保证社会保障体系的顺利实施，就必须要有足够的、稳定的社会保障资金。

社会保障税起源于1935年的美国。虽然社会保障税是一个年轻的税种，但在许多经济发达国家已经成为重要税种，并且社会保障税占税收总额的比重在不断攀升。据不完全统计，在经济合作和发展组织（OECD）成员国中，社会保障税占税收总额的比重，1965年为18%，1985年为22%，1990年为23%，1995年为25%。尤其是美、德、法三国，社会保障税比重的增长更是迅猛。以美国为例，社会保障税占税收总额的比重，1955年为12%，1965年为20%，1975年为32%，1986年为37%，1993年跃居41%，成为联邦税收中的头号税种，2007年美国的社会保障税占联邦税收的33.87%，个人所得税增长超过社会保障税①。众多发展中国家社会保障税占税收总额的比重也高达25%～30%。目前，在建立社会保障制度的170多个国家中，已有140多个开征了社会保障税②。社会保障税已成为当今世界各国所得课税体系的一个重要组成部分。

中国目前已经具备了一定的开征社会保障税的社会基础和条件，开征只是时机问题。随着中国各项改革制度的深化发展，社会成员的风险意识普遍增强，愿意接受并且迫切要求国家为其提供基本社会保障，社会各界对于建立完整高效的社会保障制度的重要性和紧迫性的认识已经达成共识。同时相关的征管部门在社保资金筹集的实践工作中认识到，开征社会保障税是解决社会保障资金来源稳定、可靠的有效途径。几年来的实践表明，已有19个省、市地方税务局代征社保费，由税务机关征收社保费具有征收力度大、降低征收成本、减轻缴费人负担的优势。税务机关熟悉企业情况，执法手段强，由其征收社保费，可有效扩大征收覆盖面，提高征缴率，减少和防止偷逃费现象，加大社会保障资金筹措力度。

我国作为一个发展中国家，目前中国的社会保障税率不宜过高，社会保障可以分层次进行：第一层次是国家的基本社会保障，通过社会保障税收取支付；第二层次是商业的不同需求的社会保险，通过保险公司购买和支付。这主要是基于以下原因的考虑：首先，过高的社会保障缴款只能加重企业的负担。其次，中国的高层次消费正在扩展，住房、养老、教育等将转化为商品，这会促使中国居民调整支出结构。因此，如果让工薪阶层承担较高的社会保障缴款，势必约束整体消费进步和市场化改革。再次，中国有近13亿人口，劳动力接近7亿人，如此庞大的劳动大军，迫使中国目前只能走高就业低工资的道路，因而也就只能以较低的税率征收社会保障税。

2. 适时开征物业税，构建完整的地方税体系

"物业"一词来源于中国香港和东南亚，其一般的含义是已建成并投入使用的各类房屋以及与其配套的设备、设施和场地等。物业税，各国的叫法也不同，主要称"财产税"（Property Tax）、"房地产税"、"不动产税"（Real Estate Tax）等。主要是针对土地、房屋等不动产征收的

---

① 美国联邦税务局网站. http://www.irs.gov/taxstats/index.html.

② 王海勇，金菁. 世界各国社会保障筹资的基本经验[J]. 经济研究参考，2007(58).

一种税赋，而且主要是针对其保有阶段而征收的一种税，同时其应缴纳的税额会随着这些不动产的价值而发生或提高或下降的变化。事实上，绝大多数国家和地区都是将物业税性质的税收称为“财产税”、“房地产税”以及“不动产税”等，只有中国香港地区直接称其为物业税。

尽管各国对物业税的称谓不尽相同，课税对象、纳税义务人等也各有特色，而且从根本上讲是各国土地制度的差异以及法律文化传统的差异导致了房地产（物业）税具体税制的差异。但是，我们从宏观角度来观察，物业税在不断地发展和完善过程中形成了很多共同特点，总体来看都存在共同的价值取向。

（1）将物业税纳入一般财产税中课征。一般财产税的课征范围不是所有的财产，而是选择性财产项目，主要对不动产和营业性动产课税，其中最主要的就是不动产，其课征具体而言就是将房地产和其他财产捆在一起，就纳税人某一时点的所有财产课征一般财产税，计税依据是财产的评估价值。

（2）各国物业税被划归地方税，是地方政府财政收入的主要来源，且征管体系健全。世界各国物业税基本上都是地方税种，基本上都归入地方税体系，构成地方税收的主体税种。一方面有利于激发地方政府征收房地产税的积极性，另一方面有利于扩大地方基础设施和公用事业投资规模，从而形成税收增长的良性循环。

（3）各国物业税体现“拓宽税基，降低税率，简化税制”的税制发展总趋势。从 1986 年开始，世界各国税制发展总的趋势是“拓宽税基，降低税率，简化税制”。对于物业税而言，拓宽税基，是指除了对公共、宗教、慈善等机构的不动产实行免税外，其余的均要征税，以保证充足稳定的税源。在税率方面，国外的物业税税率普遍比较低，如美国仅仅规定在 1%～3%之间，虽然税率不高，但由于税基较宽，所以，税收收入稳定。另外，国外设置的有关房地产的税收种类相对较少，这样既可以避免因税种复杂而导致重复征税等税赋不公现象的发生，又可以降低税收征管成本，提高税收效率①。

3. 建立全民分享税收高增长的透明机制

国库富足了，国民有望享受到更多的民生福祉。从中央安排用于新农村建设、教育、医疗卫生等方面的资金来看，可谓不少。然而，如何让这种面上具有普惠性的税收性财政支出以更公平的方式去平衡初次分配中的失衡却依旧是一个关键。而这就需要我们建立一种全民分享税收高增长的透明机制。

建立全民分享税收高增长的透明机制，首先，需要为脱离权利意识的“应尽义务论”在税法理论界和实务界的盛行纠偏，需要整合我国纳税人权利规定凌乱不全的法律；其次，需要建立健全基于程序正义上的“税收筹划”，以公平为尺度、以兜底为主旨，让税收成为弥合社会断裂的良药，而不能成为财政施舍或者经营资本；最后，需要加大“益贫式”财政支出力度，让税收流向透明、阳光，关注困难群体、关注底层民生，让税收“分享”机制真正具有全民性、民生性，让税收“取之于民，用之于民”的性质得以真正体现。这些年我国财政支出结构已经有了很大的改善，在教育、医疗、养老等社会基本公共保障方面虽已经有了很大的进步，但也不得不承认，应由公共财政承担的社会保障，与基本的社会需求相比还有着相当大的差距。为了解决贫富差距拉大的问题，需要依靠财政支出来扶助救济，即采用“益贫式”财政政策。将支出主要投向农村教育、医疗卫生、社会保障、低保体系等方面。通过加大财政公共性支出，降低居民对未来

① 倪红日，谭敦阳. 开征物业税对地方政府财政收入的影响分析[C]. 调查研究报告，2008(60).

预期的不确定性，不仅有利于促进社会的和谐与公平，而且也将大大有利于促进国内需求较快地由投资向消费转移。

四、财政支出风险

从表面上看，财政支出结构只是各类支出的集合与比例，呈现出一定的数量关系，不同国家的财政支出结构的现状及变化反映了该国政府正在履行的政府职能的重点。但是这种比例和结构的关系是否合理，关系到经济发展和社会发展的稳定。财政支出结构风险就是指这种财政支出比例安排的不合理所可能引致的经济损失或社会福利损失。而财政结构收入分配风险，就是指财政支出结构的比例不协调对于社会公平和收入分配差距的负面影响以及可能造成的损失。

（一）我国财政支出结构变化趋势及现状分析

从世界范围上来看，经济发展水平不同的国家在支出上安排的比例是不同的，这也代表了经济发展的不同阶段政府职能的重点中心和公共政策的核心理念。由马斯格雷夫(Musgrave, R. A.)和罗斯托(Rostow, W. W.)两人提出利用经济发展阶段论来解释财政支出增长的原因和结构：经济发展早期阶段财政支出中用于公共投资部分比重很大，人们对政府的公共性消费支出需求不大，转移性支出也不大；经济发展中期阶段人们对于公共产品的需求也开始上升，政府用于教育、卫生和安全等方面的消费性支出增加，其在整个财政支出中的比重相应上升，由于私人资本积累开始上升导致收入分配差距开始扩大，用于解决收入分配问题的转移性支出开始增加；经济发展的成熟阶段政府公共性投资支出又呈增长势头，表现为一种对私人消费品的补偿性公共投资，公共消费支出占社会总消费支出的比重上升，用于解决社会公平的转移性支出将会大幅度增加。我国经历了经济发展的早期阶段，进入了经济发展中期阶段，财政支出的规模及结构的变化与经济发展阶段理论中财政支出的规律也是相印证的。分析我国财政支出结构特征，时间节点定为1994年，其原因是1994年我国实行分税制改革，财政体制与之前的体制相差甚多，政府在社会中扮演的角色和职能重点也大有不同，财政支出的规模与结构也因此呈现不同特征，但总体上能够与经济发展阶段所赋予政府的任务相对应。

1. 我国财政支出增长变化分析

从图8可以看出，自1994—2008年，我国财政支出总规模攀援直上，增长较快，从1994年10 000亿元不到的规模发展到2008年超过60 000亿元的巨大规模，说明政府在经济和社会发展中发挥了很大的作用。财政支出占GDP的比重的变化也能说明此问题。1994年财政支出占GDP的比重还不到12.5%，到了2008年却已经超过20%，说明全社会将近20%以上的资源为政府所掌握。

从图9可以看出，1994—2008年的大多数年份里，财政支出自身的增长速度超过了财政支出占GDP的增长速度，这种速度将会形成一种惯性，带动财政支出占GDP的比重进一步提高。

如果这种增长速度让人担心是否超过了经济本身能够支撑的程度，带来财政赤字风险，图10将会给出一定的解释。因为财政收入的增长速度在大多数年份里都超过了财政支出的增长速度，说明财政支出增长的迅猛势头起因于财政收入的增长。这种收入的持续增长，一方面会给公众承担政府赋税的能力造成考验；另一方面能够支撑财政支出继续增长，进一步发挥其职能和作用。

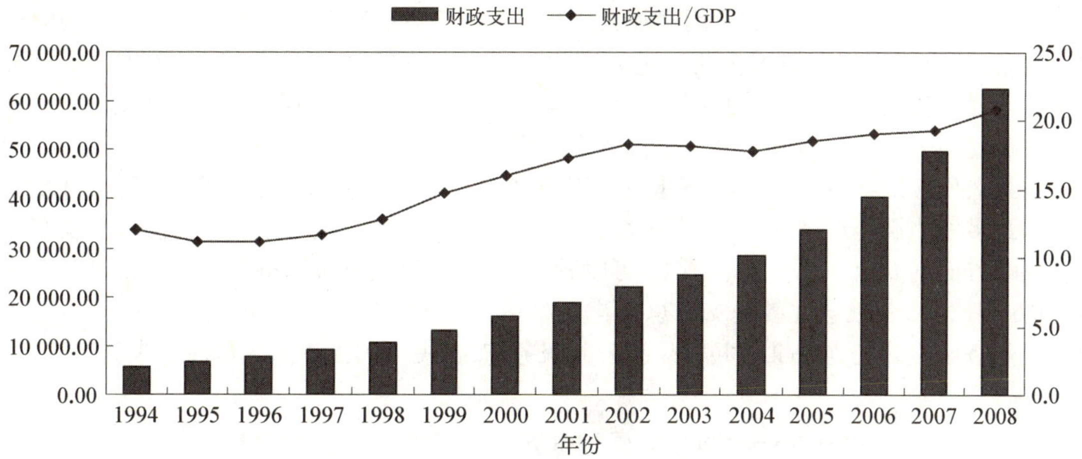

图 8　财政支出增长与财政支出占 GDP 比重的增长

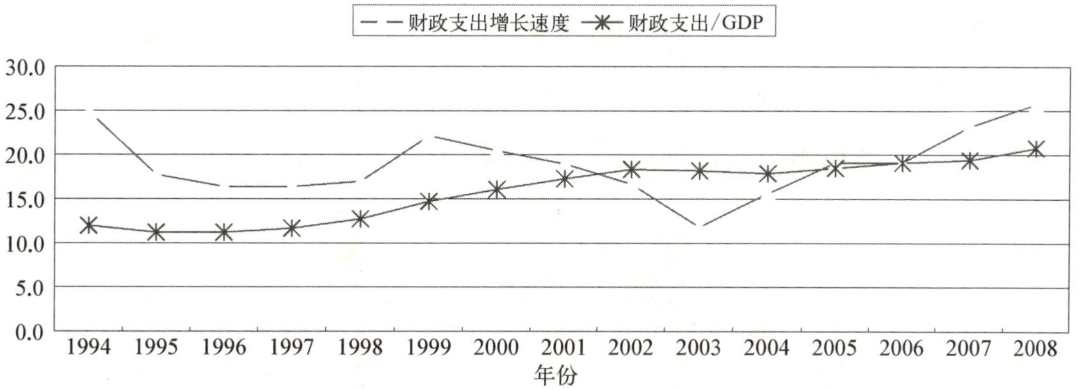

图 9　财政支出增长速度与财政支出占 GDP 比重的增长速度比较

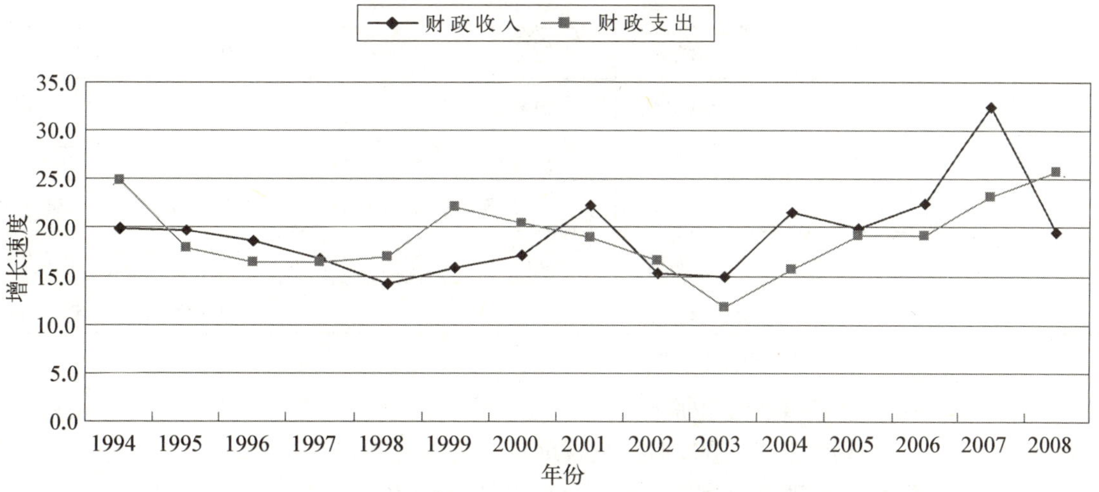

图 10　财政收入增长与财政支出增长

2. 我国财政支出结构变化分析

1994—2008 年我国财政支出规模在不断上升的同时，财政支出结构也发生了巨大变化。

社会福利性财政支出份额及增幅加大。从1994—2008年，各项支出项目保持了稳定增长的态势，2007年各类支出都有突飞猛进的增长。从表8和图11可以看出，各项支出中社会保障支出与社会文教费支出增长幅度较大。这与这两年我国推行的保民生支出的政策有关，但两项关乎社会公平的支出所占的比重仍然不够高。

占最大份额的财政支出由经济建设支出转变为社会文教费支出。1994年我国财政支出中数额最多的当属经济建设支出，用于社会文教和社会保障方面的支出金额合计都没有超过经济建设方面的支出。从表8和图11可以看出，经济建设支出份额持续领先的状况一直持续到2006年，2008年社会文教费支出总额排名第一。这表明我国政府职能的重点已由直接投资参与经济建设转变为提供公共物品和公共服务，改善民生和提高国民素质上来。

表8

1994—2008年我国财政支出按功能性质分类项目

单位:亿元

年　份	经济建设	行政管理	社会文教	国防费	社会保障	其他支出
1994	1 636.78	729.43	1 278.18	550.71	95.14	1 502.38
1995	1 917.77	872.68	1 467.06	636.72	115.46	1 814.03
1996	2 172.43	1 040.8	1 704.25	720.06	128.03	2 171.98
1997	2 485.45	1 137.16	1 903.59	812.57	142.14	2 752.65
1998	2 901.99	1 326.77	2 154.38	934.7	171.26	3 309.08
1999	3 828.25	1 525.68	2 408.06	1 076.4	179.88	4 169.4
2000	4 036.27	1 787.58	2 736.88	1 207.54	213.03	5 905.2
2001	4 742	2 197.52	3 361.02	1 442.04	266.68	6 893.32
2002	5 568.3	2 979.42	3 979.08	1 707.78	372.97	7 445.6
2003	6 061.27	3 437.68	4 505.51	1 907.87	498.82	8 238.8
2004	6 871.33	4 059.91	5 143.65	2 200.01	563.46	9 648.53
2005	7 923.35	4 835.43	6 104.18	2 474.96	716.4	11 875.96
2006	9 035.94	5 639.05	7 425.98	2 979.38	907.68	14 434.7
2007	9 577.57	12 215.68	11 793.96	3 554.91	5 447.16	7 192.07
2008	13 124.38	14 096.4	14 992.2	4 059.76	6 804.29	9 515.63

资料来源:《中国统计年鉴2009》。

行政管理费超过经济建设支出成为财政开支的重头。虽然我国近年来财政支出的重点已经转移到提供社会福利性服务上来，但行政管理费开支较大并持续快速增长。从表8和图11可以得出，1994年行政管理费仅有729.43亿元，所占比例也远低于经济建设支出和社会文教费支出，但到2008年行政管理费在2007年已有的巨幅增长速度基础之上，一跃而超过经济建设支出，成为财政支出中第二大支出项目。这表明政府机构和开支本身在不断膨胀、对社会管理和管制较多，需要进行行政机构改革，压缩政府行政支出。

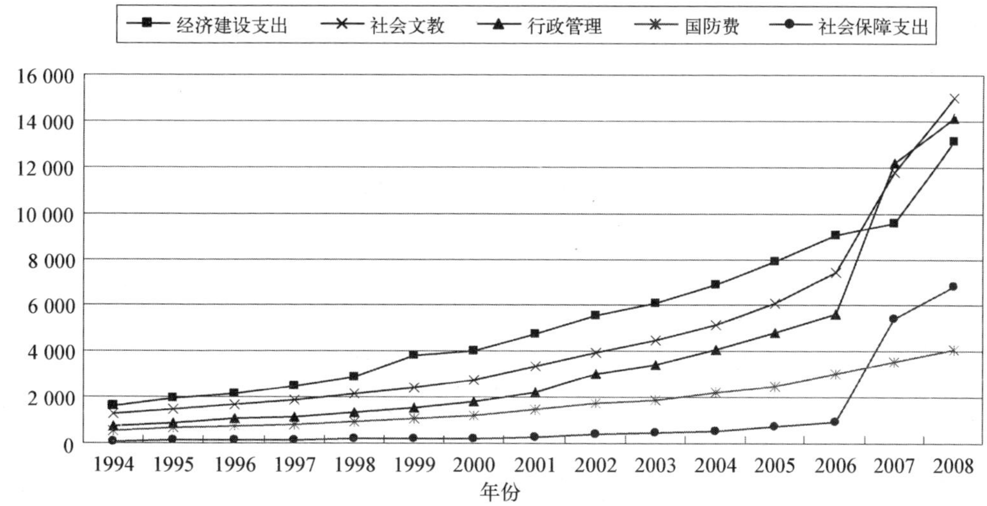

图 11　1994—2008 中国财政支出按功能性质分项目支出情况

资料来源:《中国统计年鉴 2009》。

财政支出结构由集中政策转为平均兼顾政策。从图 12 财政支出按功能性质分项目增长率情况可以看出,1994 年政府财政支出的中心和重点放在经济建设支出上,其经费支出总额及比例在所有支出项目中稳居第一,并且经济建设支出所占比例与其他支出项目金额和比例比较起来差距还相当大。这恰好与马斯格雷夫和罗斯托的理论相印证。经济发展早期阶段财政支出中用于公共投资部分比重很大,接近财政支出的 30%。而随着经济发展阶段的推进,财政支出中用于经济建设的比例在逐渐减少,其他支出的比例在逐渐增加,财政支出已经不是原有的独保经济建设支出的集中政策体现,而转变为缩小财政支出内部比例差距,对各项支出都兼顾的平均政策了。

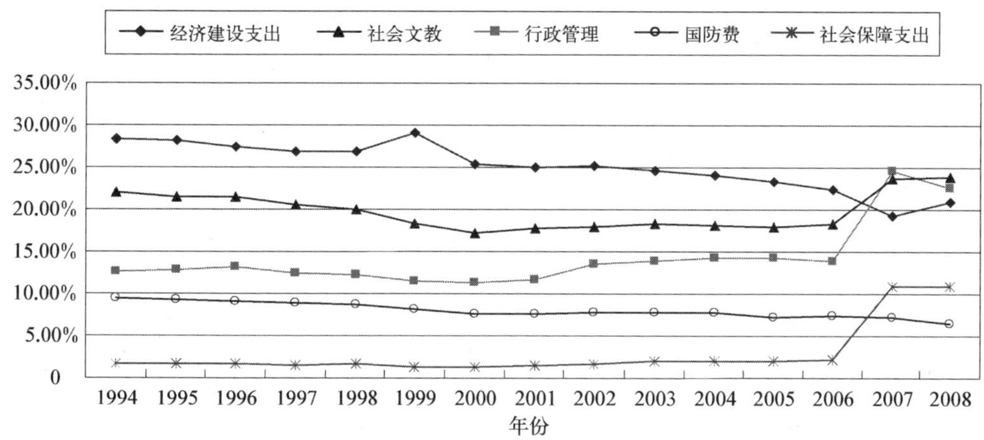

图 12　1994—2008 中国财政支出按功能性质分项目占总支出比例情况

资料来源:《中国统计年鉴 2009》。

(二) 财政支出结构的收入分配风险识别

1. 财政支出结构对经济和社会的影响已有研究

作为社会资源的直接分配者和社会资源配置的调节者,政府对于财政支出的安排会对社会和经济造成哪些影响，是需要进行经济学分析的。关于财政支出结构对经济增长的影响的研究，最早把公共资本存量纳入总生产函数的是阿罗和库兹(Arrow 和 Kurz，1970)，他们的结论是外生的公共支出存量变化仅影响经济转移动态，不改变经济的稳态增长率。在他们之后，巴罗构建了一个包含政府公共开支的内生经济增长模型，公共开支的变化会显著影响经济的稳态增长率，当政府消费性支出增加时，GDP 增长率和储蓄率会下降；而生产性政府支出增加，增长和储蓄率最初会上升，但最终会下降 (Barro，1990)。其后许多关于政府支出与经济增长的实证研究中，往往都沿袭巴罗所开创的这种方法。不过从现有的研究看，理论界对政府支出与经济增长之间的关系有两种截然不同的看法。

一是认为政府支出具有正的产出效应，如拉特纳(Ratner)利用美国 1949—1973 年间的年度数据，发现公共投资(政府拥有的非军事设备和建筑物净值)的产出弹性为 0.06(Ratner，1983)；德瓦拉坚等(Devarajan et al.)利用 43 个发展中国家 1970—1990 年的数据，得出的结论是中央政府总支出的 GDP 占比与人均实际 GDP 增长率正相关，而且经常性支出占政府总支出的份额对经济增长也具有显著的正效应(Devarajan，Swaroop 和 Zou，1996)。在关于政府支出与中国 GDP 增长关系的研究中，马拴友利用中国 1979—1998 年的数据对政府消费(主要支出法国民经济核算中的政府消费)占 GDP 比率与经济增长率进行回归，得出的结论是两者间存在显著正相关关系，所以他主张应该扩大政府在文教卫生和国防等方面的支出(马拴友，2000a)。

二是政府支出与经济增长负相关。兰都(Landou)利用 104 个国家 1960—1977 年的有关数据的回归分析发现，人均实际 GDP 增长率与政府消费占 GDP 比重显著负相关，得出政府支出的增长有损经济增长的结论(Landou，1983)；巴罗利用 98 个国家 1960—1985 年的数据，发现 1970—1985 年政府支出规模与 1960—1985 年实际经济增长率显著负相关，其解释是政府消费对经济造成了扭曲，但同时没有能够对投资和经济增长提供抵消性的激励(Barro，1991)。龚六堂、邹恒甫(2001)的实证分析表明，政府的生产性支出的增长对经济增长没有统计学上的影响，经常支出可以促进经济增长，而政府生产性支出与非生产性支出的波动对经济增长是负影响。Guptaetal (2005)通过对 39 个低收入国家的统计数据进行回归分析后发现：那些将财政支出主要用于人员工资的国家具有较低的经济增长率，而那些将财政支出主要用于资本品和非工资性质的商品与服务的国家享有较高的经济增长率。

财政支出结构对经济增长的影响已有很多文献论述，Musgrave(1984)的分析表明，1979 年美国用于基本教育和医疗方面的公共支出具有改善收入分配的特征，但政府在高等教育上的支出则相反。Jimenez(1995)对发展中国家和转型国家的调查研究显示，富人与穷人相比较而言更容易得到公共医疗服务和教育服务，尤其是高等教育服务，Lanjouw 等(2001)对印度尼西亚的教育和医疗卫生保健公共支出的静态与动态分析也得出了类似结论。Sahn 和 Younger (2000)尝试通过拓展的 Gini 系数来判断健康与教育支出是否配置给穷人。对 8 个非洲国家的实证分析表明，公共服务较少惠及穷人。归其原因在于，财政支出在促进社会公平的同时，可能因为支出的不规范而带来城乡发展不平衡，也可能因为体制、监督制度不完善而带来与政府财政支出本意截然相反的结果。不同的国家因为经济基础、制度环境等因素不同，其财政支出对社会公平的影响可能大相径庭。比如，一些国家的财政支出使收入分配公平，而在一些转轨经济国家，财政支出可能使收入分配更加不公平。

我国学者从财政支出方面来研究城乡收入差距，是从近些年才开始的。由于近年国家统计局不再公布衡量社会公平的 Gini 系数，所以为了方便说明社会收入分配差距，本报告从城乡居民人均收入差距角度来说明社会公平度，因为城乡差距是我国目前最为突出的社会公平问题之一。综合来看，目前已有的关于财政支出结构对社会公平的影响的结论分歧也很大。

分歧一：科教文卫支出是否有利于缩小城乡收入差距。正面的观点是科教文卫支出明显缩小了城乡收入差距。蔡忠雁(2009)得出结论科教文卫支出和支农支出有利于缩小城乡收入差距。孙文祥、张志超(2004)以城镇对农村居民的人均收入差额与农村人均纯收入的比值为解释变量，以全国的财政支出结构为被解释变量进行回归分析，证明科教文卫事业费、国防和政策性补贴支出能在一定程度上促进社会公平。冉光和、唐文(2007)以城市居民人均可支配收入与农村居民人均纯收入之比为解释变量，以我国财政支出结构为被解释变量，构建实证模型得到结论：基本建设支出、企业挖潜改造支出、支持农业生产和事业支出、科教文卫支出的增加，显著地缩小了城乡收入差距。刘成奎、王朝才(2008)构建了城乡收入差和我国财政支出结构的回归模型，得到结论：科教文卫补贴支出的增加可以缩小城乡收入差距。而相反的结论是，王莉(2007)以城乡收入比为被解释变量，以我国的财政支出结构为被解释变量构建回归模型，证明了教育支出和支农支出的增加扩大了城乡收入差距。

分歧二：抚恤和社会福利救济费支出是否缩小了城乡收入差距。刘成奎、王朝才(2008)认为抚恤和社会福利救济费支出和政策性补贴支出的增加可以缩小城乡收入差距；蔡忠雁(2009)得出社会保障支出是扩大城乡收入差距的，这主要是我国的社会保障支出主要集中在城市地区；孙文祥、张志超(2004)认为抚恤和社会福利救济费的增加、农业财政支出的增加会扩大收入差距。

分歧三：行政管理费和国防支出是否会缩小城乡收入差距。刘成奎、王朝才(2008)认为抚恤和社会福利救济费支出和政策性补贴支出的增加可以缩小城乡收入差距，行政管理费和国防支出的增加则会扩大城乡收入差距；冉光和、唐文(2007)认为行政管理支出显著地扩大了城乡收入差距；孙文祥、张志超(2004)认为国防和政策性补贴支出能在一定程度上促进社会公平。

2. 我国城乡收入分配差距现状

1994 年分税制改革以来，中央和地方在一定程度上划分了各级政府的财权和事权，加大了财政支出的力度，但这些支出的投向是有针对性的经济建设支出或其他有政策导向的支出方向，对于能够促进社会公平和缩小收入分配差距的支出是 2007—2008 年才逐渐增加的，因此，城乡收入分配差距以及城乡收入比有明显的时间规律。1994—2008 年间，除了 20 世纪 90 年代中期的两三年城乡居民收入差距及收入比略降一点之外，这一差距随着时间的推移在逐渐增加和扩大。从表 9 中可以看到城镇居民人均可支配收入在 1994 年已经超过 3 000 元，而农村居民直到 2005 年人均纯收入才达到同样的水平；2008 年城镇居民人均可支配收入已接近 16 000 元的水平，但农村居民人均纯收入还在 5 000 元的边线上挣扎。从图 13 也可以看到城镇和农村居民的人均可支配收入比值在不断攀升。

表 9

城乡居民人均可支配收入比

年　　份	城镇居民家庭人均可支配收入(元)	农村居民家庭人均纯收入(元)	城乡收入比
1994	3 496.2	1 221.0	2.863 391
1995	4 283.0	1 577.7	2.714 711
1996	4 838.9	1 926.1	2.512 279

（续表）

年　份	城镇居民家庭人均可支配收入(元)	农村居民家庭人均纯收入(元)	城乡收入比
1997	5 160.3	2 090.1	2.468 925
1998	5 425.1	2 162.0	2.509 297
1999	5 854.0	2 210.3	2.648 518
2000	6 280.0	2 253.4	2.786 9
2001	6 859.6	2 366.4	2.898 749
2002	7 702.8	2 475.6	3.111 488
2003	8 472.2	2 622.2	3.230 951
2004	9 421.6	2 936.4	3.208 555
2005	10 493.0	3 254.9	3.223 755
2006	11 759.5	3 587.0	3.278 366
2007	13 785.8	4 140.4	3.329 582
2008	15 780.8	4 760.6	3.314 854

数据来源:《中国统计年鉴 2009》。

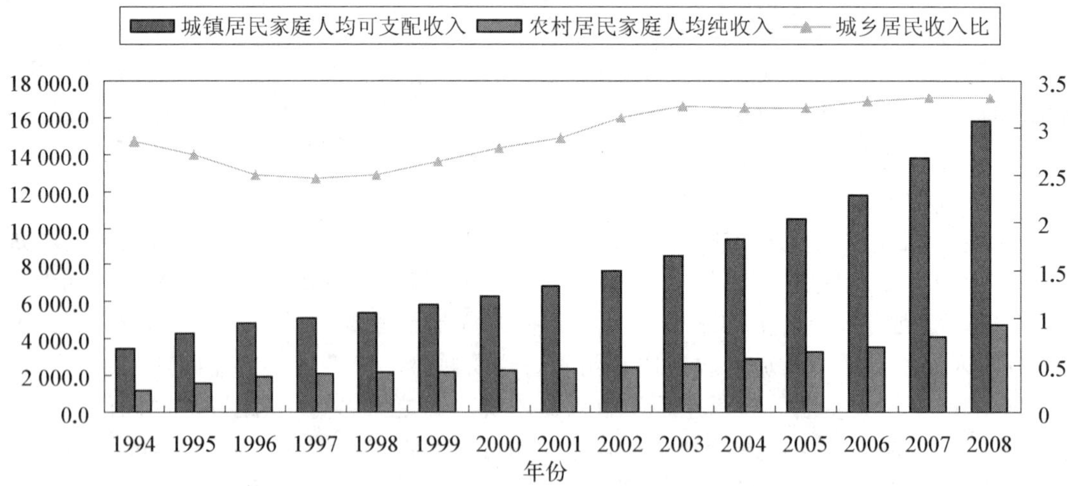

图 13　城乡收入分配差距及城乡居民收入比的增长变化情况

世界银行报告显示,2000 年我国基尼系数超过 0.4 这一警戒线以后还在逐年上升,2007 年达到 0.48。如此大的基尼系数说明收入差距过大,社会公平难以保障已成为我国社会的突出问题。政府的职能在于通过财政支出实现资源配置、收入再分配和稳定经济的目标,但每年支出的资金具体会对社会造成哪些影响,尤其是对社会收入分配,对城乡收入分配差距带来多大的效果是值得研究的问题。

3. 财政支出结构收入分配风险

本报告研究财政支出结构收入分配风险的落脚点定于城乡收入分配差距,因为城乡收入差距和不公平是目前我国社会不公平最为严重的问题之一。为了避免出现支出划分的随意性问题,在进行政府支出结构的收入分配效应研究中,也不作政府生产性支出和非生产性支出的划分，而是根据《中国统计年鉴》所公布的数据，将政府的公共支出按其使用功能划分为三类：经济建设支出、社会文教费支出和维持性支出，其中社会文教费支出包括教育、科技、文化、卫生以及社会保障等类别的支出，维持性支出指为了保证国家机器的存在和运转的政府支出，如行政管理支出、国防支出以及公检法支出等。

上述文献中对于财政支出结构只是简单地定义为各支出项目的比例，财政支出结构对收入分配的影响也是从单个财政支出项目对收入差距的影响的角度来研究。本报告的不同之处在于，财政支出结构的收入分配风险研究从两个方面来着手：

一是三类支出项目对收入差距的影响，从经济建设支出、社会文教费支出和维持性支出三种支出类别对城乡收入分配差距的影响来着手。

二是财政支出结构指数对收入差距的影响，将财政支出结构量化为两个指数，即(经济建设支出＋社会文教费支出)/政府自身维持支出指数，以及经济建设支出/社会文教费支出指数。从用于社会支出与政府自身支出之比，和用于经济建设的社会支出与用于社会文教的社会支出之比的两个指数，分别反映政府财政支出结构性安排对城乡收入分配差距造成的影响。

因此可以构建两个模型：

模型 1：$\mathrm{Ln(INGAP)} = \alpha_0 + \alpha_1 \mathrm{LnEXe} + \alpha_2 \mathrm{LnEXs} + \alpha_3 \mathrm{LnEXm} + \alpha_4 \mathrm{LnGDP} + \mu_1$

模型 2：$\mathrm{Ln(INGAP)} = \beta_0 + \beta_1 \mathrm{LnR_1} + \beta_2 \mathrm{LnR_2} + \beta_3 \mathrm{LnGDP} + \mu_2$

其中，INGAP 代表城乡收入差距，用城乡收入比来衡量，城乡收入比用城镇居民人均可支配收入/农村居民人均纯收入来计算获得。EXe 代表用于经济建设的财政支出；EXs 表示用于社会文教费的支出，包括科教文卫支出和社会保障支出；EXm 表示用于政府自身运转的支出，包括行政管理费、公共安全、外交和国防支出；GDP 代表国内生产总值水平；$R_1 = (EXs + EXe)/EXm$，$R_2 = EXe/EXs$。μ 为随机项。每个解释变量和被解释变量在构建模型之前首先进行对数化处理。

为了保证各序列的平稳性，避免伪回归，需要对各序列进行单位根检验和协整检验。本书采用 ADF 检验法，分别对上面所述变量做单位根检验。由表 10 可知，所有变量的单位根检验都在 1%的水平上显著，因此拒绝原假设，即所有变量经一阶差分后均没有单位根。这说明所有变量都是一阶单整的。在此基础上对数据进行回归建模是有意义的。

表 10

序列平稳性检验结果

变　量	检验形式(c, t, n)	ADF 值	临界值(1%)	平 稳 性
Ln(INGAP)	(0, 0, 0)	−3.944 41	−4.309 82	不平稳
ΔLn(INGAP)	(c, t, 0)	−2.953 68	−2.647 13	平　稳
LnEXe	(c, t, 0)	−2.591 082	4.296 729	不平稳
ΔLnEXe	(c, 0, 0)	−3.893 944	−3.679 322	平　稳
LnEXm	(0, 0, 0)	9.560 692	−2.644 302	不平稳
ΔLnEXm	(c, t, 1)	−4.834 719	−4.323 979	平　稳
LnEXs	(0, 0, 0)	14.286 65	−2.644 302	不平稳
ΔLnEXs	(c, t, 0)	−4.345 429	−4.309 824	平　稳

（续表）

变　量	检验形式(c, t, n)	ADF 值	临界值(1%)	平稳性
LnGDP	(0, 0, 0)	1.921 772	−2.647 120	不平稳
ΔLnGDP	(c, t, 3)	−3.507 118	−4.356 068	平　稳
Ln R_1	(0, 0, 0)	−1.809 333	−2.644 302	不平稳
ΔLn R_1	(c, t, 0)	−5.752 472	−4.309 824	平　稳
Ln R_2	(c, 0, 0)	−0.570 555	−3.670 170	不平稳
ΔLn R_2	(c, t, 0)	−5.720 502	−4.309 824	平　稳

注：(1) c 表示常数项，t 表示趋势项，n 表示滞后阶数(由 AIC 赤池信息准则决定)；
(2) Δ 表示一阶差分。

将以上一阶单整变量进行 OLS 估计，得到以下方程(1)和方程(2)：

方程(1)：

$$\mathrm{Ln(INGAP)} = -0.2416\mathrm{LnEXe} + 0.7496\mathrm{LnEXm} - 0.6256\mathrm{LnEXs} + 0.1861\mathrm{LnGDP}$$
$$(-3.2009)\qquad(7.3635)\qquad(-6.5405)\qquad(3.2620)$$
$$\text{R-squared} = 0.95465 \quad \text{D. W. stat} = 1.74079$$

方程(2)：

$$\mathrm{Ln(INGAP)} = -0.8049\mathrm{LnR_1} + 0.2743\mathrm{LnR_2} + 0.0717\mathrm{LnGDP} + 0.8888$$
$$(-6.7315)\qquad(2.2390)\qquad(3.2573)\qquad(2.0909)$$
$$R^2 = 0.91699 \quad \text{D. W.} = 0.82193$$

方程(1)的结果说明，政府对经济建设支出与城乡收入差距成反比，经济建设支出每增加 1%，城乡收入差距就会下降 0.241 6%；政府用于自身维持费用与城乡收入差距成正比，维持支出每增加 1%，城乡收入差距就会增加 0.749 6%；政府用于社会文教费的支出与城乡收入差距成反比，社会文教费每增加 1%，城乡收入差距就会降低 0.625 6%。而全国经济发展水平 GDP 与城乡收入差距却成正比，这与我国目前的经济和社会发展的实际情况相符合，主要还是我国以城市为主体的经济发展模式、收入分配制度和社会保障体系所造成的城乡收入差距。

方程(2)的结果说明，政府用于社会发展支出与自身维持消费性支出之比的指数与城乡收入差距成反比，用于社会发展的财政资金比例越高，城乡收入差距就越小，用于经济建设和社会文教的财政资金与政府自身维持费用之比的指数每增加 1%，城乡收入差距就会缩小 0.804 9%；但用于经济建设的财政资金对缩小城乡收入差距的影响没有用于社会文教的财政资金对城乡收入差距的影响大，经济建设与社会文教费之比的指数每增加 1%，城乡收入差距就会上升 0.274 3%。这一点可从方程(1)中城乡收入差距对经济建设支出和社会文教费支出变化的弹性系数 0.241 6 和 0.625 6 的比较中得到佐证。

分别对两个模型的残差进行检验，残差为平稳序列，说明模型 1 和模型 2 所表示的变量间存在协整关系。在 2 阶滞后期下，对 VAR 模型实现非约束条件下的误差修正模型 ECM 估计，可得到城乡收入比与政府对经济建设支出、对社会文教支出、对维持费支出，以及 GDP、政府社会性支出与自身消费性支出之比的指数、政府经济建设支出与社会文教费支出之比的指数等变量之间的长期稳定均衡关系和短期波动。

方程(3)：

$$\begin{aligned}\Delta Ln(INGAP) = &-1.1346[Ln(INGAP)(-1)+0.6201LnEXs(-1)-0.7853LnEXm(-1)\\&+0.2941LnEXe(-1)-0.1778LnGDP(-1)]+1.0833\Delta Ln(INGAP)(-1)\\&+0.1155\Delta Ln(INGAP)(-2)+0.6756\Delta LnEXs(-1)-0.7860\Delta LnEXs(-2)\\&-0.6842\Delta LnEXm(-1)-0.0956\Delta LnEXm(-2)+0.3975\Delta LnEXe(-1)\\&+0.2928\Delta LnEXe(-2)-0.2933\Delta LnGDP(-1)+0.0768\Delta LnGDP(-2)\end{aligned}$$

从上述误差修正模型可以得知，短期来看，政府对社会文教支出有可能会造成城乡收入差距扩大或缩小，这跟社会文教费的特定投入方向有关，获得政府投入的从业者必然会增加收入，加大了与一部分人的收入差距，同时也会缩小与另一部分人的收入差距，这表现为一阶差分滞后1期和滞后2期的系数，0.675 6和−0.786 0。但长期来看，社会文教费支出会降低城乡收入分配差距，其长期调整系数为−0.625 6。政府对经济建设的支出短期来看，会拉大收入分配的差距，这表现为一阶差分滞后1期和滞后2期的系数，0.397 5和0.292 8，但长期来看经济建设支出会降低城乡收入分配差距，其长期调整系数为−0.241 6。政府自身维持性支出短期来看，会降低城乡收入分配差距，这表现为一阶差分滞后1期和滞后2期的系数，−0.684 2和−0.095 6，增加政府部门经费开支必然会增加公职人员的收入，影响收入分配差距，但长期来看政府自身维持性支出达到一定规模必然会引起新的不公平，其对城乡收入差距的影响系数为0.749 6。这些变量短期波动会影响长期均衡，但误差修正模型的调节系数−1.134 6却表明长期均衡对短期波动的反向调节力度相当大，可以纠正财政支出结构的短期波动对长期均衡造成的影响。

方程(4)：

$$\begin{aligned}\Delta Ln(INGAP) = &-0.7848[Ln(INGAP)(-1)+0.6505LnR_1(-1)+0.0127LnR_2(-1)\\&-0.0101LnGDP(-1)-1.5121]+0.7394\Delta Ln(INGAP)(-1)\\&+0.6053\Delta Ln(INGAP)(-2)+0.5745\Delta LnR_1(-1)-0.0449\Delta LnR_1(-2)\\&-0.0204\Delta LnR_2(-1)+0.3026\Delta LnR_2(-2)-0.0450\Delta LnGDP(-1)\\&-0.0420\Delta LnGDP(-2)+0.0387\end{aligned}$$

从上述误差修正模型可以得知，短期来看，政府用于社会发展的支出超过自身维持支出的比例大小，即(经济建设支出＋社会文教费支出)/政府自身维持支出，比例上升有可能会造成城乡收入差距扩大或缩小，这跟社会发展的特定投入方向有关，这表现为一阶差分滞后1期的系数，0.574 5。但长期来看，社会发展高于政府自身维持费支出会降低城乡收入分配差距，其长期调整系数为−0.804 9；政府对经济建设投入超过社会文教投入的比例大小，即经济建设支出/社会文教费支出，短期来看会拉大或缩小收入分配的差距，这表现为一阶差分滞后1期和滞后2期的系数，−0.020 4和0.302 6。长期来看经济建设支出超过社会文教费支出会加大城乡收入分配差距，其长期调整系数为0.274 3。这些变量短期波动会影响长期均衡，但误差修正模型的调节系数−0.784 8却表明长期均衡对短期波动的反向调节力度相当大，可以纠正财政支出结构指数的短期波动对长期均衡造成的影响。

(三) 财政支出结构不合理对城乡收入分配差距影响的传导机制

政府财政支出结构对城乡收入分配差距的影响，可以通过对公共财政支出规模、结构、方向的控制，实现公共财政支出向经济贫穷的地区、群体和个人倾斜，以转移支付、加强税收调节的方法达到缩小贫富差距的目的。公共支出的规模决定了政府挤占民间收入的份额。政府投资性支出对行业间的收入分配起到了调节作用，政府维持性支出也决定了政府公务员与非公务员的收入分配差距，对教育、科技、文化、卫生、医疗等领域的投入等能够拉小城乡收入分配差距。但公共财政支出并不是向弱势群体倾斜，而是向具有更好成长性的地区和个人倾斜，这样反而拉大了收入分配差距，背离了公共财政支出的愿意。

1. 经济建设支出的结构不合理导致城乡收入分配差距

虽然从实证结果上来看，政府对于经济建设的投入与城乡收入差距是反向的关系，这与我国近年经济发展速度较快，人民收入水平好、生活水平得到了改善有关。我国已从政府大力参与经济建设的发展阶段转型出来，开始重点投向人民迫切需要解决的教育、医疗、卫生、社保等民生支出上来，因此经济建设的投入在逐年下降，与城乡收入差距本身呈反向关系。

但经济建设投入会造成三方面的影响：一是经济建设会挤占社会福利支出。一些地方政府财政支出中豪华性建设投入过大，从奥运会到世博会，政府投入了大量的经费用于豪华性建设，挤占了其他方面的支出，必然影响一个地区内的社会公平。二是将会加大地区间基本发展条件差异。尽管根据实证结果看，增加基本建设支出将有助于促进城乡社会公平，但从宏观角度看，该投入会影响地区间的社会公平。我国地区间的基础设施建设差距相当大，大部分农村地区基础设施落后，有些地区甚至水、电、交通、通信等方面不能满足正常的生活需要。由于资源的稀缺性，这种由于基础设施差距所导致的城乡收入差距将会在今后越加显现出来。三是以城市为主导的基础设施投资和经济建设投资规模巨大，对当地经济具有很强的拉动作用，促进了城镇居民的收入提高，但是部分农村居民只能参与有限的下游劳动，获得较低的劳动收入，经济建设支出对农民收入提高的贡献较少。

2. 行政管理等维持性支出间接导致城乡收入差距

政府自身维持性支出中增长较快的就是人员经费，主要涉及的单位是有公务员编制或者参照公务员编制的单位，人员经费覆盖的几乎全是城镇户口的居民。对于大多数农民来说，接受较好的教育并能够跻身公务员队伍是很困难的事情，因此政府行政管理费的增加或者公务员队伍的加薪并不能给农民带来多大的福利改善。而从 1998 年我国两次实行积极财政政策来看，都把公务员加薪作为一项拉动内需的政策，该政策发挥了推动消费的作用，但实际上却拉开了城市居民与农村居民的收入差距。长期来看，政府行政机构不断膨胀，自身维持性支出达到一定规模，只会引起新的城乡收入分配的不公平。

3. 社会文教投入结构的不合理将导致长期城乡收入差距

目前我国对于社会文教方面的投入在逐年加大，尤其是 2005—2009 年，中央逐渐加大对中西部地区，特别是农村的转移支付。这有利于缩小东部和中西部的差距，缩小城乡收入分配差距。但不容忽视的是，我国在 2005 年之前对于中西部和农村的投入较少，财政支出在社会文教费上的比例也不高，甚至很长一段时间内与行政管理费相差不多。对于受益面甚广的社会文教事业，尤其是教育、医疗卫生和社会保障事业上的投入往往侧重于城市层面，对农村教育、医疗和社会保障处于盲点区。这种财政支出结构不合理的后果和影响将会在今后的劳动力市场和收入分配格局中显示出来。

（四）财政支出结构的收入分配风险管理

通过以上分析可知，财政支出项目和结构指数对缩小城乡收入差距具有不同的影响，由此可以针对性地改革我国财政支出的结构，促进社会相对公平的实现。

1. 积极调整财政政策目标，优化财政支出结构，控制财政支出结构比例

财政支出对经济增长和城乡收入分配差距的影响具有不同的效果，而政府作为最大的公共品提供者，理应负起调节社会公平的责任，而不是积极参与经济建设。因此，当前最重要的事是政府应该调整财政政策目标，以公平作为财政支出及财政政策的实施导向。前面的实证分析证明，我国财政支出项目及结构指数在缩小城乡收入分配差距的方面作用大小和方向不同，所以目前政府不能仅仅是扩大财政支出规模，更要优化财政支出结构。不仅仅是加大投入，更要逐步控制和降低维持性支出所占比例，逐步控制和降低经济建设支出所占比例，保障财政支出在缩小收入差距方面发挥最大的作用和功效。

2. 加强对行政管理费等政府自身维持性支出的管理和控制

从实证分析结果可知，加强对维持性支出的控制，对于缩小城乡收入分配差距的作用是最大的，因此必须从严控制行政管理费在内的政府自身维持性支出。管理和控制政府维持性支出，首先，必须是信息透明化，政府自身维持性支出除了行政管理费外还包括国防费、公共安全费和外交支出，这些支出项目因为涉及国家机密，财政信息透明度也是所有支出项目中最差的，财政支出管理和控制还相当薄弱。要加强政府维持性支出管理和控制支出规模，必须知道项目的必要性和预算信息。其次，管理和控制维持性支出的关键是提高资金使用效率的最大化。这就要求政府应从执政理念、组织结构、支出使用和监督机制上下工夫。最后，要调整维持性支出的结构和比例，坚决压缩人员经费所占比重，避免人员经费增长过快，扩大城镇与农村居民收入差距。

3. 完善社会保障制度，增加社会保障支出

我国社会保障体系以前一直是主要覆盖城镇居民，而对人口众多的农民采取暂时不纳入社会保障体系的做法，2009 年虽然将农民也纳入了全民社保体系中，是很大的进步，但对于农民保障的程度还不够，社会保障体系不够完善。农民工社保转移的问题仍然没有在全国范围内实现，这减少了农民进城务工的机会，也降低了农民未来时期的收入保障，不利于缩小城乡收入差距，也不利于城市化进程和我国经济的发展。因此，完善社会保障体系，在全社会健全社会保障缴付、兑付和转移的机制，适度加大社会保障支出，有利于缩小我国城乡收入分配差距。

4. 持续加大对欠发达地区科教文卫事业费的投入

持续加大对农村地区的科教文卫事业费支出，尤其是加大对农村地区的支出规模。从实证分析结果中可知，社会文教费支出对于缩小城乡收入分配差距具有显著的作用，是财政调节的有效工具。目前我国已经加大了对农村的投入，主要集中于农村义务教育的财政投入，但在农村义务教育、职业教育和科技、医疗、文化等方面还需要投入更多的财政力量。在不损害城镇现有投入水平的前提下，将财政支出增量部分更多地用于转移支付和加大对农村的投入，因为在城镇人均财政支出已经达到相对较高的水平的情况下，对于农村和欠发达地区的投入，可以提高财政支出边际收益，可以更有效地实现财政支出的目标。

参考文献

［1］ 王莉.财政支出公平效应的测度[J].财经论坛，2007(7).

［2］ 马拴友.政府规模与经济增长：兼论中国财政的最优规模[J].世界经济，2000(11).

[3] 孙玉栋.中国税收负担问题研究[M].北京：中国人民大学出版社，2006.

[4] 曾国祥等.中国税收理论前沿[M].北京：中国税务出版社，2003.

[5] 龚六堂，邹恒甫.政府公共开支的增长和波动对经济增长的影响[J].经济学动态，2001(9).

[6] 钱淑萍.税收学[M].上海：上海财经大学出版社，2005.

[7] 蔡忠雁.地方财政支出结构与地方城乡收入差距关系的研究[J].吉林工商学院学报，2009(4).

[8] 蔡昉，万广华.中国转轨时期收入差距与贫困[M].北京：社会科学文献出版社，2006.

[9] 李永友，沈坤荣.财政支出结构、相对贫困与经济增长[J].管理世界，2007(11).

[10] 孙文祥，张志超.财政支出结构对经济增长与社会公平的影响[J].上海财经大学学报，2004(12).

[11] 刘成奎，王朝才.财政支出结构与社会公平的实证分析[J].财政研究，2008(2).

[12] 马拴友.税收政策与经济增长[M].北京：中国城市出版社，2001.

[13] 林颖.中国税收风险研究[M].北京：中国财政经济出版社，2008.

[14] 美洲开发银行.经济发展与社会公正[M].北京：中国社会科学出版社，2002.

[15] 冉光和，唐文.财政支出结构与城乡居民收入差距的实证分析[J].统计与决策，2007(4).

[16] FIELDS G S，KANBUR R. Minimum wages and poverty with income-sharing [J]. Journal of Economic Inequality，2007(5).

[17] WELCH F. Minimum wage legislation in the United States [J]. Economic Inquiry，1974(12).

[18] BURKHAUSER R V，COUCH K A，WITTENBURG D C. Who Minimum Wage Increases Bite：an analysis using monthly data from the SIPP and CPS，mimeo，center for policy research[M]，Syracuse University，1997.

[19] CARD D，KRUEGER A B. Myth and Measurement：The New Economics of the Minimum Wage[M]，Princeton University Press，1995.

[20] GRAMLICH E M. Impact of minimum wages on other wages，employment and family incomes[J]. Brookings Papers on Economic Activity，1976(2).

[21] KELLY B，CHRIS M. Minimum wages and poverty in a developing country：simulations from indonesia's household survey[J]. World Development，2008(36).

[22] STIGLER G J. The economics of minimum wage legislation[J]. The American Economic Review，1946(36).

[23] BARRO R. Government spending in a simple model of endogenous growth[J]. Journal of Political Economy，1990(98).

[24] BARRO R J. Economic growth in a cross section of countries[J]. Quarterly Journal of Economics，1991，106(2).

[25] DAVIDSON R，MACKINNON J G. Testing for consistency using artificial regressions[J]. Econometrics Theory，1989(5).

[26] DEVARAJAN S, SWAROOP V, ZOU H. The composition of public expenditure and economic growth[J]. Journal of Monetary Economics, 1996, 37(2).

[27] EVANS P. Government consumption and growth[J]. Economic Inquiry, 1997 (35).

[28] KORMENDI R C, MEGUIRE P G. Macroeconomic determinants of economic growth: Cross country evidence[J]. Journal of Monetary Economics, 1985, 16(2).

[29] LANDAU D L. Government expenditure and economic growth: a cross-country study[J]. Southern Economic Journal, 1983, 49(3).

[30] QIAN Y, ROLAND G. Federalism and the soft budget constrain[J]. American Economic Review, 1988, 88(5).

[31] RATNER J B. Government capital and production function for U. S. private output[J]. Economics Letters, 1983(13).

第十章　能源安全风险

一、绪论

能源是人类社会赖以生存和发展的重要物质基础。综观人类社会发展的历史，人类文明的每一次重大进步都伴随着能源的改进和更替。能源的开发利用极大地推进了世界经济和人类社会的发展。过去100多年里，发达国家先后完成了工业化，消耗了地球上大量的自然资源，特别是能源资源。当前，一些发展中国家正在步入工业化阶段，能源消费增加是经济社会发展的客观必然。中国是目前世界上第二位能源生产国和消费国。能源供应持续增长，为经济社会发展提供了重要的支撑；同时能源消费的快速增长，也为世界能源市场创造了广阔的发展空间。因此，能源、资源正在成为我国经济社会可持续发展的"刚性"约束条件，要保证经济安全、军事安全、国家安全，首先要保证能源安全，把能源问题放在更突出的战略位置上。短期看来，能源紧缺不应该成为不可解决的问题，但是长远来看，如何解决中国能源问题是对我们的一个长期挑战，是一个长期战略问题，而不是短期平衡问题。

（一）研究背景

1. 国外能源形势分析

近年来，全球能源消费不断增长，石油价格持续攀升，世界能源供应的可持续性越来越受到人们的重视。世界能源供应主要依赖化石能源。目前，化石能源剩余可采储量还有较长的供应保障期，尚未对能源供给形成实质性制约。但是2008年以来，国家能源安全受到多方面因素的考验，基础设施遭到极端天气破坏。出于安全考虑，法国和斯洛文尼亚不得不关闭核电站。气候政策更加严厉、石油和天然气价格剧烈波动、地缘政治紧张局势造成天然气管道被迫关闭，并且加重了资源的民族主义。不少国家新电厂的审批和建设经历了一段较长时间的搁置，同时行业领先企业之间的大规模并购催生了更多的跨国持股。在2007年5月至2008年第四季度期间，与全球能源相关的并购金额总计达到了5 000亿美元左右。因此，随着能源形势的急剧变化，全球能源安全问题越来越受到国际社会的广泛关注。尽管各国对能源安全的理解和各自的战略目标不尽一致，但随着全球化的深入和能源相互依赖的加深，全球能源安全问题已成为影响未来国际能源形势发展的重要因素。

（1）能源安全越来越具有全球性。在第一次石油危机以前，能源安全问题还不突出，只出现在少数国家，且多发生于战争时期。石油危机的爆发使能源安全问题范围扩大，但也主要局限于西方发达国家。近年来，随着能源消费和供应群体的扩大以及世界能源工业的日益国际化，能源安全问题越来越明显地呈现出全球性特点。与之相伴随，能源安全保障也逐渐由国别保障、集团合作向全球性能源安全对话与合作方向转变。

近年来，能源需求的迅速增长和国际油价的大幅攀升，以及全球环境问题的日益恶化等，使能源安全问题进一步超越了消费国和输出国的界限，扩大至全球范围，也使全球能源安全与合作问题提上日程。中、美、日、俄、印、欧佩克等诸多能源消费和输出大国以及组织之间双边或多边能源安全对话与合作，也取得不同程度的进展。随着时间的推移，全球能源安全对话与合作的范围将越来越宽泛，合作程度也将越来越深入。

（2）各国共同风险与挑战增加。与两次石油危机时相比，目前的国际能源供应形势有了较大改善。输出国实施禁运、主动切断供应的可能性大大降低，高油价对世界经济的冲击也明显减弱。但能源供需地域失衡格局进一步加剧，能源环境问题日趋严峻，能源地缘政治冲突与摩擦增多等问题，使能源安全问题趋于复杂，解决难度加大，加强全球能源安全对话与合作的迫切性显著增加。

从国际能源发展态势看，全球能源资源总量丰富，不断攀高的油价将推动投资的增加和产量的增长，市场结构性短缺有望缓解，中长期内世界能源供应仍能满足日益增长的能源需求。但受资源限制，世界能源消费与供应地域失衡格局将进一步加剧。从消费格局看，增长中心加速向亚太地区转移，目前亚太地区已超过欧、美，成为世界第一大能源消费区和第一大石油消费区；未来能源消费和供应将使世界能源供需的地域失衡格局进一步加剧。从消费国的角度看，越来越依赖局势不稳的中东等地区，增加了能源供应风险和在政治外交上被要挟的可能。从输出国的角度看，其能源需求多元化的目标难以实现，经济命脉受消费大国的影响程度也越来越大。同时，供需地域进一步失衡，使国际能源贸易大幅度增加，供应链变长。这不仅使运输成本显著提高，也使运输线因恐怖袭击和运输事故等发生中断的可能性大大增加，从而对能源供需双方的利益都构成威胁。

（3）各国能源相互依赖程度加深。布什政府在 2006 年年初的《国情咨文》和《国家安全战略报告》中，提出美国能源政策的首要任务是减少对国外能源的依赖，并制定了将对中东石油依赖降低 75%的具体目标。不论布什提出这一政策的真实目的是什么，其背后或多或少反映的是寻求“能源自立”的安全保障思路。但实际上，随着经济全球化和全球能源一体化的深入发展，世界各国间的经济和能源相互依赖程度日益加深，使能源自立的可能性越来越小。

推动能源相互依赖的主导力量是全球能源特别是石油市场一体化的发展。自 20 世纪 80 年代中后期开始，世界石油市场逐渐趋于多元化。随着参与结构的多元化，世界石油市场逐渐从垄断性向竞争性转变。同时，石油现货市场、准现货市场和期货市场迅速发展，石油供应与需求间的贸易方式逐渐市场化，石油的交易数量和价格在世界范围内进行供需平衡和价值比较，世界石油市场趋于一体化，加之生产国与消费国间相互渗透、互相依赖程度大幅增加，影响市场与油价的因素显著增多，任何一方都已不能单方面长期控制市场和油价。在全球化时代，能源安全是一个全球性问题，各国的能源安全问题是一个相互依存、相互促进的互动体系，没有一个国家能够脱离其他国家和地区的能源安全而保证自身的安全。

总之，近年来国际能源安全形势的变化使国际社会面临的共同风险与挑战增加，使全球能源安全问题日益突出。同时，能源消费国、输出国及运输枢纽国的相互依赖进一步加深，在有关国家、组织间展开的多层次能源合作，也为推进全球能源安全对话与合作奠定了基础。国际社会应及时更新能源安全保障观念，积极推动全球能源安全体系的建立。

2. 国外能源形势分析

能源资源是能源发展的基础。近年来，我国不断加大能源资源勘查力度，组织开展了多次资源评价。中国能源资源有以下特点：

（1）能源资源总量比较丰富。中国拥有较为丰富的化石能源资源。其中，煤炭占主导地位。2006 年，煤炭保有资源量 10 345 亿吨，剩余探明可采储量约占世界的 13%，列世界第三位。已探明的石油、天然气资源储量相对不足，油页岩、煤层气等新型化石能源储量潜力较大。中国拥有较为丰富的可再生能源资源。水力资源理论蕴藏量折合年发电量约为6.19万亿千瓦时，经济可开发年发电量约1.26万亿千瓦时，相当于世界水力资源量的15.4%，列世界首位。其中我国常规能源资源储量及结构见表1。

表1

中国常规能源资源储量及结构

能　源	能源总量 （亿吨标准煤）	原　煤 （亿吨）	原　油 （亿吨）	天然气 （亿立方米）	水　电 （亿千瓦时）
总资源量	40 466.4	50 592.2	1 020.0	472 000.0	59 221.8
结构(%)	100.0	89.3	3.5	1.3	5.9
世界总量	1 048 809.7	1 195 748.4	51 172.8	79 330 827.1	413 095.0
中国所占比例(%)	3.9	4.2	2.0	0.5	14.3
探明总储量(技术可开发)	8 231.0	3 261.4	28.9	34 049.6	37 900.0
结构(%)	100.0	87.4	2.8	0.3	9.5
世界总量	329 697.5	352 749.6	25 674.6	26 630 075.2	117 549.0
中国所占比例(%)	2.5	2.9	1.3	0.1	16.4
资源探明率(%)	20.3	19.9	16.0	5.4	—
世界资源保证年限		133	41.6	60.3	—
中国2007年产量	23.5	18.0	2.7	693	34 388
剩余开采储量(经济可开发)		1 145	21.0	18 800	12 600.0
结构(%)	100.0	58.8	3.4	1.1	36.5
世界总量		8 474.9	1 686	1 773 600	73 053.0
中国所占比例(%)		13.5	1.3	1.1	15.4
国内资源保证年限		63	11.3	27.2	

（2）人均能源资源拥有量较低。中国人口众多，人均能源资源拥有量在世界上处于较低水平。煤炭和水力资源人均拥有量相当于世界平均水平的50%，石油、天然气人均资源量仅为世界平均水平的1/15左右。耕地资源不足世界人均水平的30%，制约了生物质能源的开发。

（3）能源资源赋存分布不均衡。中国能源资源分布广泛但不均衡。煤炭资源主要赋存在华北、西北地区，水力资源主要分布在西南地区，石油、天然气资源主要赋存在东、中、西部地区和海域。中国主要的能源消费地区集中在东南沿海经济发达地区，资源赋存与能源消费地域存在明显差别。大规模、长距离的北煤南运、北油南运、西气东输、西电东送，是中国能源流向的显著特征和能源运输的基本格局。

（4）能源资源开发难度较大。与世界相比，中国煤炭资源地质开采条件较差，大部分储量需要井工开采，极少量可供露天开采。石油天然气资源地质条件复杂，埋藏深，勘探开发技术要求较高。未开发的水力资源多集中在西南部的高山深谷，远离负荷中心，开发难度和成本较大。非常规能源资源勘探程度低，经济性较差，缺乏竞争力。

3. 中国能源消费特征及面临的挑战

经过数十年的努力，中国已经建立起一个完整的能源产业体系，具备能源勘探，能源开发、加工、贮藏、运输、研究与发展，以及设计、设备制造、建设工程服务方面的能力。能源供应情况如下:煤炭是主体,并以电力为中心,另外化石燃料、天然气、新能源和可再生能源共同发展。然而这些成就的背后还存在一些问题,比如能源效率低,资源存在瓶颈,排放量高和管理机制缺乏。

(1) 供求状况特征。尽管我国幅员辽阔,能源和资源绝对储量较为丰富,但相对于我国众多的人口和经济社会发展对能源的需求来说,能源资源相对不足。在能源开发和利用上,中央与地方的条块冲突、地方政府对短期利益的角逐、粗放型增长方式导致的能源高投入与低效使用、经济结构调整相对缓慢、城镇化和现代化进程不断加快、人口持续缓慢增长以及老龄化社会逐步形成、重工业的迅速发展、国际制造业的向中国的快速转移等都使得能源需求急剧膨胀,这也是我国能源瓶颈约束的根本原因。当前我国已经成为能源消费增长最快的国家。能源需求量的剧烈增加,而能源生产的增速跟不上需求的增长,使得我国能源供给保障程度不断降低,能源安全面临严峻考验。我国能源系统的总效率很低,只有 11.1%,也就是说,能源可采储量变成终端有用的只有 1/10,约 90%的能源在开采加工转换、储运和终端利用过程中损失和浪费掉了。能源的低效使用不仅造成能源的极大浪费,降低了我国的储产比例,也进一步加剧了我国能源的供求矛盾。

(2) 品种结构特征。化石能源在其中占有较大的比重。煤炭是我国主要能源品种,其比重一直稳定在 70%左右,并略微呈现下降趋势;石油大致稳定在 20%左右,略微呈现上升趋势;天然气不足 3%,但比重一直保持稳定增长。另外石油对外依存度不断攀升,2008 年石油进口量将近 52%,预计 2020 年有可能接近 60%,这可能诱发潜在的石油危机。尽管煤炭消费和石油消费的绝对数量在随着经济同步增长,但煤炭和石油在能源消费中的比重大致呈现一定程度的下滑趋势。从 1981 年的 6.4%上升至 2006 年的 14.7%,期间增长了 130%。同时可以看出,能源消费结构中的可再生能源比重较低,不足 8%。数据表明,2004 年年底,世界可再生能源供应量占全球一次能源消费量 16%,远远超出我国。新能源是未来能源发展的方向,也是我国能源发展面临的新挑战,需要高度重视,促进其全面发展。

(3) 区域分布特征。我国能源分布呈现中西部相对丰富集中、东部相对贫乏分散特征。其中煤炭属于相对丰富资源,储量占世界的 12.6%,石油和天然气仅占 1.3%,属于相对贫乏资源。由于我国各区域的资源分布和经济发展水平不同,各地区的能源供求状况表现出很大差异。总体上看,我国区域能源消费呈现出中西部地区供过于求,东部地区能源供不应求的特征;能源区域的流向是由中西部地区向东部地区,东部地区经国内平衡后仍然不足的部分由进口来弥补。

(4) 部门结构特征。我国目前正处于工业化中后期,工业在国民经济中的比重日益加大,重工业化的快速发展也决定了工业消耗能源较大。当前我国能源消费部门结构中,工业占的比重已经超过 71%,2006 年达到 17.51 亿吨标准煤。我国十大高能耗行业全部集中在工业,且大都以劳动密集型和资本密集型工业为主,或者以原材料工业为中心,或者以低度加工和组装为主。这些工业本身具有低加工、浅加工、高能耗、污染重的特征。居民生活部门的能源消费包括除交通运输以外的所有家庭能源消费,目前是我国第二大能源消费部门。按照发达国家的经验,随着收入的提高和消费升级,居民生活用能和生活用油在较长时间内呈现增长趋势。我国第三大能源消费部门是交通运输业,2005 年占全部能源消费的 8%。随着我国交通运输业的快速发展,与此相应的能源消费也必将呈现出高速增长的趋势。

(5) 二氧化碳的排放率对碳生产率造成挑战。温室气体是另一种污染物。2006 年,中国与能源相关的二氧化碳(CO_2)排放量为 56.5 亿吨，是全球排放量的 20%，并略低于美国的 56.7 亿吨。中国的人均二氧化碳排放量接近全球平均水平，即美国的 1/5，经合组织的 1/3。然而，二氧化碳排放增量在全球大大增加。从 2000—2006 年，二氧化碳排放增量是全球二氧化碳排放增量的 57%。气候变化已经引起了国际关注。2006 年中国的碳生产率为 0.41 $/kg CO_2，高于 2005 年，但只有世界平均水平的 30%和美国的 1/4。换句话说，中国已释放高于全球平均值 70%的二氧化碳和高于美国 75%的二氧化碳来完成价值 1 美元的生产。

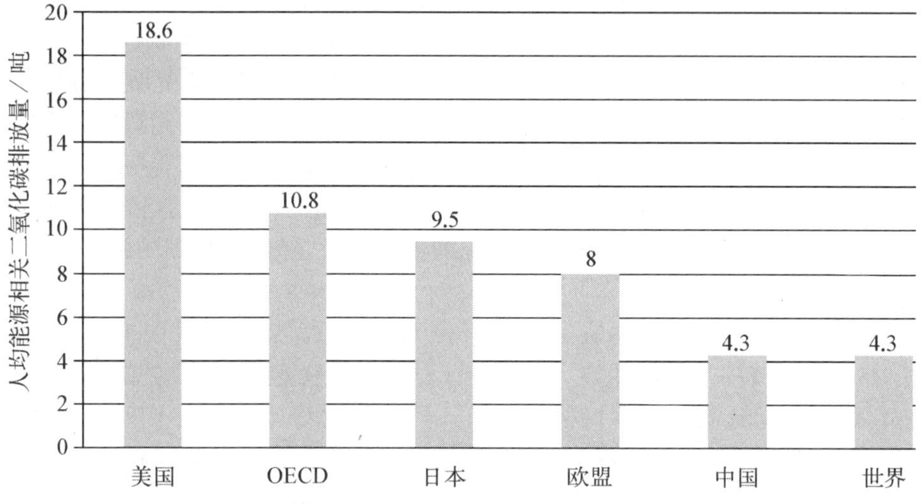

图 1　2006 年各地区人均能源相关二氧化碳排放量

（二）研究思路及框架

1. 文献综述

近年来，随着能源价格以及我国能源消费弹性系数的不断上升，降低经济增长中过高的能耗已经成为社会共识。对中国而言，保持经济持续的快速增长无疑是第一任务，同时节能降耗必须在不影响经济增长的前提下逐步推行。

关于能源和经济增长的关系问题，国际学术界有两种不同的观点：一种认为经济增长与能源供应有着固定的联系。比如，在发展中国家，能源供给和经济增长存在正相关性。另一种观点则相反，认为可通过采用节能技术和调整经济结构等手段控制对能源的需求，经济增长并不一定需要能源供给的同步增长，因此能源供给和经济增长不一定存在相关性。目前中国正处于高速成长阶段，经济的高速增长，尤其是高耗能的粗放经济增长方式，必然导致能源短缺。这种能源短缺反过来又会制约经济的增长。深入研究能源和经济增长的关系，对于中国的可持续发展非常重要。

随着 20 世纪 70 年代全球性石油危机的爆发，能源经济学的研究出现高峰。经济学家对能源与经济增长关系的研究可以追溯到 20 世纪 70 年代早期“罗马俱乐部”的一系列研究。其中，最具代表性的著作是《增长的极限》。书中运用系统动力学原理对世界能源前景进行了全面预测，着重强调了能源对经济增长和社会发展的制约作用，引起人们广泛关注。进入 20 世纪 80 年代，能源问题更加突出。国际上许多学者从不同的角度对能源经济问题进行了研究，这些研究较多地涉及能源消费与其影响因素之间的关系，以及能源供需预测、能源安全战略等。

早期的经济学家们因所持假设不同，对能源和经济之间关系的研究可以分为两大流派。

大多数新古典经济学家认为，能源在生产中占有相对不重要的地位，它是由资本和劳动这两大主要生产要素所产生的中间变量，这就是双要素生产函数的理论基础。其中以美国经济学家 Renshaw E.（1981）为代表，他利用上述研究思路与方法检验了世界能源的相对价格对潜在 GNP、收入分配、资本形成和经济福利等的影响。

与之相反，另一些经济学家则认为，能源使用与经济产出之间存在因果关系，而资本和劳动则只是维持生产所需能源和物质的中间因素，并以此为假设进行研究。Cleveland（1984）实证分析了近 100 年来美国 87 个部门的经济增长，发现能源使用与 GNP 之间存在着一个非常强的相关关系。Rashe 和 Tatom（1977）首次将能源引入 Cobb-Douglas 生产函数。与以前的研究相比，该方法具有约束条件少，而且能够描述能源与经济增长之间的本质关联的优点，受到学者们的广泛关注。目前，利用拓展的生产函数，建立向量自回归模型已经成为研究能源与经济增长关系的一种较为普遍的方法。此外，还有许多学者运用计量经济学的方法对能源消费与其影响因素之间的因果关系进行了研究，Shyamal P，Rabindra N. B（2004）研究了印度的能源消费与经济增长的因果关系，得出它们之间存在双向因果关系的结论。Ghali，Khalifa H，El-Sakka M. I. T.（2004）建立了产出、劳动力、资本和能源四变量的 VEC 模型，研究了加拿大的产出增长与能源消费之间的关系，结果表明四变量之间存在长期稳定的关系，产出增长与能源消费之间存在双向的因果关系。Ebohon，Masih（1996）等学者运用计量经济学方法研究了能源消费与经济增长、收入、能源价格之间的因果关系。E. Ahmed，J. B Rosser（1988）建立了 OECD 国家能源供应和需求总量的 VAR 模型，并对价格指数、能源价格、工业产出之间的关系进行了分析，实证结论为短期能源价格影响工业产出和价格水平。R. Samimi（1995）研究了澳大利亚交通运输部门的产出与能源消费之间的关系，实证结论为它们之间存在双向的因果关系。

中国经济的迅速发展所带来的能源安全问题也引起了国外学者的高度重视。在分析中国的能源消费问题方面，Byrne（1996）分析了中国经济发展过程中能源消费所带来的种种问题；Jonathan E. Sinton（2000）等从工业结构、能源利用效率、经济发展等方面分析了 1996—1999 年中国能源消费总量下降的原因；Eric D. Larson（2003）评价了未来中国能源技术战略，并讨论了未来 50 年要使中国社会经济持续发展的能源安全和环境保护问题；在对中国未来能源发展进行预测时，Paul Crompton（2005）利用 BVAR 模型对中国未来的能源需求进行预测。这些国际学者们的研究工作都对中国能源安全问题的研究提供了良好的参考依据和借鉴作用。

在能源、经济、环境可持续发展和能源安全方面，Kemp（1980）推导出了总体均衡条件下，对自然资源的有序开采可达到能源的可持续性利用及社会福利最大化；Hillard G. Huntington（2003）等建立了能源与气候关系模型，研究如何通过能源消费结构提高能源使用安全；Pranesh Chandra Saha（2003）指出 21 世纪能源政策制定者面临的主要挑战是为了经济和社会的可持续发展，如何开发与提供充足的、可靠的能源服务，并提出改变现有的不可持续的能源消费模式及出台合适的战略计划；Edward Salter 和 John Ford（2001）依据英国政府的调查，综合采用环境评价、生命周期分析和成本效益分析法三种方法对能源开采进行环境风险评估；J. Pernera 和 A. Seeliger（2004）采用长期优化模型，模拟分析了欧洲 21 世纪前 30 年的天然气市场，提出能源供应的多元化和政策的不确定性对供应成本、效率和需求增长将产生极大的影响；Franco Romerio（2004）从能源供应和环境安全的角度评价了核能政策，在考虑对核能发展有重要影响的电力消费、产品成本、燃料资源、重大事故、高辐射废弃物和科技进步等因素条件下，构建模型帮助解释和测度核能产业、电力应用和政府部门的选择。

中国近几年经济迅猛发展，对能源的需求也迅速扩张，但是中国的能源市场刚刚起步，能源结构存在着诸多的弊端，能源交易手段和交易品种较少，在一定程度上制约了中国经济的进一步发展。为满足国民经济发展对能源的需要，对能源市场进行分析，研究市场的内在规律及风险状态，制定切实可行的能源政策具有重要意义。然而，目前已有的关于中国能源需求的研究文献并不能提供充分的证据表明能源消费与经济增长的关系，也没有充分考虑能源效率对能源消费的影响。

张雷(2004)建立了矿产资源消费需求生命周期理论，包括时间效应和空间效应。时间效应是指区域开发矿产资源消费需求生命周期的整个过程，这一过程呈现出一种倒“U”字形；空间效应是指不同工业化发展阶段所造成的国家或地区空间消费差异，以及由此引发的不同资源供应保障模式的变化。韩智勇(2004)认为总体能源需求强度下降的主要原因是工业能源强度下降。韩可琦(2005)探讨了中国能源消费的特点、问题及发展趋势。张晓平(2004)分析了20世纪90年代以来中国能源消费的时空特征。

何亚群、劳国洪(2006)对中国1985—2006年能源消费和经济增长之间的关系用Granger因果关系进行检验。张宗成(2004)从能源消费弹性系数和节能率方面分析了经济增长却伴随着低能源消费这一现象。吴巧生(2004)对比分析了中国与美国能源消费与经济增长的协整关系，得出工业化水平的提高从长期来看是有利于提高能源利用效率的结论。蒋金荷(2004)从能源物理效率、单位产值能耗、单位产品能耗等方面探讨了我国能源效率的现状特征。

陈长红(2000)等分析了世界各地的能源消费水平和人均消费水平，汇总了全球CO_2排放及各大洲的CO_2排放贡献率。张雷(2003)采用具体的评价模式对发达国家和发展中国家经济发展对碳排放的影响进行了对比研究。郎一环(2004)总结了美、英、法、德、日等发达国家CO_2减排的经验，得出21世纪头20年要想实现全面小康社会的能源节约与CO_2减排的具体措施。蒋金荷(2006)给出了在满足我国人文发展潜力条件下我国可能的碳排放空间及主要政策建议。王海建(2001)构造了中国18个部门的能源—经济—环境投入产出模型，对2020年我国能源消费量与温室气体排放量进行了预测。王守荣(2005)等分析了中国能源生产消费特点、温室气体排放情景、能耗强度和温室气体排放强度及其发展趋势，在温室气体限控上提出了能源效率与人均温室气体累积排放、人均GDP发展水平、技术转让相联系的准则。王效华(2006)讨论了因生物质能源消费引起的有害气体排放量及其未来的变化。

西方发达国家在经历了两次石油危机之后，纷纷认识到能源短缺对经济的巨大威胁。专家学者从理论上论证能源和经济之间到底存在什么样的关系？是能源供应决定了经济发展，还是经济发展拉动了能源需求？不管两者是单向抑或双向的关系，能源作为经济的投入要素之一是必不可少的。于是，西方发达国家从能源方面来研究如何有效保障供给从而满足经济、社会的需要，IEA(国际能源机构)，石油储备等能源安全战略应运而生。随着国际社会对环境保护的日益关注，专家学者又将研究重点转向了能源消耗对碳排放、气候变化等方面的影响。除此之外，关于能源价格、能源效率、能源需求、技术进步等和经济发展之间的因果关系和定量论证的研究颇多，但把能源系统和经济系统两者作为一个统一的研究对象，研究两者的耦合机制和机理，宏观经济运行中的能源贡献度、能源安全的经济效应、不安全的风险、风险的警度和警限等问题却少有涉及。

我国的能源状况及评价预警近年来一直是国内外学术界研究和关注的热点。现有的评价指标体系，其指标的选择主要侧重于评价供需数量、水平和安全状态，而对评价供需质量、潜力和安全能力方面的指标涉及较少，忽视安全能力评价的重要性。由于某些指标在现实条件下，几乎无法进行准确评价，如外交关系稳定度，国内政局稳定度等指标，只能作定性的大致评估；同时层次分析法和专家调查法也只能对指标作出定性的或者半定量的分析。而现实情形中，不同种类能源的安全影响因素显然不同，所以仅仅用安全与不安全或者安全系数高与低来描述国家能源是否安全，显然对实际工作的指导性不强。更为重要的是，现有的评价指标体系，只是将能源资源作为一种国家安全保障因素来对能源安全指标进行分析和评价，而指标体系本身并没有揭示出国家能源安全态势演化的根源——能源系统的复杂适应性特质，也就是微观层面的相关主体的博弈行为涌现出宏观层面上的系统演化。因此也就没有从各相关主体的博弈均衡来分析国家能源安全态势，从而没有从根本上揭示国家能源安全问题的本质。

2. 研究思路及技术路线

在当代经济体系下，能源风险以及由此决定的能源安全战略成为各国决策中优先考虑的重大问题之一。约瑟夫·奈在 20 世纪 80 年代初出版的《能源与安全》，对能源与国际安全的关系进行了透彻的分析。英国学者琼·密切尔等著的《新的能源地缘政治学》则反映了能源地缘政治学这一交叉学科的新发展。西方国际政治学者对能源问题的研究及其成果，为欧美国家制定、实施国际能源战略提供了重要理论指导。

随着 2008 年世界金融危机的爆发，能源发展中的安全问题已日益显现出来。国际能源形势的多变性，对全球能源安全构成了严峻的挑战。结合国外学者对能源风险管理与安全机制问题的探讨，这些研究为进一步开展国际能源安全问题研究提供了极其丰富的理论参考。从战略上看，我国面临的能源挑战不外乎涉及两个方面的矛盾：一是能源的有限供给与经济发展日益扩大的能源需求之间的矛盾。这是一个经济问题，要求我们必须思考如何进行制度设计并有效实施，“以有限的能源满足经济的持续快速增长”。二是能源的大量使用与环境形势日益加剧之间的矛盾。这是一个社会问题，要求我们如何平衡经济需求及选择社会目标的组合，我们应“尽可能地降低甚至避免能源使用过程中造成的环境损失和社会福利损失”。

面对能源挑战问题，国家不仅在宏观层面，还是微观层面上提出按照科学发展观的要求，转变能源资源经济增长方式，提出“节能减排”有效利用资源的号召，同时在法律上制定一系列相关经济法律、法规，对能源行业高消耗、高污染从源头上起到了强有力的约束作用。政策制定者和行业参与者正在根据上升的能源需求、二氧化碳减排承诺、落后的基础设施和石化燃料资源的消耗情况竭尽全力评估目前的许多投资机会。这些投资规模大（根据国际货币基金组织的《世界经济展望》，2007—2030 年期间全球能源基础设施的更新和扩建需要资金 26.3 万亿美元）、耗时长，同时还需要在技术的选择上作出权衡。相关决策必须一步一步完成，同时还缺少能够给予各方信心的一致性、远见性和持续性。

因此，以国内外研究成果为基础，将石油消费风险和能源消费风险统一纳入到能源经济系统之中，充分考虑国内外能源特性、供求态势、国情、国力、国际环境，综合运用能源经济学、能源环境学、统计学、地缘政治学等的理论与方法，体现研究的多视角、跨领域特征。采取理论研究与实证研究相结合，整体研究与局部研究相结合，定性研究与定量研究相结合，国内研究与国外研究相结合，从理论和政策层面系统研究能源安全对中国宏观经济运行的效应与风险。

结合以上研究目标和研究内容，形成研究技术路线如图 2 所示。

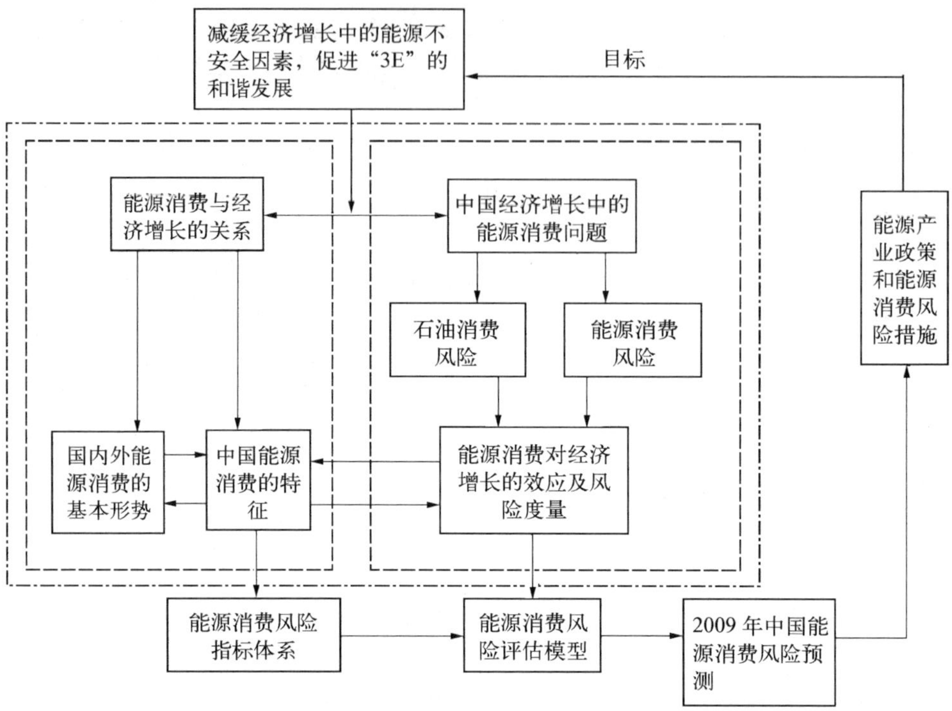

图 2 能源消费与中国经济增长风险研究技术路线

本研究的主要内容有中国宏观经济运行中的能源消费风险引致因素分析，测度能源消费风险的方法探讨及对中国能源消费风险的预测研究。主要后续研究内容具体安排如下：

第一部分分析国内外的能源消费和经济增长的基本形势，并探讨此过程中中国的能源消费特征及面临的挑战。这是后续研究的基础。

第二部分分析中国能源消费发展中的各种影响因素，包括能源消费总量、能源消费结构、能源效率和能源环境效率等。在此基础上度量能源消费风险增长的效应以及由此产生的风险因素，并提出文章的整体研究思路。

第三部分为能源消费风险的度量和预测，目的是量化能源消费风险并对未来走势作出预判。通过上述分析，构建能源消费的风险指标体系和基于模糊层次数学方法的风险评估模型，从中得出未来能源消费风险的传递途径及现状分析。

第四部分分为结论和理论政策研究，将在风险度量和预测的基础上，为化解能源消费风险提出针对性的对策建议，并用于指导能源经济发展和及时调整宏观经济政策。

二、能源消费与经济增长的风险识别

综观人类能源利用史，从火的发明使用到柴薪、煤炭、石油、天然气、电力、水力、核能，再到近年来，各国对可再生能源的关注和研究开发，经济增长对能源品种数量的需求日益扩大，基本形成了一次能源和二次能源、可耗竭能源和可再生能源、传统能源和新能源的多能互补的多元化需求结构。即使对同一种能源产品，也有不同的品种需求。能源品种的增多和高效、洁净能源的开发利用，使能源消费结构也发生了巨大的变化，由最初的煤炭占绝对比重到现在的煤炭、石油、天然气“三分天下”，未来新能源和可再生能源也必将占有一席之地。品种需求在某些方面也包含着质量需求。质量需求的根本动力来自追求更高的效率。如煤炭取代柴薪、石油取代煤炭,根本的原因在于,在体积相同的条件下,前者的发热量远远超过后者。高质量的能源产品是提高能源利用效率及其经济效益的前提条件,尤其是在当今环境保护的重压之下,经济增长对能源产品质量的需求会越来越严格。

(一) 能源消费总量与经济增长的协整分析

变量序列之间的协整性衡量了两个变量趋势之间的长期稳定性关系。其经济意义在于:尽管两个变量具有各自的长期波动规律,但只要它们是协整的,那么两者之间就存在长期稳定的比例关系。根据 Engle 和 Granger 在 1978 年提出的协整理论,对于两个都是随机游走的变量序列,如果都是非平稳的,但都是 d 阶单整序列,而且这样的线性组合是稳定的,则称这两个序列为协整的。而 H-P 滤波是一种时间序列在状态空间中的分解方法,它相当于极小化波动方差的线性滤波。因此,对能源消费和 GDP 进行 H-P 滤波分解的目的是分离出能源消费与经济增长序列的趋势成分与周期成分。

1. 能源消费与经济发展的实证研究

本报告采用上述方法对我国能源经济的协整性与因果关系进行研究。由于在 1980 年以前中国经济属于封闭型经济,与后来的经济运行的环境都有较大的差别,所以本报告选取 1981—2008 年的中国能源消费总量 EC 和第一、第二、第三次产业的能源消费量 EC1、EC2、EC3;与此对应 1981—2008 年中国国内生产总值 GDP,第一、第二、第三产业的国内生产总值 GDP1、GDP2、GDP3。具体数据来自《中国统计年鉴》(国家统计局,2000—2009),并且根据统计原则进行了调整,均以 1981 年为不变价格的实际 GDP 基期单位亿元人民币。能源消费 EC1、EC2、EC3 的数据来自相关年度的中国能源年鉴中的综合能源平衡表(单位是万吨标准煤)。其中 EC1 为第一产业的能源消费,主要包括农、林、牧、渔、水利业的能源消费;EC2 为第二产业的能源消费,主要包括工业和建筑业的能源消费;EC3 为第三产业的能源消费,主要包括交通运输、仓储和邮政业的能源消费,批发零售业和住宿、餐饮业的能源消费,其他服务业的能源消费和生活能源消费。回归与检验的计算过程是借助计量经济软件 EVIEWS 5.0 完成的。

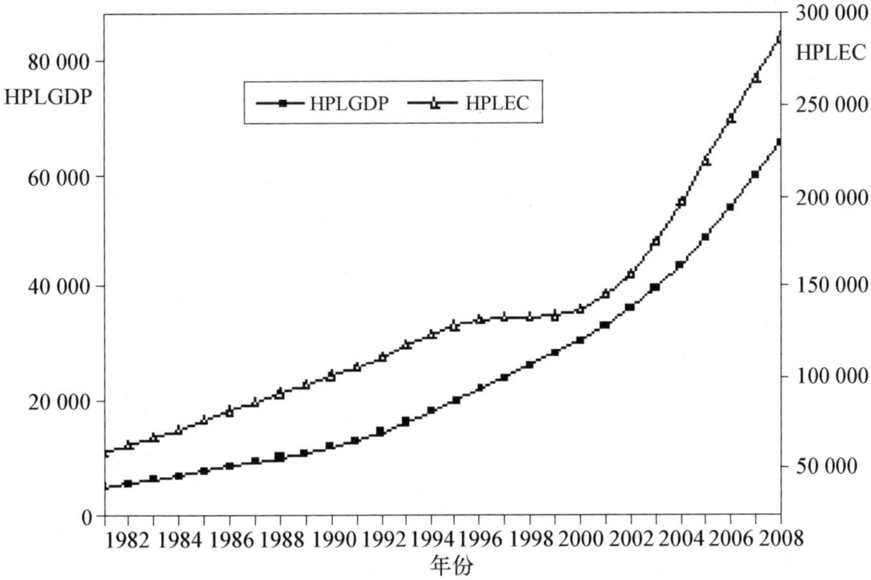

图 3 LEC 与 LGDP 序列 H-P 滤波后的趋势成分

运用 H－P 滤波技术分离出 LEC 和 EGDP 序列的趋势成分与周期成分，记 HPLGDP、HPLEC 分别为 LEC、LGDP 的趋势项，CLGDP、CLEC 为 LGDP、LEC 的周期项，结果见图 3 和图 4。

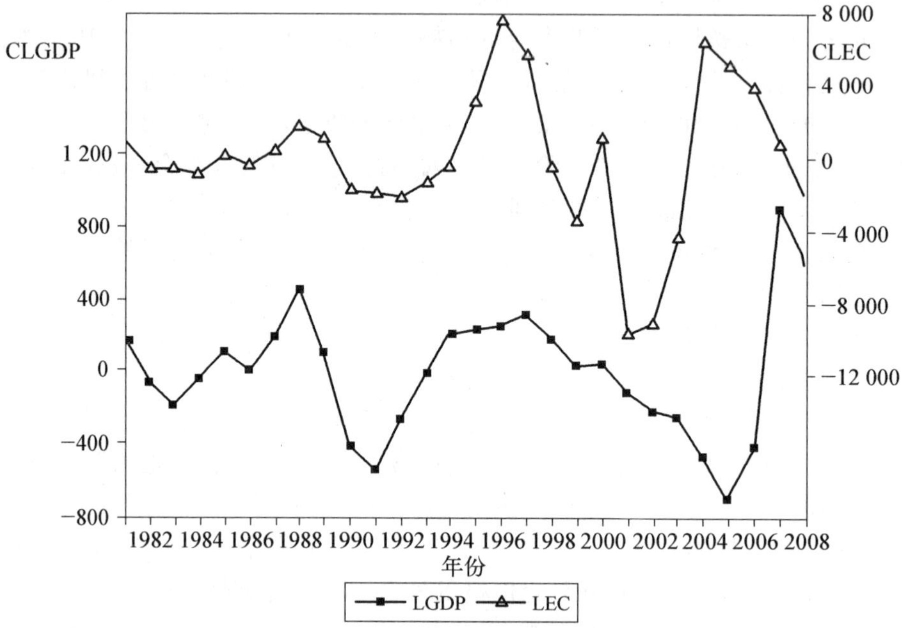

图 4　LEC 与 LGDP 序列 H－P 滤波后的周期成分

可见滤除波动成分后，LGDP 与 LEC 有着几乎一致的共同变动趋势。周期成分的峰—峰、谷—谷存在着几乎一致的对应关系，滤波显示中国能源消费与经济增长之间具有共同的发展趋势和共同的波动特征。经检验 LEC 与 LGDP 趋势成分均为单整序列，对 1981—2008 的 HPLGDP 和 HPLEC 的数据进行 OLS 回归得到两者之间的协整性回归方程为：

$$HPLGDP = 0.2866 \times HPLEC - 14133.64366 + \varepsilon_t (R^2 = 0.9738 \quad F = 967.96) \tag{1}$$

式中：R^2 为相关系数；F 为 F－检验；ε_t 为残差的扰动项。

协整方程拟合的结果及残差如图 5 所示。

对残差进行单位根检验，按照 AIC 定阶准则确定滞后阶数为 1，同时分别按照没有常数项和时间趋势，有常数项没有时间趋势，以及同时含有常数项和时间趋势的回归方程来进行检验。检验结果如表 2 所示。

表 2

残差平稳性检验结果

序　列	滞后期	ADF 检验值	1%显著水平	5%显著水平	判断结论
残　差	2	−6.763 08	−3.711 457	−2.981 0	平稳

进一步检验结果表明 HPLEC 和 HPLGDP 之间无论短期和长期都存在着双向的因果关系，比未滤波的 Granger 因果关系检验更强的分析结论，对两者进行 Granger 因果关系检验，结果如表 3 所示，检验结果也说明了 GDP 是 EC 的 Granger 原因。

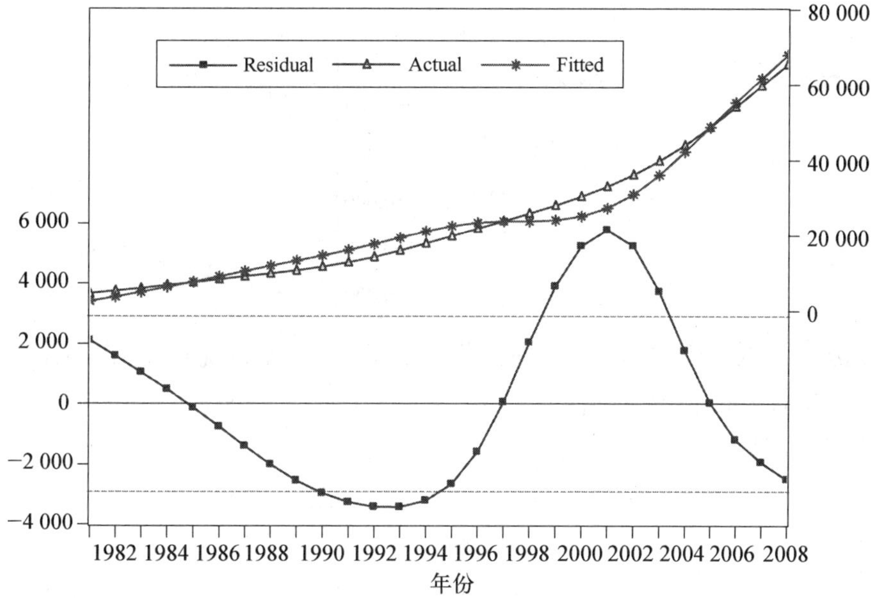

图 5　1981—2008 HPLGDP 和 HPLEC 协整方程拟合及残差

表 3

1981—2008 年 GDP 和 EC 间 Granger 因果关系检验结果

样本区间:1981—2008 年滞后期:2			
零　假　设	观测样本数	F-统计量	概　　率
HEC 不是 HGDP 的 Granger 原因	26	6.294 86	0.172 1
HGDP 不是 HEC 的 Granger 原因		9.945 9	0.000 93

由 HPLGDP 和 HPLEC 之间的协整回归方程自变量的系数 3.402 179 146 可知，在其他条件不变的情况下，我国 GDP 水平每增加 1 亿元，能源消费总量水平相应地增加约 3.4 万吨标准煤，万元国内生产总值能耗为 3.4 吨标准煤。

根据我国实现 2020 年比 2000 年 GDP 翻两番的目标，届时 GDP 将达到 121 788.8 亿元人民币(以 1981 年为基期)，则可以根据未滤波的能源消费及其滤波后的趋势成分的协整方程估算我国 2020 年的能源消费总量。

由滤波后的协整方程得：

$$HPLEC_{2020} = 51\,443.559\,73 + 3.402\,179\,146 \times HPLGDP_{2020} = 465\,790.9$$

根据上述计算结果，假定目前的能源消费状况和能源利用技术不变，到 2020 年我国的能源消费总量将达到 46.58 亿吨标准煤，是 2000 年能源消费总量的 3.359 倍。

2. 分行业能源消费与经济增长的关系

利用三大产业的能源消费数据和相应的 GDP 数据来检验各个产业的能源消费与经济产出之间的协整性与因果关系。分别利用 1981—2008 年间第一、第二、第三产业的能源消费(EC:单位万吨)和相应产业经济收入(GDP:单位亿元)绘制的基本趋势图[如图 6 中(a)～(c)所示]。然后对各产业进行平稳性检验，进一步进行协整性检验和 OLS 回归拟合，拟合的结果及

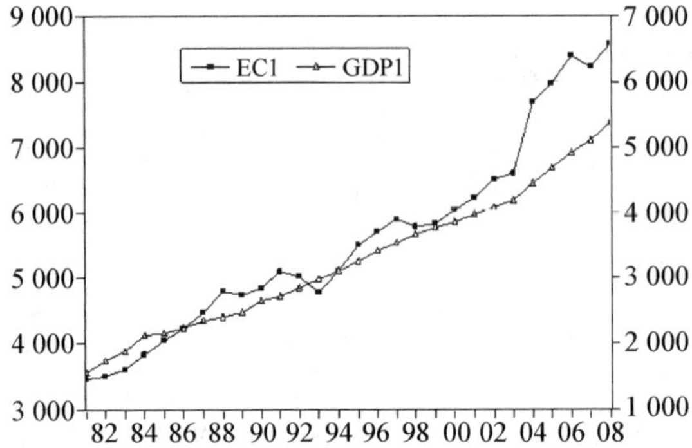

(a) 1981—2008 年中国能源消费 EC1 与实际 GDP1 变动趋势

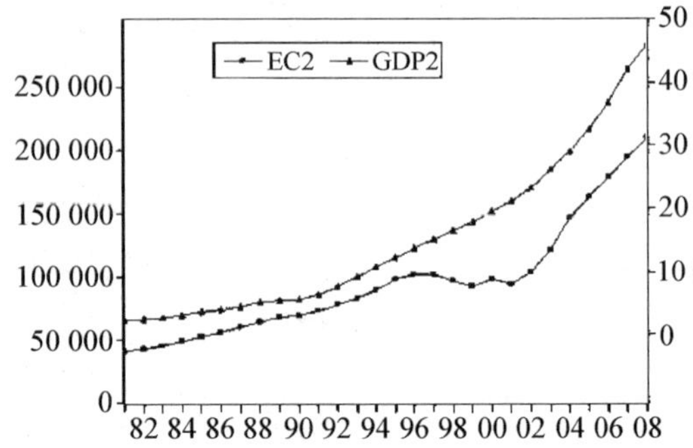

(b) 1981—2008 年中国能源消费 EC2 与实际 GDP2 变动趋势

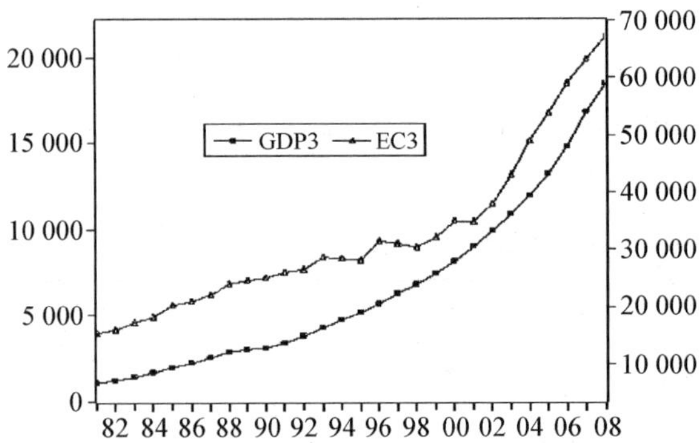

(c) 1981—2008 年中国能源消费 EC3 与实际 GDP3 变动趋势

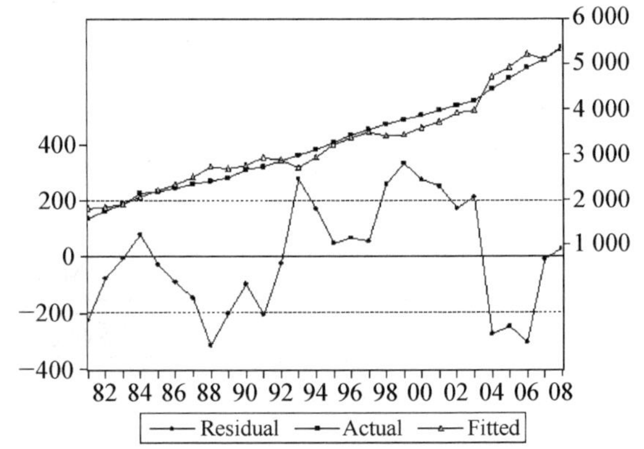

(d) 1981—2008 年 GDP1 和能源消费量 EC1 协整方程拟合及残差

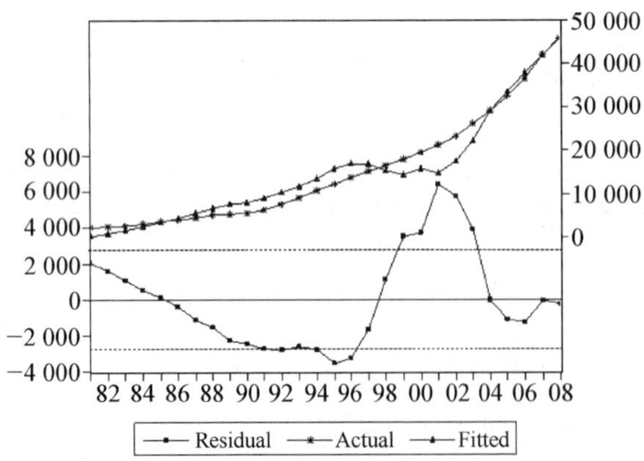

(e) 1981—2008 年 GDP2 和能源消费量 EC2 协整方程拟合及残差

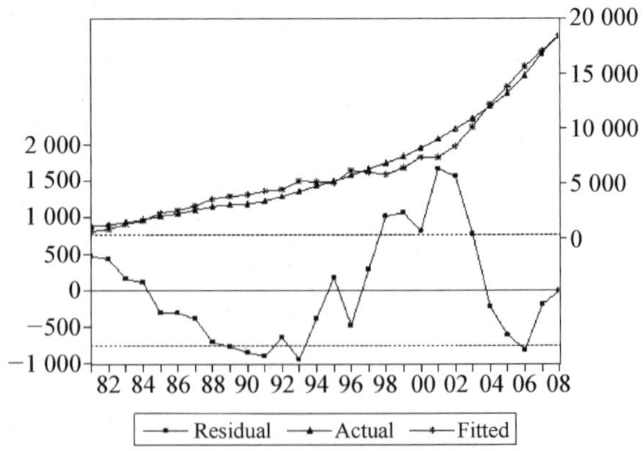

(f) 1981—2008 年 GDP3 和能源消费量 EC3 协整方程拟合及残差

图 6 三大产业能源消费与实际 GDP 变动趋势及协整方程拟合及残差图

残差如图 6 中(d)～(f)所示，再对残差进行平稳性检验，最后利用 Granger 因果检验方法检验各产业能源消费与经济增长之间的因果关系，检验结果如下。

对 GDP1、EC1 序列进行平稳性检验、ADF 检验，如表 4 所示。

表 4

1981—2008 年间 ADF 能源消费 EC1 和实际 GDP1 序列单位根检验结果

	ADF	1%显著水平	5%显著水平	判断结果
EC1	0.836 5	−3.699 9	−2.976 26	非平稳
EC1 一阶差分	−4.889 3	−3.711 4	−2.981 0	平　稳
EC1 二阶差分	−8.417 3	−3.724 1	−2.986 2	平　稳
GDP1	2.437 37	−3.699 9	−2.976 3	非平稳
GDP1 一阶差分	−2.933 5	−3.711 5	−2.981 0	非平稳
GDP1 二阶差分	−8.148 1	−3.724 1	−2.986 2	平　稳

由表 4 可以知道，EC1 和 GDP1 一阶差分序列是平稳的，协整性检验及 OLS 回归拟合为：

$$EC1 = 1\,042.634\,692 + 1.390\,262\,648 \times GDP1 + \varepsilon_t (R^2 = 0.966\,67 \quad F = 753.789\,9) \qquad (2)$$

协整方程拟合的结果及残差如图 6 中(d)所示；同时对残差进行平稳性检验，得出的结果也是平稳的，如表 5 所示。检验结果表明：第一产业能源消费与经济增长之间具有协整关系。

表 5

残差平稳性检验结果

序　列	滞后期	ADF 检验值	1%显著水平	5%显著水平	判断结论
残差 1	21	−5.039 71	−3.711 4	−2.987 0	平稳

进一步利用 Granger 因果检验方法检验第一产业能源消费与经济增长之间的因果关系，如表 6 所示，表明第一产业中国民收入与能源消费之间不存在单向因果关系。

表 6

1981—2008 年 GDP1 和 EC1 间 Granger 因果关系检验结果

样本区间：1981—2008　滞后期：2			
零　假　设	观测样本数	F-统计量	概　　率
GDP1 不是 EC1 的 Granger 原因	26	1.370 58	0.372 39
EC1 不是 GDP1 的 Granger 原因		1.079 62	0.293 81

对 GDP2、EC2 序列进行平稳性检验的结果表明它们都是二阶单整序列。再对残差进行平稳性检验，检验结果表明第二产业能源消费与经济增长之间具有协整关系。从两者 Granger 因果关系检验结果可以看出，在接近 10%的显著水平上，拒绝了“GDP2 不是 EC2 的 Granger 原因”的原假设，表明 GDP 是 EC 的 Granger 原因；接受了“EC2 不是 GDP2 的 Granger 原因”，也就是说第二次产业存在从国民收入到能源消费的单向因果关系。

对 GDP3、EC3 序列进行平稳性检验的结果表明它们也都是二阶单整的，即是平稳的。检验结果表明第三产业能源消费与经济增长之间具有协整性。从两者 Granger 因果关系检验结果可以看出，在 10%的显著性水平下，拒绝了“GDP3 不是 EC3 的 Granger 原因”的假设，即第二产业经济对能源消费有因果关系:接受了"EC3 不是 GDP3 的 Granger 原因",可以分析出能源消费 GDP3 对 EC3 有一定影响。

由本节讨论可知,我国国民收入与能源消费之间存在从 GDP 到 EC 的单向因果关系,不存在从 EC 到 GDP 的因果关系;第一产业中,国民收入与能源消费之间不存在单向因果关系,第二、第三产业存在从收入到能源消费的单向因果关系。

(二) 能源消费结构与经济增长的传导路径

1. 能源品种与国民收入的关联度分析

灰色关联分析是用灰色关联顺序来描述因素间相关程度的方法,并强调因素间相关程度的顺序。本节对我国"六五"、"七五"、"八五"、"九五"、"十五"和"十一五"各阶段的各能源品种消费量与国内生产总值进行灰色关联分析。

这里采用灰色关联度进行简要分析,步骤如下:① 确定参考序列和比较序列。② 数据标准化后求关联系数。③ 求关联度。④ 按关联度大小排序。⑤ 作出结果判断。

根据以上方法和步骤,可以得出各阶段能源品种消费量与国内生产总值的关联度,并按照关联度数值从大到小排序,结果列于表 7。

表 7

各阶段关联度和关联序

阶　段	关　联　度				关　联　序			
	煤　炭	石　油	天然气	水　电	1	2	3	4
"六五"期间	0.776 002	0.626 166	0.586 699	0.793 484	水　电	煤　炭	石　油	天然气
"七五"期间	0.675 636	0.625 701	0.504 558	0.738 956	水　电	煤　炭	石　油	天然气
"八五"期间	0.618 479	0.676 16	0.575 197	0.857 807	水　电	石　油	煤　炭	天然气
"九五"期间	0.618 479	0.676 16	0.575 197	0.857 807	石　油	天然气	水　电	煤　炭
"十五"期间	0.658 544	0.898 654	0.733 661	0.828 744	石　油	天然气	水　电	煤　炭
"十一五"期间	0.591 083	0.707 99	0.679 142	0.567 434	石　油	天然气	煤　炭	水　电

(1) 经济发展阶段不同,能源品种与国民经济的关联序也是变化的。"八五"以前,煤炭与国民经济的关系大于石油;"八五"及以后,石油与国民经济的关系超过煤炭。在"九五"、"十五"和"十一五"阶段,石油成为与国民经济关系最大的能源品种。

(2) 从量上来说,我国煤炭消费仍占主导,但自"九五"以来,煤炭与国民经济发展的关系相对于其他能源品种来说是最小的,这应该主要与单位煤炭所创造的经济效益低于其他能源品种有很大关系。尽管我国煤炭资源丰富,但其利用效率低,环境污染严重,使之消费前景受到限制。

(3) "九五"以来,石油、天然气与国民经济关系最为密切,分别位居第一、第二位,说明了对优质、清洁能源的需求刚性,也说明单位优质能源的国民经济贡献度更大。

2. 能源效率与能源结构的分析

能源消费包括两部分:一部分是由生产技术水平所决定的,一般说来,这部分消费与经济增长的关系在短期内不会发生较大变化;另一部分是由管理水平、市场环境、产业结构等因素决定的能源消耗水平，即体制性因素决定的能源消费水平，这部分能源消费可变性较大，是引起能源消费增长与经济增长关系不稳定的主要原因。在 20 个世纪的最后几年，经济体制改革、产业和产品结构的变化，以及能源消费结构的变化，就是我国能源利用率提高、能源消费增长减缓甚至下降的真实写照。当代社会的能源品种多种多样，既包括煤炭、石油，也包括由石油加工制成的各种成品油以及由煤炭加工生产的焦炭、煤气、电力等；但作为一个经济系统，最初的能源投入却通常只包括煤炭、石油、天然气、水(核)电四个能源品种，进入经济系统之后能源之间的相互转化可以认为生产过程的中间环节。因此本节对能源结构的研究仅限于上述四个基本能源品种的投入结构。

能源消费结构从数量关系上来看，由 1995 年的 74.6%下降到 2001 年的 65.3%，之后，煤炭比重又重新上扬，由 2001 年的 65.3%上升到 2004 年的 67.7%。再看石油的消费比重，在 2001 年之前几年，石油在能源消费总量中的比重呈上升趋势，之后开始下降，由 1995 年的 17.5%上升到 2001 年的 24.3%，然后又下降到 2004 年的 22.7%。天然气的消费比重变化平缓。

假定不同能源品种的投入量分别为 $EC_i(i=1,2,3,4)$，某一能源品种带来的经济产出分别为 Y_i，则不同能源品种的能源效率分别为 $ef_i=\dfrac{Y_i}{EC_i}$，经济产出为 $Y=\sum\limits_i EC_i\cdot ef_i$。因此，总体能源效率为 $ef_i=\dfrac{Y}{EC}=\dfrac{\sum\limits_i ef_i\cdot EC_i}{EC}=\sum\limits_i ef_i\cdot S_i$，$S_i$ 表示不同能源品种占能源消费总量的比重。

由于在实际过程中 Y_i 的数据无法统计，从而 $ef_i=\dfrac{Y_i}{EC_i}$ 的数值也就无法直接计算，因此对能源结构变化的分析采用多元回归分析进行。

考虑技术进步引起能源效率提高的因素，这里假定技术进步随时间线性增长，引入时间变量 t，以能源效率为因变量，时间与能源结构比重为自变量，建立回归模型，但由于时间与能源结构的权重无法人为确定，而且在回归中时间变量代表了能源效率随技术进步表现的外生增长，因此可以直接忽略掉时间。直接以能源效率为因变量，能源结构为自变量建立多元回归模型：

$$ef=b\cdot t+\sum_i a_i\cdot S_i+\varepsilon\quad(i=1,2,3,4)\tag{3}$$

式中：a_i 为回归系数；S_i 分别对应煤炭、石油、天然气、水(核)电在能源消费中所占的比重。

根据上面建立的回归模型，采用 2000—2008 年间的中国能源消费结构和 2008 年中国统计年鉴数据，对中国能源结构和能源效率之间的关系进行实证分析。模型回归结果如下：

$$ef=-0.0106t+58.8742S_c+59.2275S_o+65.2275S_g+58.3886S_e-37.5952$$

从回归结果可以看出，虽然回归方程的总体检验在 1%的显著水平上通过，拟合效果也很好，但是时间的系数检验没有通过。这说明能源技术在这段时间与能源效率的变化没有显著的相关关系。

因此，将时间 t 从模型中排除，重新建立模型：$ef=\sum\limits_i a_i\cdot S_i+\varepsilon(i=1,2,3,4)$，回归得到：

$$ef=49.3257S_c+50.89855S_o+54.6044S_g+49.2685S_e-49.4435$$

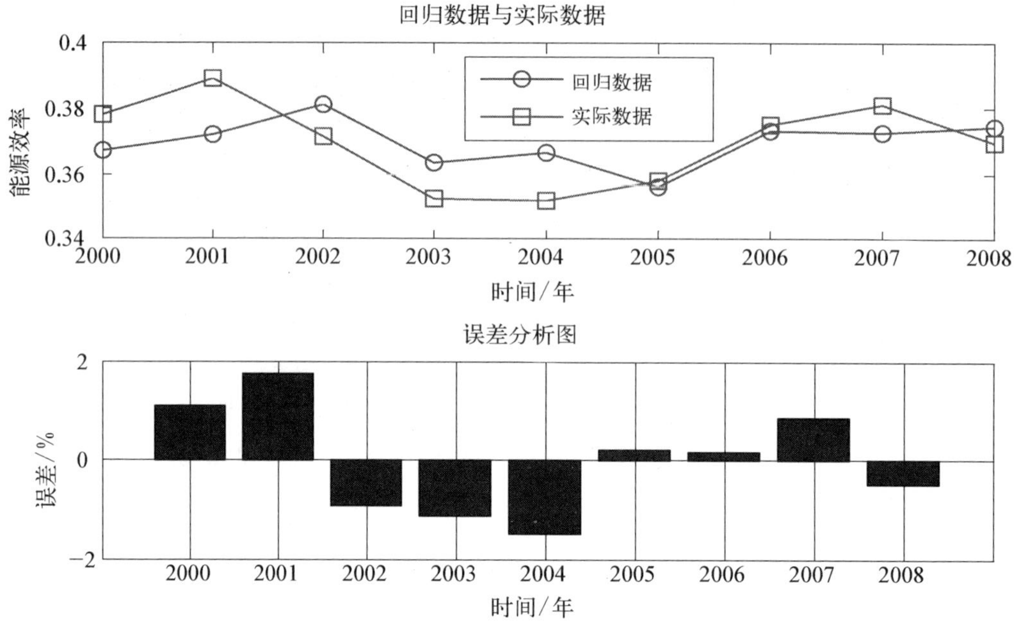

图 7　能源效率回归模型对数拟合图

从图 7 模型可以看出，我国能源效率与能源结构变化具有极大的相关性，能源结构调整对能源事业的发展起着重要作用。上述模型可以看出：增加天然气和石油比例有利于提高能源效率，因此从节能的角度来看，我国能源结构的调整应该考虑到以下两方面：一是大力发展洁净煤技术，提高能源效率；二是发展水电等能源品种以及其他新能源。

不可否认，由于回归中忽略了许多实际因素，比如各品种能源效率随时间变化的不同趋势以及各能源在生产过程中的相互转化，这里的回归系数可能与实际情况有一定的偏差，而且这里存在一个假设：即一定热量的不同能源对经济产出的支持度是相同的，但如果时间允许，这里的大部分因素都能得到有效解决。不过这个简单模型已经足以说明能源结构与能源效率的关系。

（三）能源效率与经济增长的风险分析

1. 能源短期短缺对我国国民经济的影响

能源短缺对国民经济的影响可以分为短期影响和长期影响。在短期内，由于现有的资本设备及其能源消费水平难以改变，能源短缺将造成设备闲置、能源价格上涨、通货膨胀、产出下降、失业增加，严重情况下将引发经济危机，引起社会动荡，影响国家安全。在长期内，为减少国民经济增长的能源强度，许多国家采取加强科技投入、推进节能降耗、开发利用新能源，以增强国家抵御能源危机的能力。

为寻求一种简便的分析能源短缺对国民经济影响的方法，这里研究采用能源消耗强度法。在能源和经济系统中，国民经济发展和能源消费变化是相互作用的，它们之间具有相关关系。国民经济的产出变化将影响能源消费。在短期内，假设能源投入产出系数不变，能源短缺将直接影响到国民经济的产出。能源强度表示单位国民经济产出所消耗的能源量，其倒数表示单位能源短缺导致的国民经济产出损失量。表 8 为我国 2001 年以来的能源强度和单位能源短缺对我国 GDP 的影响。

表 8

单位能源短缺对我国国民经济影响(2000 年基础价格)

年　份	GDP (亿元)	能源消耗总量 (万吨标准煤)	能源强度 (吨标准煤/万元)	单位能源短缺引起的 GDP 损失 (万元/吨标准煤)
2001	54 188.1	143 199	2.642 628	0.378 411
2002	59 119.2	151 797	2.567 643	0.389 462
2003	65 031.2	174 990	2.690 862	0.371 628
2004	71 599.3	203 227	2.838 394	0.352 312
2005	79 045.6	224 682	2.842 435	0.351 811
2006	88 214.9	246 270	2.791 705	0.358 204
2007	99 682.9	265 583	2.664 278	0.375 336
2008	108 654.3	285 000	2.622 998	0.381 243
年平均单位能源短缺引起 GDP 损失(万元/吨标准煤)				0.369 801

数据来源:《中国统计年鉴 2009》。

伴随着经济和能源消费量的变化,我国能源效率提高了大约一倍。改革开放以来,我国一直保持较高的经济增长速度。如图 8 所示。

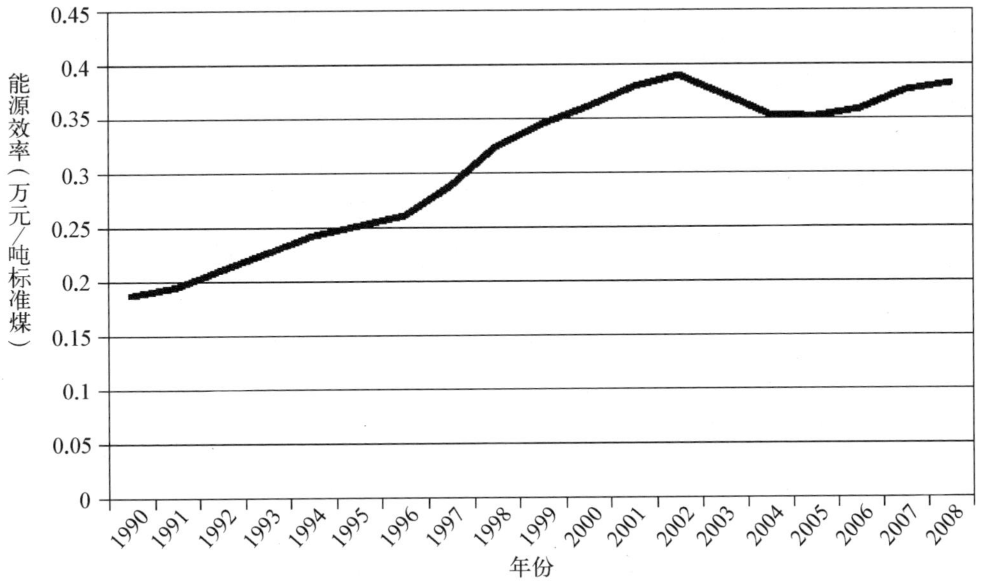

图 8　1990—2008 年能源效率趋势图

而与经济增长密切相关的能源消费增长却不断出现相反的情况:首先是能源消费速度减缓,能源消费强度持续下降,能源消费弹性系数低于一般的经验数据;其次是能源消费出现负增长,我国的主要能源煤炭出现较严重的供给过剩。在经济保持高速增长的过程中,能源需求负增长是其他国家在经济发展过程中所没有过的经济现象。

以 2001 年为界,在 2001 年之前,能源效率持续走高,从 1990 年 0.19 万元/吨标准煤一直上升到 2001 年的 0.37 万元/吨标准煤;之后呈下降趋势,2006 年为 0.358 万元/吨标准煤。从 2002 年起中国的能源效率提升就不再那么明显,在 0.36 万元/吨标准煤附近徘徊。

短期能源短缺对国民经济发展速度的影响可采用能源消费弹性系数法来分析，即采用弹性系数来对风险传导的程度进行衡量。初始风险点变动百分之一，导致与之关联的另一风险点变动百分之几。换言之，弹性系数衡量的是风险点对与之关联的初始风险点的反应程度。设有两种风险点 A、B，B 为初始风险点，在其他条件不变的情况下，则 A(能源消费量)与 B(国民经济产出)的弹性系数之间一般有如下关系：

$$E = AG^{a} \tag{4}$$

其中：G 为 GDP；A 为其他影响因素，如技术进步等；a 为能源消费弹性系数。

对于上式进行变换，有：

$$\text{Ln}\, E = \text{Ln}\, A + a\text{Ln}\, G \tag{5}$$

对上式进行时间求导，得：

$$\frac{1}{E}\frac{\mathrm{d}E}{\mathrm{d}t} = \frac{a}{G}\frac{\mathrm{d}G}{\mathrm{d}t} \tag{6}$$

则有

$$a = \frac{\mathrm{d}E/E}{\mathrm{d}G/G} \tag{7}$$

能源消费弹性系数 a 表示能源消费与国民经济增长之间的关系，即单位国民经济产出的增加引起的能源消费的增加量。表 9 所示为 1991—2008 年能源短缺对我国国民经济发展速度的影响系数。

表 9

能源短缺对我国国民经济发展速度的影响

年　　份	GDP 年均增长率(%)	能源消费量年均增长率(%)	能源消费弹性系数
1991—1995	12.7	5.28	0.105
1996—2000	7.5	0	0
2001—2005	9.17	11.4	0.436
2006	11.6	9.6	0.296
2007	13.0	7.8	0.226
2008	9.0	7.3	0.309

2. 短期能源短缺对社会就业的影响

社会就业率关乎宏观经济能否长期稳定的发展。某一时期的从业人数与国民经济产出有着直接的关系。设 $Employee(t)$ 为 t 时刻的从业人数，则有：

$$Employee(t) = f(\text{GDP})$$

而国民经济产出又是能源消费的函数，即：

$$\text{GDP} = g(\text{Energy})$$

因此，从业人数又是能源消费的函数：

$$Employee(t) = f[g(\text{Energy})]$$

由于短期能源短缺引起 GDP 下降，而 GDP 下降对就业的影响表现在两方面：失业，或虽没有公开失业，但职工收入水平下降，即在职失业或隐性失业。

单位能源短缺引起的失业(或隐性失业)可用下式求出：

$$\frac{\mathrm{d}Employee}{\mathrm{dEnergy}} = \frac{\mathrm{d}Employee}{\mathrm{dGDP}} \cdot \frac{\mathrm{dGDP}}{\mathrm{dEnergy}}$$

就业人员与 GDP 增长呈多项式关系，GDP 增长和能源消费关系呈指数关系，回归公式分别如下：

$$Employee = -2\times10^{-6}\mathrm{GDP}^2 + 0.355\mathrm{GDP} + 58\,048(\mathrm{R}^2 = 0.999\,5) \tag{8}$$

表 10

单位能源失业人数

年　份	单位 GDP 失业人数	单位能源损失的 GDP	单位能源失业人数
2000	0.389 462	0.344 162	0.134 038
2001	0.371 628	0.343 176	0.127 534
2002	0.352 312	0.341 994	0.120 489
2003	0.351 811	0.340 680	0.119 855
2004	0.358 204	0.339 191	0.121 500
2005	0.375 336	0.337 357	0.126 622
2006	0.381 243	0.335 063	0.127 741
2007	0.369 801	0.333 269	0.123 243

根据(8)式可以计算我国 2000 年以来单位能源短缺引起的失业(或隐性失业)人数。2000 年，每短缺 1 吨标准煤引起的失业(或隐性失业)人数仅为 0.13 人。随着时间的推移，单位能源短缺引起的失业(或隐性失业)人数处于上升趋势。

(四) 能源环境效率对经济增长影响问题

我国能源消费的环境影响主要表现在大气污染上，且大气污染以煤烟型为主，SO_2 和 CO_2 是主要污染物。我国排入大气中的 85%的 SO_2、70%的烟尘和 85%的 CO_2 来自煤的燃烧，煤炭是造成我国大气污染的主因。改革开放以来，我国煤炭占总能源消费的 70%左右，近年来有下降趋势。石油是我国消费的第二大能源，占到总消费量近 1/4 左右，并有上升的趋势。天然气、水电等占的比例较小，但其消费量在逐年升高。我国使用的煤炭质量较差，因此以煤炭为主的能源消费必然带来严重的环境污染。

我国能源利用效率在逐步提高，单位 GDP 的 SO_2 与烟尘排放量也逐年递减，从 2000 年的每万元 20.39 千克下降到 2005 年每万元 16.21 千克。这一方面说明我国加大了污染治理力度，另一方面也与能源结构调整有关。我国 SO_2 排放量随能源消费总量的上升而上升，排放量与能源消费量呈高度正相关关系。这表明，我国大气环境污染与能源消费有直接的关系。改变能源结构，采用清洁能源，提高能源利用效率，对改善大气环境至关重要。

环境能源效率指标则是为了说明能源使用给环境带来的危害程度，即主要测量能源消耗所产生的特殊排放物。环境能源效率指标可以表示为两种形式：

能源排放因子：

$$能源排放因子 = \frac{污染物排放}{能源投入}$$

各类能源的排放因子是不相同的，但对于同一类型的能源，可以通过清洁技术的不断发展和创新，降低它的排放因子。因此，这一指标体现了技术进步对减少排放的作用。

单位产出的排放：

$$单位产出的排放 = \frac{污染物排放}{产出}$$

为了降低单位产出的排放，可以改变能源结构，用清洁能源来替代矿石燃料。下面是以 SO_2 和 CO_2 等排放物为例进行说明。

（1）从图 9 中不难发现虽然 SO_2 排放量总量一直在上升，但是在 2008 年出现了小幅下降，同时 2000—2008 年 SO_2 的能源排放因子和单位产出的排放都在持续下降。这表明 SO_2 的减排工作得到了有效的开展与实施，且国家投入大量资本节能降硫。其原因在于能源技术的提高和能源结构的调整，优质能源品种进一步加大和原煤入选率达 35%以上，有很大提高。

（2）根据前面部分的定义与说明，由我国能源的使用情况，得出以下能源环境效率的结果。计算时将当年的能源消耗作为投入，各种污染排放物作为产出，其中大气污染能源效率以能源总消耗量为投入；水污染、固体废弃物的能源效率以煤炭的消耗量为投入，得到以下的关系：

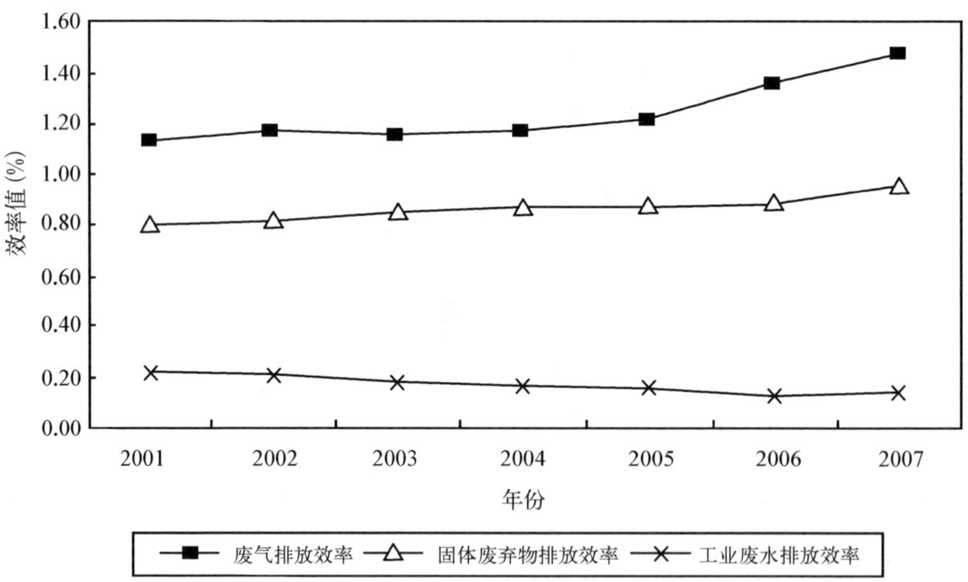

图 9 我国各类污染物的能源环境效率

从以上分析结果可以看出，废气排放效率随着能源的使用还在不断提高，固体废弃物的排放效率较为平缓，工业废水的排放效率有一定下降趋势。造成以上原因主要是对于废气的减排在技术更新上较为缓慢，随着能源的使用排放速度加快；固体废弃物的排放比较固定，另外随着煤炭行业的减排要求的提高，在矸石的利用上有了很大的提高，因此表现出较为平缓的趋势；同时，随着煤炭加工技术的革新、原煤入洗率的提高和洗水闭路循环，废水的排放得到很大的控制。

(3) 由于我国从 1996 年才成为原油净进口国,所以三次石油危机对我国经济和能源消费影响很小,因此,我国的人均实际 GDP 一直呈快速增长的趋势,二氧化碳排放量也只在 1996—2000 年出现了较大幅度的下降,如图 9 所示。总体上,在现有能源结构和能源强度不出现大的改变的情况下,中国的经济增长仍是二氧化碳排放增加的主要原因,两者呈非线性关系。2002 年以来,我国人均实际 GDP 和二氧化碳排放量呈快速增长的趋势。

三、中国能源消费风险度量与预测

中国经济的高速度、高能耗的经济增长模式从根本上并没有得到有效的改善。中国在化石能源方面的脆弱性主要表现出石油消费量显著增加,需要大量进口来满足国内需求,以及能源利用效率低下、环境代价高的特点。并且,由于改变能源需求的机制有很大难度,且能源供应的各要素又有很强的路径依赖性,这就使得中国面临的能源问题日益凸显,而这势必加大中国经济增长中的不确定性。

(一) 能源消费风险指标度量

1. 能源供需的警限分析

根据能源供需矛盾的特点,无论是供过于求还是供不应求都不利于社会经济的稳定发展,因此都是不安全的,存在警情。在实际应用中,警限确定的原则主要有:多数原则、半数原则、少数原则、均数原则、众数原则、负数原则等,本课题采用多数原则来进行警情指标的警限分析。

根据多数原则确定警限,是指通过定性分析,对过去相当长一段时间内的能源供应发展的总体情况持基本肯定态度,认为过去绝大多数情况下,能源预警指标处于无警状态。在这种定性认识的基础上,将各类预警指标的时间序列数据,重新由小到大排列,从最大值往下,选择占总数 2/3 的数据区间作为安全区间,即有警和无警的分界线。在剩余的 1/3 数据区间中再划分轻警警限、中警警限、重警警限和巨警警限。这时既可以是等距划分,也可以按实际情况进行划分。

(1) 能源供应增长率的警限分析。根据能源供需历史资料,将我国 1991—2008 年间的能源供应增长率数据进行组织并由大到小排序如表 11 所示。

按照多数原则,在表 11 所示的从大到小排列的数据中,处于其中 2/3 处数据即为有警和无警的警限。由此,前 12 个数据表示我国能源供应在对应的时期内处于无警状态;而后边的 6 个数据则表示我国能源供应在对应的时期内处于有警状态。因此按多数原则可以认为我国能源供应增长的无警警限为 5.1 个百分点以上;若能源供应增长率低于 5.1 个百分点,则表示能源供应警情发生。

表 11

1991—2008 年我国能源生产增长率排序

序　号	1	2	3	4	5	6
年　份	2004	2003	2005	2006	2007	1995
供应增长率	16.1	15.3	10.6	9.6	7.8	6.9

（续表）

序　　号	7	8	9	10	11	12
年　　份	1993	2002	1996	1994	1992	1991
供应增长率	6.3	6.0	5.9	5.8	5.2	5.1
序　　号	13	14	15	16	17	18
年　　份	2008	2000	2001	1999	1997	1998
供应增长率	4.0	3.5	3.4	1.2	−0.8	−4.1

但不论能源供需还是社会经济发展都在周期性波动，因此一定时期内能源也可能出现供过于求。因此按照多数原则，为避免能源的过速增长，能源供应增长率也不得超过 6.9 个百分点，否则也容易导致能源供需失调。

这样，按照多数原则，能源供应增长率的警限区间为[5.1%，6.9%]。

（2）能源消费增长率的警限分析。同样的道理，根据能源供需历史资料，将我国 1991—2008 年间的能源供应增长率数据进行组织并由小到大排序如表 12 所示。

表 12

1991—2008 年我国能源消费增长率排序

序　　号	1	2	3	4	5	6
年　　份	1998	1997	1991	1999	1992	2000
消费增长率	−6.2	−0.2	0.9	1.4	2.3	2.4
序　　号	7	8	9	10	11	12
年　　份	1996	1993	2002	2008	2007	2001
消费增长率	2.8	3.6	4.6	5.2	6.5	6.6
序　　号	13	14	15	16	17	18
年　　份	1994	2006	1995	2005	2003	2004
消费增长率	6.9	7.4	8.7	9.9	13.9	14.3

按照多数原则，在表 12 所示的从小到大排列的数据中，处于其中 2/3 处数据即为有警和无警的警限。由此，前 12 个数据表示我国能源消费在对应的时期内处于无警状态；而后边的 6 个数据则表示我国能源消费在对应的时期内处于有警状态。因此按多数原则可以认为我国能源消费增长的无警警限为 6.6 个百分点以下；若能源消费增长率高于 6.6 个百分点，则表示能源消费警情发生。

同时，为了防止能源供过于求导致能源供需失调，能源消费增长率也不应过低，否则必然影响社会经济的快速发展。按照多数原则，能源消费增长率也不应低于 2.4 个百分点。

由此，能源消费增长率的警限区间为[2.4%，6.6%]。

（3）能源供需比的警限分析。根据我国 1991—2008 年能源供需历史资料，计算能源供需比并将能源供需比进行组织，按降序进行排序如表 13 所示。

表 13

1991—2008 年我国能源供需比排序

序　　号	1	2	3	4	5	6
年　　份	1991	1995	1992	1994	1997	2001
能源供需比	1.010 223	0.983 671	0.982 468	0.967 345	0.960 899	0.959 82
序　　号	7	8	9	10	11	12
年　　份	1993	1996	2002	1999	1998	2003
能源供需比	0.957 463	0.954 429	0.947 381	0.940 999	0.939 764	0.936 289
序　　号	13	14	15	16	17	18
年　　份	2000	2004	2005	2008	2006	2007
能源供需比	0.930 895	0.921 833	0.916 299	0.912 281	0.897 616	0.886 408

按照多数原则，在能源供不应求的前提下，对于表 13 所示的从大到小排列的数据，处于其中 2/3 处数据即为有警和无警的警限。由此，前 12 个数据表示我国能源供需关系在对应的时期内处于无警状态；而后边的 6 个数据则表示我国能源供需关系在对应的时期内处于有警状态。因此按多数原则可以认为我国能源供需比的无警警限为 0.936 289；若能源供需比低于 0.936 289，则表示能源供需关系警情发生。

但如果能源供需处于供过于求的状态，能源供需比就应当降低，即供需比不应大于 0.959 82，否则会进一步加剧能源的供需矛盾，影响社会经济的发展。因此，能源供需比的警限为[0.936 289，0.959 82]。

2. 能源供需比的警度分析

由于能源供需比反映了一定时期内能源供应和消费的比例状况，在一定程度上可以反映能源供需的增长方向。因此，分析能源供需比的警度，需要将能源供需比与能源消费增长率、能源供应增长率结合起来进行判断。首先，对能源供需比的警度进行划分，在供不应求的情况下，取能源供需比最小的三个数的均值 0.898 768 作为其重警与中警的警限，取最小的 6 个数的均值 0.910 889 作为其中警与轻警的警限。对于有警与无警的警限，对上面通过多数原则确定的警限，并结合根据概率统计确定的能源短缺率的警限，取 0.936 289 作为有警与无警的警限。在供过于求的情况下，根据我国能源供需的实际状况，取供应排序前 3 位的数据的均值 0.992 121 作为其重警与轻警的警限；前 6 位较大数据的均值 0.977 404 作为中警与轻警的警限。对于有警与无警的警限，根据概率统计确定的能源短缺率的警限，确定 0.959 82。能源供需比的警度区间见表 14。

表 14

能源供需比的警度划分

无警警限	轻警警限	中警警限	重警警限
$0.936289 < L < 0.95982$	$0.910889 < L < 0.936289$ $0.95982 < L < 0.977404$	$0.898768 < L < 0.910889$ $0.977404 < L < 0.992121$	$L < 0.898768$ $L > 0.992121$

同样能源供需关系的警度划分为无警、轻警、中警和重警四种状态，从现在能源的供需状况发展趋势来看，能源供需的主要矛盾为供不应求，因此，对于能源供过于求情况下的能源供需关系的警度依据能源供需比来确定；而对于能源供不应求情况下的警度则将能源供需比与能源消费增长率、能源供应增长率结合起来进行判断。根据警情指标的表现可能会出现以下四种情况：

（1）能源供需比处于无警区间，且能源供应增长率和能源消费增长率都在安全区域内时，为无警。能源供需比处于无警区间，能源供应增长率和能源消费增长率都不在或其中之一不在安全区域内，且能源供应增长率大于能源消费增长率，这时虽然能源消费与供应增长率偏离了其安全区间，但供需缺口不大，而且由于能源供应增长率大于消费增长率，缺口会进一步减小，对社会经济的影响不大，为无警。能源供需比处于无警区间，能源供应增长率和能源消费增长率都不在或其中之一不在安全区域内，且能源供应增长率小于能源消费增长率，此时虽有警，但不至于对社会经济造成太大的冲击，为轻警。

（2）能源供需比处于轻警区间，当能源供应增长率和能源消费增长率都在安全区域内时，为轻警。能源供需比处于轻警区间，当能源供应增长率和能源消费增长率都不在或其中之一不在安全区域内时，且能源供应增长率大于能源消费增长率时，为轻警；能源消费增长率大于能源供应增长率时，为中警。

（3）能源供需比处于中警区间，当能源供应增长率大于能源消费增长率时，为中警；当能源供应增长率小于能源消费增长率时，为重警。

（4）能源供需比处于重警区间，不论能源供应增长率与能源消费增长率的大小如何，都应视为重警。

3. 能源环境效率指标——碳排放强度的分析

环境能源效率指标则是为了说明由于能源的使用而给环境带来的危害程度，即主要测量能源消耗所产生的特殊排放物。在所有主要污染物中，排放强度除了 CO_2 都出现了明显的下降。指标碳排放强度，即生产单位国内生产总值 GDP 的 CO_2 排放量。

$$\text{碳排放强度} = \frac{CO_2\ \text{排放量}}{\text{GDP 产出}}$$

为了降低单位产出的排放，可以通过改变能源结构，用清洁能源来替代矿石燃料。根据我国 2000—2008 年碳排放强度历史资料，计算能源供需比并将能源供需比进行组织按降序进行排序如表 15 所示。

表 15

2000—2008 年我国碳排放强度排序（1990 年不变价）

序　号	1	2	3	4	5
年　份	2004	2000	2005	2006	2008
碳排放强度	0.803 5	0.801 2	0.8	0.783 8	0.781 6
序　号	6	7	8	9	
年　份	2007	2003	2001	2002	
碳排放强度	0.765 3	0.764 3	0.757 5	0.719 6	

按照多数原则，从大到小排列的数据，处于其中 2/3 处数据即为有警和无警的警限。由此，后 5 个数据表示我国碳排放强度在对应的时期内处于无警状态；而前面的 3 个数据则表示我国碳排放强度在对应的时期内处于有警状态。因此按多数原则可以认为我国碳排放强度的无警警限为 0.8；若碳排放强度高于 0.8，则表示碳排放强度警情发生。但是若考虑 CO_2 总量，取去 10%为分界线，则发现剩余年份 CO_2 的排放量增速都过快，这问题有待深入研究。

（二）石油消费风险模型

随着国家重化工业的快速发展，以及城镇化和人民生活水平的提高，国内对能源需求进一步增加，国内能源需求缺口将进一步加大。自 1990 年以来，我国石油消费增势不减。究其本源，可以发现稳步快速的经济增长是主要推手。能源消费与经济发展密切相关，这已经被发达国家在 20 世纪的发展实践证明。一个国家所处的经济发展阶段决定了一个国家对能源需求的程度。

2009 年中国石油表观消费量为 40 837.5 万吨，仅次于美国，位居世界第二位，预计 2010 年将达到 4.27 亿吨。2009 年中国石油净进口量 21 888.5 万吨，原油净进口量 19 862.0 万吨，原油表观消费量 38 810.9 万吨。2009 年中国石油和原油对外依存度双破 51%。2009 年原油进口依存度达到 52.5%，原油净进口对外依存度为 51.2%，石油进口依存度达到 53.6%。对石油的消费量进行有效预测，建立石油消费安全体系对我国能源安全有重要的意义。

因此，尽管我国将采取多项措施，确保石油稳产增产，控制管理我国石油进口风险仍然是我国能源安全风险的重中之重。石油消费风险受多种因素的影响，如石油进口风险、进口依存度、国家石油战略储备、国际能源地缘政治关系、进口运输方式等，相对美国、欧盟和日本，中国石油消费风险隐患较多。

1. 石油进口风险评价

Hirschman-Herfinddahl Agiobenebo（HHA）方法是利用来度量企业产品市场集中度的经典理论，是在 HHI（Hirschman-Herfinddahl Index）的基础上改进得到的，现在广泛应用于度量企业产品的市场份额、国家进出口商品的多元化、某类型商品控制的市场份额等领域，而且它也适用于度量商品供销的可靠性（Neff，1997；Agiobenebo，2000）。当前多元化指数定义公式：

$$\mathrm{HHA}=\sqrt{H}/100=\frac{1}{100}H^{\frac{1}{2}}=\sqrt{\sum_{i=1}^{n}S_i^2} \tag{9}$$

式中：S_i 为供应商 i 的供应量占全部供应总量的比例。

这里采用 HHA 的方法计算世界几个主要石油进口国或地区（美国、欧盟、日本、中国）2001—2003 年石油进口的多元化指数。由于 HHA 方法一般假设各供应商的风险是相同的，而对于石油进口来说却不是这样的，每个国家从不同地区进口石油的风险是不一样的。即使是同一个地区，对于不同的进口国家风险也是不同的。因此，在考虑了风险权系数的前提下，应用 HHA 方法可以得到某个国家的进口风险指数，如下面公式所示：

$$R=\sqrt{\sum_{i=1}^{n}W_i^2S_i^2} \tag{10}$$

式中：R 为石油进口风险指数；W_i 为第 i 个进口地区的风险权系数。

由于错综复杂的国际能源地缘政治、石油进口方式(管线、油轮、铁路等)、运输线路以及油轮归属(本国油轮、外籍油轮)等因素的差异，对于不同的国家，同一地区的进口风险是不同的。20世纪70年代发生的第一次石油危机，由于日本对中东地区的外交政策有较大的转变，所以阿拉伯国家没有减少对日本的石油出口量，因此，第一次世界石油危机对日本经济影响相对于西方发达国家较小。其次，欧盟是中东最大的海外开发者，美国是对中东控制最强的国家，日本在中东及海外石油资源的开发也远高于中国。另外，中国和日本从中东进口石油必须通过世界上最不安全的海峡——马六甲海峡，因此，中东地区对于欧盟和美国的进口风险，必然小于中国和日本。

此外，管道运输是欧盟和美国的主要石油进口渠道之一，中国和日本则主要依赖油轮运输。由于美国、欧盟、日本的石油进口基本上用的都是本国油轮，而承担中国石油进口运输任务的基本上都是外籍油轮，所以在石油运输上我国的供应风险最大，其次是日本，欧盟和美国的运输风险相对较小。如表16所示。

表16

中国主要石油进口来源的石油进口风险系数表

国　　家	俄罗斯	东南亚	非　洲	中　东	其他地区
风险系数	0.051	0.117	0.217	0.537	0.078

资料来源:《中国能源报告2006》。

以上(10)式，代入我国各地区进口量和进口石油的风险系数，计算结果见图10。

从图10可以看出，石油进口风险指数在2001年涨得最高，当年中东进口量56.2%相对其他几年都较高，因此风险偏高，而在2007年最低。一则俄罗斯的份额上升得较快，在其他地区的份额也较多，而在中东的份额这年最少。因此我们的评价是:应尽量降低中东的份额，增

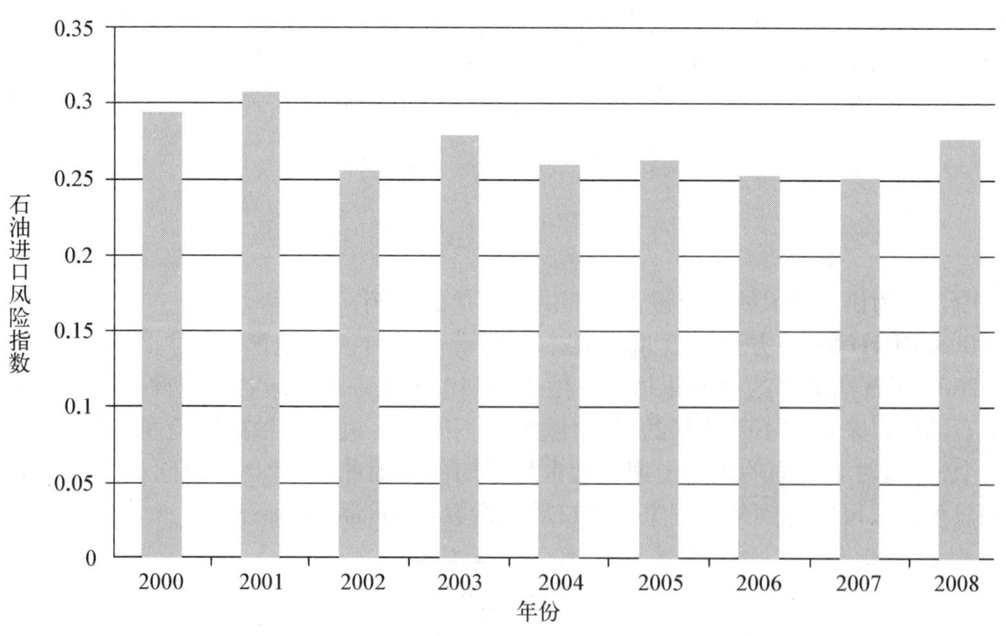

图10　2000—2008年石油进口风险指数

加俄罗斯和其他地区的份额。而五个地区的风险系数和份额的乘积达到相等时是石油进口风险指数最小时。因此中国走能源进口多元化很有意义。

综上所述,可以得出结论如下:

(1) 虽然中东地区是世界上石油供应最不安全的地区,但是短期内任何石油进口国都无法摆脱对它的进口依赖,因为无论是石油储量还是出口量中东都占有绝对优势。因此我国在不得不依赖进口中东石油的同时,应对来自中东的石油进口量进行有效的控制。

(2) 盲目增加石油进口来源的数量,并不能降低进口风险。我国应尽量降低风险较大地区的进口量,增加风险较小地区的进口量和进口份额,使其维持在一个相对安全的水平上。

(3) 近两年来我国来自中东等高风险地区的石油进口量不降反增,这是由于中国能源需求缺口大,短期内无法找到新的合适的石油进口渠道造成的,因此,只能增加中东等高风险地区的石油进口量和份额。但是我国必须加大外交力度,确保我国在中东事务中的发言权,以保证石油进口安全。

(4) 传统认为俄罗斯等地区的石油进口风险较小,但是近年来俄罗斯在与乌克兰等国的石油天然气争端中频频挥舞能源武器,以取得外交优势。因此我国必须实时监测各进口渠道的政治、经济、社会等方面的变化趋势,即时修正其石油进口风险权系数。

2. 石油消费风险指标体系

石油进口风险、石油对外依赖度、石油价格、石油储备和石油储采比等都对石油消费安全起到非常重要的作用。建立合理的石油消费安全指标体系可以有效地估计风险的存在及其大小,有利于我国经济的健康平稳发展。因此,石油消费风险体系的建立如表 17 所示。

表 17

石油消费风险体系

石油进口风险	石油对外依赖度	石油价格风险指数	石油储备量	石油储采比

以上风险体系可以用层次分析法(Analytical Hierarchy Process,AHP)很好地解决。它综合定性与定量分析,模拟人的决策思维过程,来对多因素复杂系统,特别是难以定量描述的社会系统进行分析。目前,AHP 是分析多目标、多准则的复杂公共管理问题的有力工具。它具有思路清晰、方法简便、适用面广、系统性强等特点,便于普及推广,可成为人们工作和生活中思考问题、解决问题的一种方法。将 AHP 引入决策,是决策科学化的一大进步。它最适宜于解决那些难以完全用定量方法进行分析的公共决策问题。

应用 AHP 解决问题的思路是,首先,把要解决的问题分层次系列化,将问题分解为不同的组成因素,按照因素之间的相互影响和隶属关系将其分层聚类组合,形成一个递阶的、有序的层次结构模型。然后,对模型中每一层次因素的相对重要性,依据人们对客观现实的判断给予定量表示,再利用数学方法确定每一层次全部因素相对重要性次序的权值。最后,通过综合计算各层因素相对重要性的权值,得到最低层(方案层)相当于最高层(总目标)的相当重要性次序的组合权值,以此作为评价和选择方案的依据。AHP 将人们的思维过程和主观判断数学化,不仅简化了系统分析与计算工作,而且有助于决策者保持其思维过程和决策原则的一致性,对于那些难以全部量化处理的复杂的问题,能得到比较满意的决策结果。因此,它在能源政策分析、产业结构研究、科技成果评价、发展战略规划、人才考核评价以及发展目标分析等许多方面得到广泛的应用。

(1) 原始数据的标准化处理。由于各个因素数据的差异很大,可能造成判定时出现问题,所以应当对数据先进行标准化处理。标准化原始数据的计算公式为:

$$Z_{ij} = (x_{ij} - \bar{x}_i)/S_i$$

式中:$i = 1, 2, 3, \cdots, m$; j=1995—2008 年年度数据; $\bar{x}_i$ 为第 i 个指标的均值; S_i 表示第 i 指标的标准差。

为了方便计算和查取,将标准化数据列表。

(2) 设 c_1、c_2、c_3、c_4、c_5 为对应各因素的决策变量,w_1、w_2、w_3、w_4、w_5 为对应的权重系数,则风险度量值可以表示为 $y = w_1c_1 + w_2c_2 + w_3c_3 + w_4c_4 + w_5c_5$。满足 $w_i \geqslant 0$, $\sum_{i=1}^{5} w_i = 1$。

(3) 构造判断矩阵,对于 n 个元素 $A_1, \cdots, A_n$ 来说,通过两两比较,得到两两比较判断矩阵 A: $A = (a_{ij})_{m\times n}$,其中判断矩阵具有如下性质:① $a_{ij} > 0$;② $a_{ij} = 1/a_{ji}$;③ $a_{ij} = 1$。称 A 为正的互反矩阵。判断矩阵的构造利用表 18。

表 18

重要性标度含义表

重要性标度	含　　义
1	表示两个元素相比,具有同等重要性
3	表示两个元素相比,前者比后者稍重要
5	表示两个元素相比,前者比后者明显重要
7	表示两个元素相比,前者比后者强烈重要
9	表示两个元素相比,前者比后者极端重要
2,4,6,8	表示上述判断的中间值
倒　数	若元素 i 与元素 j 的重要性之比为 a_{ij},则元素 j 与元素 i 的重要性之比为 $a_{ji} = 1/a_{ij}$

由此构造出石油消费风险的指标的互反矩阵为:

$$A = \begin{bmatrix} 1 & 1/4 & 2 & 3 & 3 \\ 4 & 1 & 3 & 3 & 3 \\ 1/2 & 1/3 & 1 & 2 & 2 \\ 1/3 & 1/3 & 1/2 & 1 & 1 \\ 1/3 & 1/3 & 1/2 & 1 & 1 \end{bmatrix}$$

所谓层次单排序,是指根据判断矩阵计算对于上一层某因素而言本层次与之有联系的因素的重要性次序的权值。它是本层次所有因素相对上一层而言的重要性进行排序的基础。层次单排序可以归结为计算判断矩阵的特征根和特征向量问题,即对判断矩阵 A,计算满足 $AW = \lambda_{\max}W$ 的特征根与特征向量。式中 $\lambda_{\max}$ 为 A 的最大特征根; W 为对应于 $\lambda_{\max}$ 的正规化特征向量; W 的分量 w_i 即是相应因素单排序的权值。

(4) 为了检验矩阵的一致性,需要计算它的一致性指标 CI。CI 的定义为 $CI = \dfrac{\lambda_{\max} - n}{n - 1}$,显然,当判断矩阵具有完全一致性时,$CI = 0$, $\lambda_{\max} - n$ 越大,CI 越大,判断矩阵的一致性越差。注意到矩阵 A 的 n 个特征值之和恰好等于 n，所以 CI 相当于除 λ_{max} 外其余 $n-1$ 个特征根的平均值。

为了检验判断矩阵是否具有满意的一致性，需要找出衡量矩阵 B 的一致性指标 CI 的标准，Saaty 引入了随机一致性指标表（见表 19）。

表 19

矩阵的平均随机一致性指标

阶　数	1	2	3	4	5	6	7	8	9
RI	0	0	0.58	0.9	1.12	1.24	1.32	1.41	1.45

对于 1 阶、2 阶判断矩阵，RI 只是形式上的，按照我们对判断矩阵所下的定义，1 阶、2 阶判断矩阵总是完全一致的。当阶数大于 2 时，判断矩阵的一致性指标 CI 与指标 RI 之比 CI/RI 称为判断矩阵的随机一致性比率，记为 CR。当 $CR < 0.01$ 时，判断矩阵具有满意的一致性，否则就需对判断矩阵进行调整。根据上述的判断矩阵：

$$A=\begin{bmatrix} 1 & 1/4 & 2 & 3 & 3 \\ 4 & 1 & 3 & 3 & 3 \\ 1/2 & 1/3 & 1 & 2 & 2 \\ 1/3 & 1/3 & 1/2 & 1 & 1 \\ 1/3 & 1/3 & 1/2 & 1 & 1 \end{bmatrix}$$

其中矩阵 A 的最大特征值为 $\lambda_{max}=5.247\,9$，对应的特征向量为：

$$W=[0.419\,6,\ 0.830\,6,\ 0.275\,3,\ 0.170\,7,\ 0.170\,7]^{T}$$

而对应于 λ_{max} 的正规化特征向量为 $w=[0.211\,4,\ 0.543\,4,\ 0.146\,7,\ 0.098\,5]^{T}$，所以向量中元素对应值即为相应因素对石油消费安全的权重系数。

(5) 一致性指标检验。一致性指标 $CI=\dfrac{\lambda_{max}-n}{n-1}=\dfrac{5.247\,9-5}{5-1}=0.062\,0$，说明判断矩阵的一致性较好，$\dfrac{CR}{RI}=\dfrac{0.062\,0}{1.12}=0.055\,4<0.1$，通过一致性检验。所以，石油消费风险度量值 y 的表达式如下：

$$y=0.224\,8c_1+0.444\,9c_2+0.147\,5c_3+0.091\,48c_4+0.091\,4c_5$$

其中：c_1、c_2、c_3、c_4、c_5 为标准化后的数据。如表 20 所示。

表 20

2000—2008 年石油消费风险

年　份	石油进口风险指数	石油价格风险指数	石油储备	石油储采比	对外依赖度	综合风险
2000	0.644	0.41	−0.45	0.5	0.56	0.358
2001	0.692	0.15	−0.3	0.46	0.52	0.268
2002	0.518	0.0	−0.15	0.45	0.55	0.186

（续表）

年 份	石油进口风险指数	石油价格风险指数	石油储备	石油储采比	对外依赖度	综合风险
2003	0.595	0.1	—0.04	0.43	0.66	0.272
2004	0.531	0.3	—0.38	0.42	0.79	0.308
2005	0.54	0.51	—0.04	0.38	0.73	0.444
2006	0.508	0.27	—0.3	0.34	0.78	0.292
2007	0.5	0.32	—0.238	0.21	0.82	0.314
2008	0.59	0.61	—0.288	0.13	0.855	0.452

从表 20 中分析，明显可以看出 2005 年和 2008 年的石油消费危险相当大，主要原因在于近年来石油量的猛增和 2008 年金融危机的影响、石油价格的巨大波动。

（三）风险分析报告

通过前面三方面的分析不难得出石油消费风险已经到了刻不容缓的地步，整体能源消费风险亦应该考虑在能源风险的体系之中。因此，本报告的能源消费风险体系可以总结如表 21 所示（能源消费权重依层次分析法得到）。

表 21

能源消费预警体系及 2009 年风险值

体 系	石 油 风 险	权 重	能 源 风 险	权 重
指标 1	石油进口风险	0.224 8	能源供应增长率	0.128
指标 2	石油对外依赖度	0.444 9	能源消费弹性系数	0.134
指标 3	石油价格风险指数	0.147 5	能源供需比	0.128
指标 4	石油储备量	0.091 4	能源效率	0.33
指标 5	石油储采比	0.091 4	能源环境效率	0.28
2008 年	0.452	—	0.336	—

综合起来看，中国能源供需总体上将处于脆弱平衡状态，未来经济社会发展的最大瓶颈和变数之一来自能源，体现为：① 资源相对短缺与能源需求持续发展的矛盾；② 有限的环境容量与以煤为主的能源结构的矛盾；③ 持续攀高的石油对外依存度带来的安全隐患。表 22 是按照高度安全、安全、值得关注、危险和高度危险五个等级确定相应的风险等级和措施。

表 22

中国未来能源消费风险评估一览表

要 素	主 要 风 险	已经或拟采取的对策	风 险 等 级
能源供应	能源缺口持续扩大；能源结构不合理；石油对外依赖度超过 50%；能源运输能力薄弱	增加国内供应能力；加大国内勘探力度；加强管道运输能力；多元化进口	值得关注与危险之间
能源价格	国际石油价格波动巨大；金融危机影响犹存	对部分行业和群体实行等级补贴和加税	值得关注与危险之间

（续表）

要　素	主 要 风 险	已经或拟采取的对策	风 险 等 级
能源效率	能源效率相对较低，能源弹性系数居高不下	完成“十二五”节能目标规划，纳入节能考核	危　险
能源环境效率	能源消费过程中 SO_2、CO_2 和烟尘等排放物		值得关注
应急能力	缺乏石油储备能力与能源风险预警体系	建立石油储备基地和多级储备体系；完善能源战略研究体系和管理机构；开展多元化的国际能源合作	值得关注
其他原因	国际合作和政治原因		安　全

（四）2009 年能源消费风险预测

1. 能源消费风险预测——BP 神经网络模型的建立

为了预测未来的能源消费风险，在上述模型的基础上建立了能源消费风险的 BP 神经网络模型。采用前向三层 BP 网络结构设计能源安全预警系统。将输入量对应警兆指标，隐含层对应警情指标，输出即为警度。能源安全预警模式的输入层节点数由预警指标数确定。输出层节点数由警度划分的等级数确定（警度分为五级：高度安全、安全、值得关注、危险和高度危险），因此输出层节点数为 5。在大量的实验以及国内外前向三层 BP 网络应用实例的归纳、分析基础上，得出初定隐节点上限 L_k 的经验公式：

$$L_k \leqslant \sqrt{m(n+3)} + T$$

其中：L_k 为隐藏节点数；m 为输入层节点数；n 为输出层节点数；T 为样本数。

由上述公式可知隐节点上限为 13.741 7，这里选择为 10。把警情指标看作是预警指标的“特征抽取器”，隐节点数的下限可定为警情指标的类数。

（1）输入数据的设计与准备。训练数据组是由多个训练样本组成，训练样本是一组输入输出数据。本报告把全部输入样本数据分为 5 个训练组，对应于高度安全、安全、值得关注、危险和高度危险 5 个警度级别，分别表示能源系统不同的运行状态，包括了能源系统全部有可能出现的运行情况。在设计训练数据组时，还要考虑可能出现的噪声。为减少靠近边界处噪声造成网络的错误判断，要选用较多的训练样本。考虑经验公式和实际可获得样本数量和质量，样本数越多越好。如果神经网络的算法选用 S 型函数作为传递函数，输入数据只能在 0 和 1 之间。所以需要对能源安全预警指标进行转换。

（2）报警信号与输出数据的设计。能源安全预警系统的预警信号采用类似于一组交通管制信号红、黄、绿灯的标志，对能源安全系统高度安全、安全、值得关注、危险和高度危险的不同状态发出信号。报警输出设计为带有神经门处理器的 BP 网络，以保证 BP 网络按已有报警知识训练完成后输出布尔离散变量的报警信号。这里采用单输入单输出神经门。逻辑关系为：

$$\text{If } X < Y \text{ then } 0 \text{ else } 1$$

其中：Y 是界定值，$0 < Y < 1$。

这里采用正向推理方法，即在训练完成后的 BP 网络上，将新的报警原始变量提交给输入层节点，按 BP 网络和神经门处理器结构依次处理，最后输出报警状态[0，0， ┌,(1)j，0，0，

┌],待判决的报警是第 J 类品质。

(3) 预警系统 BP 网络的训练。将归一化后的 9 组指标值和安全度作为输入,与之对应的由因子得分确定的风险程度矩阵作为期望输出,导入 MATALB 的图形用户界面——Graphical User Interfaces,创建网络进行训练。主要训练参数设置如下(未提及的参数均采用默认值):① 训练函数:TRAINLM 函数。它适用于中、小规模网络的函数拟合问题,收敛快,收敛误差小。② 权值调节规则:LEARNGDM 函数。采用动量梯度下降方法对权值和阈值进行调整。③ 网络层数:3。④ 性能函数:MSE 函数,表示输出矢量与目标矢量之间的均方误差。⑤ 各层传递函数类型:['TANSIG'、'TANSIG'、'PURELIN']。⑥ 期望误差:£=0.000 1。

主要使用的数据为前面 2000—2008 年能源安全程度与各指标之间的关系以及在前面所制定的标准,得到网络输出与期望误差很小(见表 23),符合我们下面评估 2009 年能源安全风险的需要。

表 23

网络与期望输出的比较

年　份	2000	2001	2002	2003	2004	2005	2006	2007	2008
网络输出	0.358	0.268	0.186	0.272	0.308	0.444	0.292	0.314	0.452
期望输出	0.357 6	0.267 8	0.185 8	0.272 0	0.307 8	0.444 0	0.291 9	0.314 4	0.451 7

2. 2009 年能源消费风险评估

在上述网络训练的基础上,可以得到 2009 年能源消费风险评估(见表 24)。通过 Matlab 的程序使用可以得到 2009 年的石油消费和整体能源消费预警度,为了减少误差使用了多次 BP 神经网络,得到了很好的评估效果。如表 25 所示。

表 24

中国 2009 年能源消费风险评估数据

指　标	石油进口风险指数	石油价格风险指数	石油储备	石油储采比	对外依赖度
2009 年	0.282	0.34	33.5	12.3	52
指　标	能源供应增长率	能源消费弹性系数	能源供需比	能源效率	能源环境效率
2009 年	0.09	0.724	0.93 以上	0.389 8	0.820 1

表 25

能源消费评价结果

名　称	石油消费	指　标	能源消费	风险状态
序号 1	0.424 5	能源供应增长率	0.09	值得关注
序号 2	0.478 5	能源消费弹性系数	0.724	无警
序号 3	0.466 6	能源供需比	0.93 以上	无警
序号 4	0.379 3	能源效率	0.389 8	未达到预期
均　值	0.437 3	能源环境效率	0.820 1	有警

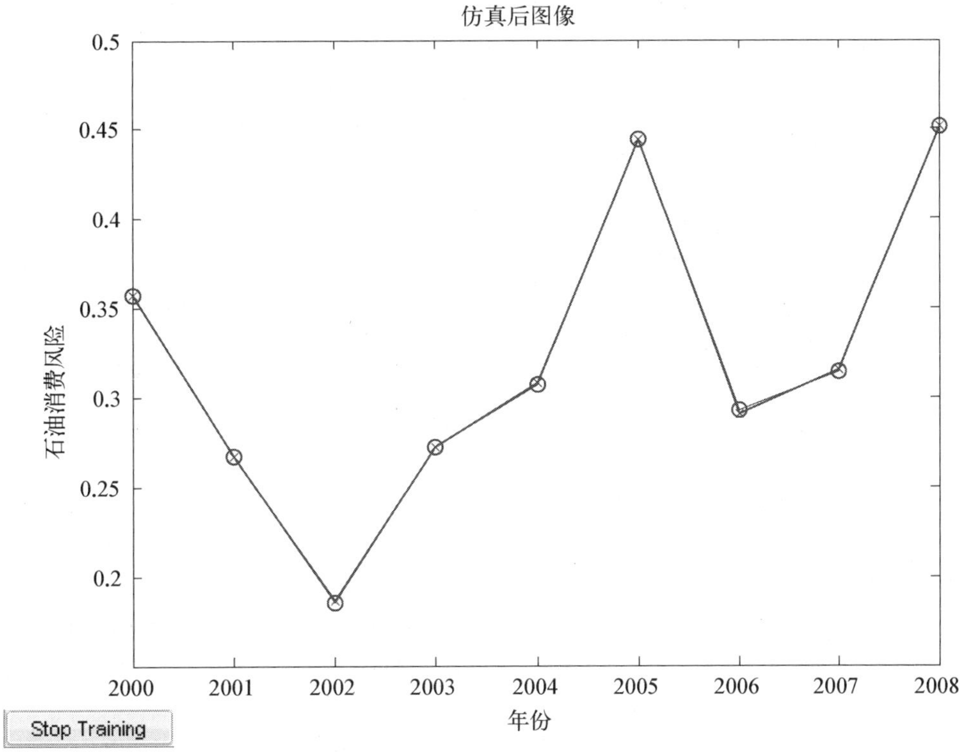

图 11 BP 神经网络训练效果

综上所述,该方法可以很好地解决能源消费预警状态的研究,但是需要足够多的样本来提高模型的精度。在此可以考虑将石油消费过程中数据换成季度性数据,可以做更好的分析;数据有限造成的模型误差对远距离预测造成难度,但对于近几年的预测还是具有相当的参考价值。2009 年石油消费风险值为 0.437 3,略低于 2005 年和 2008 年,但是高于其他年份,说明石油消费风险不容忽视,存在相当的隐患。在国际政治局面平稳和合作进一步深入,仍可保障我国能源安全状态。

2009 年整体能源消费风险值在值得关注状态,主要是由于金融危机的延续导致能源需求增长缓慢,另一方面能源供应能力充足,首次出现煤炭净进口局面,主要沿海城市进口煤炭略比国内便宜。但是能源强度只比上年下降 2.2%,碳排放强度增大,主要是因为技能措施未全部落实,同时由于全国出现自然灾害频繁、有些地方水资源短缺,节能降耗、处理污染设施未能正常运行,从侧面说明有些措施未必是真的节能降耗,而是运用高资本投入。2000 年以前,中国能源效率的降低是中国消费总量缓慢上升的一个因素,但是最近几年能源安全问题凸显。在快速增长的宏观经济背景下,要防止经济出现大的波动。按照党的十六大提出的全面建设小康社会的目标,至少在 21 世纪的前二三十年,我国经济总体上还处在高速增长阶段。在这样的背景下,宏观调控的一项重要任务就是防止经济出现大的波动,保持平稳上升的态势。从长远看,在开放经济条件下,国际资本会大量进入中国,必须加强宏观调控。在有效防范风险的前提下,有选择、有步骤地放宽对跨境资本交易的限制,逐步实现资本项目可兑换。同时改革我国能源定价机制,建立起能源预警系统和我国能源战略储备。

中国能源发展对外面临日益激烈的国际竞争,能源进口和能源境外投资与开发遇到很大阻力;对内则面临能源效率低下和日益严重的环境压力。伴随着国家经济体制市场化步伐的加快,能源供求最终将由市场来决定,市场的变化和复杂性,使能源市场风险已成为能源行业发展的主要风险因素。能源行业出现风险后,如果不采取有力的防范措施,风险将会扩大和传递,风险集聚到一定程度还有可能造成经济恐慌,引发金融风险,甚至经济危机。与此同时能源供需市场化以后,能源产品具有两个明显特点:一是价格易变,二是运输昂贵。由于供给、气候等因素影响,加上大部分能源产品的需求缺乏弹性,能源产品价格会跳跃而形成尖峰,这与金融市场上资金价格表现极为相似。从能源运输角度看,能源是一种很昂贵的产品,即便是对运输要求不高的煤炭,我国平均煤炭交货价格中运输的成本也要占到一半以上。此外,运输的限制,使能源产品的流动性非常有限,因此能源价格波动性的表现要比资金价格变化还要大和复杂。一旦能源市场出现供给短缺,价格就会急剧上升,甚至到天文数字,直至需求下降,以使供给缺口得以缓解。为防止和缓解能源价格尖峰风险,需要建立能源市场化的价格套期形成机制。所以,能源发展风险问题已经成为经济发展中必须面对的问题。

四、能源战略与展望

(一)能源发展战略

坚持节约优先、立足国内、多元发展、保护环境,加强国际互利合作,努力构筑稳定、经济、清洁的能源供应体系,以能源的可持续发展支持经济社会的可持续发展。可持续发展的能源战略和多元化能源供应战略,具体如下所述。

(1) 能源开发战略。调整和优化能源结构,以煤电一体化为核心,煤炭、电力、油气和新能源全面协调发展,加快西部能源开发,保证能源和经济安全。

调整和优化能源结构的重点是解决石油供不应求的结构性矛盾,提高天然气、水能、核能等清洁能源、优质能源和可再生能源的比重,并在降低煤炭比例的同时开拓煤炭资源优质开发利用的新路子。① 要加大国内天然气和 LNG 的开发力度;② 要尽快扩大核电发展规模;③ 要努力提高国内油气产量和加大利用国际油气资源力度;④ 促进可再生资源的发展。

(2) 能源节约战略。以广义节能为基础,以工业节能、石油节约和电力节约为重点,依靠技术进步,提高能源经济效率,降低环境污染。

现在能源装备工业得到很多人重视,但是如果没有一个很好的科技体系,能源装备就搞不上去。科技发展是决定我国未来能源和资源发展趋势的关键因素,我国能源、资源科技研发水平还很低,现在还没有形成与我国能源发展规模相适应的技术研发体系。国家应该在这一方面加大资金投入,加强重大能源、资源技术发展支持体系。尤其是应该集中力量对影响未来能源、资源发展方向的重大技术,包括先进的替代能源技术、清洁能源技术、节能技术,适合于我国西部条件的现代勘查技术、矿产资源的综合利用及循环利用技术等进行研究与开发。同时中国以煤为主的能源结构是造成不少地区环境污染严重的根本原因。解决环境污染问题的关键是实现煤炭资源的清洁和开发利用。

(3) 重视能源领域国际合作,建立国际能源安全机制。随着经济全球化的发展,能源(特别是石油)成为一个国家战略经济的重要内容,因此,我国政府从全球战略的高度更加重视能源领域的国际合作,寻求建立一种国际化的能源安全机制。

美国能源学家迈克尔·T·克莱尔在其推出的最新力作《资源战争:全球冲突的新场景》中预言:21 世纪的最初 10 年,资源匮乏将成为国家之间冲突的最重要根源;未来的战争决不是由于意识形态的分歧而爆发，而是为确保最宝贵并日益减少的自然资源的供应而爆发。克莱尔认为，由于石油在世界经济发展中的决定性地位，目前还没有哪个国家能够离开石油而生存。正是因此，在战略上对能源，特别是石油资源要空前重视，在战术上采取稳扎稳打的态度。问题的关键不在于我国是否应该进口石油，而是如何避免进口所造成的脆弱性，这需要制订一些严格的管制措施或者取得一系列重大技术突破。现实的问题不是如何减少进口，而是如何使之稳定。但是该怎么做呢？这里没有一个唯一的答案或者公式。

（二）展望

能源、资源正在成为我国经济社会可持续发展的"刚性"约束条件，要保证经济安全、军事安全、国家安全，首先要保证能源安全，要把能源问题放在更突出的战略位置。如何解决中国能源问题是一个长期战略问题，而不是短期平衡问题。

（1）能源消费的变化情况。从我国能源消费变化看，实际上中国直到 2002 年能源消费弹性系数仍是低于 1，但是从 2003 年开始超过 1。2003 年、2004 年能源消费弹性系数达到 1.39、1.6，能源消费增长的速度明显超过经济增长速度。同时，能源消费量长期大于能源生产量。中国 20 世纪 90 年代到 2005 年间，能源生产总量的年均增长速度为 4.67%，而能源消费总量的年均增长速度为 5.59%，后者比前者高出 0.92 个百分点。其中，1991—2000 年的 10 年间，能源生产总量的年均增长速度为 2.18%，而能源消费总量的年均增长速度为 3.45%，后者比前者高出 1.27 个百分点。

（2）能源建设进入超快阶段，无序扩张趋势严重。因为能源短缺或者市场需求比较旺盛，能源价格比较高。同时，电力建设成本大幅度上升。由于火力发电，以煤为主，以后煤炭生产运输瓶颈和短缺就都会成为长期问题。以石油作为平衡，也比较脆弱。天然气保障问题将逐渐显露。

（3）能源对外依存度迅速提高。尽管石油进口量有波动，但是经常是第一年高，第二年低。2002 年进口量净增 3.40%，合计石油进口量达 14 365 万吨，比 2003 年增加 4 634 万吨。如果把成品油折合成原油，这数量可能进一步上升。去年，石油进口依存度上升到 52%。预计 2010 年，我国石油消费仍将有一半依靠进口。现在，从国内能源结构来看，电力是二次能源，实际上真正短缺是一次能源。现在经过粗略计算，国内常规能源供应 24 亿吨标准煤，加上非常规的能源是二十六七亿吨。这些还满足不了国内的能源需求，甚至还要进口。而且，以后大幅度增加常规能源供应是有困难的。所以如果能源需求达到 36 亿吨，甚至 40 多亿吨，我们进口的程度就会大幅提高，难度也随之加大。

（4）我国石油进口的增加，影响了现有国际能源安全构架的不确定因素。现在油价上涨不完全是由于生产成本的提高。实际上，石油链争夺，不是争夺谁有油的问题，而是谁在石油行业里面得到超额的利润。在国际上，确实存在着政治、军事利益之争，这些问题加重了能源，尤其是石油的争夺。实质上，争夺的就是超额的利润。中国石油公司想买 CNOOC 和尤尼科，美国国会立刻立一个法，要半年多的时间审核，把商业性活动基本上变成不可实现。所以我们面临的世界能源安全，在很大程度上是一个经济问题。

（5）油价波动，和我国经济安全密切相关。2004 年，由于油价上升，我国多付出 54 亿美元，今年要超过 100 亿美元。而且，今年会在去年基础上再多出 100 亿美元。不仅如此，高油价还会影响能源优质化进程。现在，从替代燃料投入来说，煤炭的替代非常困难。这种替代燃料的不确定性，所带来的经济风险非常大。因为油价涨幅过高，周期性的波动是很可能的。

参考文献

[1]　唐子烨,马宪国.能源供应对经济的影响分析[J].上海理工大学学报,2004,26(1).

[2]　张雷.矿产资源开发与国家工业化:矿产资源消费生命周期理论研究及意义[M].北京:商务印书馆,2004.

[3]　韩智勇,魏一鸣,范英.中国能源强度与经济结构变化特征研究[J].数量统计与管理,2004,23(1).

[4]　韩可琦.中国能源消费的发展趋势与前景展望[J].中国矿业大学学报,2005,33(1).

[5]　张晓平.20 世纪 90 年代以来中国能源消费的时空格局及其影响因素[J].中国人口·资源与环境,2006,16(2).

[6]　田立新,傅英,丁占文等.能源经济系统分析[M].北京:社会科学文献出版社,2005.

[7]　傅瑛.混沌动力学模型在我国能源生产预测中的应用[J].江苏大学学报(自然科学版),2003,24(1).

[8]　郑照宁.考虑资本—能源—劳动投入的中国超越对数生产函数[J].系统工程理论与实践,2004(5).

[9]　张宗成.中国经济增长与能源消费的异常关系分析[J].上海经济研究,2004(4).

[10]　吴巧生.中国工业化进程中的能源消费变动——基于计量模型的实证分析[J].中国工业经济,2005(4).

[11]　蒋金荷.提高能源效率与经济结构调整的策略分析[J].数量经济技术经济研究,2006(10).

[12]　陈长红,鲍仙华.全球能源消费与 CO_2 排放量[J].上海环境科学,2000,19(2).

[13]　张雷.经济发展对碳排放的影响[J].地理学报,2003,58(4).

[14]　郎一环,王礼茂,王冬梅.能源合理利用与减排的国际经验及其对我国的启示[J].地理科学进展,2004,23(4).

[15]　蒋金荷,姚愉芳.人文发展潜力与碳排放需求空间的定量分析[J].数量经济技术经济研究,2006(11).

[16]　王海建.中国能源消费与温室气体排放预测分析[J].上海环境科学,2001,20(2).

[17]　王守荣.气候变化情景下能源效率及其平等准则的研究[J].中国人口,资源与环境,2005,15(4).

[18]　王效华.中国农村生物质能源消费及其对环境的影响[J].南京农业大学学报,2006(1).

[19]　何亚群,劳国洪,左蔚然等.基于协整性检验的中国经济增长与能源安全风险研究[R].风险管理研究,2007(3).

[20]　国涓.我国能源消费与环境污染关系的分析[J].商业经济,2008(8).

[21]　王家诚,李金峰,阎长乐.中国能源供需平衡和对策研究[J].管理世界,1997(5).

[22]　王伟林,黄贤金.区域碳排放强度变化的因素分解模型及实证分析——以江苏省为例[J].生态经济,2008(12).

[23]　RENSHAW E. Energy efficiency and the slump in labor productivity in the USA [J]. Energy Economics, 1981,3(5).

[24] CLEVELAND C J, COSTANRA R, HALL C. Energy and the US economy: a biophysical perspective[J]. Science, 1984, 225(3).

[25] RASHE R, TATOM J. Energy resources and potential GNP [J]. Federal Reserve Band of St Louis Review, 1977, 59(6).

[26] SHYAMAL P, R N B. Causality between energy consumption and economic growth in India: a note on conflicting results[J]. Energy Economics, 2004(26).

[27] GHALI K H, EL-SAKKA M I T. Energy use and output growth in Canada: amultivariate cointegration analysis[J]. Energy Economics, 2004(26).

[28] OBAS J E. Eenergy, economic growth and causality in developing countries[J]. Energy Policy, 1996(24).

[29] ABUL M M, MASIH R M. Energy consumption, real income and temporal causality: result from a multi-country study based on cointegration and error-correction modelling techniques[J]. Energy Economics, 1996(18).

[30] AHMED E, ROSSER J B. A global model of OECD aggregate supply and demand using vector autoregressive techniques[J]. European Economic Review, 1988(32).

[31] SAMIMI R. Road transport energy demand in Australia[J]. Energy Economics, 1995(17).

[32] JOHN B, BO S. The challenge of sustainability[J]. Energy Policy, 1996(24).

[33] JONATHAN E S, DAVID G F. What goes up: recent trends in China's energy consumption[J]. Energy Policy, 2000(28).

[34] ERIC D L. Future implications of China's energy-technologychoices [J]. Energy Policy, 2003(31).

[35] PAUL C, WU Y R. Energy consumption in China: past trends and future directions[J]. Energy Economics, 2005(27).

[36] KEMP L. On the optimal order of exploitation of deposits of an exhaustible resources [J]. Econometric, 1980(8).

[37] HILLARD G H. Energy *Sec*urity and global climate change mitigation [J]. Energy Policy, 2002(32).

[38] PRANESH C S. Sustainable energy development: a challenge for Asia and the Pacific region in the 21st century[J]. Energy Policy, 2003(31).

[39] EDWARD S, JOHN F. Holistic environmental assessment and offshore oil field exploration and production[J]. Marine Pollution Bulletin, 2001, 42(1).

[40] PERNERA J, SEELIGER A. Prospects of gas supplies to the European market until 2030-results from the simulation model[J]. Utilities Policy, 2004(12).

[41] FRANCO R. The risks of the nuclear policies[J]. Energy Policy, 2004, 26(3).

[42] HE Y Q, LAO G H, Zuo W R. Co-integration based analysis of energy assurance of steady economic growth in China[J]. Journal of China Univ. of Mining and Tech., 2008, 18(2).

第十一章　经济运行的微观基础风险

一、绪论

（一）研究背景

2009年第二季度以来，中国经济表现出逐季回升的增长态势，但在欧盟希腊主权危机以及西班牙、葡萄牙信用级别下调的预期下，全球经济再次出现不稳定因素。美元的走强、大宗商品价格的大幅波动，以及资本市场波动加剧等不利因素都对企业的投融资活动及生产经营产生了负面影响，而发端于美国的次贷危机虽然影响逐渐减少，但伴之而来的人民币升值压力仍然对我国的出口及有关实体经济造成潜在风险。从国内看，尽管货币信贷、消费、投资、出口、工业生产等方面在近期显露出一些积极的变化，但微观主体面临的挑战仍然严峻，尤其是在政府推出遏制房价快速增长的一系列措施之后，由房地产、金融领头的数十个行业的未来盈利和增长受到影响。此外，大宗商品的价格变动、人民币汇率的增长压力、消费信心的恢复、就业率的提升等方面还面临着很大的不确定性。

微观主体不仅要全面认识风险的存在，而且要研究导致宏观经济风险的因素，分析风险的传导机制，才有可能采取有效的措施，尽可能减少企业的损失。

虽然风险管理研究日益受到重视，但由于开展风险研究时间较短，对风险的认识有限，人们对微观主体风险的研究还停留在定性阶段，少量的风险定量研究如均值—方差理论，Downside - Risk、CAPM等都围绕传统的投资组合、期权定价等展开。在整个风险管理研究中，微观主体风险的度量和评价研究相对较少。本研究从影响宏观经济运行的微观主体角度出发，分析微观主体风险形成的机理和传导机制，并在此基础上采用计量经济学、动态贝叶斯网络模型等方法对微观主体风险进行度量和评价，为宏观经济管理和微观风险管理研究的有效衔接搭建一个基础性的研究平台，为宏观经济决策、有效的识别、评价自身风险、降低风险提供理论指导。

（二）微观主体风险的界定

微观主体风险是指未来的不确定性对微观主体实现其经营目标的不利影响。根据风险因素的不同，国际清算银行将金融企业所面临的风险划分为经济风险、经营风险、市场风险、利率风险、信用风险、法律风险、交易对象风险以及流动性风险。1994年美国的发起人委员会COSO在《内部控制——整体框架》报告中，将内部控制理论推进到内部控制整体框架阶段。COSO框架实现了控制要素由三要素到五要素的突破并首次将风险评估纳入内部控制整体框架之内。2004年COSO对原有的内部控制报告进行了拓展，形成了新的《企业风险管理——整体框架》，明确提出了企业风险管理的概念。按照他们的定义，企业风险管理是一个过程，它由一个主体的董事会、管理当局和其他人员实施，应用于战略制订并贯穿于企业之中，旨在识别可能会影响主体管理风险的潜在事项，以使其在该主体的风险容量之内，并为主体目标的实现提供合理保证。这个定义反映了几个基本概念：企业风险管理是一个过程，它持续地流动于主体之内；由组织中各个层级的人员实施；应用于战略制订；贯穿于企业，在各个层级和单元应用，还包括采取主体层级的风险组合观；旨在识别一旦发生将会影响主体的潜在事项，并把风险控制在风险容量以内；能够向一个主体的管理当局和董事会提供合理保证；力求实现一个或多个不同类型但相互交叉的目标。

企业风险管理包括八个相关要素：内部环境、目标设定、事件识别、风险评估、风险应对、控制活动、信息与沟通和监督。企业风险管理的八个组成部分是一个有机的整体，体现的是一个动态的过程。1995 年，安德森提出管理经营风险的概念，将企业经营风险分为三个层面：环境流程风险、作业流程风险和决策用资讯风险。他认为环境流程风险属于政治、经济、社会等的系统性风险，此类风险影响企业经营，但企业对之几乎无影响力；决策用资讯风险主要来自竞争、信誉、政府法律法规等，此类风险影响企业经营活动，企业可以影响此类风险但无力控制；作业流程风险主要来自市场、科技、人员等，企业对此具有相当控制力。尽管不同的理论研究对风险的识别和分类有所差异，但综合来看，经营风险（运营风险）和财务风险是微观主体所面临的主要风险。

1. 经营风险

经营风险是指企业在采购活动、生产活动和销售活动中产生的风险，具体表现为采购风险、生产风险和资金回收风险。采购风险是由于采购物资的时间、数量、质量和货款支付方面的不确定性所带来的物资不能满足生产需要或积压和不能按期支付货款的可能性。生产风险是由于生产质量控制、成本控制和新产品开发方面的不确定性所带来的资金回收的不确定性。资金回收风险是指由于企业在产品资金转化为结算资金、结算资金再转化为货币资金的过程中，存在时间上和金额上的不确定而导致资金不能回收的风险，主要表现为应收账款的回收在时间上和金额上的不确定所导致的风险。在时间上具体表现为无法实现由产品资金到结算资金转变的风险和结算资金的拖欠风险；在金额上具体表现为结算资金不足以弥补资金成本和应收账款无法收回而形成坏账损失的风险。外部风险输入到企业内部后，与企业以价值创造为导向的治理结构发生摩擦和碰撞，而且这种碰撞波及企业的方方面面，这就要求企业在复杂的形势下作出选择，也就是企业管理者做出决策。经营风险在企业内部的传递也是可以控制的，实际上风险控制是企业内部控制活动的主要内容。经营风险通过企业的内部控制、决策机制和管理机制影响企业的价值创造。经营风险从产生到在企业内部传递，本身不会消失，而且随着决策次数的增加，经营风险有加大的趋势。

2. 财务风险

对于财务风险的界定有两种不同的观点：第一种观点认为，企业财务风险是企业财务活动中由于各种不确定因素的影响，企业财务收益与预期收益发生偏离，因此造成蒙受损失的机会和可能。企业财务活动的组织和管理过程中的某一方面和某个环节的问题，都可能促使这种风险转变为损失，导致企业盈利能力和偿债能力的降低。企业的财务活动分为筹资活动、投资活动、资金回收和收益分配四个方面，财务风险就分为筹资风险、投资风险、资金回收风险、收益分配风险。第二种观点认为，财务风险是企业用货币资金偿还到期债务的不确定性。这种观点认为的财务风险与负债经营相关，财务风险是因偿还到期债务而引起的。本研究采纳的是财务风险的第一种观点，即财务风险是指企业的筹资活动、投资活动、资金回收和收益分配四个方面的风险。

（三）微观主体风险的研究思路

本研究将严格遵循风险相关问题研究的规范思路。首先，对影响微观主体风险的因素进行识别，对引致的微观主体主要风险因素进行筛选，并判断中国宏观经济中的微观主体风险的类型；其次，对微观主体的风险进行量化，以反映微观主体未来所面临的风险大小；最后，提出管理或缓解微观主体风险的政策建议。

（四）主要研究内容及框架

本研究的主要内容有中国宏观经济运行中的微观主体风险引致因素分析，测度微观主体风险的方法综述及对微观主体风险的实证研究。在对微观主体相关的基本概念进行界定后，主要的后续研究内容具体安排如下：

第一部分，对中国宏观经济中的微观主体运行的现状进行描述，并在此基础上分析和识别微观主体的主要风险因素。

第二部分，对中国经济运行中的微观主体风险因素进行识别。从中国经济运行现状出发，识别出微观主体风险因素，为风险的度量奠定了分析基础。

第三部分，微观主体风险的度量与静态分析。首先介绍了基于行业的微观主体风险度量的静态贝叶斯网络模型，在此基础上，对微观主体的风险进行静态预测与分析。

第四部分，微观主体风险的动态预测与分析。首先介绍了基于行业的微观主体风险度量的动态贝叶斯网络模型，在此基础上，对微观主体的风险进行动态预测与分析。

第五部分，结论与微观主体的风险管理措施。

二、中国经济运行中的微观主体风险因素的识别

（一）微观主体运行的现状

综观 2009 年及 2010 年的内外部环境，对微观主体经营、财务等风险产生影响的因素主要集中在以下方面。

1. 全球金融危机的影响逐步淡化，公司经营业绩改善

2009 年第二季度以来，全球金融危机对我国经济的影响逐步减少，而在我国政府货币投放和财政政策的刺激尤其是 4 万亿元投资的拉动下，我国经济呈现反转态势，反映为市场需求不断回暖，公司业绩明显上升，上市公司主营业务收入增长而成本下降；表现在财务数据上则体现为净利润增幅明显超过营业收入增幅。在扣除 40 家金融类上市公司后，1 678 家公司的主营毛利高达 2 万亿元，同比增长 2 732 亿元，增加额占到 2009 年上述公司利润总额的 35%。

表 1 显示，2009 年，上市公司共实现营业总收入为 1 225 740 858.83 万元，比 2008 年增长了 3.09%；营业总成本为 981 625 204.40 万元，比 2008 年增长了 0.34%；营业利润为 142 332 341.05 万元，比 2008 年增加了 39.99%；利润总额为 147 221 230.27 万元，比 2008 年增长了 30.78%。收入增加的幅度超过成本增加的幅度，成为 2009 年上市公司业绩增长的主要驱动力。净利润(含少数股东损益)为 115 147 789.10 万元，比 2008 年增加了 25.36%。在 1 718 家公司中有 1 543 家公司实现盈利，亏损面比 2008 年下降了 8.3 个百分点。其中 1 173 家实现业绩同比增长的上市公司中，有 770 家公司的净利润增幅超过 30%；578 家公司增幅超过 50%，401 家公司业绩翻番。业绩向好的趋势在 2010 年第一季度得到了延续。

表 1

微观主体的整体情况

项　　目	2009 年	2008 年	增长率(%)
营业总收入(万元)	1 225 740 858.83	1 189 037 155.24	3.09
营业总成本(万元)	981 625 204.40	978 319 701.59	0.34
营业利润(万元)	142 332 341.05	101 668 726.46	39.99
利润总额(万元)	147 221 230.27	112 568 163.44	30.78
净利润(含少数股东损益)(万元)	115 147 789.10	91 856 038.96	25.36

从各行业的盈利情况看,表 2 显示,微观主体平均每股收益为 0.32 元,各行业每股收益的差别较大;净资产收益率平均为 4%,其中:电力、煤气及水的生产和供应业,石油、化学、塑胶、塑料业,造纸、印刷业的净资产收益率为负。净资产收益率超过 10%的行业有采掘、房地产、机械、设备、仪表、建筑、社会服务、食品、饮料、信息技术、医药、生物制品等行业。每股经营现金流平均为 0.58 元,各行业的每股经营现金流均为正数(见图 1)。

表 2

2009 年非金融类微观主体的业绩情况

证监会行业	净资产收益率	总资产净利率	每股收益(基本)(元)	每股经营现金流(元)
采掘业	0.18	0.10	0.77	1.41
传播与文化产业	0.07	0.05	0.30	0.52
电力、煤气及水的生产和供应业	—0.05	0.02	0.14	0.88
电子业	0.02	0.03	0.20	0.34
房地产业	0.15	0.05	0.33	0.43
纺织、服装、皮毛	0.06	0.03	0.24	0.38
机械、设备、仪表	0.10	0.05	0.42	0.53
建筑业	0.10	0.02	0.45	1.08
交通运输、仓储业	0.07	0.04	0.24	0.44
金属、非金属	0.01	0.02	0.24	0.47
木材、家具	0.06	0.03	0.16	0.56
农、林、牧、渔业	0.04	0.02	0.16	0.31
批发和零售贸易	0.05	0.04	0.31	0.77
其他制造业	0.04	0.05	0.27	0.42
社会服务业	0.10	0.06	0.34	0.58
食品、饮料	0.11	0.06	0.47	0.65

（续表）

证监会行业	净资产收益率	总资产净利率	每股收益（基本）（元）	每股经营现金流（元）
石油、化学、塑胶、塑料	−0.39	0.03	0.19	0.43
信息技术业	0.13	−0.41	0.44	0.51
医药、生物制品	0.11	0.11	0.51	0.58
造纸、印刷	−0.10	0.05	0.29	0.45
综合类	0.02	0.00	0.14	0.50
平　均	0.04	0.02	0.32	0.58

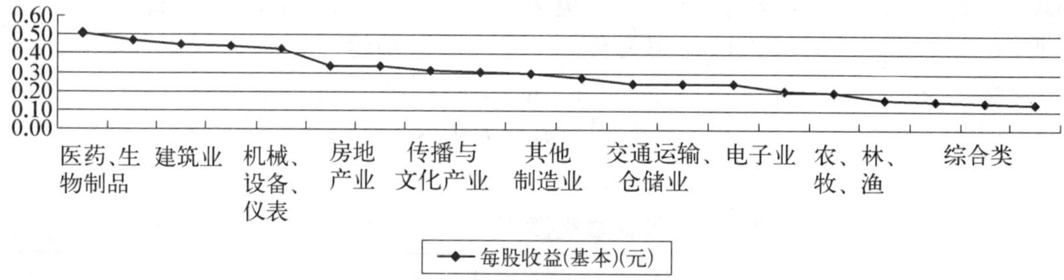

图 1　2009 年行业每股收益情况

表 3 的据数据显示，在金融危机的影响下，各家上市公司财务费用的下降为其增加了一定程度的盈利空间。除机械、设备、仪表行业财务费用占营业收入的比重有大幅度的增加，交通运输、仓储业和金属、非金属行业财务费用占营业收入的比重有小幅的增加外，其他各行业的财务费用均有一定幅度的下降。2009 年非金融类公司的财务费用占营业收入的比重平均下降 3%。电力、煤气及水的生产和供应业，电子业，建筑业，农、林、牧、渔业，其他制造业，社会服务业，信息技术业及综合类的管理费用占营业收入的比重有所下降以外，其余各行业该比重都有所上升。非金融类公司的管理费用占营业收入的比重平均上升 32%。

表 3

各行业三项费用占营业收入的比重

证监会行业	销售费用/营业收入		增长率（%）	管理费用/营业收入		增长率（%）	财务费用/营业收入		增长率（%）
	2008 年	2009 年		2008 年	2009 年		2008 年	2009 年	
采掘业	0.02	0.03	0.08	0.08	0.08	0.06	0.02	0.01	−0.20
传播与文化产业	0.09	0.08	−0.01	0.18	0.56	2.17	0.23	0.16	−0.32
电力、煤气及水的生产和供应业	0.01	0.01	0.00	0.08	0.07	−0.21	0.09	0.07	−0.19
电子业	0.05	0.05	0.00	0.13	0.13	−0.02	0.02	0.02	0.00
房地产业	0.07	0.04	−0.50	0.29	0.42	0.42	−0.05	0.03	−1.63

（续表）

证监会行业	销售费用/营业收入		增长率(%)	管理费用/营业收入		增长率(%)	财务费用/营业收入		增长率(%)
	2008 年	2009 年		2008 年	2009 年		2008 年	2009 年	
纺织、服装、皮毛	0.06	0.07	0.16	0.13	0.24	0.83	0.05	0.03	−0.30
机械、设备、仪表	0.06	0.06	0.00	0.09	0.22	1.49	0.02	0.12	5.05
建筑业	0.01	0.01	0.00	0.05	0.05	−0.04	0.02	0.02	0.00
交通运输、仓储业	0.01	0.02	0.29	0.09	0.09	0.06	0.04	0.05	0.14
金属、非金属	0.04	0.04	0.00	0.07	0.11	0.67	0.03	0.04	0.44
木材、家具	0.07	0.08	0.10	0.07	0.07	0.04	0.08	0.08	−0.07
农、林、牧、渔业	0.06	0.05	−0.10	0.16	0.10	−0.40	0.11	0.04	−0.65
批发和零售贸易	0.06	0.07	0.10	0.08	0.09	0.10	0.02	0.02	−0.13
其他制造业	0.05	0.05	0.00	0.18	0.18	−0.04	0.81	0.79	−0.03
社会服务业	0.12	0.12	0.00	0.17	0.16	−0.06	0.05	0.04	−0.13
食品、饮料	0.10	0.10	0.00	0.08	0.09	0.07	0.03	0.02	−0.34
石油、化学、塑胶、塑料	0.04	0.04	0.00	0.08	0.27	2.53	0.05	0.04	−0.17
信息技术业	0.09	0.08	−0.14	13.04	0.18	−0.99	64.04	0.25	−1.00
医药、生物制品	0.17	0.18	0.04	0.18	0.18	0.00	0.13	0.07	−0.48
造纸、印刷	0.05	0.05	0.00	0.07	0.08	0.10	0.03	0.02	−0.31
综合类	0.05	0.05	0.00	0.14	0.13	−0.04	0.08	0.05	−0.36
平　均	0.06	0.06	0.00	0.73	0.17	0.32	3.14	0.09	−0.03

但与此同时，在希腊主权债务危机升级的情况下，对欧元区其他成员国的债务危机的担忧可能蔓延，尽管超过千亿美元的救助方案不断向前推进，但其对全球金融市场以及相关汇率的影响仍然深远；此外在美元汇率走强、大宗商品价格剧烈波动等因素的影响下，我国企业尤其是出口企业的经营可能受到一定影响，而我国政府 4 万亿元投资的激励作用是边际递减的。在房地产宏观调控等政策的影响下，2010 年我国经济结构的调整将进一步深入，对公司的经营业绩产生的短期影响将是负面的。此外，根据人力资源和社会保障部的公布资料显示，我国多个省、市已经上调了最低工资标准，2010 年还有 20 个省、市计划上调工资标准，这也将在一定程度上提高企业的人力资本，给企业业绩带来负面影响。

2. 商品价格变动影响企业财务状况，增厚公司利润

2008 年上半年，国际大宗商品价格快速上涨，加上通货膨胀预期强烈，导致上市公司普遍出现对原材料、半成品及产成品的囤积行为，出现企业主动积累存货的现象。2008 年下半年以来，受金融危机影响，需求减弱，这导致上市公司库存数量上升，存货数量上升实际上是被动增加的结果。与 2008 年“去库存化”的压力不同，受益于经济回暖、市场需求上升，尤其是在政府 4 万亿元投资的拉动下新一轮投资周期到来，而股市、楼市及大宗商品等资产价格持续上

涨，上市公司补库存的动机上升。根据2009年年报数据，每家上市公司年末平均存货超过13亿元，同比增长近30%，表明上市公司的存货水平上升明显，2009年年末的数据显示的存货金额更是高达2.25万亿元。但进入2010年，美元指数走势再次变得强劲，国际油价出现了较大的回调，除黄金外其他大宗商品的价格也出现了较大的波动。在流动性趋紧的前提下，流动性对大宗商品的推动力将下降，这将进一步影响到企业的库存水平进而对利润的推动力有所减弱。2009年伴随着商品价格的上升，上市公司的资产减值损失有很大改善。表4显示，各行业资产减值损失占营业收入的比重平均下降了46%。而电力、煤气及水的生产和供应业，电子业，纺织、服装、皮毛业，机械、设备、仪表业，金属、非金属业，社会服务业，石油、化学、塑胶、塑料业，医药、生物制品业和造纸、印刷业的资产减值损失占营业收入的比重有所上升。减值损失的降低直接增加了上市公司的盈利水平。

表4

各行业资产减值损失占营业收入的比重

证监会行业	2008年	2009年	增长率
采掘业	0.01	0	−0.60
传播与文化产业	0.06	0.06	0.01
电力、煤气及水的生产和供应业	0.02	0.03	0.74
电子业	0.02	0.10	3.25
房地产业	0.24	0.21	−0.14
纺织、服装、皮毛	0.01	0.04	2.81
机械、设备、仪表	0.02	0.64	35.32
建筑业	0.04	0.02	−0.55
交通运输、仓储业	0.03	0.00	−0.88
金属、非金属	0.03	0.12	3.58
木材、家具	0.13	0.03	−0.77
农、林、牧、渔业	0.83	0.02	−0.97
批发和零售贸易	0.01	0.01	−0.34
其他制造业	0.06	0.04	−0.39
社会服务业	0.02	0.03	0.72
食品、饮料	0.02	0.02	−0.23
石油、化学、塑胶、塑料	0.06	0.11	0.98
信息技术业	0.09	0.04	−0.55
医药、生物制品	0.27	0.36	0.33
造纸、印刷	0.01	0.02	1.08
综合类	1.54	0.02	−0.99
平 均	0.17	0.09	−0.46

3. 融资结构发生变化,直接融资比重上升

2008年伴随着危机的蔓延,资本市场融资功能的受限,上市公司融资增速也下滑明显。2009年在积极的财政政策和适度宽松的货币政策的激励下经济回暖明显,公司的融资需求重新被激发,证监会也在2009年6月重启新股发行。在2009年6月至2010年4月间,共有包括创业板在内的242家企业核准发行新股。154家上市公司再融资,融资额高达6 180亿元,尤其是服务型企业的直接融资、创新发展及产业整合升级得到较大推动;除了84家创业板企业核准发行外,2009年还有56家公司实施重大资产重组,交易规模接近4 000亿元,更有12家企业进行海外收购,涉及金额530亿元。

上市公司的财务报表数据也从侧面验证了直接融资比重上升的事实。扣除金融类上市公司,上市公司2009年通过吸收投资收到的现金总额3 721亿元,是2008年的1.26倍;而取得借款收到的现金总额4.13万亿元,与2008年的3.97万元水平基本持平;通过发行债券收到的现金共计1 961亿元,同比1 216亿元增加61%,也就是说2009年上市公司融资结构中有12%左右的资金来自直接融资,比2008年上升近3个百分点。

伴随着直接融资市场的繁荣,上市公司更多选择通过发行股票或债券等直接融资渠道筹集所需资金,但接近90%的银行借款比重,仍然给上市公司带来较大的债务偿还压力。尤其是在2010年央行已多次提高存款准备金比例,且加息预期日趋强烈,在货币政策趋紧的情况下,上市公司现金流可能再度趋紧,给企业的财务成本带来负面影响。

4. 非经常性损益贡献上升,但增长后劲不足

根据《中国证券报》的统计,1 718家可比上市公司2009年非经常性损益接近800亿元,比2008年增长53.8%,对净利润的贡献率也从2008年的6.15%上升至2009年的7.42%。但这一趋势在2010年第一季度发生了改变。1 622份可比季报中所披露的非经常性损益仅为80亿元左右,相比2009年同期下降27.02%,在净利润中的占比也锐减至3.85%,表明其增长后劲堪忧。

构成非经常性损益的项目繁多,包括政府补贴、资产重组收益、处置非流动资产、公允价值变动等,其中公允价值变动带来的净收益最为显著。扣除金融类上市公司,2009年的年报中所披露的公允价值变动净收益从2008年的−204.15亿元转为138.04亿元,但这一趋势同样在2010年第一季度发生了逆转。伴随着国家对房地产行业的调控政策出台以及对欧元区债务危机的担忧,资本市场在今年出现较大下滑并可能保持一段期间的震荡,反映在报表中是2010年第一季度公允价值变动获利比例下滑,且带来非经常损益的同比下滑明显。

2008年国家进行的所得税改革,在一定程度上降低了上市公司的所得税负担;而政府部门为应对经济衰退所推出的一系列政策,也给企业带来了机遇。众多上市公司在积极挖潜的同时,通过自身努力寻求政策性的支持,包括积极争取高新技术企业认定和国家规划布局内重点软件企业,以享受相关税收优惠政策;争取国家火炬计划重点高新技术企业、享受西部大开发企业所得税优惠政策等。而发改委、地方政府等也通过扶持资金、奖励补偿费用、财政补贴资金、项目无偿资助等多种渠道为上市公司的利润添砖加瓦。这些努力在2009—2010年得以延续,政府补贴对上市公司的业绩助推效果也相当可观,仅2009年第四季度至2010年第一季度就有超过60家公司收到的各类政府补贴,总额超过20亿元,项目更是覆盖节能补贴、出口退税、技改专项资金等。但这部分资金给企业带来的正面效应将在2010年逐步减弱。

5. 强化信息披露，提升管理水平

在股改逐步推进、公司治理逐步完善的背景下，上市公司的管理水平有所提升，关联方占款、募集资金使用、子公司管理等方面问题逐步得到解决。与此同时，在监管部门和上市公司共同努力下，上市公司信息披露内容日益丰富，责任意识日益加强。以信息披露为例，2008 年披露内部控制建立健全情况和自我评价报告以及社会责任履行情况在 2009 年得以延续，在范围上有进一步拓展，而 2010 年出台的《企业内部控制规范》和《企业内部控制配套指引》则在发展战略、企业文化等方面进一步规范上市公司的内部控制和风险管理水平。目前我国上市公司内控规范体系日趋完善，为企业战略、董事会职责、风险评估、员工薪酬、诚实守信、受托责任等方面设定了良好的标准，也更有利于企业管理当局防范和管理经营风险、提升公司治理水平。伴随着上述规范的实施，企业的管理水平必将有新的提升。

（二）微观主体所面临的风险因素的识别

1. 经营风险因素的识别

经营风险具体地说是在一个企业内部由于在人、过程和技术等方面失败而导致经营发生失败的可能性。由于在人、过程和技术等方面失败的可能性可以加以预计，因此，在制订经营计划时将这些方面的风险考虑到其中，可以从微观主体的收益质量和资产的管理效率方面来看经营风险。表 5 显示，2009 年交运仓储、电子、机械设备等行业的营业收入有较大幅度的降低；机械设备行业的利润总额有较大幅度的降低；交运仓储、金属非金属、机械设备及综合业经营活动净收益有较大幅度的降低。可能存在经营风险的行业主要是交运仓储、电子、机械设备、金属非金属及综合业等行业。

表 5

2009 年微观主体各行业增长率情况

行业名称	营业收入增长率(%)	营业利润增长率(%)	利润总额增长率(%)	净利润增长率(%)	经营活动净收益增长率(%)
农、林、牧、渔业	9.39	4 443.27	9.51	2.06	13.17
采掘业	−3.96	44.62	11.52	7.72	44.99
制造业	−3.54	43.37	38.71	41.29	44.12
公用事业	13.36	942.53	3 537.59	1 542.27	310.45
建筑业	37.4	97.39	94.62	108.09	111.96
交运仓储	−19.8	−20.87	0.01	13.68	−74
信息技术	8.01	55.97	28.19	−50.06	60.85
商业贸易	4.27	17.06	14.11	15.7	16.73
房地产	7.53	28.53	28.37	24.84	24.14
社会服务	25.25	46.84	41.57	41.29	53.05
文化传播	8.57	25.34	17.16	19.29	49.17
综合业	12.03	24.89	21.54	26.04	−5.07
食品饮料	−0.33	162.17	132.04	368.44	501.94

（续表）

行业名称	营业收入增长率(%)	营业利润增长率(%)	利润总额增长率(%)	净利润增长率(%)	经营活动净收益增长率(%)
纺织服装	14.72	81.91	67.11	72.97	80.92
木材家具	－1.36	101.81	70.9	101.72	309.99
造纸印刷	24.58	30.08	25.82	38.65	35.47
石油化工	－1.91	0.43	16.24	16.57	－4.5
电子业	－10.35	2 564.16	136.26	847.28	695.07
金属非金属	3.56	－50.78	853.23	130.27	－65.31
机械设备	－18.53	－13.08	－10.71	－14.84	－21.87
医药生物	13.62	46.83	43.78	41.79	64.5
其他制造业	13.23	67.41	66.64	72.24	45.58
平　均	6.08	381.37	228.41	151.20	103.79

表 6 则显示微观主体各行业资产管理效率。表 6 中的数据显示，2009 年存货周转率比 2008 年有所放慢，平均降低幅度为 15.7%；应收账款周转率也比 2008 年有所放慢，平均降低幅度为 3.51%；总资产周转率比 2008 年有所放慢，平均降低幅度为 9.49%。从行业上看，采掘业、制造业、公用事业、交运仓储、商业贸易、社会服务、文化传播、综合业、纺织服装、造纸印刷、石油化工、金属非金属和其他制造业的存货周转率明显放慢；采掘行业、制造行业、交运仓储、信息技术、造纸印刷、石油化工、电子行业、金属非金属和其他制造业的总资产周转率明显放慢，资产管理效率下降。采掘业、制造业、交运仓储、纺织服装、造纸印刷、金属非金属和其他制造业是经营风险较大的行业。

表 6

微观主体各行业资产管理效率

行业名称	存货周转率(次)			应收账款周转率(次)			总资产周转率(次)		
	2009 年	2008 年	增长率(%)	2009 年	2008 年	增长率(%)	2009 年	2008 年	增长率(%)
农、林、牧、渔业	2.08	2.04	1.96	11.86	10.85	9.31	0.66	0.66	0.00
采掘行业	7.63	9.8	－22.14	40.7	51.82	－21.46	0.95	1.17	－18.80
制造行业	4.11	4.76	－13.66	12.3	14.22	－13.50	0.85	1	－15.00
公用事业	9.54	11.87	－19.63	9.88	9.7	1.86	0.33	0.36	－8.33
建筑行业	4.46	4.38	1.83	7.14	6.34	12.62	1.11	1.05	5.71
交运仓储	23.6	31.26	－24.50	14.75	16.68	－11.57	0.39	0.54	－27.78
信息技术	6.25	6.29	－0.64	7.19	8.64	－16.78	0.63	0.78	－19.23
商业贸易	7.04	8.15	－13.62	34.38	37.23	－7.66	1.63	1.77	－7.91

（续表）

行业名称	存货周转率(次)			应收账款周转率(次)			总资产周转率(次)		
	2009 年	2008 年	增长率(%)	2009 年	2008 年	增长率(%)	2009 年	2008 年	增长率(%)
房地产	0.32	0.32	0.00	25.96	21.86	18.76	0.29	0.31	−6.45
社会服务	2.5	3.97	−37.03	11.68	11.29	3.45	0.39	0.39	0.00
文化传播	3.19	3.55	−10.14	10.31	10.92	−5.59	0.42	0.41	2.44
综合业	2.14	2.55	−16.08	15.85	10.34	53.29	0.52	0.57	−8.77
食品饮料	3.22	3.35	−3.88	28.9	25.67	12.58	0.99	1.01	−1.98
纺织服装	1.79	2.17	−17.51	10.54	10.89	−3.21	0.56	0.58	−3.45
木材家具	2.5	2.55	−1.96	7.57	7.39	2.44	0.61	0.6	1.67
造纸印刷	3.51	4.01	−12.47	8.07	8.6	−6.16	0.54	0.63	−14.29
石油化工	5.13	6.56	−21.80	14.95	18.09	−17.36	0.69	0.88	−21.59
电子业	4.3	4.42	−2.71	7.36	7.19	2.36	0.82	0.91	−9.89
金属非金属	4.7	5.83	−19.38	29.99	33.84	−11.38	0.89	1.18	−24.58
机械设备	3.99	4.15	−3.86	7.98	8.73	−8.59	0.92	0.99	−7.07
医药生物	4.23	4.1	3.17	7.68	7.06	8.78	0.87	0.85	2.35
其他制造业	1.95	2.24	−12.95	12.32	12.28	0.33	0.67	0.74	−9.46
平均	4.92	5.83	−15.70	15.33	15.89	−3.51	0.72	0.79	−9.49

2. 财务风险因素的识别

度量财务风险主要与微观主体的偿债能力相关，常用的财务指标可以分为三类：第一类为流动性指标，用于反映短期偿债能力，度量短期筹资风险，其中包括流动比率和速动比率等指标。通常这些比率越低，债权人得不到保障的可能性越大，微观主体的风险也就越大。第二类指标反映微观主体的长期偿债能力，一般包括资产负债率、产权比率、利息保障倍数等。一般来说，前三项指标越低，表明微观主体的长期偿债能力越强，筹资风险越小。现金债务总额比是衡量微观主体筹资风险的第三类指标，现金流量和债务的比率可以更好地反映微观主体的偿债能力。该比率越高，表明微观主体承担债务的能力越强。

表 7 显示，资产负债率高于总体水平的行业是公用事业、建筑行业、商业贸易、房地产、综合行业及机械设备等行业。当一个行业资产负债率水平较高，且呈持续上升走势，那么该行业在资金紧缩的大环境下，面临财务危机的可能性较高。因此，从资产负债率指标分析，财务压力较大的行业有公用事业、建筑行业、商业贸易、房地产、综合行业及机械设备等行业。

图 2 显示，已获利息倍数总体平均为 7.64，比 2008 年的 4.84 高出 58%，总体偿债能力得到很大的提高；从行业来看，电子行业、公用事业、木材家具、石油化工、金属非金属、农林牧渔、造纸印刷、交运仓储、综合业、纺织服装、制造业、其他制造业、建筑业、文化传播业已获利息倍数高于总体平均水平，是财务风险较小的行业；而社会服务业、商业贸易、房地产、信息技术、医药生物、机械设备、采掘业、食品饮料等行业的利息倍数低，财务风险相对较大。

表 7

微观主体各行业的偿债能力

证监会行业名称	已获利息倍数（EBIT/利息费用）		增长率（%）	资产负债率（%）		增长率（%）	经营活动现金净流量/负债		增长率（%）
	2009 年	2008 年		2009 年	2008 年		2009 年	2008 年	
农、林、牧、渔业	3.18	2.57	0.24	51.24	52.93	—0.03	0.08	0.12	—0.33
采掘行业	18.72	18.06	0.04	44.14	39.71	0.11	0.37	0.33	0.12
制造行业	5.71	3.53	0.62	57.42	57.31	0.00	0.12	0.12	0.00
公用事业	2.42	0.97	1.49	70.31	68.30	0.03	0.11	0.07	0.57
建筑行业	6.04	3.82	0.58	76.98	81.22	—0.05	0.06	0.03	1.00
交运仓储	3.79	3.42	0.11	57.30	57.25	0.00	0.09	0.16	—0.44
信息技术	11.9	5.47	1.18	51.89	45.30	0.15	0.20	0.28	—0.29
商业贸易	9.87	6.08	0.62	63.40	62.68	0.01	0.12	0.10	0.20
房地产	10.93	7.2	0.52	65.74	63.85	0.03	0.05	—0.09	—1.56
社会服务	8.47	5.35	0.58	49.82	48.49	0.03	0.20	0.13	0.54
文化传播	6.65	5.46	0.22	43.77	45.39	—0.04	0.21	0.17	0.24
综合行业	4.75	2.37	1.00	59.31	60.69	—0.02	0.06	0.05	0.20
食品饮料	20.44	9.54	1.14	44.18	45.24	—0.02	0.29	0.21	0.38
纺织服装	5.22	2.82	0.85	53.15	54.75	—0.03	0.11	0.10	0.10
木材家具	2.79	2.19	0.27	55.48	55.67	0.00	0.16	0.08	1.00
造纸印刷	3.65	2.74	0.33	51.81	52.40	—0.01	0.10	0.15	—0.33
石油化工	2.81	1.64	0.71	58.50	56.95	0.03	0.09	0.11	—0.18
电子业	2.38	0.87	1.74	50.67	50.97	—0.01	0.05	0.11	—0.55
金属非金属	2.93	2.72	0.08	59.19	57.11	0.04	0.11	0.15	—0.27
机械设备	13.54	6.54	1.07	61.36	63.19	—0.03	0.13	0.07	0.86
医药生物	12.94	5.6	1.31	43.34	46.59	—0.07	0.23	0.17	0.35
其他制造业	5.96	4.32	0.38	57.47	58.84	—0.02	0.14	0.03	3.67
平均	7.64	4.84	0.58	57.39	57.31	0.00	0.14	0.12	0.16

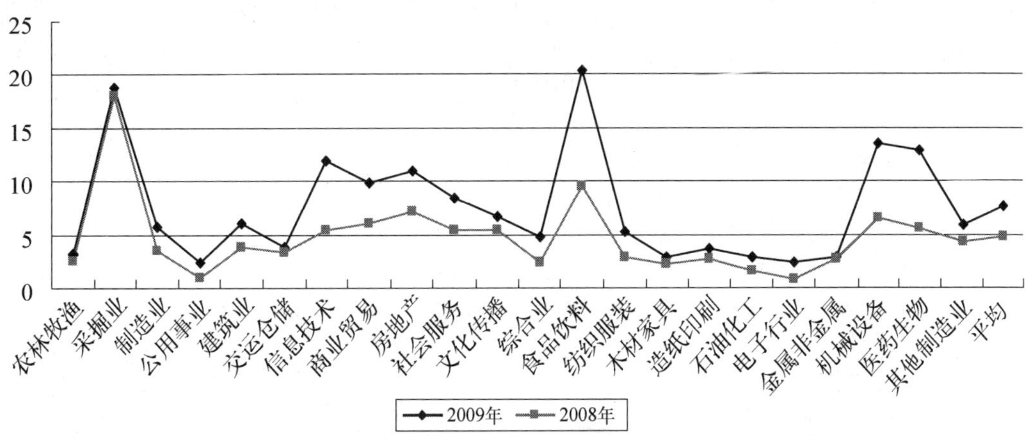

图 2　微观主体各行业已获利息倍数的比较

三、微观主体风险的度量与静态分析

（一）基于行业的微观主体风险度量的静态贝叶斯网络模型

贝叶斯网络(Bayesian Networks)作为描述随机变量之间依赖关系的图形模式(概率智能系统)，被广泛用于不确定性问题的智能化求解。它具有多功能性、有效性和开放性(是一个能够集成其他智能技术与数据处理方法的平台)等特征，可转化数据为知识(具有形象直观的知识表示形式，能与专家知识有机结合)，并利用这些知识进行推理(具有类似于人类思维的推理方式)以解决分类、聚类、联合预测、证据传递、最优解释和因果分析等问题，其有效性已在风险管理、医疗诊断、生物信息分析和系统评估与控制等许多领域得到验证。动态贝叶斯网络(Dynamic Bayesian Networks)是贝叶斯网络的时序扩展，在继承贝叶斯网络优势的同时，又增加了时间特征功能，可在统一的概率框架下将静态信息和动态信息融为一体(网络时序过程)，并通过量化推理进行动态分析、预测和控制等。它们在企业风险数据智能化处理方面都具有广阔的应用前景。当例子数据少时，无法使用分类技术进行有效的预测(许多参数不能估计)，适合于采用聚类方法来预测。对时间片内风险等级预测采用静态贝叶斯网络聚类，而需要利用不同时间片信息时则使用动态贝叶斯网络聚类。

用 C，X_1，…，X_n 表示静态类变量与属性变量，c，x_1，…，x_n 是具体的取值，D 表示数据集，N 是数据集中的记录数量；$C[t]$，$X_1[t]$，…，$X_n[t]$($0 \leqslant t \leqslant T$)表示动态时间片类变量和属性变量，$c[t]$，$x_1[t]$，…，$x_n[t]$ 是具体的取值，$D[0]$，$D[1]$，…，$D[T]$ 表示不同时间片的数据集，$N[0]$，$N[1]$，…，$N[T]$ 是对应数据集中的记录数量。结合贝叶斯网络和 Gibbs sampling 进行静态数据聚类。假设具有部分先验知识，包括类数信息和少量的例子信息，通过聚类发现缺失类标识数据的类归属。

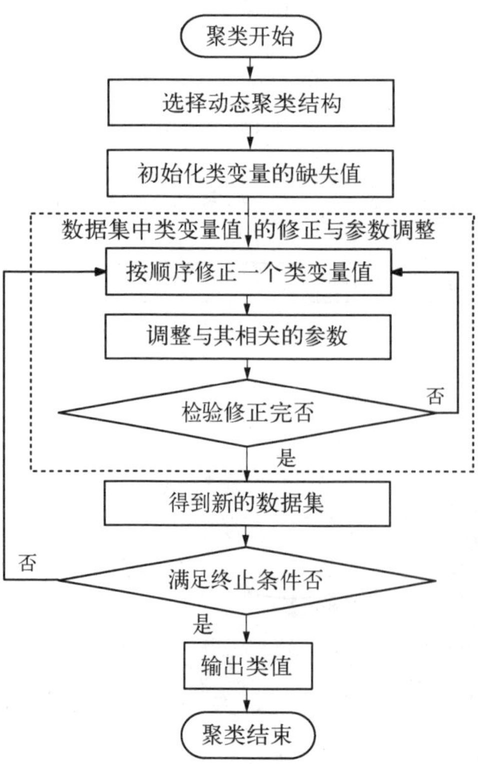

图 3　静态贝叶斯网络聚类过程

1. 聚类过程、结构及条件概率

静态贝叶斯网络聚类把需要确定的类标识看作丢失数据，聚类过程也就是根据观察到的数据修复丢失数据的过程，这个过程是一个迭代，直到满足终止条件结束迭代，具体情况如图 3 所示。

假设给定类变量时属性变量之间条件独立，得到的便是朴素贝叶斯网络星形结构，这种结构广泛用于聚类，如图 4 所示。

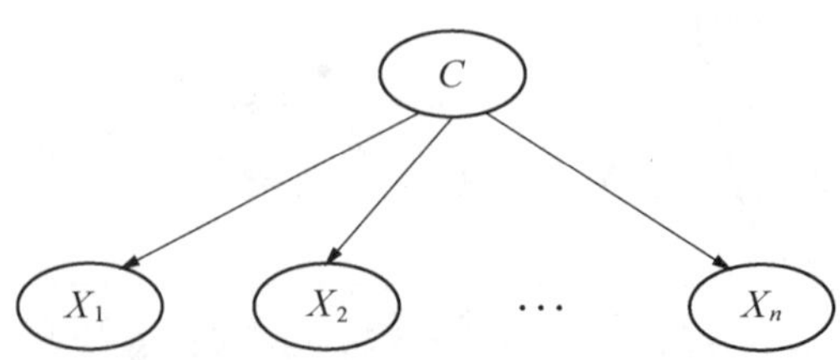

图 4　朴素贝叶斯网络结构

标准的 Gibbs sampling 采用满条件分布 $p(x_i \mid x_1, \cdots, x_{i-1}, x_{i+1}, \cdots, x_n)$ 进行抽样，其抽样复杂

程度随变量增加指数增长，基于贝叶斯网络结构分解联合概率能够有效降低抽样的复杂性。这里采用朴素贝叶斯网络结构（星形结构，用 S 表示）进行聚类。根据贝叶斯公式和星形结构中的条件独立性可得：

$$p(c \mid x_1, \cdots, x_n, S) = \frac{p(c, x_1, \cdots, x_n \mid S)}{p(x_1, \cdots, x_n \mid S)} = \alpha p(c \mid S) p(x_1, \cdots, x_n \mid c, S)$$

$$= \alpha p(c \mid S) \prod_{i=1}^{n} p(x_i \mid c, S)$$

其中：α 是与 c 无关的量；$p(c \mid S)$ 是类边缘概率；$p(x_i \mid c, S)$ 是属性条件密度，这里采用高斯密度（也可采用高斯核密度）。

2. 确定类变量的值与迭代终止检验

随机初始化 C 的值，并对 C 的值进行迭代修正，直到满足终止条件结束迭代。在每一次迭代中，按数据集中记录的顺序依次对类变量 C 的值进行修正和参数调整，过程如图 5 所示。

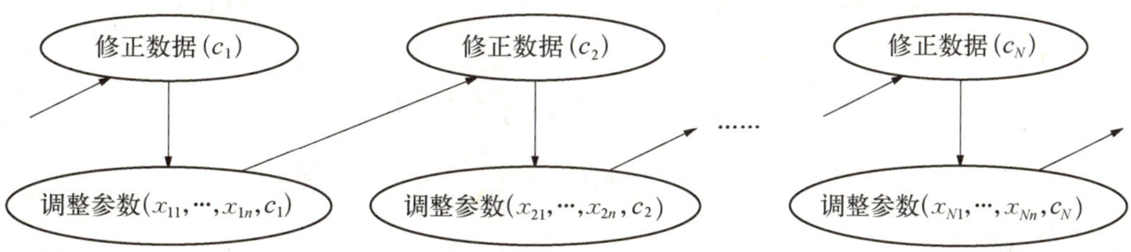

图 5 数据修正和参数调整过程

设在第 m 个记录 C 具有待修正值 c_m，X_i 的值为 x_{mi}，$\hat{c}_m$ 表示 c_m 经过修正后的值，变量 C 的可能取值为 $c^1, \cdots, c^{r_c}$。用 $D^{(k-1)}$ 表示第 k 次迭代修正前的数据集，$D_m^{(k-1)}$ 表示第 k 次迭代修正中对 c_m 修正后的数据集，$D^{(k)}$ 表示第 k 次迭代修正后的数据集。

根据高斯密度的假设，可得：

$$p^{(k)}(x_{mi} \mid c_m, D_{m-1}^{(k)}, S) = g^{(k)}(x_{mi}; \mu_{c_m}, \sigma_{c_m} \mid D_{m-1}^{(k)}, S),$$

其中：$g^{(k)}(x_{mi}; \mu_{c_m}, \sigma_{c_m} \mid D_{m-1}^{(k)}, S_v) = \dfrac{1}{\sqrt{2\pi\sigma c_m}} \mathrm{e}^{-\frac{\left(x_{mi}-\mu_{c_m}\right)^2}{2\sigma_{c_m}^2}}$，$\mu_{c_m} = \dfrac{x_{1i}(c_m) + \cdots + x_{Ni}(c_m)}{N_{c_m}}$ 是第 c_m 类的样本均值；$x_{ji}(c_m) = \begin{cases} x_{ji} & c_j = c_m \\ 0 & c_j \neq c_m \end{cases}$，$N_{c_m} = \sum_{j=1}^{N} N_{c_m}(c_j)$，$N_{c_m}(c_j) = \begin{cases} 1 & c_j = c_m \\ 0 & c_j \neq c_m \end{cases}$，$\sigma_{c_m}^2 = \dfrac{(x_{1i}(c_m) - \mu_{c_m}(c_m))^2 + \cdots + (x_{Ni}(c_m) - \mu_{c_m}(c_m))^2}{N_{c_m}}$ 是第 c_m 类的样本方差，$\mu_{c_m}(c_m) = \begin{cases} \mu_{c_m} & c_j = c_m \\ 0 & c_j \neq c_m \end{cases}$。当 $p^{(k)}(c_m \mid D_{m-1}^{(k)}, S) = 0$ 时，让 $\mu_{c_m} = \mu_c$，$\sigma_{c_m} = \sigma_c$，μ_c 和 σ_c 分别是 C 的无条件均值和标准差。

对 $p(c_m \mid D_{m-1}^{(k)}, S) \prod_{i=1}^{s} p(x_{mi} \mid c_m, D_{m-1}^{(k)}, S)$ 进行归一化处理，记

$$w(h)=\frac{p(c^h\mid D_{m-1}^{(k)},S)\prod_{i=1}^{s}p(x_{mi}\mid c^h,D_{m-1}^{(k)},S)}{\sum_{j=1}^{r_c}p(c^j\mid D_{m-1}^{(k)},S)\prod_{i=1}^{s}p(x_{mi}\mid c^j,D_{m-1}^{(k)},S)},\ h\in\{1,\cdots,r_c\}。$$

对生成的随机数 λ，按如下方法确定类变量 C 的取值：

$$\hat{c}_m=\begin{cases}c^1, & 0<\lambda\leqslant w(1)\\ \cdots & \\ c^h, & \sum_{k=1}^{h-1}w(k)<\lambda\leqslant\sum_{k=1}^{h}w(k)\\ \cdots & \\ c^{r_c}, & \lambda>\sum_{k=1}^{r_c-1}w(k)\end{cases}$$

如果 $c_m\neq\hat{c}_m$，需要调整对应的参数，利用调整后的参数进行抽样修正 c_{m+1}。

类变量参数调整：

$$\hat{p}^{(k)}(c_m\mid D_m^{(k)},S)=\hat{p}^{(k)}(c_m\mid D_{m-1}^{(k)},S)-1/N,$$

$$\hat{p}^{(k)}(\hat{c}_m\mid D_m^{(k)},S)=\hat{p}^{(k)}(\hat{c}_m\mid D_{m-1}^{(k)},S)+1/N。$$

连续属性参数调整：

$$\hat{p}^{(k)}(x_{mi}\mid c_m,D_{m-1}^{(k)},S)=g^{(k)}(x_{mi};\mu'_{c_m},\sigma'_{c_m}\mid D_{m-1}^{(k)},S),$$

其中：$g^{(k)}(x_{mi};\mu'_{c_m},\sigma'_{c_m}\mid D_{m-1}^{(k)},S)=\dfrac{1}{\sqrt{2\pi\sigma'_{c_m}}}\mathrm{e}^{-\frac{(x_{mi}-\mu'_{c_m})^2}{2\sigma'^2_{c_m}}}$；$\mu'_{c_m}=\dfrac{\sum_{k=1}^{N}x_{ki}(c_m)-x_{mi}(c_m)}{N_{c_m}}$；

$$\sigma'^2_{c_m}=\frac{\sum_{k=1}^{N}(x_{ki}(c_m)-\mu'_{c_m}(c_m))^2-(x_{mi}(c_m)-\mu'_{c_m}(c_m))^2}{N_{c_m}};\ N_{c_m}=-1+\sum_{k=1}^{N}N_{c_m}(c_k)。$$

$$p^{(k)}(x_{mi}\mid\hat{c}_m,D_{m-1}^{(k)},S)=g^{(k)}(x_{mi};\mu'_{\hat{c}_m},\sigma'_{\hat{c}_m}\mid D_{m-1}^{(k)},S),$$

其中：$g^{(k)}(x_{mi};\mu'_{\hat{c}_m},\sigma'_{\hat{c}_m}\mid D_{m-1}^{(k)},S)=\dfrac{1}{\sqrt{2\pi\sigma'_{\hat{c}_m}}}\mathrm{e}^{-\frac{(x_{mi}-\mu'_{\hat{c}_m})^2}{2\sigma'^2_{\hat{c}_m}}}$；$\mu'_{\hat{c}_m}=\dfrac{\sum_{k=1}^{N}x_{ki}(\hat{c}_m)+x_{mi}(\hat{c}_m)}{N_{\hat{c}_m}}$；

$$\sigma'^2_{\hat{c}_m}=\frac{\sum_{k=1}^{N}(x_{ki}(\hat{c}_m)-\mu'_{\hat{c}_m}(\hat{c}_m))^2-(x_{mi}(\hat{c}_m)-\mu'_{\hat{c}_m}(\hat{c}_m))^2}{N_{\hat{c}_m}};\ N_{\hat{c}_m}=1+\sum_{k=1}^{N}N_{\hat{c}_m}(\hat{c}_k)。$$

采用相邻聚类变量值序列的一致性检验进行终止迭代判断。设相邻两次迭代所得到的聚类变量值序列分别为 $c_1^{(k)},c_2^{(k)},\cdots,c_N^{(k)}$ 和 $c_1^{(k+1)},c_2^{(k+1)},\cdots,c_N^{(k+1)}$，$\mathrm{sig}(c_i^{(k)},c_i^{(k+1)})=\begin{cases}0, & c_i^{(k)}=c_i^{(k+1)}\\ 1, & c_i^{(k)}\neq c_i^{(k+1)}\end{cases}$。对给定的阈值 $\eta_0>0$，如果 $\frac{1}{N}\sum_{i=1}^{N}\mathrm{sig}(c_i^{(k)},c_i^{(k+1)})\leqslant\eta_0$，则结束迭代。

（二）样本和指标的选取

1. 样本的选取

本研究中选取了 2008—2010 年公布财务报告的深、沪上市的 A 股公司作为研究样本（2010 年是第一季度数据），共有符合要求的样本 1 782 家/年。行业的划分以中国证监会 2001 年正式颁布的《上市公司行业分类指引》为依据。《上市公司行业分类指引》将上市公司所属行业划分为 22 个大类，去掉金融行业，剩下的 21 个行业为我们的研究样本，各行业的样本数量见表 8。研究中使用的财务数据来源于 WIND 数据库。

表 8

样本的分布情况

行　业　名　称	样本数(家)
采掘业	44
传播与文化产业	17
电力、煤气及水的生产和供应业	67
电子业	89
房地产业	107
纺织、服装、皮毛	71
机械、设备、仪表	289
建筑业	38
交通运输、仓储业	67
金属、非金属	154
木材、家具	8
农、林、牧、渔业	35
批发和零售贸易	101
社会服务业	49
食品、饮料	72
石油、化学、塑胶、塑料	194
信息技术业	136
医药、生物制品	114
造纸、印刷	40
其他制造业	23
综合类	67
总　计	1 782

2. 指标的选取

企业财务和经营风险指标均包含两部分：风险等级指标、与风险等级相关的其他指标。

① 企业财务风险指标：企业财务风险等级指标：风险等级，分为四个级别，分别是高风险（A级）、较高风险（B级）、有风险（C级）和风险关注（D级）。影响企业财务风险的因素指标：销售毛利率，销售净利率，净资产收益率，总资产净利率，每股收益（基本），产权比率，已获利息倍数（EBIT/利息费用），资产负债率（平均），现金债务总额比，每股经营现金流量。② 企业经营风险指标：企业经营风险等级指标：风险等级，分为四个级别，分别是高风险（A级）、较高风险（B级）、有风险（C级）和风险关注（D级）。影响企业经营风险的因素指标：存货周转率，应收账款周转率，总资产周转率，总资产增长率，固定资产/总资产，营业总收入增长率，营业利润增长率，净利润增长率。

（三）基于行业的微观主体风险的静态预测与分析

从相关数据源获取企业财务和经营风险的面板数据，邀请10个国内知名的企业管理、财务管理和会计学等方面的专家，采用德尔菲法（Delphi Method）确定一部分企业的年度财务风险等级和经营风险等级（专家的评价经过了三轮，以各专家趋于一致的风险等级为最后的风险等级），然后基于贝叶斯网络聚类和动态贝叶斯网络分类方法进行时间片内和时间片间风险等级预测，并分析预测结果。

1. 时间片聚类算法的收敛性分析

在数据集 D(2009) 基础上进行时间片内财务风险和经营风险聚类预测，聚类迭代过程的收敛情况如图6所示。

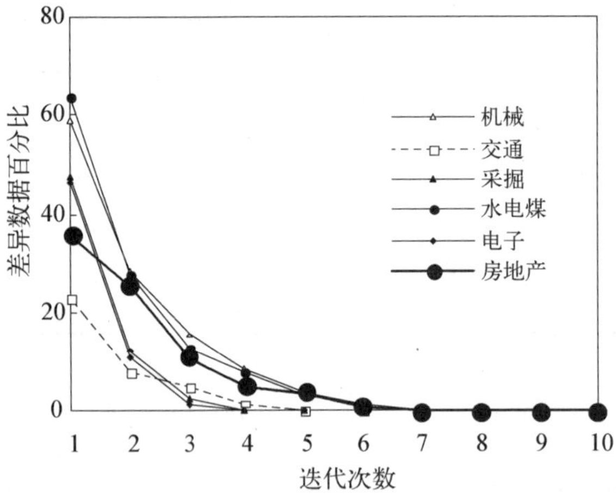

(a) 2009年财务风险静态聚类迭代

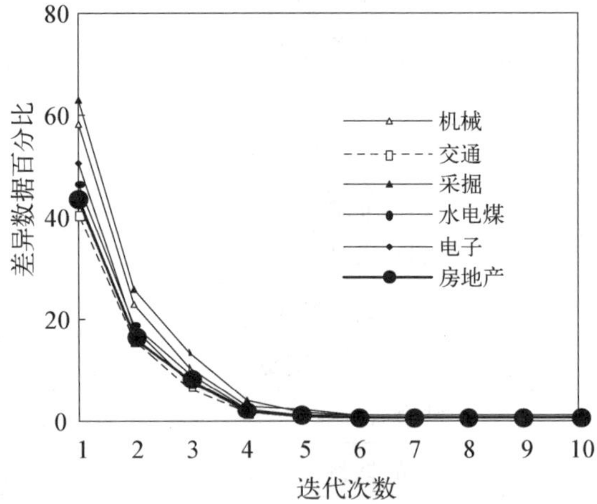

(b) 2010年财务风险动态聚类迭代

图6　聚类迭代的收敛情况

2. 静态风险预测

使用静态聚类方法，依据2008年和2009年两个时间片数据对2008年和2009年企业财务、经营与综合风险进行预测，得到的风险分布情况如表9所示。

表9显示，2008年财务风险主要集中在电力、煤气及水的生产和供应业，电子业，房地产业，纺织、服装和皮毛业，金属和非金属业，农、林、牧、渔业，批发和零售贸易业，信息技术业，医药、生物制品，综合业等行业；表10显示，2008年经营风险主要集中在采掘业，电子业，房地产业，纺织、服装和皮毛业，交通运输和仓储业，金属和非金属业，社会服务业，医药、生物制品及综合业。

表 9

2008 年各行业的财务风险分布

风险等级 行　业	高风险 （A 级）	较高风险 （B 级）	有风险 （C 级）	风险关注 （D 级）
采掘业	14.28%	12.56%	34.83%	38.33%
电力、煤气及水的生产和供应业	28.02%	22.26%	36.57%	13.15%
电子业	20.00%	20.00%	28.57%	31.42%
房地产业	37.81%	31.24%	15.73%	15.22%
纺织、服装和皮毛业	20.57%	31.44%	18.25%	29.74%
机械、设备和仪表	13.18%	28.33%	32.54%	25.95%
交通运输和仓储业	17.57%	25.98%	21.63%	34.82%
金属和非金属业	28.66%	26.52%	20.75%	24.07%
农、林、牧、渔业	25.37%	21.46%	22.11%	31.06%
批发和零售贸易业	21.46%	26.51%	18.29%	33.74%
社会服务业	12.80%	28.93%	25.49%	32.78%
食品和饮食业	17.55%	22.17%	38.44%	21.84%
石油、化学、塑胶、塑料	14.97%	28.96%	17.62%	38.45%
信息技术业	21.59%	36.77%	24.18%	17.46%
医药、生物制品	18.58%	23.43%	35.74%	22.25%
综合业	24.15%	33.71%	20.92%	21.22%

表 10

2008 年各行业的经营风险分布

风险等级 行　业	高风险 （A 级）	较高风险 （B 级）	有风险 （C 级）	风险关注 （D 级）
采掘业	35.67%	17.84%	22.52%	23.97%
电力、煤气及水的生产和供应业	15.26%	38.15%	24.58%	22.01%
电子业	34.17%	19.59%	27.82%	18.42%
房地产业	42.58%	28.39%	15.72%	13.31%
纺织、服装和皮毛业	26.41%	28.16%	20.56%	24.87%
机械、设备和仪表	13.53%	21.58%	36.94%	27.95%
交通运输和仓储业	23.45%	36.59%	22.41%	17.55%
金属和非金属业	28.95%	36.27%	20.81%	13.97%
农、林、牧、渔业	17.47%	28.34%	27.39%	26.80%
批发和零售贸易业	18.61%	22.17%	24.55%	34.67%

（续表）

行业 \ 风险等级	高风险（A级）	较高风险（B级）	有风险（C级）	风险关注（D级）
社会服务业	23.74%	18.32%	33.15%	24.79%
食品和饮食业	18.68%	38.37%	21.58%	21.37%
石油、化学、塑胶、塑料	17.54%	31.49%	32.79%	18.18%
信息技术业	18.28%	33.51%	36.17%	12.04%
医药、生物制品	24.55%	20.86%	37.21%	17.38%
综合业	23.39%	18.98%	28.54%	29.09%

表11显示，微观主体所面临的财务风险主要为有风险的等级（C级）；所面临的经营风险主要为有风险的等级（C级）。

表11

2008年微观主体的风险分布

行业 \ 风险等级	高风险（A级）	较高风险（B级）	有风险（C级）	风险关注（D级）
财务风险	15.87%	27.56%	30.21%	26.36%
经营风险	24.88%	21.57%	28.42%	25.13%

表12显示，2009年电力、煤气及水的生产和供应业，电子业，房地产业，金属和非金属业，农、林、牧、渔业，医药、生物制品和综合业有较高的财务风险。表13显示，采掘业，电子业，房地产业，纺织、服装和皮毛业，交通运输和仓储业，金属和非金属业，农、林、牧、渔业，批发和零售贸易业及综合业有较高的经营风险。

表12

2009年各行业的财务风险分布

行业 \ 风险等级	高风险（A级）	较高风险（B级）	有风险（C级）	风险关注（D级）
采掘业	11.36%	11.36%	40.91%	36.36%
电力、煤气及水的生产和供应业	29.85%	23.88%	38.81%	7.46%
电子业	20.00%	20.00%	28.57%	31.42%
房地产业	42.99%	25.23%	18.69%	13.08%
纺织、服装和皮毛业	17.64%	33.82%	13.23%	35.29%
机械、设备和仪表	10.92%	25.93%	33.78%	29.35%
交通运输和仓储业	7.46%	29.85%	19.40%	43.28%
金属和非金属业	34.41%	25.97%	16.88%	22.72%

（续表）

风险等级 行　业	高风险 （A级）	较高风险 （B级）	有风险 （C级）	风险关注 （D级）
农、林、牧、渔业	28.57%	14.28%	25.71%	31.42%
批发和零售贸易业	17.82%	29.70%	14.85%	37.62%
社会服务业	14.28%	32.65%	18.36%	34.69%
食品和饮食业	16.66%	25.00%	43.05%	15.27%
石油、化学、塑胶、塑料	19.44%	33.33%	11.11%	36.11%
信息技术业	16.17%	33.82%	19.85%	30.14%
医药、生物制品	20.17%	25.43%	36.84%	17.54%
综合业	26.86%	37.31%	10.44%	25.37%

表13

2009年各行业的经营风险分布

风险等级 行　业	高风险 （A级）	较高风险 （B级）	有风险 （C级）	风险关注 （D级）
采掘业	40.27%	20.18%	21.35%	18.20%
电力、煤气及水的生产和供应业	11.94%	41.79%	22.38%	23.88%
电子业	38.20%	24.71%	28.08%	8.98%
房地产业	45.79%	30.84%	12.14%	11.21%
纺织、服装和皮毛业	30.88%	30.88%	22.05%	16.17%
机械、设备和仪表	15.69%	18.43%	39.24%	26.62%
交通运输和仓储业	21.94%	43.73%	14.92%	19.40%
金属和非金属业	25.97%	38.05%	18.83%	17.14%
农、林、牧、渔业	20.00%	22.85%	28.57%	28.57%
批发和零售贸易业	20.79%	19.80%	18.81%	40.59%
社会服务业	18.36%	14.28%	36.73%	30.61%
食品和饮食业	16.44%	43.29%	17.37%,	22.90%
石油、化学、塑胶、塑料	11.34%	27.83%	29.89%	30.92%
信息技术业	12.50%	31.61%	41.91%	13.97%
医药、生物制品	19.28%	14.91%	43.85%	21.92%
综合业	26.85%	23.88%	25.37%	23.88%

表 14 显示，2009 年微观主体的财务风险和经营风险都处于风险关注等级，有 11.62％的企业处于高财务风险等级；21.76％的企业处于高经营风险等级。图 7、图 8、图 9 更清晰地显示了上述结果。

表 14

2009 年微观主体的风险分布

风险等级 行　业	高风险 （A 级）	较高风险 （B 级）	有风险 （C 级）	风险关注 （D 级）
财务风险	11.62％	24.02％	28.48％	35.86％
经营风险	21.76％	20.11％	23.58％	34.54％

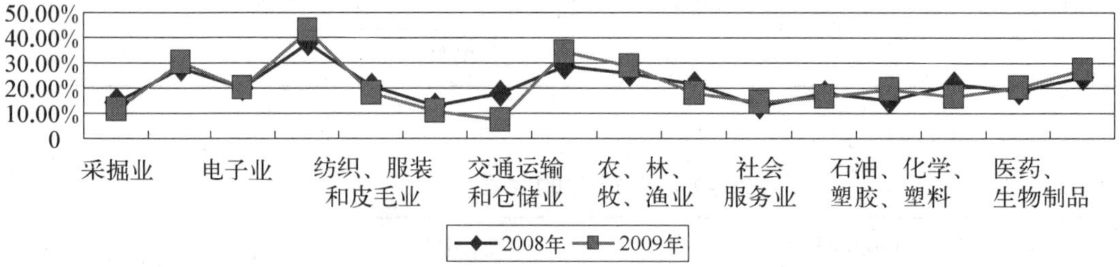

图 7　高财务风险（A 级）的行业分布比较

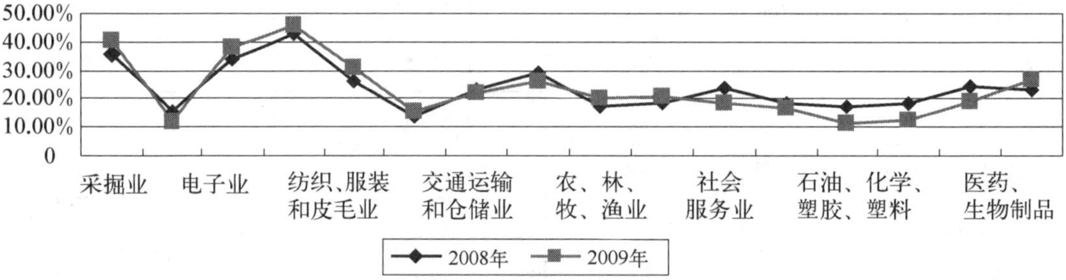

图 8　高经营风险（A 级）的行业分布比较

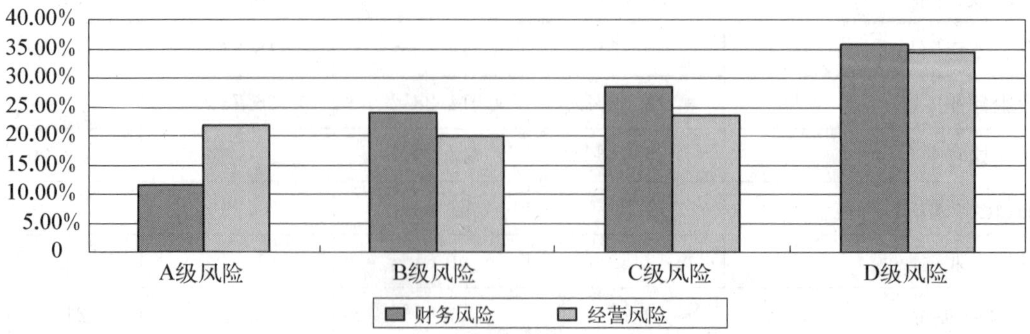

图 9　2009 年微观主体的风险等级分布

四、微观主体风险的动态预测与分析

（一）动态贝叶斯网络聚类

当例子数据少时，无法使用分类技术进行有效的预测（许多参数不能估计），适合于采用聚类方法进行预测。结合贝叶斯网络和 Gibbs Sampling 建立混合数据聚类方法，同样适合于具有离散或连续数据的聚类，可用于时间片内（年度或季度）企业风险等级预测。这种方法首先根据先验知识确定类数范围，然后进行具有确定类数的聚类，再通过引入惩罚因子对 MDL（Minimal Description Length）标准进行扩展，并使用扩展的 MDL 标准和统计方法来发现最优类数，最终实现一般情况的聚类。

1. 聚类结构与条件概率计算

采用动态朴素贝叶斯网络结构进行动态数据聚类，其中类变量形成一阶马尔科夫链（也可扩展成多阶马尔科夫链），时间片属性变量和类变量形成局部星形结构，如图 10 所示。

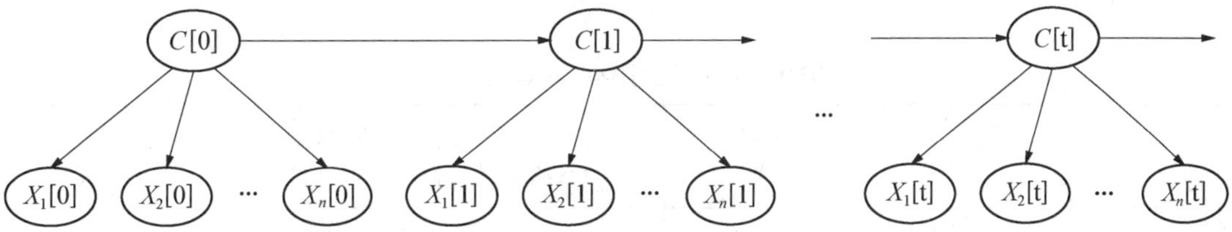

图 10 动态朴素贝叶斯网络结构

Gibbs Sampling 需要使用分布 $p(c[t] \mid c[0], \cdots, c[t-1], x_1[0], \cdots, x_n[0], \cdots, x_1[t], \cdots, x_n[t])$ 进行抽样，基于动态朴素贝叶斯网络结构可分解条件概率，从而降低抽样的复杂性。

根据贝叶斯网络理论和贝叶斯公式，以及图 4 中所体现的条件独立性关系可得：

$$
\begin{aligned}
& p(c[t] \mid c[0], \cdots, c[t-1], x_1[0], \cdots, x_n[0], x_1[1], \cdots, x_n[1], \cdots, x_1[t], \cdots, x_n[t]) \\
&\quad = p(c[t] \mid c[t-1], x_1[t], \cdots, x_n[t]) = \frac{p(c[t], c[t-1], x_1[t], \cdots, x_n[t])}{p(c[t-1], x_1[t], \cdots, x_n[t])} \\
&\quad = \beta p(c[t] \mid c[t-1]) \prod_{i=1}^{n} p(x_i[t] \mid c[t])
\end{aligned}
$$

其中：β 是与 $c[t]$ 无关的量；$p(c[t] \mid c[t-1])$ 是类转换概率；$p(x_i[t] \mid c[t])$ 是条件密度。

2. 确定类变量的取值

使用当前时间片和前一个时间片数据集估计 $p(c[t] \mid c[t-1])$，而对 $p(x_i[t] \mid c[t])$ 的估计只需在当前时间片内即可，对 $p(c_m[t] \mid c_m[t-1], D[t-1], D_{m-1}^{(k)}[t], S[t]) \prod_{i=1}^{n} p(x_{mi}[t] \mid c_m[t], D_{m-1}^{(k)}[t], S[t])$ 进行归一化处理，其中非时序（时间片内）表示的含义与静态贝叶斯网络聚类中的一致，记

$$
\nu(h) = \frac{p(c^h \mid c_m[t-1], D[t], D_{m-1}^{(k)}[t], S[t]) \prod_{i=1}^{n} p(x_{mi}[t] \mid c^h, D_{m-1}^{(k)}[t], S[t])}{\sum_{j=1}^{r_c} p(c^j \mid D_{m-1}^{(k)}[t], S[t]) \prod_{i=1}^{n} p(x_{mi}[t] \mid c^j, D_{m-1}^{(k)}[t], S[t])}, \ h \in \{1, \cdots, r_c\}
$$

对生成的随机数 μ，按如下方法确定类变量 $C[t]$ 的取值：

$$\hat{c}_m[t]=\begin{cases}c^1, & 0<\mu\leqslant\nu(1)\\ \cdots \\ c^h, & \sum_{k=1}^{h-1}\nu(k)<\mu\leqslant\sum_{k=1}^{h}\nu(k)\\ \cdots \\ c^{r_c}, & \mu>\sum_{k=1}^{r_c-1}\nu(k)\end{cases}$$

（二）基于行业的微观主体的风险动态预测分析

我们使用动态聚类方法，依据 2008 年和 2009 年两个时间片数据和 2010 年第一季度数据对 2010 年微观主体的财务、经营与综合风险进行预测，得到的风险分布情况如表 15 至表 17 所示。

表 15

2010 年各行业财务风险分布

行业 \ 风险等级	高风险（A 级）	较高风险（B 级）	有风险（C 级）	风险关注（D 级）
采掘业	15.78%	21.24%	32.57%	30.41%
电力、煤气及水的生产和供应业	22.23%	24.17%	35.45%	18.15%
电子业	17.30%	25.84%	30.26%	26.60%
房地产业	38.49%	33.18%	16.27%	12.06%
纺织、服装和皮毛业	20.91%	25.77%	18.54%	34.78%
机械、设备和仪表	18.68%	17.56%	32.49%	31.27%
交通运输和仓储业	12.12%	22.66%	23.71%	38.46%
金属和非金属业	31.74%	23.58%	20.17%	24.51%
农、林、牧、渔业	25.92%	17.43%	28.76%	27.89%
批发和零售贸易业	20.15%	25.42%	17.73%	36.70%
社会服务业	18.51%	28.79%	20.11%	23.91%
食品和饮食业	21.83%	22.30%	36.65%	19.22%
石油、化学、塑胶、塑料	15.87%	31.26%	22.58%	30.29%
信息技术业	20.36%	38.11%	25.92%	15.61%
医药、生物制品	18.33%	29.72%	33.56%	18.39%
综合业	22.31%	33.52%	20.41%	23.76%

表 15 显示，2010 年，电力、煤气及水的生产和供应业，房地产业，纺织、服装和皮毛业，金属和非金属业，农、林、牧、渔业，批发和零售贸易业，食品和饮食业，信息技术业及综合业有较

高的财务风险；表16、图11显示，采掘业，电子业，房地产业，机械、设备和仪表，金属和非金属业，批发和零售贸易业，社会服务业及综合业有较高的经营风险。

表16

2010年各行业经营风险分布

行业＼风险等级	高风险（A级）	较高风险（B级）	有风险（C级）	风险关注（D级）
采掘业	41.29%	20.42%	16.57%	21.72%
电力、煤气及水的生产和供应业	15.38%	35.84%	18.78%	30.00%
电子业	31.15%	22.87%	27.39%	18.59%
房地产业	37.82%	34.31%	17.55%	10.32%
纺织、服装和皮毛业	19.27%	28.18%	27.85%	24.70%
机械、设备和仪表	22.75%	21.77%	34.83%	20.65%
交通运输和仓储业	17.36%	43.15%	22.66%	16.83%
金属和非金属业	22.83%	39.47%	21.17%	16.53%
农、林、牧、渔业	17.31%	27.36%	29.78%	25.55%
批发和零售贸易业	21.67%	20.33%	22.81%	35.19%
社会服务业	20.50%	20.45%	34.66%	24.39%
食品和饮食业	17.17%	44.29%	17.36%	21.18%
石油、化学、塑胶、塑料	13.94%	22.17%	31.74%	32.15%
信息技术业	15.71%	33.28%	36.73%	14.28%
医药、生物制品	18.79%	17.26%	41.14%	22.81%
综合业	23.24%	20.55%	27.87%	28.34%

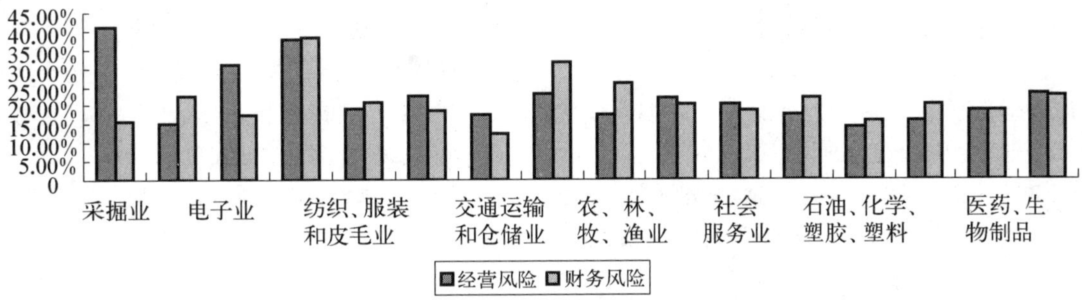

图11　2010年高风险（A级）的行业分布

（三）微观主体整体风险的动态预测

表17显示，2010年微观主体的财务风险和经营风险均主要处于风险关注等级，有12.37%的企业处于高财务风险等级，有18.44%的企业处于高经营风险等级。图12更清晰地显示了上述结果。

表 17

2010 年微观主体的风险分布

风险等级 行　业	高风险 （A 级）	较高风险 （B 级）	有风险 （C 级）	风险关注 （D 级）
财务风险	12.37%	26.42%	30.25%	30.96%
经营风险	18.44%	19.62%	26.18%	35.76%

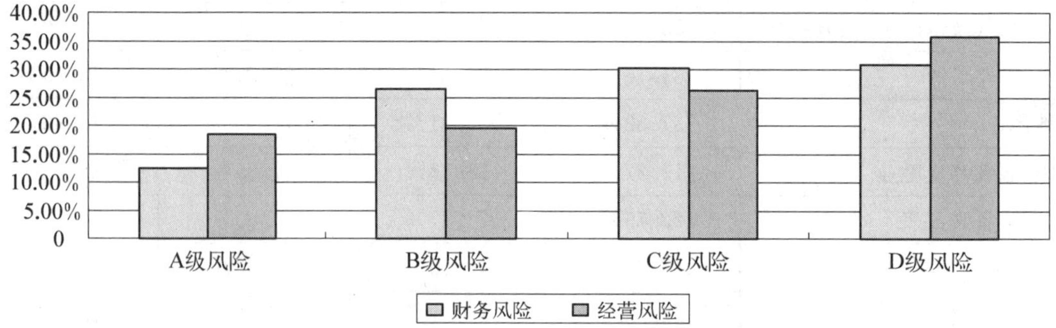

图 12　2010 年微观主体整体风险等级

五、结论与风险管理措施

（一）结论

本研究探讨了影响中国经济运行的微观主体风险。通过建立各行业风险预警动态贝叶斯网络分类模型，构建各行业的风险预警指标体系。研究结果表明，2009 年微观主体的财务风险和经营风险都处于风险关注等级，有 11.62%的企业处于高财务风险等级，21.76%的企业处于高经营风险等级。从风险的行业分布上看，电力、煤气及水的生产和供应业，电子业，房地产业，金属和非金属业，农、林、牧、渔业，医药、生物制品和综合业有较高的财务风险。采掘业，电子业，房地产业，纺织、服装和皮毛业，交通运输和仓储业，金属和非金属业，农、林、牧、渔业，批发和零售贸易业及综合业有较高的经营风险。2010 年，微观主体的财务风险和经营风险均主要处于风险关注等级；有 12.37%的企业处于高财务风险等级，有 18.44%的企业处于高经营风险等级。从风险的行业分布上看，电力、煤气及水的生产和供应业，房地产业，纺织、服装和皮毛业，金属和非金属业，农、林、牧、渔业，批发和零售贸易业，食品和饮食业及综合业有较高的财务风险；采掘业，电子业，房地产业，机械、设备和仪表，金属和非金属业，批发和零售贸易业，社会服务业及综合业有较高的经营风险。

（二）微观主体风险的管理措施

就微观主体整体而言，一方面可考虑全球经济环境的变化，尤其是经济增长、通货膨胀预期、就业、进出口等方面的变化趋势，作出合理的战略决策；另一方面则结合行业的特征，考虑影响该类企业的主要风险因素，在经营、财务安排上优先考虑相关的风险大小及控制措施，并通过公司治理结构的优化、持续有效的监控将风险控制在可接受范围之内。微观主体应把握宏观经济政策的变动趋势，在战略制定的调整、经营活动的导向、投融资活动的安排等方面做出灵活应对，在财务、经营等方面选择更加符合国家产业政策、更符合企业自身风险偏好的策略，以帮助其更好地实现自身的目标。

就单个微观企业而言，则可以在以下方面有所改进，以更好地管理和应对风险。

1. 构建全面风险管理组织架构

实行上级风险管理部门对下级风险管理部门负责人和同级业务部门"风险管理岗"负责人的直接管理和考核，下级风险管理人员和风险在所管辖的区域和领域内全面监控执行风险管理政策，包括搭建运作组织、推广风险管理工具、量化评估与分析报告等，以利于总风险管理部门综合归纳各区域、各领域的风险暴露，进行全面风险整合，实现对微观主体的积极风险配置。建立风险应对体系，补充细化、提炼和归纳风险应对策略的具体措施，采用评估与风险容限相关的风险应对备选方案和评估应对备选方案的成本和收益等技术，建立并逐步优化风险应对决策程序，提高风险应对过程的科学性。

2. 完善内部控制体系

从战略的高度充分认识到完善的内部控制机制是微观主体安全、有序运作的前提和基础，是防范微观主体风险的关键。2010 年 4 月 26 日，财政部会同证监会、审计署、国资委、银监会、保监会等部门发布了《企业内部控制配套指引》。该配套指引连同 2008 年 5 月发布的《企业内部控制基本规范》，共同构建了中国企业内部控制规范体系。它自 2011 年 1 月 1 日起首先在境内外同时上市的公司施行，自 2012 年 1 月 1 日起扩大到在上海证券交易所、深圳证券交易所主板上市的公司施行；在此基础上，择机在中小板和创业板上市公司施行。同时，鼓励非上市大中型企业提前执行。执行企业内部控制规范体系是全面提升微观主体经营管理水平的重要举措，也是我国应对国际金融危机的重要制度安排。微观主体要抓住这一契机，做好内部控制体系。

3. 创建良好的风险管理文化

一个组织可能会设置非常复杂的程序来控制风险，但是如果这个组织缺乏一个良好的风险文化内核，所有措施都是徒劳无功的。因此，风险管理最重要的一个方面是将风险融合到企业文化和价值观之中。风险管理是企业战略的重要组成部分，一个组织的风险文化将决定企业如何成功地进行风险管理。从培育健康的风险管理文化、构建全面风险管理组织架构，培养高素质风险管理人才等方面，逐步创造良好的风险管理环境。积极培育具有自身特色的风险管理文化，充分体现企业特色的发展愿景、积极向上的价值观、诚实守信的经营理念、履行社会责任和开拓创新的企业精神，以及团队协作和风险防范意识，以此引导和规范员工行为，打造以主业为核心的企业品牌，形成整体团队的向心力，促进企业长远发展。董事、监事、经理和其他高级管理人员在企业风险管理文化建设中发挥主导和垂范作用，以自身的优秀品格和脚踏实地的工作作风，带动影响整个团队，共同营造积极向上的风险管理文化环境。同时，微观主体还要加强风险管理文化的宣传贯彻，促进文化建设在内部各层级的有效沟通，并确保全体员工共同遵守；将风险管理文化建设融入生产经营全过程，切实做到风险管理文化建设与发展战略的有机结合，增强员工的责任感和使命感，规范员工行为方式，使员工自身价值在企业发展中得到充分体现。

4. 建立有效的风险防范机制

从整体风险控制的角度进一步完善内部控制制度，构筑以"岗位牵制、合规管理和内审监督"三道内控防线为特征的风险管理架构，进一步明晰风险管理、合规管理、内部审计等职能定位。在此基础上制定并实施"分类管理、合理承担、全面控制"的风险管理策略。同时对于资产负债率过高，投资冲动强的企业，在考核时，将流动比率、速动比率和现金流作为主要的考核指标。根据自身发展战略目标、资产负债管理需要和经营目标确定资金运用的风险偏好、风险限额、收益要求等风险控制总目标。

企业决策部门必须增强风险防范意识，不论是对外投资还是对内融资，也不论是研制产品还是销售产品，都应预测估计可能产生的风险以及企业的承受能力，加强对企业管理人员的业务培训，增强他们在认识风险、分析风险和防范风险的能力，提高管理决策水平，降低决策的随意性。同时，不断提高财务管理人员的风险意识，做到责、权、利相统一。财务风险存在于企业财务管理工作的各个环节，任何环节的工作失误都可能会给企业带来财务风险，必须将风险防范贯穿于工作的始终。企业应设置高效的财务管理机构，配备高素质的财务管理人员，规范各项规章制度，强化各项基础工作，使财务管理人员的风险意识不断提高。在利益分配方面，应兼顾企业各方利益，以调动各部门参与企业财务管理的积极性，真正做到责、权、利相统一。引进科学的风险管理程序，加强制度建设，建立健全财务风险管理机制，确定应付风险的方案和措施。制订企业财务战略和计划，优化财务决策和控制方法，健全财务信息的控制系统，出现风险时能及时处理减少损失。建立科学的内部决策制度，对风险较大的经营决策和财务活动，要在企业内部的各职能部门中进行严格的审查、评估、论证，通过集思广益，尽量避免因个人决策失误而造成的风险。

5. 建立敏感的企业风险识别系统及有效的风险报告渠道

建立敏感的风险管理识别系统，需要微观主体对内外部环境尤其是不确定性事件或者因素进行准确的预测和分析。不断地加大企业内部信息系统建设的投入，使信息系统的开发具有前瞻性和连续性，使信息系统能够涵盖企业所有的业务活动，充分满足企业的需求。建立适当的组织结构，完善的工作制度和通畅的交流渠道，保证风险信息的充分流动。借鉴国际先进风险管理信息系统的经验，考虑国内市场环境，利用现有资源和历史数据，构建风险管理信息系统，涵盖风险监测、风险分析等风险管理环节。针对各类风险的不同特点，制定差别化的风险信息传导机制。建立纵向报送与横向报送相结合的信息交流线路，保证信息的真实准确，实现信息共享，使风险政策能够得到良好的贯彻。制定对外信息披露管理办法，对信息披露的内容、格式、频度及职责等进行规范。

参 考 文 献

[1] 曹德芳，夏好琴. 基于股权结构的财务危机预警模型构建[J]. 南开管理评论，2005(6).

[2] 陈晓，陈治鸿. 企业财务困境研究的理论、方法及应用[J]. 投资研究，2000(2).

[3] 高培业，张道奎. 企业失败判别模型实证研究[J]. 统计研究，2000(10).

[4] 姜秀华，任强，孙铮. 上市公司财务危机预警模型研究[J]. 预测，2002(3).

[5] 马若微. KMV 模型运用于中国上市公司财务困境预警的实证检验[J]. 数理统计与管理，2006(9).

[6] 孙星，邱菀华. 企业财务危机预警双基点距离比值法[J]. 管理工程学报，2005(3).

[7] 吴世农，卢贤义. 我国上市公司财务困境的预测模型研究[J]. 经济研究，2001(6).

[8] 王宗军，熊银平，邓晓岚. 非财务信息与财务危机预警——来自我国上市公司的证据

[J]. 价值工程,2006(8).

[9] 张玲,陈收,张昕. 基于多元判别分析和神经网络技术的公司财务困境预警[J]. 系统工程,2005(1).

[10] ALTMAN E I. Financial ratios, discriminant analysis and the prediction of corporate bankruptcy[J]. The Journal of Finance, 1968(23).

[11] ALTMAN E I. The prediction of corporate bankruptcy: a discriminant analysis [J]. The Journal of Finance, 1968(23).

[12] COATS P K, FANT L F. Recognizing financial distress patterns using a neural network tool[J]. Financial Management, 1993(22).

[13] DEAKIN E B. A discriminant analysis of predictors of business failure[J]. Journal of Accounting Research, 1972(10).

[14] OHLSON J A. Financial ratios and the probabilistic prediction of bankruptcy [J]. Journal of Accounting Research, 1980(18).

[15] PLATT H D, PLATT M B. Development of a stable predictive variables: the case of bankruptcy prediction[J]. Journal of Business Finance & Accounting, 1990(17).

[16] PLATT H D, PLATT MARJORIE B. Predicting corporate financial distress: reflections on choice-Based sample bias[J]. Journal of Economics and Finance, 2002(26).

第十二章　宏观经济周期波动研究

一、中国宏观经济在全球经济中率先复苏，第10轮经济周期仍处在下行通道中

在2009年中国风险研究报告中，我们判断了2007年是新中国成立后第10个经济周期的转折点——峰谷，2008年、2009年中国经济仍然处在下行通道中。图1显示了1990—2009年GDP增长率波动轨迹，它描述了新中国成立以来第9、第10轮经济周期的运行情况。从2007年开始，第10轮经济周期达到峰顶，开始步入下行。

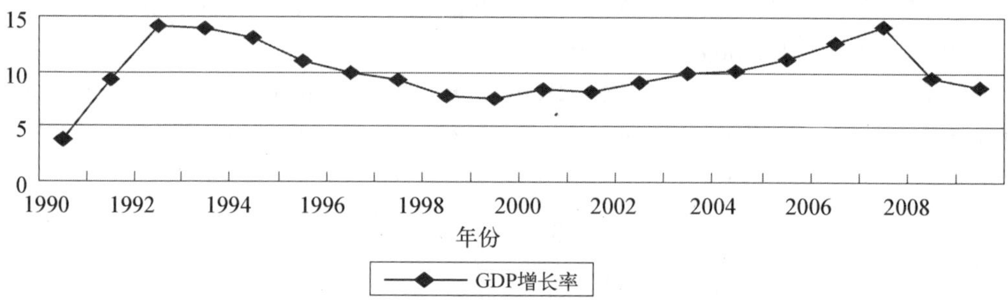

图1　1990—2009年GDP增长率波动轨迹

数据来源：WIND数据库。

2008年全球金融危机爆发以来，世界各主要国家均出台了规模巨大的刺激计划，"定量宽松"的货币政策和积极的财政政策使得各国政府联合干预效果明显，2009年下半年，世界经济显现整体复苏趋向，但基础不稳固。

2009年，在积极的财政政策、宽松的货币政策、全面回调的贸易政策、救助性的产业政策以及4万亿元政府刺激计划的作用下，中国经济在2009年第一季度触底，从第二季度经济步入回升，全年实现了8.7%的增长，但通货膨胀预期开始抬头，资产价格快速提升，外需下滑严重。驱动中国经济回升的力量主要是政府与政策。

2009年，宏观经济运行的总体情况如下。

1. 经济成功触底复苏，实现了预计的增长目标

在投资和消费的推动下，GDP同比增速逐季回升，走出了自2008年第三季度以来深度下滑的低谷。2008年第四季度GDP同比增长率是9.6%，2009年第一季度、第二季度、第三季度、第四季度GDP同比增长率分别是6.2%、7.9%、9.1%、10.7%，全年累计8.7%。GDP同比增速逐季提升，国民经济实现V型反转，见图2。

2. 固定资产投资高位运行，成为中国宏观经济止跌反弹的核心

2009年，在一揽子经济刺激政策推动下，我国固定资产投资加速增长，成为扩内需保增长的主要动力。第一季度到第四季度，固定资产投资同比增长率分别是28.6%、33.6%、33.3%、

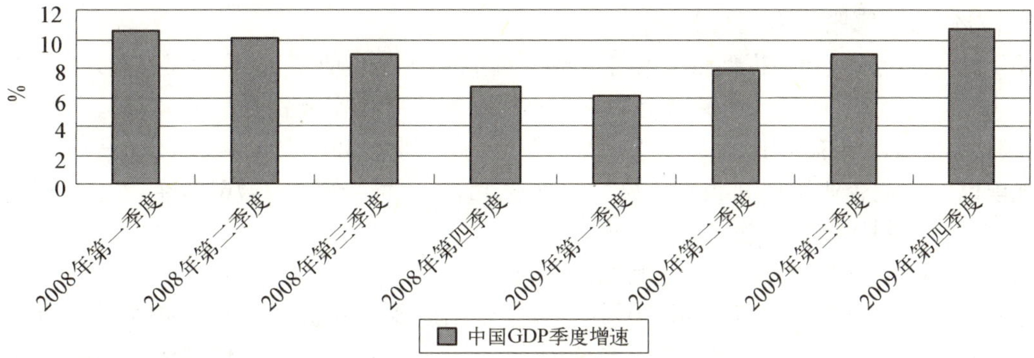

图 2　2008—2009 年中国 GDP 季度增速波动轨迹

资料来源：WIND 数据库。

30.5%，呈前高后低态势，全年比上年增长 30.1%，增幅比上年提高 4.2 个百分点。这表明 4 万亿元投资计划发挥了积极作用，投资高增长成为抵御金融危机保增长的主要动力。

3. 出口持续低迷，民间投资需求和消费需求尚未能充分启动

2008 年下半年以来，我国出口需求大幅减少，出口商品总额同比增长率逐步下跌，由第一季度的 21.32%下降到第四季度的 17.4%。2009 年，出口继续低迷，出口商品总额同比增长率下降幅度更大，全年均为负值，第一季度、第二季度、第三季度、第四季度分别是－19.8%、－21.8%、－21.3%、－16%。但 12 月份，外贸出口同比增速自 2008 年 11 月份以来首次正增长，出口同比增长 17.7%。同时，2009 年我国在国际贸易中占的份额升至 9%以上，出口超过德国成为全球第一。

根据《2009 · 中国企业经营者问卷跟踪调查》结果，认为政府投资需求"很旺"、"较旺"的企业经营者分别占 26.4%和 43.1%，其合计比重比 2008 年提高 22.2 个百分点；另有 18%认为"合适"，12.5%认为"不足"或"严重不足"，均明显低于 2008 年。与对政府投资需求的判断相反，认为民间投资"很旺"、"较旺"的企业经营者比重仅分别占 2.2%和 16.9%，其合计比重比 2008 年减少 16.7 个百分点；认为"不足"或"严重不足"的占 61%，比 2008 年提高 15.8 个百分点。

从消费需求看，调查显示，认为消费需求"很旺"、"较旺"的企业经营者分别占 0.8%和 12%，其合计比重在 2008 年比 2007 年减少 25.9 个百分点的基础上进一步下滑 9.6 个百分点；认为"不足"或"严重不足"的占 55.9%，比 2008 年增加 8.4 个百分点。

由此可以看出，民间投资需求和消费需求尚未能充分启动。

4. 货币极度扩张，流动性充裕，通货膨胀预期开始抬头

2009 年，我国有效实施了适度宽松的货币政策，加强货币政策与财政政策、产业政策的协调配合，为经济发展创造了良好的货币金融环境。全年第一季度、第二季度、第三季度、第四季度的 M_0 同比增长率分别是 10.88%、11.46%、15.96%、11.77%；M_1 同比增长率分别是 17.04%、24.79%、29.51%、32.35%；M_2 同比增长率分别是 25.51%、28.46%、29.31%、27.68%；金融机构贷款同比增长率分别是 29.78%、34.44%、34.16%、31.74%，远远超出 2008 年的水平。

2009 年我国 CPI 同比下降 0.7%，PPI 同比下降 5.4%。在经济加速下滑的过程中，2 月步入通货紧缩的状态，CPI 和 PPI 同比增速双双步入负增长状态。CPI 同比下降 1.6%，PPI 同比下降 4.5%，在经济反弹以及货币极度扩张的作用下，5 月 PPI 环比由负转正；7 月 CPI 环比由负转正，PPI 同比增速触底回升；11 月 CPI 同比转正，12 月 CPI 同比上涨 1.9%，PPI 同比

上涨 1.7%，通货膨胀压力大幅上扬。

5. 各项企业效益指标得到较大改善，企业利润降幅大幅度收窄，企业亏损总额开始负增长

2009 年 2 月、5 月、8 月，规模以上工业企业利润同比增长率分别是－37.27%、－22.85%、－10.61%，企业亏损额同比增长率 2 月、5 月、8 月分别是 36.64%、14.34%、－18.79%；11 月，规模以上工业企业实现利润累计数 25 891 亿元，同比增长率为 7.76%，企业亏损额累计数 3 270.33 亿元，同比增长率为－33.45%。

6. 制造业经理采购指数下滑后持续大幅度提升

制造业经理采购指数(PMI)在 50%以上，反映制造业经济总体扩张；PMI 指数低于 50%，通常反映制造业经济总体衰退。2009 年 1 月、2 月，PMI 指数分别是 45.3%、49%，低于临界值。3 月份，PMI 指数逆转颓势，增长到 52.4%，之后一直处于上升趋势，连续 10 个月保持在临界值 50%以上，12 月为 56.6%，显示出中国经济回升态势已基本稳固。

7. 财政收入先跌后升，增速回调迅猛

2009 年 1～4 月，受经济增长放缓、企业效益下滑以及结构性减税的影响，财政收入曾大幅下降。5 月以后，受加强征收、成品油税费改革、消费税率提升、基数效应以及实体经济回升等多重因素的作用，财政收入改变了自 2008 年 11 月以来同比负增长的局面，逐步回升，特别是 8 月以后持续 30%左右的高幅增长为全年财政收入增长奠定了基础。12 月财政收入月度同比增速上升到 55.8%，全年增长 11.7%。

8. 在极度宽松的货币政策和通货膨胀预期的刺激下，各类资产价格迅速回升

2009 年中国货币政策达到前所未有的宽松状态。12 月，M_1 同比增长率达到 32.4%，M_2 同比增长率达到 27.7%，各项贷款同比增长率为 31.74%。全年 M_1 余额为 220 001.51 亿元，同比增长率达到 32.35%；M_2 余额为 606 225.01 亿元，同比增长率达到 27.68%；各项贷款合计 399 684.82 亿元，同比增长率达到 31.74%。在企业投资意愿和居民消费意愿下滑、流动性对实体经济的渗透性大幅下滑的环境下，极度宽松的货币政策使货币大量流向资本和投机领域，导致股票价格、房地产价格以及黄金等投资品价格大幅度上扬。截至 2009 年第四季度，沪深两市总市值同比增长率为 96.68%，上证指数涨幅为 79.98%。在 2009 年的年度报告中，我们指出，房地产行业的急剧放缓构成了经济周期下行的一个核心影响因素，但在 2009 年季度宽松的货币政策以及地方政府积极的房地产政策背景下，房地产价格快速回升，70 个大中城市房地产价格 12 月同比增长 7.8%，环比增长 1.5%。黄金价格从 2008 年 10 月的最低点开始恢复性调整，在 2009 年 10 月突破 1 000 美元/盎司。

9. 中国宏观经济景气指数明显回升

在各种指标同步回升的作用下，先行指数在 1 月触底后持续上升，12 月达到 105.39；一致指数于 2 月开始触底回升，持续上升到 12 月的 102.07；滞后指数于 8 月开始触底回升到 12 月的 93.85；预警指数于 2 月触底回升到 12 月的 116.7。如图 3 所示。

二、2009 年主要经济变量波动对宏观经济的影响分析

1. 工业增加值的波动对宏观经济的影响

按照常规的中国经济增长模式，5.1%的工业增长对应的应该是 3.5%的 GDP①。由于缺

① 投资仍然是拉动中国经济增长重要引擎. www.chinagate.com.cn. 2009 年 4 月 21 日.

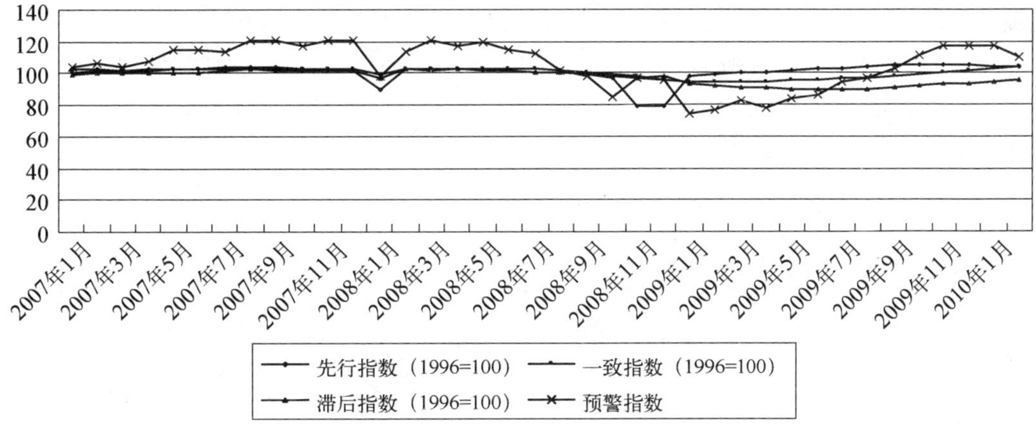

图3　2007年1月至2010年2月宏观经济景气指数波动轨迹

资料来源：国研网宏观经济数据库。

少GDP的月度数据，所以我们用月度工业增加值来衡量月度经济总量。从图4可以看出，在各种刺激政策的作用下，重工业引领工业出现快速回升，工业增加值增速、主要工业产量增速回升迅猛。2008年11月，中国工业增加值增速创自2002年2月以来的新低。自此，中国工业在低水平基础上出现恢复性上涨，到2009年10月，工业增加值同比增速达到16.1%，基本达到正常年份的平均水平。11月、12月依次回升为19.2%和18.5%，2010年2月为12.8%。

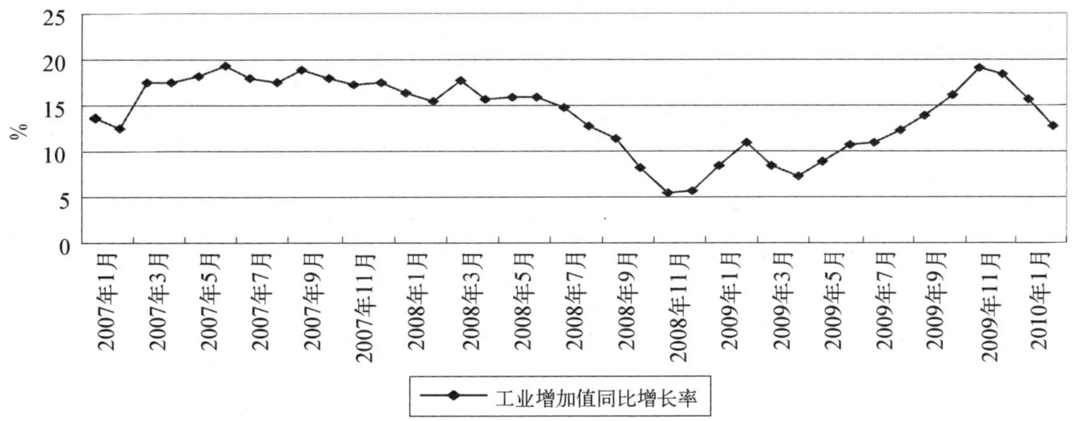

图4　2007年1月至2010年2月工业增加值同比增长率

资料来源：WIND数据库，图中各年度1月份工业增加值增长率的数据为前后两个月度数据的平均值。

工业回升的另一个标志就是主要的工业品产量出现大幅度回升。从10月开始，原煤同比增长率以超过20%的速度递增，10月、11月、12月的增长率分别是21.12%、26.3%、25.15%；发电量同比增长率由3月最低−1.3%上升到10月的17.1%、11月的26.9%、12月的25.89%；钢产量同比增长率由4月最低−3.9%上升到10月的42.42%、11月的37.4%、12月的26.59%。

2. 社会消费品零售总额的波动对宏观经济的影响

在“房地产政策”、“家电下乡”、“以旧换新”、“汽车购置税”等措施的刺激下，大宗商品消费快速提升。2009 年全年，社会消费品零售总额月度同比增长率基本在 15%左右，12 月，社会消费品零售总额增长率提高到 17.5%，波动幅度较小。1～9 月，社会消费品零售总额增长率均高于工业增加值增长率，从 10 月开始，工业增加值增长率超过社会消费品零售总额增长率，见图 5。消费对经济的复苏发挥了重要作用。

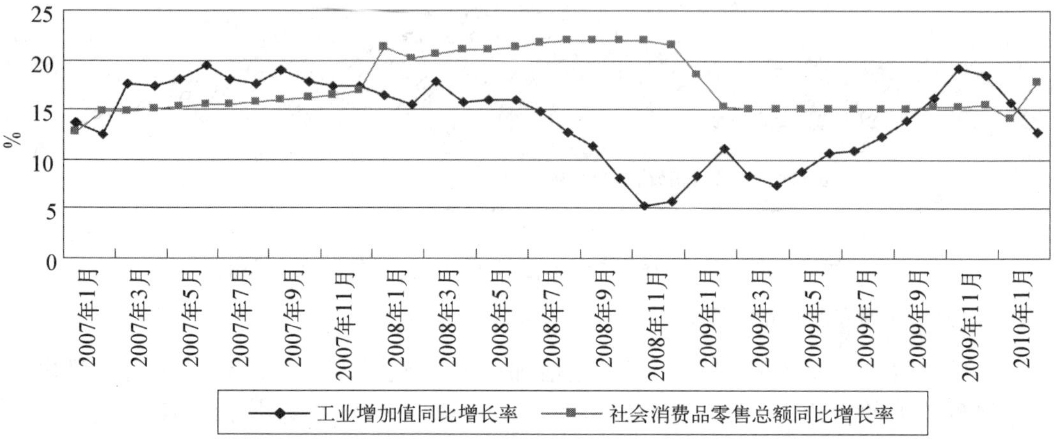

图 5　2007 年 1 月至 2010 年 2 月社会消费品零售总额增长率、工业增加值增长率波动轨迹

资料来源：WIND 数据库。

3. 居民消费价格指数、工业品出厂价格指数的波动对宏观经济的影响

进入 2008 年 3 月以后，居民消费价格总指数一路下滑，低于工业品出厂价格指数，进入 11 月，居民消费价格指数开始高于工业品出厂价格指数，2009 年这种状况一直在延伸。见图 6。2009 年居民消费价格指数一直处于工业品出厂价格指数的上方。2009 年 12 月工业品出厂价格指数为 101.7，居民消费价格指数为 101.9。进入 2010 年以来，工业品出厂价格指数开始高于居民消费价格指数。

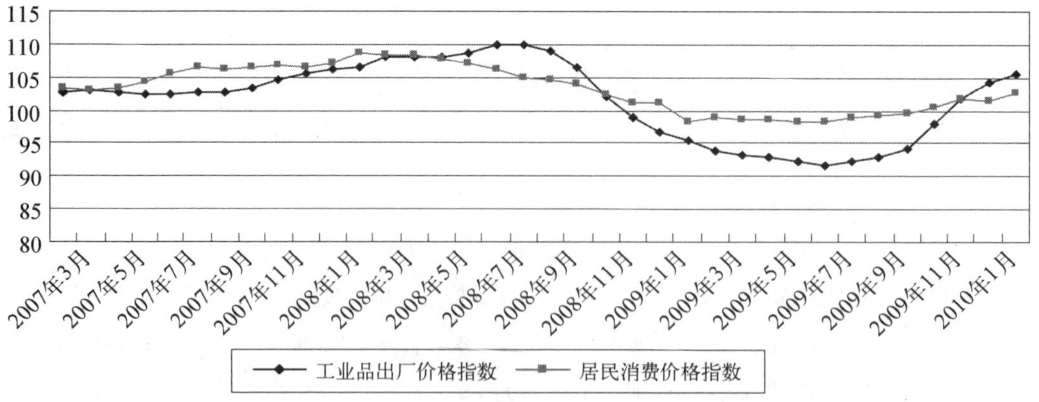

图 6　2007 年 3 月至 2010 年 2 月全部工业品出厂价格指数、居民消费价格指数变动轨迹

资料来源：WIND 数据库。

4. M_2 的波动对宏观经济的影响

除了 1 月份，2009 年全年 M_2 的增长率都比较高，超过 20%以上，11 月达到近年来的最高

水平，为 29.7%。各项贷款的增长率变动情况与 M_2 基本相同，也于 11 月达到最高，为 19.2%。见图 7。M_2 与贷款的变动情况与我国 2009 年前所未有的宽松的货币政策的执行密切相关，它们的增长与工业增加值的增长基本同步，但 M_2 与工业增加值的增速缺口出现急剧上扬，通货膨胀压力剧增。

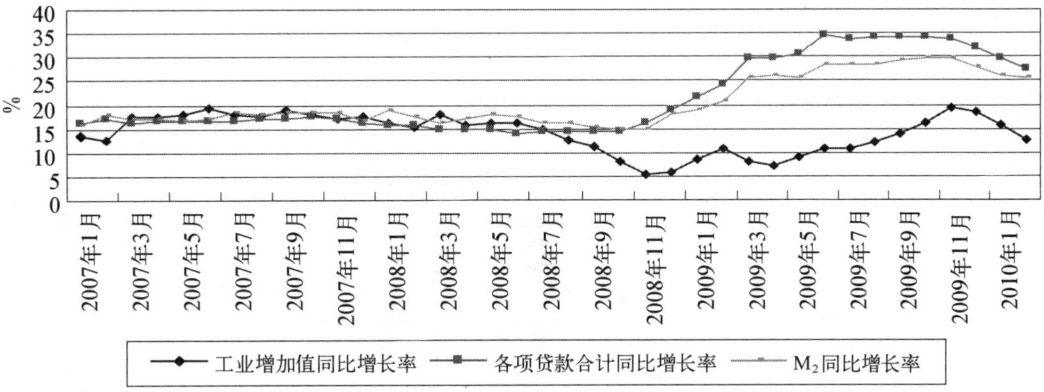

图 7　2007 年 1 月至 2010 年 2 月各项贷款增长率、M_2 增长率与工业增加值增长率波动轨迹

资料来源：WIND 数据库，各年份 1 月的数值是前后 2 个月的平均值。

5. 出口、进口的波动对宏观经济的影响

受国际金融危机的影响，进入 2009 年，出口增长率大幅度下降，减少为负数，5 月份，下降幅度达到最大，为－26.51%。之后，受世界经济触底反弹的影响，年末下降幅度有所收窄，10 月为－13.84%，11 月为－1.21%，12 月呈增长态势，为 17.69%（见图 8），自 2008 年 11 月份以来首次实现正增长，表明我国出口在加速复苏。2009 年，出口增长率全年的增幅基本都小于工业增加值的增长率，而且波动幅度大于工业增加值的波动幅度。

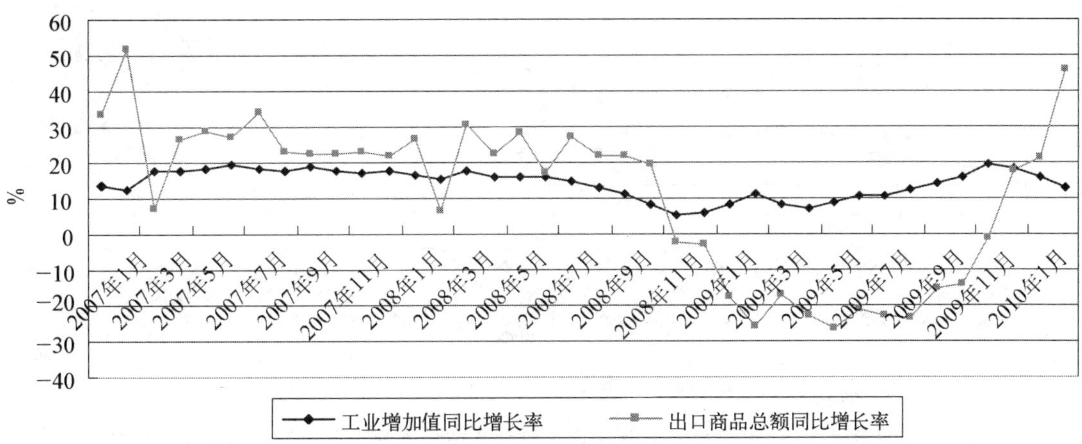

图 8　2007 年 1 月至 2010 年 2 月出口增长率与工业增加值增长率波动轨迹

资料来源：WIND 数据库。

从 2008 年 11 月开始，进口商品总额增长率降低为负值，低于工业增加值增长率。2009 年 3 月降到最近几年来的最低值，为－25.01%。之后，降幅逐步收窄，9 月为－3.41%，10 月为－6.37%，11 月增长率转为正值，为 26.73%，月度进口值 1 122.9 亿美元，创造了历史最高

纪录(见图 9)。从 11 月开始,进口商品总额增长率再次高于工业增加值增长率,说明经济刺激政策的效果显现,内需比较强劲,这也有利于拉动世界经济的恢复。

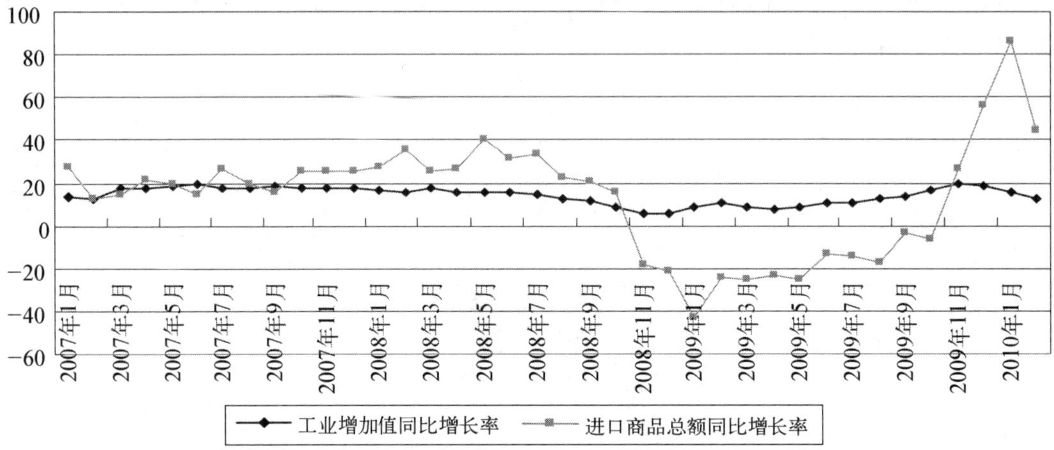

图 9　2007 年 1 月至 2010 年 2 月进口商品总额增长率与工业增加值增长率波动轨迹

资料来源:WIND 数据库。

6. 固定资产投资的波动对宏观经济的影响

2009 年,在 4 万亿元投资计划等"一揽子"刺激政策的作用下,我国固定资产投资保持了较快的增长速度。1 月份,固定资产投资增长率为 26.3%,6 月达到近几年的最高,为 33.6%,11 月、12 月分别是 32.1%、30.5%。从图 10 可以看出,固定资产投资增长率与工业增加值的增速缺口急剧上扬,说明 2009 年投资与经济运行的密切度仍然最高,成为拉动国民经济企稳回升的关键动力。

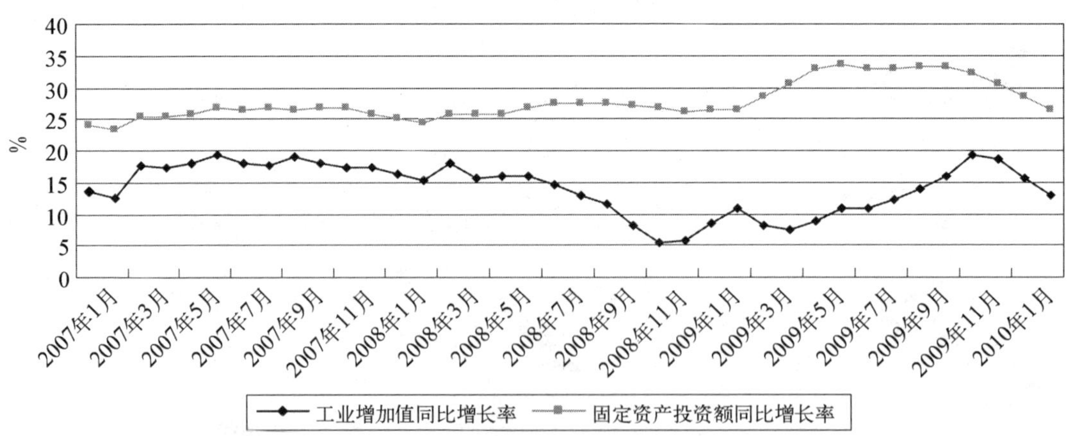

图 10　2007 年 1 月至 2010 年 2 月固定资产投资额增长率与工业增加值增长率波动轨迹

资料来源:WIND 数据库,各年度 1 月份的数据为前后 2 个月的平均值。

三、2009 年经济 V 形反转后所面临的矛盾

2009 年,为了应对金融危机,国家提出了"保增长、扩内需、调结构"的政策方针,通过积极的财政政策和适度宽松的货币政策的实施,"保增长"的成效比较显著,成功地实现了经济的 V

形反转。但是结构调整进展相对缓慢。一方面，在金融危机冲击下暴露出来的、原来被高增长所掩盖的结构性矛盾并未得到有效解决；另一方面，“保增长”更多地依赖的是传统的投资刺激和信贷刺激，这些刺激再次加剧了经济运行中的结构性失衡，从而使矛盾进一步凸显。

1. 以投资补外需的方式使得投资和消费的矛盾更加恶化

在外需对经济增长的贡献明显减少的情况下，我国经济能走出最困难时期，率先实现经济复苏，主要是依靠内需推动。2009 年最终消费对 GDP 的贡献率为 52.5%，资本形成总额的贡献率为 92.3%，净出口的贡献率为－44.8%；折算成增长率，即投资拉动经济增长 8 个百分点，消费拉动 4.6 个百分点，出口拉动－3.9 个百分点。因此，内需成为推动 2009 年经济增长的决定性因素。

在内需中，投资大幅增长，相比之下的消费则表现稍逊。固定资产投资增速与社会消费品零售总额增速之间的差距扩大到 15 个百分点，达到历史较高水平，而 2008 年两者的差距仅为 5 个百分点。以政府为主的投资，在拉动经济增长的同时，也加剧了危机前就已存在的投资和消费的不平衡。

2. 经济增长的结构发生了变化，经济回升的结构基础不稳固

本轮经济周期下滑的核心因素是第二产业的下滑。2008 年，第一产业增长 5.5%，第二产业增长 9.3%，第三产业增长 9.5%；2009 年，第一产业增长 4.2%，第二产业增长 9.5%，第三产业增长 8.9%。从三大产业对 GDP 的贡献率来看，第二产业从 2008 年 6 月的 53.9%逐步降低为 2008 年 12 月的 51.3%，2008 年 12 月的 48.8%，2009 年 3 月下降到 2 年来的最低 41.5%，之后逐步上升到 2009 年 12 月的 50.7%。与 2008 年同期相比，增加了不足 2 个百分点，仍然处于偏低水平。

表 1

三大产业对 GDP 的贡献率(%)

时　　间	第一产业贡献率	第二产业贡献率	第三产业贡献率
2007 年 12 月	3.1	49.9	46.5
2008 年 3 月	1.8	51.2	45.5
2008 年 6 月	2.8	53.9	42.8
2008 年 9 月	4.4	51.3	43.2
2008 年 12 月	6.2	48.8	45
2009 年 3 月	3.9	41.5	54.1
2009 年 6 月	4.5	46.3	49.6
2009 年 9 月	5.2	47.2	48
2009 年 12 月	5.3	50.7	43.5

资料来源：根据中经网数据计算。

2009 年，第一产业增加值占国内生产总值的比重为 10.6%，比上年下降 0.1 个百分点；第二产业增加值比重为 46.8%，下降 0.7 个百分点；第三产业增加值比重为 42.6%，上升 0.8 个百分点。

目前我国经济处于工业化中后期阶段，第一产业和第三产业尚难以持续支撑经济增长，以

往第一产业与第三产业的提升时常是在危机时期出现。

3. 中西部地区成为中国经济V形反转的核心，经济回升的基础不平衡

由于中西部地区更多属于内向型经济，受危机冲击影响较小，而国家刺激计划更多地倾斜于正加快工业化和城市化步伐的这些地区，触发其经济高速增长，从而使区域经济增长首次呈现“西快东慢”的格局。2009年前3季度，东部、中部和西部地区经济增速分别为10%、10.3%和12.5%，而这种增速的差异是中西部投资增幅与东部地区差距拉大的结果。前3季度东部、中部和西部地区投资增速分别为28.1%、38.3%和38.9%。中西部地区投资驱动型快速增长一定程度上抵消了东部地区增长曾一度放缓的影响。

4. 产能过剩矛盾加剧

由于危机爆发前，出口的迅速增加刺激了传统行业的产能扩张，在当前外需不振、出口低迷的形势下，国内无法消化如此巨大的产能，这进一步加剧了传统行业的产能过剩。根据国务院2009年9月份印发的《国务院批转发改委等部门关于抑制部分行业产能过剩和重复建设引导产业健康发展若干意见的通知》，钢铁、水泥、平板玻璃、煤化工、多晶硅、风电设备六个行业产能过剩严重。新兴产业的产能过剩，更多的是因为各地地方政府在危机爆发后希望通过产业结构的调整走出危机，而在缺乏规划的情况下，无序和盲目建设严重导致的结果。

这些都预示着潜在产能过剩压力正在加大，并构成银行潜在的坏账风险。

5. 民企生存空间进一步受到挤压

在“保增长”的过程中，政府投资和新增贷款大部分流向了国有及国有控股企业，在4万亿元和十大产业振兴规划中国有企业受益更大，在过剩行业、资源行业整合中，民营企业屡被并购，例如在钢铁、煤炭等行业中，国有企业并购民营企业的现象频频发生，进一步缩小了民营企业在竞争性领域内的发展空间，导致“国进民退”的现象严重。民营企业特别是中小企业无法获得投资机会，融资困难，存在着被边缘化的倾向。

6. 消费需求虽有所提升，但依然低迷

2009年社会消费品零售总额实际增长16.9%，高于GDP的增长速度，但是居民消费占GDP的比重2009年为37.3%，而1990年为44.5%，下降了约8%；同时，社会消费品零售总额的这种高速增长与汽车消费、家电消费密切相关。受国家刺激政策的影响，消费中存在大量的补贴性消费和“半强制性”消费，市场自发消费意愿并非十分强烈，消费信心指数依然处于历史较低的水平。因此，目前消费增速的快速提升与消费信心指数、居民实际收入增速与收入感受度之间存在明显的冲突，虽然市场自发需求在回转，但依然较为脆弱。

7. 资产价格泡沫问题重现

2009年天量信贷的投放导致流动性泛滥，在实体经济不景气的情况下，资金的逐利性导致大量资金流入股市、房市，资产泡沫问题重现。

上述问题说明，政策性刺激是2009年宏观经济增长的主要动力，但随着政策刺激的加速期的结束，宏观经济持续增长的趋势将受到严重冲击，所以目前我国经济回升的基础仍然不稳定、不巩固、不平衡。从外部环境看，世界经济缓慢曲折、困难复杂、寻求变革的复苏之路，也将对我国经济未来发展产生重大影响。2010年，宏观经济将面临着最复杂的环境。

四、经济周期波动转折点的动态贝叶斯网络方法预测

经济周期问题是宏观经济学最为关心的理论和实际问题，而经济周期转折点又是揭示经济

周期波动规律的关键点，因此，研究经济周期波动转折点预测模型在理论与应用两方面均有重要意义。目前已有一些经济周期波动转折点的预测方法，如函数拟合和时间序列预测等，但这些方法或者突出静态的函数关系，或者强调动态序列的时间传递，不易实现两方面信息的有机结合。

动态贝叶斯网络是贝叶斯网络的扩展，将时间片间的动态依赖与时间片内的静态依赖融合在一起，在继承了贝叶斯网络多功能性、有效性和开放性等方面优势的同时，又增加了时间特征功能，可用于多变量网络时间序列的因果分析和预测等，已在许多领域得到广泛应用。关于动态分类，目前主要采用单一的动态贝叶斯网络分类器进行分类预测，其中应用较多的是单马尔科夫链动态朴素(naive)贝叶斯网络分类器。这种分类器简单高效，适合于小时序数据的分类问题，但仍存在两个主要问题：一个是分类器基于给定时间片类变量时对应的属性之间条件独立的假设，会造成分类信息丢失，而由单马尔科夫链所提取的时序信息也不充分，这些都会影响分类器的分类准确性；另一个是连续属性的密度估计，一般选择高斯密度或高斯核密度，两种情况恰是两个极端，可能出现估计偏差或对例子的过度拟合，同样会降低分类器的泛化能力。其他的动态贝叶斯网络分类器也各有优势和不足，因此，使用单一分类器往往很难满足宏观经济指标预测的可靠性要求，需要进行集成分类研究。但经典的 Bagging、Boosting 和改进的方法都假设例子之间相互独立，并使用经过选择的不同例子子集来构建分类器集，而宏观经济指标数据强调时序依赖，也无法通过例子子集选择建立分类器集。

准确性是宏观经济指标预测最重要的需求，而集成预测是目前提高单一预测模型可靠性的最有效方法。下面分别从影响动态贝叶斯网络分类器学习和分类的可用信息量、连续属性密度估计和依赖关系利用等方面，构建具有不同特色和优势的动态贝叶斯网络分类器组成分类器集，进行经济周期波动转折点集成分类预测，以提高预测的可靠性。

分别用 $X_i[0]$，$X_i[1]$，…，$X_i[T]$（$1\leqslant i\leqslant n$）和 $C[0]$，$C[1]$，…，$C[T]$ 表示随机属性变量和类变量序列，$x_i[0]$，$x_i[1]$，…，$x_i[T]$ 和 $c[0]$，$c[1]$，…，$c[T]$ 是具体的取值，$H[0]$，$H[1]$，…，$H[T]$ 是隐藏变量序列，$h[0]$，$h[1]$，…，$h[T]$ 是其取值。

（一）动态贝叶斯网络集成分类器

构建动态贝叶斯网络集成分类器的基础是具有不同特色和优势的动态贝叶斯网络分类器的选择，并以提高时序递进预测准确率为标准进行分类器集的组合优化，使用优化后的分类器集建立集成分类器。

1. 用于集成分类的基础分类器

选择 14 个基础分类器，这些分类器分别是：① 单类马尔科夫链高斯密度动态朴素贝叶斯网络分类器(连续属性)。② 双类马尔科夫链高斯密度动态朴素贝叶斯网络分类器(连续属性)。③ 单类马尔科夫链高斯核密度动态朴素贝叶斯网络分类器(连续属性)。④ 双类马尔科夫链高斯核密度动态朴素贝叶斯网络分类器(连续属性)。⑤ 增加隐藏变量的单类马尔科夫链动态朴素贝叶斯网络分类器(连续属性)。⑥ 增加隐藏变量链的单类马尔科夫链动态朴素贝叶斯网络分类器(连续属性)。⑦ 单类马尔科夫链动态朴素贝叶斯网络分类器(离散属性)。⑧ 双类马尔科夫链动态朴素贝叶斯网络分类器(离散属性)。⑨ 增加属性马尔科夫链的单类马尔科夫链动态朴素贝叶斯网络分类器(离散属性)。⑩ 增加属性马尔科夫链的双类马尔科夫链动态朴素贝叶斯网络分类器(离散属性)。⑪ 单类马尔科夫链动态 TAN 分类器(离散属性)。⑫ 双类马尔科夫链动态 TAN 分类器(离散属性)。⑬ 增加隐藏变量的单类马尔科夫链动态朴素贝叶斯网络分类器(离散属性)。⑭ 增加隐藏变量链的单类马尔科夫链动态朴素贝叶斯网络分类器(离散属性）。将这些分类器组成分类器集，建立动态贝叶斯网络集成分类器，具体情况如图 11 所示。

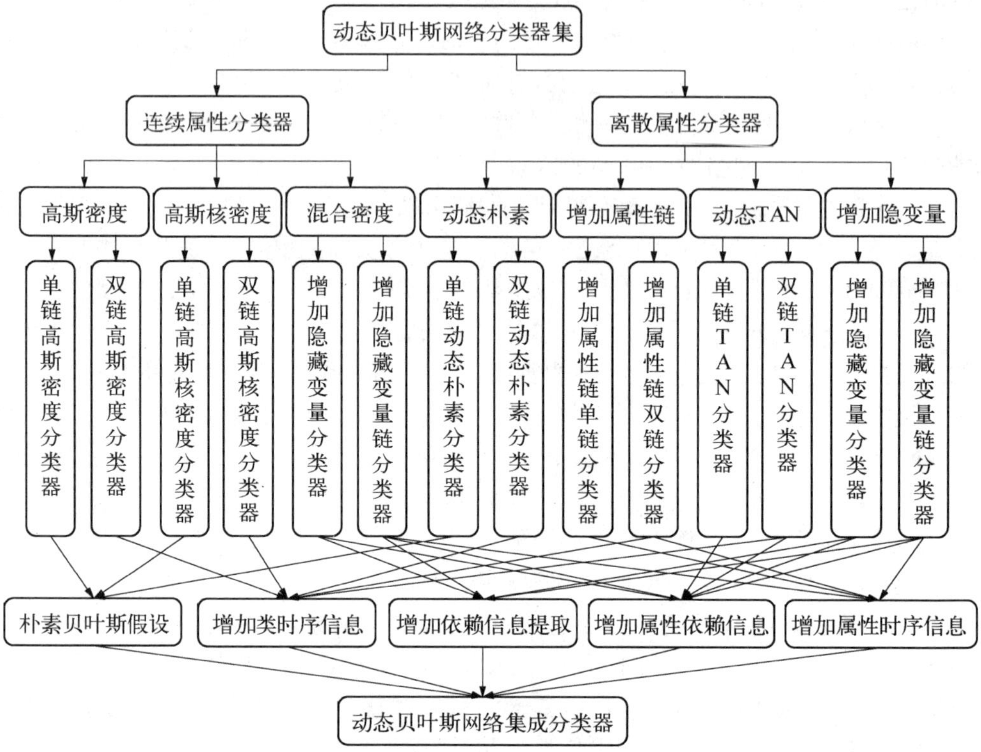

图 11 动态贝叶斯网络分类器集的构成

2. 分类器结构

分类器结构决定分类器的表示形式，上面给出的各种分类器所具有的不同结构如图 12 所示。

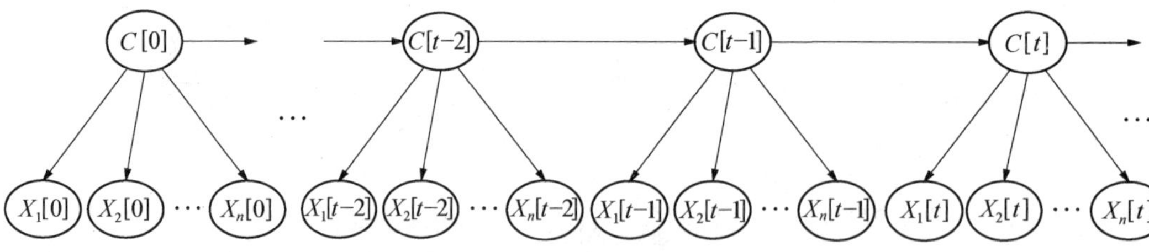

(a) 单类马尔科夫链动态朴素贝叶斯网络分类器结构

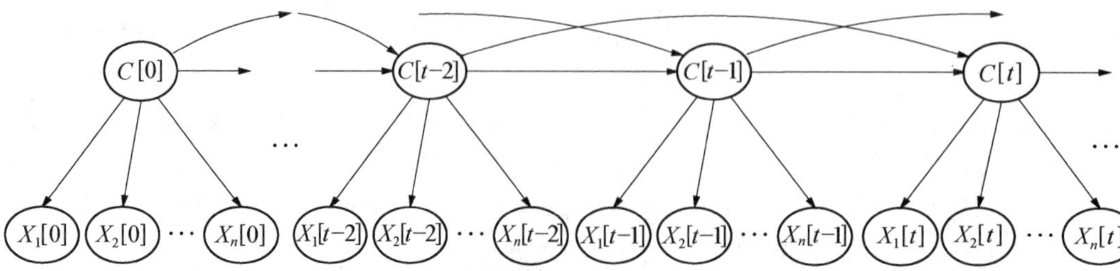

(b) 双类马尔科夫链动态朴素贝叶斯网络分类器结构

图 12

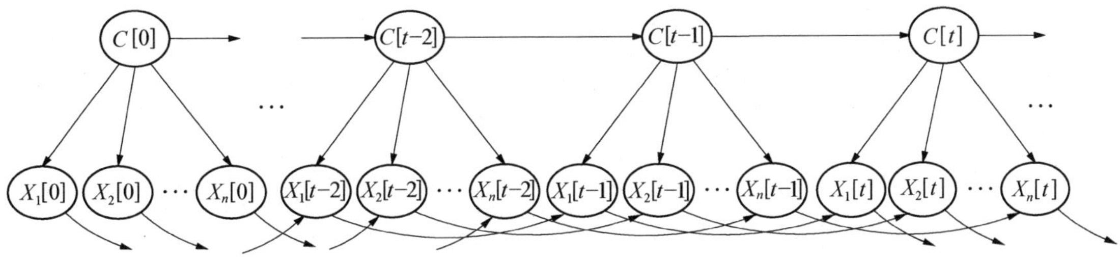

（c）增加属性马尔科夫链的单类马尔科夫链动态朴素贝叶斯网络分类器结构

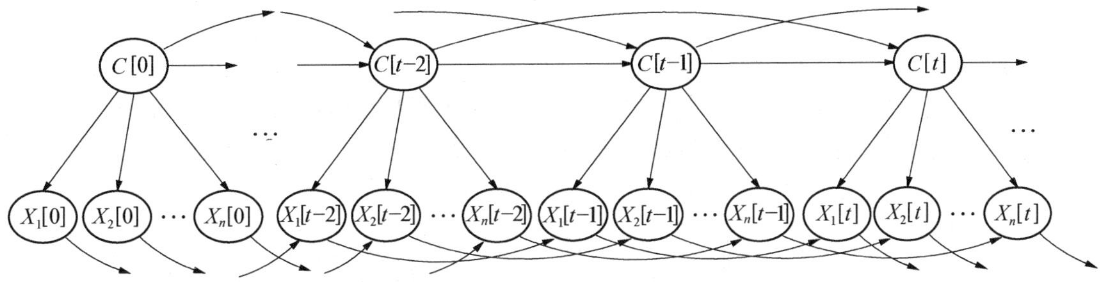

(d) 增加属性马尔科夫链的双类马尔科夫链动态朴素贝叶斯网络分类器结构

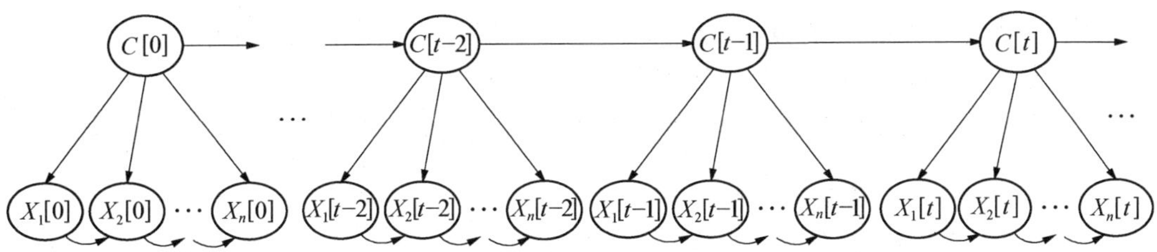

(e) 单类马尔科夫链动态TAN分类器结构

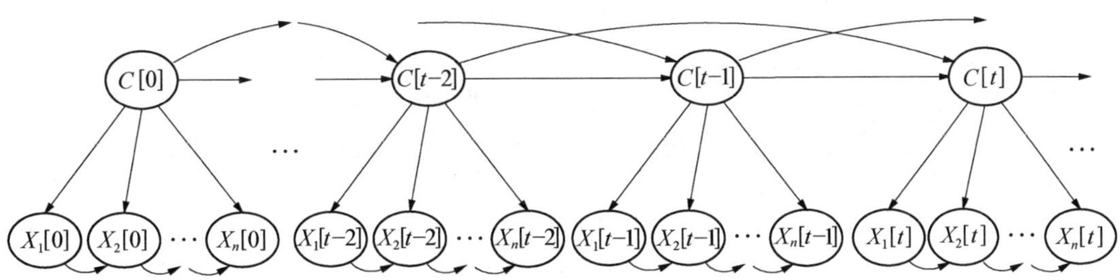

（f）双类马尔科夫链动态TAN分类器结构

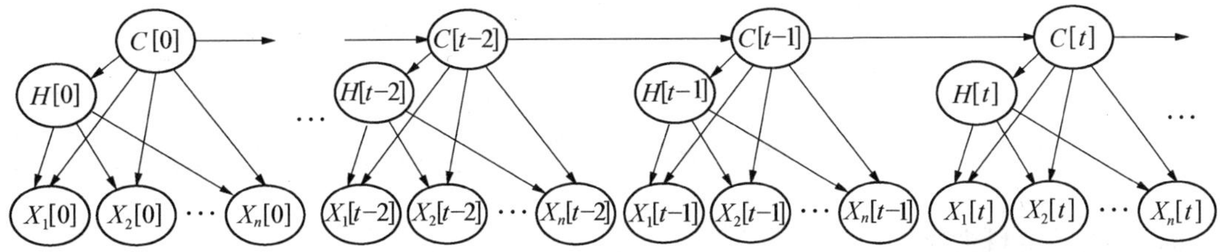

(g) 具有隐藏变量的单类马尔科夫链动态朴素贝叶斯网络分类器结构

图 12

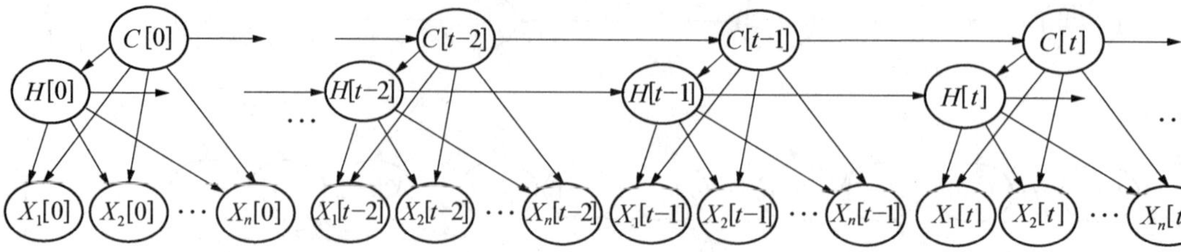

(h) 具有隐藏变量链的单类马尔科夫链动态朴素贝叶斯网络分类器结构

图 12 不同的动态贝叶斯网络分类器结构

3. 分类器表示形式

根据上面列出的 8 种分类器结构可得到对应的分类器表示形式,具体情况如下。

(1) 单类马尔科夫链动态朴素贝叶斯网络分类器。

$$DBNC\_1\_2\_3(x_1[t], \cdots, x_n[t]) = \underset{c[t](c[t-1],\, x_1[t],\, \cdots,\, x_n[t])}{\arg\max}\left\{ p(c[t] \mid c[t-1]) \prod_{i=1}^{n} p(x_i[t] \mid c[t]) \right\},$$

其中:$p(c[t] \mid c[t-1])$ 是类一阶转换概率;$p(x_i[t] \mid c[t])$ 是条件概率或密度。

当 $X_i[t]$ 是离散变量时,分类器记为 $DBNC\_1$;当 $X_i[t]$ 是连续变量时,$p(x_i[t] \mid c[t])$ 取条件高斯密度记为 $DBNC\_2$,取高斯核密度记为 $DBNC\_3$。

(2) 双类马尔科夫链动态朴素贝叶斯网络分类器。

$$DBNC\_4\_5\_6(x_1[t],\cdots,x_n[t]) = \underset{c[t](c[t-1],\, c[t-2],\, x_1[t],\, \cdots,\, x_n[t])}{\arg\max}\left\{ p(c[t] \mid c[t-1], c[t-2]) \prod_{i=1}^{n} p(x_i[t] \mid c[t]) \right\},$$

其中:$p(c[t] \mid c[t-1], c[t-2])$ 是类二阶转换概率。

当 $X_i[t]$ 是离散变量时,分类器记为 $DBNC\_4$;当 $X_i[t]$ 是连续变量时,$p(x_i[t] \mid c[t])$ 取条件高斯密度记为 $DBNC\_5$,取高斯核密度记为 $DBNC\_6$。

(3) 增加属性马尔科夫链的单类马尔科夫链动态朴素贝叶斯网络分类器。

$$DBNC\_7(x_1[t], \cdots, x_n[t]) = \underset{c[t](c[t-1],\, x_1[t],\, \cdots,\, x_n[t],\, x_1[t-1],\, \cdots,\, x_n[t-1])}{\arg\max}\left\{ p(c[t] \mid c[t-1]) \prod_{i=1}^{n} p(x_i[t] \mid x_i[t-1], c[t]) \right\}。$$

其中:$p(x_i[t] \mid x_i[t-1], c[t])$ 是类约束下的属性一阶转换概率。

(4) 增加属性马尔科夫链的双类马尔科夫链动态朴素贝叶斯网络分类器。

$$DBNC\_8(x_1[t], \cdots, x_n[t]) = \underset{c[t](c[t-1],\, c[t-2],\, x_1[t],\, \cdots,\, x_n[t],\, x_1[t-1],\, \cdots,\, x_n[t-1])}{\arg\max}\left\{ p(c[t] \mid c[t-1], c[t-2]) \prod_{i=1}^{n} p(x_i[t] \mid x_i[t-1], c[t]) \right\}。$$

(5) 单类马尔科夫链动态 TAN 分类器。

$$DBNC\_9(x_1[t], \cdots, x_n[t]) = \underset{c[t](c[t-1],\, x_1[t],\, \cdots,\, x_n[t])}{\arg\max}\left\{ p(c[t] \mid c[t-1]) \prod_{i=1}^{n} p(x_i[t] \mid \pi_i[t], c[t]) \right\},$$

其中：$\pi_i[t]$ 是类约束下 t 时间片属性结点 $X_i[t]$ 的属性父结点 $\prod_i[t]$ 的取值。

(6) 双类马尔科夫链动态 TAN 分类器。

$$DBNC\_10(x_1[t], \cdots, x_n[t])$$
$$=\underset{c[t](c[t-1], c[t-2], x_1[t], \cdots, x_n[t])}{\arg\max}\left\{p(c[t] \mid c[t-1], c[t-2])\prod_{i=1}^{n}p(x_i[t] \mid \pi_i[t], c[t])\right\}。$$

(7) 具有隐藏变量的单类马尔科夫链动态朴素贝叶斯网络分类器。

$$DBNC\_11\_12(x_1[t], \cdots, x_n[t])$$
$$=\underset{c[t](c[t-1], h[t], x_1[t], \cdots, x_n[t])}{\arg\max}\left\{p(c[t] \mid c[t-1])p(h[t] \mid c[t])\prod_{i=1}^{n}p(x_i[t] \mid h[t], c[t])\right\},$$

其中：$h[t]$ 是 t 时间片隐藏变量 $H[t]$ 的取值。当 $X_i[t]$ 是离散变量时，记为 $DBNC\_11$；当 $X_i[t]$ 是连续变量时，记为 $DBNC\_12$。

(8) 具有隐藏变量链的单类马尔科夫链动态朴素贝叶斯网络分类器。

$$DBNC\_13\_14(x_1[t], \cdots, x_n[t])$$
$$=\underset{c[t](c[t-1], h[t], h[t-1], x_1[t], \cdots, x_n[t])}{\arg\max}\left\{p(c[t] \mid c[t-1])p(h[t] \mid h[t-1], c[t])\prod_{i=1}^{n}p(x_i[t] \mid h[t], c[t])\right\},$$

当 $X_i[t]$ 是离散变量时，记为 $DBNC\_13$；当 $X_i[t]$ 是连续变量时，记为 $DBNC\_14$。

4. 分类器的集成

用 $EDBNC$ 表示集成分类器，使用上面给出的分类器所建立的集成分类器如下：

$$EDBNC(x_1[t+1], \cdots, x_n[t+1])$$
$$=\underset{c[t+1](DBNC\_1, \cdots, DBNC\_14)}{\arg MODE}\{DBNC\_1(x_1[t+1], \cdots, x_n[t+1]), DBNC\_2(x_1[t+1], \cdots, x_n[t+1]), \cdots, x_n[t+1]), DBNC\_13(x_1[t+1], \cdots, x_n[t+1]), DBNC\_14(x_1[t+1], \cdots, x_n[t+1])\}。$$

其中：$MODE$ 是对大括号中数据元素取众数。

（二）基于动态贝叶斯网络集成分类器的经济周期波动转折点预测

经济周期波动转折点是经济周期波动曲线上的关键点，基于动态贝叶斯网络集成分类器的预测就是依据经济总量时间序列信息和影响因素信息判断经济周期波动是否达到转折点的过程。

1. 预测指标

用国内生产总值(GDP)的变化描述经济增长周期波动情况，取 1 和 0 时分别表示经济增长周期波动的转折点和非转折点。当是转折点时，根据前两个时间点的 GDP 增减情况可确定是下降转折点还是上升转折点。选择下面的指标作为年度属性时序变量：M_0 同比增长率（$X_1[t]$），M_1 同比增长率（$X_2[t]$），M_2 同比增长率（$X_3[t]$），全社会固定资产投资额同比增长率（$X_4[t]$），进出口商品总额同比增长率（$X_5[t]$），出口商品总额同比增长率（$X_6[t]$），进口商品总额同比增长率（$X_7[t]$），商品零售价格指数（$X_8[t]$），社会消费品零售总额同比增长率（$X_9[t]$），各项贷款合计同比增长率（$X_{10}[t]$），第一、第二和第三产业同比增长率（$X_{11}[t]$），居民消费价格总指数（$X_{12}[t]$）。

2. 经济周期波动转折点预测

选择 1990—2009 年的年度累积时序数据和 2005—2010 年第一季度的季度累积时序数据。分别使用年度时序数据和经过季度数据迁移扩展的时序数据学习两类动态贝叶斯网络分类器(共 28 个分类器),经过组合优化(具有完全相同分类预测结果的分类器只保留其一,并去除分类准确率较低的分类器)最终选择 20 个分类器(分别用 $GDBNC\_1$, …, $GDBNC\_20$ 表示)构建集成分类器(用 $GEDBNC$ 表示),用于经济周期波动转折点预测。

年度集成分类器的表示形式如下:

$$\begin{aligned} & GEDBNC(x_1[2009], \cdots, x_{12}[2009]) \\ & = \underset{c[2009](GDBNC\_1, \cdots, GDBNC\_20)}{\arg MODE} \{GDBNC\_1(x_1[2009], \cdots, x_{12}[2009]), \cdots, \\ & \qquad GDBNC\_20(x_1[2009], \cdots, x_{12}[2009])\} \end{aligned}$$

预测结果为:2010 年 GDP 增长率将终止下滑,开始回升。

五、政策建议

根据上述预测结果,建议主要从以下几方面进行政策的完善。

1. 转变政府职能

中国经济的持续发展需要转变政府的职能,即结合中国的实际,从一个以经济建设为中心的政府转变为一个以提供公共产品为中心的政府。

2. 调整结构,转换发展模式,使经济发展可持续

面对经济中失衡问题的加剧,政策的重点应从振兴转向调整,通过政策调整推动中国经济短期和长期发展的再平衡。调整从供求两个方面展开。

从供给方面看,最突出的问题就是产能过剩,政策首先要严格控制这些行业新项目上马,其次要提供破产、兼并的相关政策和服务。另一个问题就是加大促进服务业发展的力度,推进产业升级。

从需求方面看,要大幅度地、较快地增加农民的收入;提高劳动报酬在初次分配中的比重。

3. 加大生产要素价格和公用事业价格改革的力度

生产要素价格偏低,排放成本偏低是导致对能源和资源的高消耗、高排放的重要原因。要促进企业和居民节能减排,必须尽快建立反映资源稀缺程度、落实污染者付费、利用市场机制、考虑社会承受能力的资源和环境要素价格机制。

公用事业主要包括:水、电、气、交通等。公用事业具有公益性和商业性双重特征,长期的价格管制扭曲了资源配置,造成浪费并增加了政府的财政负担。对于公用事业价格,应按照市场化或准市场化的目标推进价格改革。

4. 破除垄断,鼓励民间投资

鼓励民间投资是经济长远发展的需要。要扩大民间投资,破除垄断,增加民间投资融资渠道,通过税收优惠、土地政策优惠、金融扶持、放松股权比例限制等鼓励民间投资。

参考文献

[1] 庞东梅.投资仍然是拉动中国经济增长重要引擎[EB/OL].[2009-04-21] http://

www. chinagate. com.

［2］ 中国企业家调查系统. 2009·中国企业经营者问卷跟踪调查报告［EB/OL］. http://www. ceoinchina. com/.

［3］ 李慧勇. 再平衡推动中国经济进入新上升周期［J］. 上海财经大学学报,2010(2).

［4］ 周国平,高炜宇,王丹. 中国率先经济复苏:从最困难时期进入最复杂时期［J］. 科学发展,2009(12).

［5］ 中国人民大学课题组. 中国宏观经济分析与预测(2009—2010)［EB/OL］. http://ier. ruc. edu. cn/.

［6］ 秦晓. "后危机"时期的中国经济［J］. 2010:预测与战略.

后　　记

经过《中国经济运行风险研究报告(2010)》(以下简称本报告)项目研究团队的辛勤工作，作为集体智慧的结晶，本报告终于定稿付梓，这是我们自《中国经济运行风险研究报告(2007)》以来，连续公开出版的第四本关于中国宏观经济运行风险的研究报告。

作为中国立信风险管理研究院的标志性科研成果之一，本报告以校内学术骨干为主体，整合了校外研究学者的力量；不论报告框架的构建和研究思路的确定，还是研究主题的选择和具体内容的撰写，无不凝结着本报告项目组全体成员的辛勤耕耘和智慧。

在本报告出版之际，要特别感谢上海市教委领导和相关部门的资助和支持，同时也对学校各位领导的关心、支持及为报告研究工作所创造的良好环境表示诚挚的谢意。学校学科办、科研处和财务处等职能部门对本报告的研究工作也提供了莫大的帮助，这些支撑和帮助都是本报告得以顺利完成的根本保证。另外，立信会计出版社的领导及编辑赵新民老师为本报告的顺利出版、发行付出了大量卓有成效的劳动，他们的工作态度和敬业精神尤其值得尊敬，在此一并表示最诚挚的谢意。

本报告的出版，是我们继去年工作进行的更深一步的探索，欢迎风险管理领域的同仁批评指正，也非常希望风险管理研究领域的专家、学者们提出宝贵建议，提供无私帮助。我们希望本报告的出版，能为有志于风险管理研究和实践的同行们提供一个交流平台，也非常愿意看到我们的工作能够使得越来越多的人关注中国宏观经济运行中的风险问题，关心风险管理相关领域的学术研究工作。虽然本报告有可能在许多方面仍存瑕疵，但我们会尽力在明年的研究报告中改进和完善，并且，我们坚信能在中国宏观经济运行风险研究这条路上走得更远。